国际视野下的中国创新能力：成就、特征与体系性突破

樊增强 ◎ 著

人民出版社

目　　录

绪　　论

伴随全球新一轮科技革命和产业变革的兴起,全球科技创新呈现出科技发展交互融合、创新要素内涵变化、新型研发模式与研发组织不断出现、创新活动由封闭迈向开放式创新与融合式创新等发展趋势。在全球竞争新态势和世界面临百年未有之大变局的背景下,中国的创新显现出创新驱动发展战略的企业主体地位日益凸显、大都市集群的创新效应逐渐显现、企业投资基础研究的意愿上升、协同创新模式更加多样化等特点。从中国科技发展取得的巨大成就来看,无论是创新的高度、速度还是广度都对经济社会发展产生了全局性、根本性的影响。但是,中国科技创新依然存在基础研究投入结构不合理,关键核心技术受制于人,科学创新缺乏"工匠精神",科技成果转化机制缺失等短板。其形成缘由在于创新资源整合利用率低下,过度强调"实用"与科学精神缺失,科研评价体系异化等。创新驱动发展战略是一项系统工程,必须持续加大研发资源投入,强化核心技术攻关,加大知识产权保护力度,改革科研评价体系,通过深化科技体制改革、加快创新型人才队伍建设、建立有效的产业技术创新战略联盟、强化创新的国际交流与合作,构建面向全球的创新体系,以持续提升中国科技创新能力,推动中国的创新型国家和世界科技强国建设。

本书的体系结构安排共分为十章。

第一章,全球创新:发展现状与演进趋势。第一节,基于新一轮科技革命和产业变革日益加速视角,主要分析了全球创新的发展现状、演进趋势与新特征。第二节,比较翔实地剖析了美国、欧盟、日本等发达国家和地区的创新发展现状和演进趋势,总结了其成功经验与共同做法。第三节,简要梳理了俄罗斯、印度等发展中国家的创新现状。

　　第二章，发达国家激励研发活动与推进技术转化的基本做法。第一节，从研发税收激励政策的内涵、方式及特点，发达国家实施研发税收激励政策的异同等层面剖析了发达国家促进研发活动的税收激励政策。第二节，从设立专项资助基金、完善科研资助体制、激励中小企业持续创新等视角分析了发达国家直接资助研发活动的做法。第三节，以以色列和美国为案例，解剖了其成功推进技术转化的基本经验与做法。

　　第三章，国际视野下的中国创新能力。第一节，基于中国创新驱动发展战略的有效实施解析中国科技创新的国内背景；从科技发展呈现交互融合趋势、新型研发模式与研发组织将会不断出现、创新活动将更加由封闭状态迈向开放式创新与融合式创新等视角剖析中国科技创新的国际背景。第二节，从中国的国家创新指数排位、中国在世界品牌500强中的排位解析中国的创新竞争力水平与全球排位。第三节，从经济发达省市持续加大研发投入、创新型省份建设成效、长三角"一市三省"（上海市、江苏省、浙江省、安徽省）研发投入持续增长等方面详细分析了发达省市加快推进科创中心建设的基本概况。第四节，分析了中国城市在全球科技创新中心城市中的位置、优势和短板。第五节，从中国制造业创新体系建设和协同创新层面解析了中国制造业技术创新现状，提出了制造业技术创新能力提升的战略选择。

　　第四章，中国产业技术创新发展：成就、短板与弥补。第一节，通过相关数据分析了中国高新技术产业和高新技术企业的发展现状。第二节，主要依据技术水平对制造业类型进行划分；分析了高新技术服务业与经济增长间的关系；从企业的创新能力不断提升、中国的创新能力持续提升、中国基础研究取得了一批重大科技成就等视角解析了中国工业企业的技术创新效率；分析了中国技术贸易发展现状；从有效推进国家科技基础创新能力建设、有效推进产业创新平台建设、加速推进企业技术创新体系建设等层面给出了促进战略性新兴产业技术创新能力持续提升的对策；基于营造激励企业创新的市场竞争环境、企业真正带头进行技术创新、加大政府对企业的普惠性支持、加快各类创新型人才培育等方面提出了政府必须以优良环境支撑企业创新。第三节，从基础研究投入结构不合理、关键领域创新匮乏、创新的"工匠精神"缺乏、科技成果转化机制缺失等方面解析了中国科技创新短板的主要表现；基于创新资源整合和利用效率低下、缺乏"穷究物理"的格物思想、科学精神缺失、科研评价政策和评价体系异化、技术转型面临内外部瓶颈制约剖析了中国科技创新短板的主要形成原因；从不断提高基础研究水平、有效突破应用研究的产业化瓶颈、有效激发科技人员的创新积极性、切实强化知识产权的保护力度、构建立足于中国本土和面向全球的创新战略和创新体系、改革评价制度和创新科研体系、完善科技创新体制机制、完善科技治理体系等方面翔实地提出了有效弥补中国科技创新短板的措施选择。

第五章，研发投入与技术创新效率提升。第一节，立足于国内国际视野，运用相关数据解析中国研发投入的快速增长。第二节，从中国专利申请的基本概况、国际视野中的中国专利实力等视角分析中国专利取得的成绩及短板；基于中国的专利质量和层次低、专利申请流于形式、创新能力不足与成果转化率低等层面分析了中国专利发展面临的问题。第三节，从研发投入强度过低、基础研究投入过低、基金运行不完善等视角解析中国直接资助研发活动存在的问题，从重视基础研究、提高资助效率、拓宽中小企业融资途径、完善知识产权保护等方面提出提升资助研发活动效率的建议。

第六章，基础研究与技术创新能力提升。第一节，本部分主要界定了基础研究的内涵，分析了其特点，从基础研究与应用研究、技术开发的关系视角，从国际视野、中国视野看基础研究的战略地位。第二节，从基础研究科技人员素养不断提升、基础研究取得突破性成果、科技创新基地和基础设施建设不断完善等视角明晰了中国基础研究取得的突破性进展。第三节，从基础研究促进企业创新能力不断增强、基础研究支撑国家综合创新能力持续提升、基础研究的短板形成等层面剖析了基础研究发展对技术创新能力的影响。第四节，基于国际视野，从基础研究整体水平较低、基础研究投入结构不合理两个方面梳理了中国基础研究短板；从国家层面不断释放基础研究活力、企业层面提升企业基础研究生力军的地位和作用及增加人才供给、全面提升原始创新能力等视角给出了中国提升基础研究水平的有效措施。第五节，主要分析了如何通过持续增加基础研究投入，更好地为科技创新提供理论支撑。

第七章，创新人才培育与创新生态环境建设。第一节，主要分析了国际人才的竞争态势，我国人才工作取得的成绩及存在的问题。第二节，基于改革与创新人才培养机制、创新高端人才引进机制、改革与创新人才使用方式和评价方式、完善基础人才评价方式、加快技能人才队伍建设、完善科技成果转化收益分配制度和培育创新文化七个方面深入分析了如何更好地推进人才体制机制改革，持续提升人才质量。第三节，基于中国科技创新环境的现状描述，从完善科技创新环境生态系统、创造公平竞争的科技创新环境、激发企业主体的内生创新活力等层面剖析了如何更好地创建崇尚创新与宽容失败的科技创新生态环境。第四节，主要分析了加快推进企业"创新券"工程，发展多元化金融生态、保障金融支持科技创新，推进"产业公地体系"建设等问题。

第八章，科技成果转化：政策演进、实现路径与战略选择。第一节，主要分析了科技成果转化的基本内涵和主要途径。第二节，主要梳理了近年来国家层面出台的有关科技成果转化的相关政策法规。第三节，从科技成果转移转化示范区建设、科技成果转移转化的实践效果、科技成果转化面临的障碍等视角分析了我国科技成果转化的基本概况。第四节，提出了提升科技成果转化率和成功率的战略选择。

第九章，知识产权保护与科技体制改革。第一节，从知识产权保护对科技创新的影响、中国省域知识产权申请量和授权量概况、中国高校发明专利受理和授权量概况等视角整体解析了中国知识产权的发展现状；基于知识产权保护的短板、知识产权侵权现状、知识产权法院设立、知识产权管理的现存问题等方面剖析了中国知识产权保护的概况。第二节，基于完善知识产权援助和维权体系、推进知识产权运营平台建设、完善与提升知识产权的公共服务水平、培育精通知识产权知识的"明白人"、建立知识产权投融资体系、完善知识产权管理体制、构建和完善中国特色的知识产权学科体系、学术体系和话语体系、完善知识产权的国内法治和涉外法治体系建设等视角持续提升知识产权保护和运用的效果。第三节，针对中国科技体制机制存在的问题,从科技体制改革的基本定位与任务、完善科技评估体系建设、构建新型科研攻关体制等层面推进科技体制改革,激活创新活力,提升创新效能。

第十章,中国产业技术创新战略联盟发展:现状与政策选择。第一节,基于文献视角梳理了产业技术创新战略联盟的研究现状与进展。第二节,基于国家及地方政府不断加强对产业技术创新战略联盟的政策支持、产业技术创新战略联盟快速发展、联盟建设吸引和培养了大批人才、制定行业标准和完善知识产权等视角描述了中国产业技术创新战略联盟的发展现状。第三节,选取国家层面实践案例及地方区域层面的实践案例等深入剖析产业技术创新战略联盟的实践成效。第四节,立足于产业技术创新战略联盟组建初期、成长期、成熟期和衰退期四个阶段的不同特质,深入剖析了支持产业技术创新战略联盟发展的政策选择。

第一章 全球创新：发展现状与演进趋势

第一节 全球创新发展现状、演进趋势与新特征

创新对于经济长期持续发展的重要性不容置疑。从经济发展的实践看，创新一方面能够通过创造新产品、新工艺以加速技术进步与发展，另一方面也能够通过不断改善和改革企业的组织结构，提升管理水平，进而提高生产效率，而这两条途径都可以有效提升全要素生产率（Total Factor Productivity，TFP），从而能够更好地推动经济发展。2008 年国际金融危机后，世界各国都想方设法在经济领域突出重围，带动经济走上正轨。基于全球经济发展的低迷状态，为了有效推动本国经济发展，发达国家相继推出了一系列创新战略，如美国出台了《美国国家创新战略》，把创新作为促进经济发展的首要战略；欧盟出台了《"地平线 2020"计划》，把"打造基于知识和创新的经济"作为国家经济发展的首要战略。

一、全球创新的发展现状

最近十年来，世界范围内的创新地理分布格局和进程发生了巨大变化。科技研发活动愈益开放、更加注重合作，地理分布也更加分散。世界各国都在努力通过科技进步、工业创新等寻求经济增长的驱动力。

从全球看，新一轮科技革命和产业变革日益加速。学科上的多点交叉突破更加凸显，在宇宙演化、生命起源、物质结构等领域的研究正在或可能会得到重大突破与变革；在人工智能、新材料、新能源等领域都呈现出整体性跃进态势。全球范围内的重大颠覆性技术持续涌现，商业模式

与技术创新间的关联日益深化、深度融合,正在加速改变产业发展形态和产业组织方式,世界经济格局也随之重新塑造与变迁。创新愈益成为全球大国间角力与竞争的新赛场与新阵地,谁主导了创新活动,也就能够主导全球竞赛的规则与进程。

2016年全球创新指数(Global Innovation Index,GII)在瑞士发布,其主题为"全球创新,制胜之道"。《2016年全球创新指数报告》认为,研发活动和创新领域的投资对于经济增长极为重要;科学与创新活动更加国际化,更为注重合作;每个人都可能从全球创新中获得益处。报告显示,全球研发支出在2010年增长了3.7%,2011年增长了5.3%,2012年增长放缓至4.3%,2013年增长达到5.2%。2014年全球研发支出呈减弱态势,增长了4.1%。[①] 2017年全球研发支出达到2.153万亿美元,相比于2000年的7220亿美元,全球研发支出在17年间年平均增长率为6.2%[②],这在一定程度上反映出世界各国的经济竞争中,知识强度的不断提升,也说明了世界各国利用科技进步来持续改善国家经济和社会福利的愿望。

基于2017年的数据,从全球地区看,亚洲南部及东部地区、北美地区、欧洲地区位居世界研发支出占比的前三名,分别为42%、27%、21%。从国家的研发支出总量看,2017年美国的研发支出总量为5490亿美元,占全球研发支出总额的25%;日本的研发支出总量为1710亿美元,占比为8%,位居全球第三;德国、韩国、法国等紧随其后。从研发投入强度(GERD/GDP)看,2017年,韩国和以色列的研发支出强度接近,分别为4.6%和4.5%;瑞典和瑞士排名并列第三(均为3.4%);日本排名第六(3.2%)。2000—2017年,美国的研发支出强度保持在2.6%—2.8%。[③]

---

① 潘寅茹:《英国加大科技投入　脱欧不脱科技中心》,《第一财经日报》2016年11月29日。

② 姜钧译、刘灿:《全球主要国家(地区)研发支出与科研产出的比较分析》,《中国科学基金》2020年第3期。

③ 姜钧译、刘灿:《全球主要国家(地区)研发支出与科研产出的比较分析》,《中国科学基金》2020年第3期。

2021 年 9 月 20 日,《2021 年全球创新指数报告》在日内瓦发布①,报告显示,在新冠肺炎疫情对全球经济社会发展造成巨大影响的情况下,2020 年许多国家和地区的政府及企业加大了创新投入,科技产出、研发支出、知识产权申请和风险资本交易等创新指标持续增长,表现出强劲的韧性。创新对克服全球面临的共同挑战、建设更美好的未来,发挥着不可或缺的作用。

《奇点临近》的作者雷·库兹韦尔(Ray Kurzwell)甚至认为,人类社会的技术发展正在以指数级的方式演进,到 2026 年,纳米技术、基因、生物材料、人脑、计算能力将颠覆现有的技术格局,人类要换一种思维考虑现有的社会,大批商业公司将不复存在。②

二、全球创新的发展趋势与新特征

近年来,全球创新活动更趋于活跃,越来越显现出新的特征和发展趋势。其一,全球创新呈现出全球化和多极化加速的趋势,全球创新格局正在发生变化,创新的新版图日渐显现。其二,世界经济发展越来越依赖于技术创新活动与水平。这些日益显性化的重大变化,必将对国际经济格局与经济发展产生重大且深远的影响。全球创新的新趋势与新特征具体表现为:

一是世界范围内大幅度增加研发投入,提升研发质量,经济发展对科技创新的依赖度持续上升。从 20 世纪 90 年代开始,全球研发投入持续增加。只是在 2008 年国际金融危机后,全球创新活动受到一定程度的影响,但自 2011 年始,全球研发投入与活力又逐步回升,现在已经基本达到了国际金融危机前的发展水平。

二是全球创新越来越表现出全球化与网络化、开放与合作的新的发展趋势和特征。在全球化的背景下,技术、人才等创新要素跨国界的流动日益频繁,这在相当程度上改变了企业的创新模式。对于企业来说,要想

---

① 操秀英:《〈2021 年全球创新指数报告〉发布》,《科技日报》2021 年 9 月 22 日。
② 李娜、王思琪:《中国研发走出山寨》,《第一财经日报》2016 年 8 月 25 日。

提升研发水平和能力,必须突破企业内部的研发资源限制,从外部寻找并整合各种创新资源。从实践来看,研发创新组织模式的演进与变化,一定程度上可以大大提升全球创新的效率。为了有效提升企业的创新能力与水平,有条件的企业都尽可能地设立海外研发机构,企业的研发外包也逐渐成为一个发展趋势,专门从事研发活动的企业或机构不断涌现。同时,各个国家的政府为了吸引更多高端人才流入本国从事研发活动,都实施了各种人才引进优惠政策,以大幅度降低高端人才流动成本与壁垒。

三是全球创新由发达国家垄断的局面被打破,呈现出发达国家、发展中国家与新兴经济体共同推动技术创新的发展趋势。主要体现在:从研发投入看,全球创新投入主体多元化。过去由发达国家垄断的创新版图发生了很大改变,许多研发活动逐步由发达国家转到新兴经济体。金砖国家的研发支出增长速度加快,并在全球研发总量中的占比不断上升。由于研发投入主体的多元化,也就导致技术创新产出的多极化。从发达国家与新兴经济体比较视角看,基于世界经济发展实践,发达国家技术创新能力的领先优势正在逐步衰减,而新兴经济体的技术创新能力正稳步上升。对于发展中国家来说,其所拥有的比较优势正由传统的自然资源优势和低廉的劳动力优势,转向正在上升的以知识和技术为基本特点的优势。新兴经济体与发达国家在技术创新方面的差距正逐步缩小。经济合作与发展组织(OECD)的显性技术优势指数显示,新兴经济体所拥有的技术优势的领域在不断增加,而传统的技术创新强国如美国、英国、日本等在许多领域的技术创新优势正在不断下降。从地域方位看,亚洲地区的整体技术创新能力正在迅速成长。基于研发支出视角,亚洲地区的企业研发支出已经进入全球最高地区行列。目前,亚洲地区已经成为全球制造基地,也是全球创新网络中的重要一环。在亚洲国家不断强化技术创新战略的背景下,亚洲地区很快就会成为全球创新的一个新的核心地带。

四是全球创新资源愈益向跨国公司聚合,这更强化了跨国公司技术创新优势。跨国公司本身拥有资金优势、研发优势、人才优势等,其创新的积极性和有效性在不断提升。从全球研发视角看,跨国公司持续性地加大研发投入,世界 500 强跨国公司研发支出总量占到全球研发支出总量的 65% 左右,且跨国公司的研发主要集中于高新技术领域。跨国公司在海外研发投资的地域更为分散与广泛,选择的余地更大,更能够提升研发的效率和质量。

全球创新格局的新变化与科技创新的新特征,对于发展中国家引进高端生产要素与有效整合全球创新资源提供了良好契机,使发展中国家能够在开放创新的环境中加快提升科技创新水平和创新能力。也能有效推动中国企业"走出去"开展研发合作,科学整合全球创新资源,有效弥补企业国内技术与人才方面的短板。

第二节　发达国家创新发展的成功因素与做法

一、美国的创新

2008 年国际金融危机爆发后,发达国家都将科技创新发展战略作为国家的核心战略。

(一)美国创新概述

第二次世界大战后,虽然美国的科技创新在全球独占鳌头,遥遥领先于其他发达国家和发展中国家,但是其他国家为了提升本国产业竞争力和国家竞争力,也在不断增加研发经费投入,以尽可能大幅提升本国的科技创新能力和竞争力,特别是正在崛起的新兴工业化国家和发展中国家,这给美国带来巨大的压力。在 2014 年 2 月,美国国家科学委员会发出了警告,警示美国长期在传统的科技领域保持的优势正在逐渐削弱和丧失。该机构在一份报告中提出,虽然美国在诸多技术密集型领域保持优势,如高科技制造业、制药业、新能源行业,等等,然而,面对新兴工业化国家和发展中国家的迅速崛起,再加上近年来美国自身研发投入经费的短缺,这必将影响美国未来的科技竞争力和产品竞争力。美国国家科学委员会主席丹·E.阿尔维祖(Dan E.Arvizu)认为,全球正在经历着"科学版图的巨变",缘由在于新兴经济体越来越大幅增加科技创新方面的研发投入,这会使新兴经济体的科技创新能力迅速提升。

美国国家科学委员会的研究报告显示,美国在研发领域的投入依然位居世界第一,每年的研发投入达到 4290 亿美元左右。然而,从全球来看,美国的年度研发投入占比大幅下降,其研发投入占比已经从 2001 年的 37% 下降到 2011 年的 30%。但是,亚洲国家在全球研发中的比重持续上升,已经由 2001 年的 25% 上升到 2011 年的 34%;两者相比,可以看到亚洲经济体在全球的研发支出中的占比已经超越美国。2017 年,亚洲南部及东部地区的研发支出占全球研发支出的 42%。[①] 同时,从 2012 年全球投资到清洁能源领域的资金来看,新兴经济体达到了 1000 亿美元左右,而美国仅仅为 290 亿美元左右。对于美国来说,可能意味着其在研究开发方面的支出在下降。这也许与美国金融危机后经济衰退有关,因为经济陷入低迷状态导致研发支出减少。

美国 2009 年推出了《美国创新战略:推进可持续增长和高质量就业》,2011 年推出《美国创新战略:确保我们的经济增长与繁荣》等战略,有效推动了美国的经济复苏。此后,美国国家经济委员会(NEC)与白宫科技政策办公室(OSTP)联合发布了 2015 年版《美国国家创新战略》,开篇就指出"今天全力发展创新的国家明天将拥有全球经济,这是美国不能放弃的优势"[②],提出了支持美国创新生态系统的新政策,提出了联邦政府将在投资基础创新领域、鼓励私人部门创新和培养更多创新人才方面发挥更重要的作用,政府将创造高质量就业岗位和长期稳定的经济增长、推动国家重点创新领域取得突破以及建设创新型政府以有效实现上述目标。

美国确定了在先进制造、精准医学、人工智能、先进汽车、智慧城市、清洁能源和节能技术、教育技术、太空探索、计算机新领域九大领域持续推进创新,以谋求推动经济持续发展的新的动力源。2016 年,美国继续实施这一新的创新战略,特别是在人工智能领域,AlphaGo 与国际顶级围棋手进行人机大战并且胜出,把全球人工智能浪潮推到了一个新的高峰。

---

① 姜钧译、刘灿:《全球主要国家(地区)研发支出与科研产出的比较分析》,《中国科学基金》2020 年第 3 期。

② 王炳林、郝清杰:《牢固树立和自觉践行新发展理念》,《经济日报》2016 年 9 月 11 日。

10月,美国又连续发布了《为人工智能的未来做好准备》和《国家人工智能研究与发展战略规划》两个战略文件,把人工智能推升到国家战略层面。

自国际金融危机以来,美国也掀起了"再工业化"浪潮,主要通过产、学、研等力量的联合,组成"创新共同体"以有效推动实体经济发展,制造业领域的创新发展更为凸显。为了切实提升美国的制造业竞争力,2011年6月,时任美国总统奥巴马公布了多项振兴措施,决定投资10亿美元左右用于社区大学,加速先进制造业发展所需的蓝领工人培养。此外,不断扩大投资以应用于新兴和交叉性学科研究领域。截至2014年,美国已经建成的先进制造业研究所有4家,仍有4家先进制造业研究所正在建设中。2014年以白宫办公厅和总统科技顾问理事会联合发布的《加快美国先进制造业发展》总统报告指出,美国制造业振兴发展的支柱源于创新发展、人才输送管道通畅、商业环境改善与优化等。基于美国经济发展现实和产业发展现状,采取的主要措施有:大力发展新兴交叉学科,加速培养高素质的劳动力,完善中小制造业企业的尖端技术设备配置等。美国政府不断增加新型制造业技术领域的研发投入,具体投入到复合材料、生物材料等所关联的先进传感器及数字制造业等部门的资金量超过3亿美元。美国政府通过提供先进设备,推动部门与科研机构、高校联动,共同设立联合技术测试平台等方式,加速推动美国创新发展。

美国国会基于维持美国长期的科技优势地位进行战略谋划,最重要的是通过了《无尽前沿法案》(Endless Frontier Act),主要内容为:提出改组国家科学基金会为国家科学和技术基金会,建议在该机构内设立技术局;计划在未来5年投入1000亿美元推进人工智能与机器学习、量子计算和信息系统、先进通信技术等十大关键科学技术的研发;建议投入100亿美元建设至少10个区域技术中心。该法案的最终通过将极大推动美国的先进技术研究。①

---

① 科技日报国际部:《支撑当下　规划未来——2020年世界科技发展回顾·科技政策》,《科技日报》2021年1月4日。

(二)美国的创新优势逐步减退

从美国科技创新发展的现状和其他国家科技创新的趋势看,近年来美国的全球创新引领作用的优势正在逐步减弱,长期以来占据全球创新高点的"创新引擎"动力正在减弱。2021 年 2 月,彭博社发布的"彭博创新指数"排行榜显示,美国已经落后于德国、新加坡、瑞士等国,位居第 11 位,相较于 2013 年开始排名时大大下降。

从第二次世界大战后全球经济发展和科技创新的演进趋势看,世界范围内大部分重要的技术来源于美国,美国一直处于全球创新力前列并领导全球科技创新。2019 年由美国智库阿斯彭研究所发布的《美国的创新挑战》报告指出,由于在消费需求、全球竞争力、政府的强有力领导等因素的综合作用下,美国一直处于全球科技创新的高端位置,引领着世界科技创新发展,同时形成了体现美国特色的积极进取、宽容失败、不断追求卓越和技术突破的创新文化。科技创新产生的大量研发成果既有效推动了美国经济的持续发展,也在客观上有效提升了全球经济和社会福利。

但是,由于美国长久以来没有及时进行基础设施建设,致使美国的实体基础设施正处于持续老化阶段,大大影响了科技创新活动的高效进行。同时,美国的数字基础设施也没有达到与其科技创新能力相对等的水平。2018 年美国联邦通信委员会发布的《国际宽带数据报告》表明,美国的宽带网络下载速度仅位居发达国家的第十名。并且美国高速稳定的网络服务价格高昂、地区分布不均,致使科技研发人员进行研发活动所需要的云计算、数据分析等前沿性技术难以完全获取和得到满足,严重制约了美国在前沿性和颠覆性技术应用领域的创新力。如美国已经在记忆芯片、高速铁路、机器人等领域处于落伍态势。两组数据可以佐证美国创新优势的逐渐衰退:一是美国过去几十年在先进技术产品贸易领域的顺差不断下降,直至 2002 年转变为逆差;二是从 1990 年到 2020 年年初,美国新增加就业岗位 2730 万个,然而在制造业和高附加值服务业的就业几乎没有增长。①

---

① 王悠然:《美国创新优势面临挑战》,《中国社会科学报》2020 年 10 月 23 日。

（三）美国创新面临的风险

美国创新的实践证明，政府部门与私人部门的协同合作有利于创新体系的高效运行，也是美国创新成功的基本经验和做法。如政府部门提供有效的政策支持，包括给予早期研发以大量资金投入，培养高素质的技术劳动力，提供先进的完备的科研基础设施，高效的政府采购高新技术产品政策等；而私人部门能够为创新提供主要的驱动力，引领美国的创新活动。但是，近年来，美国的创新体系面临着一系列风险，主要体现在：美国的现有教育体系没有培育出在新兴产业和战略性产业领域的竞争性人才；美国不断增长的财政赤字导致科技研发投入乏力；民主党和共和党之间的撕裂与斗争造成社会的割裂日益明显，也造成公私部门间的合作效率低下；美国采取的"美国优先"战略会导致其与外部世界的科技合作陷入"隔离"状态；等等。数据显示，目前美国联邦政府的研发投入已经降至历史低点。

（四）美国创新优势和水平降低的缘由

近年来，美国创新优势的逐渐衰退是多种因素综合影响的结果。既有美国国家科技政策的缘由，也有美国政治因素的考量，还有美国国家战略中心变化的影响。基于创新的影响要素来看，美国创新优势的衰减主要在于教育和培训体系、国家创新体系以及企业融资和治理体系等方面出现问题及其造成的负面影响。从教育和培训体系看，美国传统的人口受教育水平优势在其他国家的追赶中优势渐失。经济合作与发展组织公布的 2018 年国际学生能力评估项目测试结果显示，在数学、阅读、科学三个科目测试中，美国的 15 岁学生皆未进入全球前 10 名。第二次世界大战后，全球科技人才和科技资源向美国的流动弥补了科技人才和科技资源的不足，支撑了美国经济的高速和高质量发展。但是，伴随经济全球化和科技全球化的持续推进，其他发达国家和发展中国家不断增加本国的教育资源和科研资源，全球各国整体上的高等教育资源都在增加。加之美国近年来与认为给美国带来威胁或未来可能对美国造成威胁的国家不断打"技术战"，限制有的国家留学生进入美国留学，以防止所谓的"技术泄露"和"技术外溢"。因此，美国作为全球最重要的"海外留学基地"的位置逐渐衰落。美国国家科学基金会的统计数据表明,美国大学的外国学生入学率在不断下降;同时,毕业的外国留学生返回本国的比例在持续上升,但美国本国拥有的同等教育水平的人才数量不能满足经济发展和科技创新需求,正在影响美国的科技创新能力和优势。

国家创新体系的完善程度和效能发挥影响着国家创新能力和优势。创新能力和水平依赖于研发投入水平。从美国的发展现实看,近年来创新优势的衰减与联邦政府的研发投入直接关联,一方面是政府的研发投入在不断缩减,另一方面是美国企业为应对外部竞争压力而持续增加离岸研发经费投入,致使本应用于国内创新投入的经费下降。现有的数据表明,由于应对其他国家技术创新能力上升的需求,美国企业的海外子公司都增加了海外研发经费,而且其增速高于母公司的50%以上。[1] 尽管逆全球化和单边主义等阻碍全球贸易自由化和科技全球化发展的因素依然存在,但跨国公司的全球化发展趋势无法改变,科技创新给各国带来的现实竞争压力会日益强化和激烈。海外市场的竞争和丰厚的收益对美国众多的跨国企业具有相当的吸引力和诱惑力,而美国国内的高素质科技创新人员的存量和增量都在下降,必将影响美国的创新效率和优势。

对企业来说,投入研发经费的数量和比例是衡量企业创新能力的核心指标,也是企业有效从事科技创新的重要保障。但是,在企业的资本结构中,金融机构占有一定比例的份额。近年来,金融机构的短视行为和过于追求利润的欲望在不断侵蚀着美国企业的创新能力,因为企业必须将相当数量和比例的盈利用于支付红利和回购企业的股份,使真正投入研发的经费不断收缩。数据显示,20 世纪 70 年代末 80 年代初,美国制造业领域的企业用于支付的红利仅占设备投资的 20%,然而到 90 年代初期达到了 40%—50%,发展到 21 世纪前 10 年更是上升到了 60% 左右,大大制约了企业的研发经费投入,必然影响企业的技术创新能力提升。[2]

---

[1]　王悠然:《美国创新优势面临挑战》,《中国社会科学报》2020 年 10 月 23 日。
[2]　王悠然:《美国创新优势面临挑战》,《中国社会科学报》2020 年 10 月 23 日。

二、日本的创新

第二次世界大战以后的几十年间,日本迅速成为世界最具创新力的国家之一,成为全球领先的创新型国家。梳理日本崛起的演进历史,可以发现科技创新立国战略的思想导向和科技创新战略的有效实施是日本经济迅速成长的关键影响因素之一。"科技立国"战略模式发端于 20 世纪 70 年代,其目的在于形成"引进—渗透—优化—开发"的一个创新过程,也即全面实施技术开发,大力引进国外先进技术成果,在应用中逐步优化,最终自主研发尖端科学技术。

(一)《科学技术基本计划》

"综合科学技术创新会议"（CSTI）是日本科技创新的最高管理决策机构,其主要功能是推进国家科技创新政策的实施,负责科技创新顶层设计,制定并规范全国综合性、基础性的科学技术创新政策,由首相和科学技术创新政策担当大臣主管领导。① 日本政府在 2007 年出台了《日本创新战略 2025》,2010 年出台了《未来 10 年经济增长战略》,2011 年日本政府提出要成立科技创新战略本部,以替代综合科学技术创新会议,进而最大化地发挥"创新司令塔"的指挥作用,加快推进科技创新创业一体化进程。

自日本政府设立"综合科学技术创新会议"以来,已经制定实施了五期《科学技术基本计划》。1996 年,第一期《科学技术基本计划（1996—2000）》推出,主要内容是提出政府对于科研拨款的具体目标,努力建立并形成良好的创新环境以有效促使科研人员进行良性竞争,扩大竞争基金重点投资于更有价值的研究项目,全面更新技术研究的基础设施。

2001 年,第二期《科学技术基本计划（2001—2005）》提出三个目标:创建一个依靠创造知识为世界做贡献的国家,建设一个具有强劲国际竞争力、可持续发展的国家,建设一个安全舒适生活的国家。并将生物技

---

① 平力群:《日本科技创新政策形成机制的制度安排》,《日本学刊》2016 年第 5 期。

术、信息技术、环境技术和纳米技术四个领域作为重点主攻方向。①

2006年,第三期《科学技术基本计划(2006—2010)》开始实施,提出通过知识创新为世界做贡献,提高世界各国对于日本的依存度。提出了在发明领域实现重大突破、挑战科技极限、环境与经济融合发展、建设创新国家、健康活跃的生活、幸福安全的国家六大目标。②

2011年,第四期《科学技术基本计划(2011—2015)》提出,将拥有作为立国基础的科学技术、持续创造知识资产、将科技创新作为一种国家文化等五大目标。明晰了一体化开展科学技术创新政策、重视人才和支撑人才发展的组织的作用、实现与社会共同推进创造的政策等基本方针。③

2016年1月,第五期《科学技术基本计划(2016—2020)》提出,日本将在未来10年大力推进和实施科技创新政策,将其建设成为"世界上最适宜创新的国家";日本将基于制造业为核心创造新价值和新服务,强化科技创新的基础实力,构建人才、知识和资金良性循环的政策措施。④

(二)《科学技术创新综合战略》

日本政府在实施了五期《科学技术基本计划》后,为了持续推进科技创新活动,紧接着实施了"科学技术创新综合战略"。科学技术创新综合战略的主要内容及重点体现在2014—2016年日本的《科学技术创新综合战略》中。2014年《科学技术创新综合战略》的主要内容包括:在生产领域推进清洁能源供给的稳定性;消费领域利用新技术提高能源利用率;支持健康医疗领域技术创新,打造世界最先进的医疗体系;完善领先世界的下一代基础设施;提升地方特色产业竞争力等。⑤

2015年《科学技术创新综合战略》的主要内容包括:推进大学与研究资金改革一体化;强化学术研究与基础研究;扩大中小创业公司参与创新

---

① 平力群:《日本第三期科学技术计划》,《创新政策与管理》2017年第4期。
② 平力群:《日本第三期科学技术计划》,《创新政策与管理》2017年第4期。
③ 胡明晖:《从〈科学技术基本计划〉看日本科技发展战略》,《科学管理研究》2012年第2期。
④ 王玲:《日本发布〈第五期科学技术基本计划〉欲打造"超智能社会"》,《光明日报》2016年5月8日。
⑤ 王立岩:《日本科技创新战略的演进与启示》,《东北亚学刊》2017年第4期。

和竞争的机会;提供政策援助,实现工作—生活平衡;充分发挥女性领导参与科技创新的作用。①

2016年《科学技术创新综合战略》的主要内容包括:实现超智能社会平台,构建超智能社会技术体系;增加资金投入,推进教育改革;推进开放式创新;加强创造中小型风险企业;推进大学和国立研究开发机构改革;加强面向国内外一体化战略性体制的建设以及科学技术创新政策的制定;等等。

(三)《综合创新战略 2019》

《综合创新战略 2019》聚焦于五大领域措施:大学改革、加强政府对创新的支持、人工智能、农业发展、环境能源。具体来说:(1)大学改革,就是引入日本版的"弗劳恩霍夫模式",也就是在政府资助下以企业形式运作、官产学研相结合、公益性地开展应用研究的运营方式,激励大学积极争取民间研究资金;同时提出了创立产学官一体的"大学改革支援产学官协议会"。(2)强化政府对创新活动的支持,在政府采购和社会保障等相关项目的实施过程中,要把促进新技术应用摆在突出位置,通过政府事业来促进科技创新。(3)人工智能,为解决信息技术及人工智能领域的人才短缺问题,要加速发展 IT 及理工科教育,同时强化大学相关学科的人才培养能力。(4)农业发展,强化数据信息共享基础设施,构建智慧食物供给链系统,包括自动传感、农业机械自动化、AI 农产品供需对接系统等,力争在 2025 年前将数字农业技术推广到农民手中;将日本的准天顶卫星技术应用于智慧农业,并出口到亚洲太平洋地区。(5)环境能源,明确提出制定氢能源推广日程表,有效降低成本及氢能源应用规模的量化目标等;明晰地提出构建新能源管理系统的技术路线,强化环境能源领域的数据共享基础设施建设。②

2020 年 3 月,日本政府将规定的日本科学技术政策基本理念和基本框架的《科学技术基本法》修订为《科学技术创新基本法》。修订后的法

---

① 王立岩:《日本科技创新战略的演进与启示》,《东北亚学刊》2017 年第 4 期。
② 张丽娟:《日本〈综合创新战略 2019〉的政策重点》,《科技中国》2020 年第 2 期。

案除自然科学外，还追加了哲学和法学等人文和社会科学，以创造新价值。[1]

三、英国的创新

自 2010 年以来，英国政府在科研领域的投资一直处于"赤字状态"，大大低于八国集团(G8)的研发投入水平。2010 年英国的研发强度仅为 1.78，大大低于大多数竞争对手国家。2012 年，英国公共部门的研发投资占 GDP 的比重低于 0.5%，排位为 G8 最后一位。即使到 2015 年，其公共部门研发投资仍落后于其他发达国家。[2]

英国的创新排名一直位居世界前列，属于"创新领导者"。英国的创新绩效始终保持在欧盟成员的前五名。英国为了摆脱金融危机与欧洲主权债务危机造成的经济困境，实现可持续的高质量增长，政府强化了国家创新体系建设，完善创新生态系统，加大研发投入。英国通过了《企业创新券计划》(Innovation Vouchers Scheme)，资助中小企业与科研机构合作。2016 年 11 月 21 日，英国首相特蕾莎·梅对英国工业联合会(CBI)发表讲话时承诺，英国将在 2020 年前，每年新增拨款 20 亿英镑的科研经费，主要投入包括机器人、人工智能和生物技术在内的高科技领域，以帮助英国在"脱欧"后仍然能够处于世界科技领先地位。英国工业联合会针对 800 家企业进行的一项调查显示，即便"脱欧"已经成为定局，但仍有 70% 的企业愿意加大或者维持目前的研发投资，仍把"脱欧"后的英国视作欧洲的科技创新中心。

英国为了能够在全球创新领域获得成功，在 2011 年 12 月出台了《以增长为目标的创新与研究战略》[3]，对英国未来的创新与研究发展进行全面规划与部署，并从以下五个方面采取措施：一是"发现与开发"，广泛资

---

① 科技日报国际部：《支撑当下　规划未来——2020 年世界科技发展回顾·科技政策》，《科技日报》2021 年 1 月 4 日。

② 潘寅茹：《英国加大科技投入脱欧不脱科创中心》，《第一财经日报》2016 年 11 月 29 日。

③ 郭辑：《其他国家和地区的创新战略》，《经济日报》2015 年 12 月 10 日。

助"蓝田研究"（也就是所谓的"由好奇心驱动的基础研究"），重点投资于如生命科学、太空技术和创业产业等能够产生巨大回报的新兴产业领域；二是"创新型企业"，政府出台支持企业进行研究与创新的优惠政策，鼓励进行多元化创新；三是"知识与创新"，促进多元化组织间的合作与集群，有效提升创新生态系统的活力与效能；四是"全球合作"，通过多元化途径推动英国的优势技术的国际化与市场化，提升英国作为世界创新参与者与受益者的能力；五是"政府的创新挑战"，政府通过数据开放、手续简化及采取政府采购等推动创新，努力消除创新障碍。

英国形成了科技与经济紧密结合的技术创新体系。英国为了使科技更好地服务于经济发展，不断提升科技成果向现实生产力的转化，在2011—2014年，委托技术战略委员会投资2亿多英镑打造了9个技术与创新中心。英国已经在细胞治疗、卫星应用、高附加值制造、互联网数字经济、海洋可再生能源、交通系统与未来城市等领域建立了7个中心，政府还计划在能源系统、分层医学诊断两个领域设立新的技术与创新中心。

2016年6月英国公投"脱欧"后，全面反思以前的经济发展政策，结果发现英国底层民众的收入水平增长缓慢，这也是英国民粹主义强烈反弹的重要原因之一。为应对英国面临的严重社会问题和危机，英国财政部投入230亿英镑用于创新发展领域，主要扶持社会创新活动，大力改造基础设施，提升创新效率。同时，持续强化教育培训和人力资源建设，为创新活动提供支持。同时，英国政府专款扩建学校，不断扩大和提升科技、工程和建筑领域的人才培养。

2020年，英国政府多次增加科研项目财政投入，目的在于使科研活动在应对疫情方面发挥重要作用。英国政府为了弥补科研创新活动中的短板，持续强化政府对创新的支持，不断增加对科技成果转化的资金投入，如投入3300万英镑，支持"智能化创新中心"建设。①

---

① 科技日报国际部：《支撑当下　规划未来——2020年世界科技发展回顾·科技政策》，《科技日报》2021年1月4日。

四、德国的创新

20 世纪 60 年代后期,德国跃升为世界经济强国和制造业强国,成为仅次于美国和日本的世界第三大强国,也是世界"工业中心"。第二次世界大战后德国迅速崛起的一个重要原因就是重视创新活动。创新持续推动着德国的科技进步和经济发展。2018 年 10 月,世界经济论坛(World Economic Forum,WEF)上公布的《全球竞争力报告》中,德国被评为全球最具创新力的国家。特别在专利申请数量、研究成果的发表数量等方面,德国的优势更为凸显,这些优势大大推动了德国企业产品的持续创新,保持了德国产品的国际竞争力。世界经济论坛(WEF)发布的 2019 年的《全球竞争力报告》显示,在 141 个参与评比国家及地区中,德国虽然继续在创新能力和宏观经济稳定方面保持领先,但整体竞争力和 2018 年相比,名次从第三位滑落到第七位,其中重要原因是信息技术和网络建设方面的滞后。[①]

从德国国家的经济社会发展历史和成功经验看,其一直高度重视创新创业活动,通过创新活动带动德国经济社会发展,为此实施了多元化的政策措施,以此保持德国强大的科技创新能力,巩固和提升德国的创新强国地位。德国政府在 2014 年实施了新一轮"高新技术战略——创新德国",并采取一系列具体措施。2018 年德国开始实施"尖端集群计划",致力于使德国的产业集群能够全面融入全球化发展的大潮中,从而开拓全球市场,提升集群的国际竞争力。德国政府制定了《高技术战略 2020》,明确了"工业 4.0"目标[②],也就是利用物联信息系统(Cyber Physical System,CPS)将生产中的供应、制造、销售信息数据化、智慧化,最后达到快速、有效、个人化的产品供应 。

数据显示,德国政府的科研投入,已经从 1999 年的 155 亿欧元提高到 2016 年的超过 1600 亿欧元。2015 年德国研发支出占 GDP 的 3%,成

---

① 李山:《创新能力连续两年排名第一,德国全球竞争力为何反而下滑?》,《科技日报》2019 年 10 月 30 日。

② 朱琳:《集众志聚合力　务实合作实现全球创新》,《经济日报》2016 年 9 月 2 日。

为全球研发投入最多的五个国家之一。① 2018 年德国政府和经济界在研发领域投入约 1050 亿欧元,占 GDP 比重达 3.13%。德国的目标是 2025 年将科研投入占 GDP 比例提高至 3.5%。②

德国创新最突出的特点是许多企业自身具有比较强大的创新能力。在德国的区域创新体系中,企业自己的研发部门位居十分核心的地位;数据显示,德国 80% 的大型企业集团拥有自己独立的研发机构。③ 到 2015 年德国企业投入于研发的经费达到了 624 亿欧元,相比 2014 年增长了 9.5%。同时,德国中小企业的研发支出增长了 16%。④ 2014 年,欧盟"地平线 2020"计划推出中小企业创新计划,其预算金额为 6.16 亿欧元。⑤

为保持德国在全球的科技竞争力水平及应对新冠肺炎疫情对经济社会发展造成的严重负面影响,2020 年,德国相继发布了《国家生物经济战略》和《国家氢能战略》,修订《人工智能战略》。其目标在于发展基于可再生能源的可持续经济形式,把德国建设成为"全球领先的现代氢技术供应商",在 AI 等未来技术领域增强德国的技术主权。规划了约 500 亿欧元的科研创新和卫生资金投入,将德国科研发展的重点落在数字化与技术主权、医药研究和气候保护科技等领域。⑥

五、法国的创新

法国在历史上曾经是科技创新能力很强的国家,法国人多次获得诺贝尔奖和菲尔茨奖,他们不断向世界表明其拥有强大的创新能力。然而,实践也显现出法国的科技创新能力在下降。相关研究机构的研究报告显示,法国专利占欧洲专利总数的比重在下降,更为关键的是法国的年轻人

① 张明妍:《德国科技发展轨迹及创新战略》,《今日科苑》2017 年第 12 期。
② 张毅荣:《德国科研投入占 GDP 比例升至 3.13%》,《解放军报》2020 年 5 月 17 日。
③ 于慎澄:《德国创新驱动战略的发展路径》,《政策瞭望》2016 年第 10 期。
④ 王志远:《德国企业研发支出创新高》,《经济日报》2016 年 12 月 19 日。
⑤ 张茉楠:《新一轮科技革命下的中国选择》,《社会科学报》2016 年 8 月 18 日。
⑥ 科技日报国际部:《支撑当下 规划未来——2020 年世界科技发展回顾·科技政策》,《科技日报》2021 年 1 月 4 日。

对于科学研究的兴趣在衰减,伴随法国大量的科研人员退休,致使法国的科技界面临着人才短缺的局面。

为了走出法国面临的科技创新困境,法国政府实施了一套措施。如法国政府持续加大研发投入推动创新,提高对未来能够带动经济社会发展领域的支持力度,借助其拥有的传统制造业优势,推动更多的类似于"法国硅谷"的创新产业集群发展和形成,鼓励多领域的跨界合作,其目的在于为法国的经济持续发展提供源源不断的动力。法国政府不断提升教育发展水平,持续加大对教育培训领域的经费投入,非常注重对专业型与研究型人才的培训,并持续开展在职教育和继续教育活动。法国政府对创新活动的支持表现在以下方面:

一是在 2006 年颁布了"科研计划法",同时成立了科学与技术理事会。该理事会的负责人由法国总统任命,其职责是向总统和法国政府提交关于法国在科技创新政策方面的研究报告,并统管科技创新的发展方向。为响应法国政府的号召,大企业也不断增加研发投入,这有效激活了法国的科技创新活动。据统计,2014 年法国有 25 个国立科研机构、有 85 个挂靠在大学及高等院校内的科研中心或科研小组,从事研发的人员有 35 万人左右。法国投资于研发的经费达到 390 亿欧元,占 GDP 的比重为 2.07%,在 OECD 国家中位居第四。①

二是建立"科技竞争力集群",形成规模优势的合力。2005 年,法国政府出台了"竞争力集群"计划,其是指在一定的地理范围内,企业、培训中心和研究机构以合伙方式组合起来,以本地区的优势产业为先导,发挥优势互补的协同作用,共同开发以创新为特点的项目。其目的在于通过整合优势、突出重点与以点带面的方式推动法国企业进行技术创新活动,以提升法国工业的高新技术含量水平。数据显示,在 2006 年至 2008 年,法国政府为"竞争力集群"计划给予了 15 亿欧元左右的经费资助。截至 2014 年,共建立了 71 个"竞争力集群",其中具有国际竞争力的集群有 17 个,主要涉及航空航天、纳米技术、健康技术、通信器件与软件、金融创新等领域。其

---

① 胡博峰:《法国:保持科技创新活力》,《经济日报》2014 年 11 月 18 日。

余 54 个是具有国家竞争力的集群。①

三是持续加大科研领域的优惠,解除科技研发企业的后顾之忧。2007 年,时任总统尼古拉·萨科齐宣布,将科研税收信贷的减免比率由以前的 50%提升到 100%。法国企业的科研投资完全从营业额中扣除,并享受免税待遇。此外,法国还创建了新型的企业体制,也就是所谓的年轻大学企业。

四是确定优先发展领域。依据法国的科技创新规划,法国政府把生命科学、空间技术和能源环境确立为优先发展的领域,位列前三位;排名其后的是信息与通信科学技术、地面运输与航空运输设备、数理化研究、人文科学及社会科学。

为了有效调动科技创新的积极性,以不断提升科技创新能力,法国政府改革科技运行体制机制。改变过去国立科研机构申请年度经费预算的做法,国立科研机构逐步转变成拨放科研经费的管理部门,同时也允许大学自主地长期雇佣研究人员。

由于全球疫情和国内疫情的持续发展,造成法国的科研工作和主要工业活动进展迟缓。为了尽快提升后疫情时代的科技竞争力,2020 年 9 月法国实施了"法国复兴"(France Relance)的援助计划②,将投资 1000 亿欧元主要解决生态转型、竞争力等方面的问题,并设定国家未来十年的发展路径。法国强调科学和技术知识对确保国家复苏和维护主权的重要性,将投资 350 亿欧元用于提高企业竞争力。同时,投入 4000 万欧元用于支持中小企业开发未来工业技术。

法国政府对创新活动的大力支持,取得了一定效果。《2020 年全球创新指数报告》显示,法国创新指数位居全球第 12 位,成为 2020 年排名前 20 位经济体中排名提升速度最快的经济体之一,是 2009 年以来的最佳排名。同时,法国在"全球品牌价值"排行榜上位居第五位。世界百强科技集群中,有 5 个坐落在法国,其中巴黎在 2020 年排名第

① 胡博峰:《法国:保持科技创新活力》,《经济日报》2014 年 11 月 18 日。
② 科技日报国际部:《支撑当下　规划未来——2020 年世界科技发展回顾·科技政策》,《科技日报》2021 年 1 月 4 日。

10 位。① 同时,法国的研发密集型企业、科学出版物质量和商业企业研究人才方面也都进入全球前十位。

2021 年 10 月 12 日,法国总统马克龙正式公布"法国 2030"投资计划②,将 300 亿欧元投资分配到"法国 2030"关注的 10 个优先领域,法国将在颠覆性技术方面作出前所未有的努力,旨在促成法国到 2030 年"再次成为创新大国",通过创新提高法国经济增长的能力。

六、瑞士的创新

瑞士是一个高度发达的经济体,位居全球创新型国家前列,人均GDP 高居全球前端。政策的稳定性、长期性,完善的金融体系以及整个银行系统的保密体制使瑞士成为全球最稳定的经济体之一,也成为全球避税投资者的天然安全避风港。基于瑞士所拥有的发达的金融产业,服务业成为其经济发展的主导产业。

2016 年 9 月 28 日,世界经济论坛发布了《2016—2017 年全球竞争力报告》(*The Global Competitiveness Report 2016-2017*),瑞士连续八年被评为最具竞争力的经济体,表现出强大的风险抵御能力。世界经济论坛每年发布的竞争力排名基于"全球竞争力指数",该指数由制度、基础设施、宏观经济环境、商品市场效率等 12 个类别的指标组成。2011 年 10 月,该机构宣布调整竞争力评价方式,引入可持续发展因素,将"可持续发展竞争力指数"作为竞争力排名的重要衡量标准。

2011—2019 年《全球创新指数报告》显示,瑞士连续九年雄踞全球创新指数榜首,是世界上最具创新性的国家。它将出色而稳健的绩效转化为卓越的创新成果,包括专利申请、知识产权收入和高端技术产品生产。《2021 年全球创新指数报告》显示,瑞士再次位居全球创新指数第一,成为世界最具有创新力的经济体。③ 瑞士是高质量创新成果的生产者,在

---

① 佘惠敏:《全球创新指数报告发布:中国 17 个科技集群进入全球百强》,《经济日报》2020 年 9 月 7 日。

② 李宏策:《300 亿欧元打造"法国 2030"能否实现?》,《科技日报》2021 年 10 月 15 日。

③ 操秀英:《2021 年全球创新指数报告》,《科技日报》2021 年 9 月 22 日。

专利申请量和风险资本交易方面都有进步，成为连续十年保持全球创新领域的领先地位的国家。

梳理历年发布的《全球竞争力报告》和《全球创新指数报告》可以发现，强大的创新能力被认为是瑞士长期保持竞争力优势地位的关键因素，其具体因素包括以下几方面：

一是瑞士采取与时俱进的创新政策，政府持续强化自身的创新责任。瑞士 2011 年修订的《研究与创新促进法》将政府的创新责任界定为由"单纯促进科学和创新"演进到"将科学和创新政策与科学和创新过程整合成为一个整体的发展进程"①。政府将研发活动的重心放在增强瑞士的科技竞争力、提升产品附加值以及扩大就业上，目的在于持续推动经济社会发展。为了提高瑞士国家的科技创新能力，政府成立专门部门推动"以科学为基础的创新"，国家科学基金会则定位于负责促进"以知识为基础的科学研究"。

二是瑞士政府不断优化研发资金投入方向与领域。数据显示，瑞士多年来用于教育、科研和创新活动的研发资金投入超过欧盟。研发资金投入的部门包括联邦理工大学、应用类大学、国家科学基金会、创新推广机构与非大学类研究机构等。研发资金投入一定要体现效率，因此，瑞士政府将公共部门与私人部门的职能进行界定，基础研究任务主要由联邦技术科研机构和大学承担，重大应用技术研发主要由私人部门和应用类大学承担，同时要加速科技成果的产业化和市场化。

三是瑞士政府一直坚持特色鲜明的科技教育。瑞士国内社会的尊师重教风气蔚然形成，整个教育系统的基础教育、职业教育与高等教育高度均衡发展，在职业教育方面更是独具特色，这为瑞士政府高效推进创新发展战略提供了坚实的基础。瑞士的教育特点在于，在学生完成九年制义务教育后，就会有超过三分之二的学生走向职业技能培训。瑞士政府坚持的基本理念是，社会需要各行各业培养职业技能人才。长期以来，瑞士

---

① 李莎、严恒元、陈建、杨明：《国外如何进行科技创新：政策扶持投入保障》，《决策探索》2014 年第 22 期。

政府已经形成了一套完善的高水平的职业技能培训体系,涵盖了社会的数百个工种。由于职业技能人才的厚实基础和高超技艺,专业技工能够将科技创新成果转化为现实的深受消费者喜爱的产品,这就使"瑞士制造"誉满世界。

由于瑞士的人口数量限制,导致许多产业或企业的发展受到制约。为了弥补这一缺陷,瑞士政府充分利用其"中立国"的优势和良好的工作环境与生活环境,广泛吸纳全球各地高科技人才,这有效地解决产业发展或企业发展所面临的人才困境。瑞士联邦移民局的相关数据显示,在瑞士本地的外来人员中,具有高等教育文凭的人员占比为84%[1],主要就业于高新技术产业领域,包括信息技术、化学制药、企业咨询、机械及食品饮料。整体上看,瑞士竞争力长期保持全球首位,与其政府采取的持续发展战略紧密相关。

七、韩国的创新

韩国是亚洲地区的发达国家,也曾经是亚洲"四小龙"之一。20 世纪60 年代开始,韩国的经济发展进入增长阶段,现在仍然延续着增长势头。经历了半个世纪的经济发展,韩国的人均 GDP 已经由不足 100 美元上升到 2.4 万多美元(2013 年水平)。韩国经济的高速持续发展,既与韩国政府采取的对外开放政策与经济开发活动等有直接关联,也与韩国政府持续推进科技创新活动。

20 世纪 60 年代初,韩国政府启动了全国范围的大规模经济开发活动。在技术创新战略方面,主要是通过"走出去、引进来"的人才战略模式,先引进国外技术,再模仿、消化进而吸收国外技术,达到了韩国科技开发从无到有的历史性转变之目的。数据显示,在 20 世纪 80 年代,韩国用于引进国外先进技术的费用达到了 240 亿美元。坚持引进国外技术所产生的积极效应是切实提升了韩国的技术创新水平和能力,大大推动了韩

---

① 张璐晶、陈惟杉:《达沃斯〈2014—2015 年全球竞争力报告〉解读哪些国家(地区)竞争力更高》,《中国经济周刊》2014 年第 35 期。

国汽车工业、轮船制造业等产业的高速发展,并在国际市场占有重要一席之地。自 2011 年以来,韩国科技创新公司的数量增加了 80%,科技孵化公司的数量也由 1 家增加到 50 多家。①

《2014 年全球创新指数》报告显示,韩国的创新指数为 55.27,在参评的全球 143 个国家和地区中,排名第 16 位。在具体的评价指标中,韩国的高等教育登记率、研发总支出、电子政府服务、网络参与、股市总值与国内生产总值比率、知识创造、国内专利申请率等指标都处于全球首位。梳理已经公布的创新指数数据,可以看出,韩国的创新指数在全球排名持续上升:2012 年全球排名第 21 位,2013 年排名第 18 位,2016 年排名第 11 位,2021 年位居全球第 5 位。②

第二次世界大战后,韩国科技创新能力迅速提升的因素是多元化的。一是韩国政府主导科技创新活动。1989 年韩国政府出台了《尖端产业发展 5 年计划》,重点是加速推进微电子、新材料、生物工程和光纤维等高科技项目研究。其后,重点又转向数码广播、智能机器人、新一代半导体和未来型汽车等高新技术产业。朴槿惠当选韩国总统后,成立了"创造经济"的总责部门,也就是"未来创造科学部"。"未来创造科学部"涉及科教部、知识经济部等部门,由此可见,朴槿惠对创新带动发展理念的重视。二是韩国政府大量投资于研发领域,有效推动了科技产业和创新的发展。从全球来看,2018 年韩国投入研发的经费占到其 GDP 的 4.53%。③ 研发经费投入强度处于全球最前列。在政府研发投入资金的有效带动下,韩国的风险资本也进入研发领域,有效缓解了研发资金短缺的状态。韩国的老牌风险投资公司如软银投资、石桥资本等都介入创新领域。三是韩国政府强化科技创新的国际合作。2012 年,韩国与欧盟共同举办了加强欧盟与韩国技术创新融合的"韩国尤里卡日"活动。2014 年以来,韩国又

---

① 杨明:《韩国:创新推动经济发展》,《经济日报》2014 年 11 月 13 日。

② 《2021 全球创新指数发布:中国超越日本 韩国上升势头明显》,《参考消息》2021 年 11 月 4 日。

③ 原帅、何洁、贺飞:《世界主要国家近 10 年科技研发投入产出对比分析》,《科技导报》2020 年第 19 期。

与以色列在科技创新领域充分合作。韩国与以色列在诸多领域能够开展合作，如韩国的汽车、手机、电视等都是具有高新技术含量的产业，而以色列则在各种技术解决方案方面具有优势，因此，韩国与以色列能够通过技术领域合作，推进双方的科技创新发展。

2016 年，韩国政府实施了大幅放宽财政、税收、金融等各个领域限制的措施，目的是全力扶持物联网、无人机、智能器材等战略性新兴产业高质量快速发展。韩国政府不断加大对创新创业企业的资金支持力度，以使创新经济战略能够持续推进与实施，这也有效推动了中小创新企业成长。数据显示，截至 2016 年第三季度，韩国大约有 1200 家创业企业和大约 1700 家中小企业得到了融资支持，总共吸引的投资达到了 2825 亿韩元。[①]

2020 年韩国政府发布的年度科技计划聚焦于三个战略：完善科技发展的基础架构、更加凸显人工智能（AI）领先战略、加快发展数字媒体产业。紧接着出台的《2020 年科技和 ICT 研发综合计划》聚焦于基础研究、科研生态、核心原创技术研发等 7 个领域。2020 年中期，文在寅政府发表"韩国版新政"，计划到 2025 年中央政府投资 114 万亿韩元、总投资约 160 万亿韩元，目的在于提振科技和经济发展。[②] 2021 年 3 月，韩国政府又制定了"区块链技术发展战略"，其核心是计划到 2022 年在全国形成百家以上在国际上有竞争力的区块链企业，把韩国区块链市场规模扩大到 1 万亿韩元（约合 9 亿美元）。[③]

八、芬兰的创新

芬兰处于北欧地区，土地稀缺，但却是世界最具有创新活力的地区和国家之一。芬兰在过去 20 年一直具有较高的创新强度与创新绩效，这与

---

① 郭言：《融入创新浪潮：加大扶持力度　推动创新增长》，《经济日报》2016 年 12 月 28 日。

② 科技日报国际部：《支撑当下　规划未来——2020 年世界科技发展回顾·科技政策》，《科技日报》2021 年 1 月 4 日。

③ 何媛、田明：《韩国政府多举措打造创新营商环境》，《黑龙江日报》2021 年 11 月 8 日。

其较为完善的创新组织架构密切相关。芬兰在全球范围内第一个将国家创新体系概念视为其科技政策基础，一度在创新驱动发展方面起到了示范引领作用。当然，芬兰创新能力形成的因素是多元化的，既有政府因素，也有企业和文化因素。

从政府层面看，芬兰成立了技术创新局，专门负责为企业提供技术创新指导与资金支持等方面的服务。芬兰的技术创新局成立于 1983 年，该局每年资助的创业公司、大学与研究机构有 3000 多个，其投资于创业企业的资金持续增加，2013 年用于创新的资金为 6 亿欧元，用于公司和企业的研发经费占比为 60%，用于科研机构的经费占比为 40%。而在投资于公司和企业的研发资金中，70% 是投资于中小企业的。① 由此可知，促进中小企业快速创新与成长，进而走向国际化作为芬兰国家技术创新局的重心工作所在。2020 年芬兰国家整体预算中，投入于研究和开发活动的经费为 20. 625 亿欧元。②

芬兰技术创新局采取各具特色的方式支持企业的研发活动。由于技术创新局是芬兰国家的政府机构，因此该局的具体工作要符合国家的经济发展战略，该局每年都要推出新的研发项目，每个研发项目的周期为 3—5 年。基于芬兰政府的战略需求，国家技术创新局正在大力推进的项目有北极经济、绿色成长、可再生发展与数字生态等。申请技术创新局项目的负责人都是各个领域的专家，因而能够在评估申请企业的时候，做到灵活性、专业性、高效性与公正性。在对企业的资助项目中，固定项目与自由项目占比持平，只要项目有创新的思想和点子，能够对经济社会发展产生推动作用，就可以得到技术创新局的资金支持。

芬兰国家技术创新局能够有效促进被资助的企业创造更高质量的产品，使企业敢于冒更大的风险参与具有挑战性的研发活动。同时也为促进企业之间、企业与科研机构之间更为充分的交流提供平台。国家技术

① 李莎：《探访芬兰技术创新局》，《经济日报》2014 年 11 月 18 日。
② 驻芬兰共和国大使馆经济商务处：《芬兰 2020 年预算增加了研发资金》，2020 年 2 月 21 日，见中华人民共和国商务部网站：http://www.mofcom.gov.cn/article/i/jyjl/m/202002/20200202938071.shtml。

创新局还为中小企业和初创企业能够顺利进入市场提供可行的商业化模式，促进企业全球化发展。芬兰的国家技术创新局在美国、欧盟、中国等国家和地区都有海外办事机构，并与各国的政府和相关创新机构进行合作交流，这会有效帮助芬兰的企业快速拓展国际市场以参与国际研发活动，提升创新能力。

从企业层面看，芬兰重视企业在创新中的主体性作用。芬兰坚持以创新驱动发展战略，以市场为导向，加速打造和完善国内创新网络，更好地支撑企业发展。增加研发供给，强化能力建设，完善组织和网络建设成为影响芬兰国家创新体系和创新能力的主要因素。为了加强企业与企业间，企业与研究机构、高等院校间的联系，以使资源有限的中小企业能够从其他大型主体获取创新和发展的能量，芬兰持续强化相关的网络体系建设。从发展历史看，芬兰的企业与高等院校之间的有效合作非常有限。然而，自从芬兰重视创新网络体系建设后，企业与科研机构的合作迅速发展。当然，从芬兰产业发展实际看，由于过度重视和集中于某些产业和企业的发展，造成产业多元化不足，致使芬兰的国家创新体系存在"把鸡蛋装进一个篮子"的风险。

九、瑞典的创新

从历史和国际视野看，北欧地区的创新传统由来已久，长期以来一直是孕育创新的地方。瑞典是欧洲创新的"领头羊"之一，其经济富于活动，鼓励创新，竞争力很强。从世界领域来看，瑞典科研开支占 GDP 的比重仅次于以色列。其中一个重要原因就在于瑞典有很多跨国公司，对科研创新进行了大量的投资。根据彭博社公布的 2017 年全球经济体创新指数，瑞典位居第二、芬兰位居第五、丹麦位居第八。[1] 彭博的全球创新指数是综合了研发强度、制造附加值、生产力、高新行业密集程度、创新效率、人才集中度以及专利活跃度等各个维度加权而得出的。

2019 年全球创新指数（GII）显示，瑞典成为创新指数排名第二的经

---

① 钱童心：《北欧的创新力量》，《第一财经日报》2017 年 1 月 26 日。

济体,其主要的优势在于瑞典拥有完善的发达的基础设施、高水平的创新能力、高质量的技术产出等。瑞典经济发展的实践表明,其强大的创新能力取得了诸多创新性成果;同时,瑞典通过世界知识产权组织(World Intellectual Property Organization,WIPO)《专利合作条约》(PCT)提交的专利申请大幅上升。2020年全球创新指数(GII)显示,瑞典依靠扎实的人力资本和研究体系,加之创新企业的成熟市场,连续两年位居全球第二位。[1] 2021年9月20日,世界知识产权组织发布的《2021年全球创新指数报告》,瑞典仍然排名第二位。[2]

瑞典的创新指数不断提升至高端的一个很重要的因素是,其制造附加值指标的上升。基于经济发展实践看,瑞典的创新能力提升是其长期以来不断努力的结果。瑞典人能够充分施展自己的创新优势,主要在于其具有崇尚自由创新的精神。斯德哥尔摩的私人基金工业经济研究所(RIIE)认为,创新是瑞典民族的精髓,每个瑞典人都在通过自身努力营造这种创新的氛围,这和其他欧洲国家强调集体主义的理念有较大差异,也是有效推动瑞典创新的根本因素。[3] 从历史上看,瑞典国民的个人主义行为特别明显,经常依据自己的内心想法去做自己感兴趣的事情,以更好地满足自己的好奇心。

瑞典国家对于真正创新者给予一定的激励措施,国家的税收体系也向创新者倾斜。瑞典政府投入相当大的财力支持小型的创业公司。瑞典政府特别重视研发投入,国内的大企业更是注重研发投入,如瑞典的制造业企业沃尔沃在其发展历程中就特别重视研发投入和技术创新,不断完善管理流程和运营网络,持续提升创新的效率,最终成就了其在全球制造业领域的重要影响力和汽车领域的强大竞争力。根据彭博社创新指数,瑞典的研发投入排名第五位,正是大幅增加研发经费投入,有效帮助瑞典国家平稳渡过了由于欧洲主权债务危机而导致的经济低迷期。瑞典国家整体工资水平高、贫富差距小而形成的特殊社会结构更有利于社会创新氛围

---

① 佘惠敏:《中国创新能力排名保持第14位》,《经济日报》2020年9月7日。
② 操秀英:《2021年全球创新指数报告发布》,《科技日报》2021年9月22日。
③ 钱童心:《北欧的创新力量》,《第一财经日报》2017年1月26日。

的形成。瑞典斯德哥尔摩政府鼓励创新活动的一个创新做法,就是每年从上千个创新项目中评选出六类创新尖端项目(包括科技、清洁技术、创意产业、日常用品、旅游和生命科学),每一类前六名的项目将获得金额为63万瑞典法郎(约50万元人民币)的奖金,以更好地进行创新活动。从历史上看,瑞典经济开放,政府采取了宽松的监管政策,一大批成功的跨国企业同学术界进行合作。同时,瑞典对教育和研究进行巨大投入,并建立了良好的公共采购制度。这些做法有效助推了瑞典的创新发展。

十、挪威的创新

挪威位于北欧地区,是北欧五国之一,全国总人口仅有500多万人。基于全球视野看,挪威的创新能力比较强大,2021年世界知识产权组织发布的全球创新指数排行榜上,挪威排名第20位(排行榜的衡量标准包括大学的科研质量、企业的研发支出、产学研合作、专利数量与科技人才数量等)。挪威的创新特点体现在两个方面:一是小企业的创新能力强大;二是在海洋科技、生命健康、清洁能源等方面表现突出。

挪威国家设立有明确的机构推进创新。具体负责科技创新的机构包括挪威研究理事会(Research Council of Norway)、挪威创新署(Innovation Norway)和挪威产业发展公司(SIVA),三个机构都是政府主办的国有企业,但是其董事会的成员却是来自学术界和私营部门的人士。三个机构的职能为:一方面给予政府相关研究和创新政策的制定提供高质量的建议或意见,另一方面给予相关的创新型企业高效发展提供高质量的咨询和服务。

具体来看,挪威研究理事会隶属于教育与研究部,其下设六个部门具体负责挪威工业和能源、生物生产和改良、环境与发展、文化与社会、自然科学和技术方面的研究。理事会的职能在于有效推动基础研究和应用研究的不断深入,给研究计划提供帮助,也给予研究机构基金支持,具体负责了1/3左右的公共研究基金的分配。① 挪威研究理事会一直持续增加研发投入,数据显示,2018财年挪威国家科研预算投入相较于上个财年

---

① 王海燕、梁洪力:《挪威创新系统的特征与启示》,《中国国情国力》2014年第5期。

增加了 12 亿挪威克朗。

挪威创新署是产业部与贸易部的下设机构，是半官方的机构，其在国内部署了 70 多个办公网点，同时与国家外交部合作，已经在世界范围建立了 40 多个国际网点。挪威创新署采取企业运作的管理模式，主要任务是负责完善和管理以商业为导向的国家及区域创新政策。挪威创新署的基金规模达到了 87.2 亿挪威克朗，主要为区域创新提供贷款、担保和股权投资，以积极鼓励企业在特殊地区开展具有潜在盈利的商业活动。挪威国内的企业能够借助创新署在全球各地的网络，安全高效地"走出去"。

挪威产业发展公司也是产业部和贸易部的下设机构，其运行更为商业化，主要职责是给予中小微企业提供投资资本与担保等服务，以更好地帮助企业搭建创新合作网络，并入股了多家科学园区、孵化器和投资公司。

产学研合作是挪威创新成功的一大特色。在教育方面，挪威长期实施十年制的义务教育，中央政府直接负责高等教育，以公立教育为主，投入教研团队的经费十分充足。如博士生招生采取项目制，即导师必须依据项目和需求招聘博士生，并且导师必须与博士生签订合同，保障博士生拥有薪金，博士不仅要参与教研团队，而且还要参与一定的教学任务。由于有丰厚的生活保障以及良好的发展空间，其教研团队能够心无旁骛地从事长期的前沿课题研究。

大学在挪威的科技成果转移转化过程中担当了重要角色，起到了极为重要的作用。成立支持科技成果转移转化的服务部门或机构是挪威大学的一贯做法，其目的在于通过与高等院校和创新团队保持紧密联系，以为研发机构与商业机构、企业等搭建好中介服务平台，推进研发机构的科技成果转移转化顺畅进行，提升科技成果的转化率和产业化率。在科技创新和经济发展过程中，挪威已经形成了高等院校、独立研发机构与产业部门协同推进的"三位一体"科学研究格局。

挪威政府为了激励科技创新，对企业用于研发的费用给予一定的税收减免，如政府设计了斯卡特芬（Skatterfunn）制度，即所有研发企业的税收减免体制,也就是企业所投入的研发经费额能够抵免企业当年所应该缴纳的税额。其具体标准是:大型公司被批准的研发计划可以减免18%的税费,中小企业则可以减免20%的税费。税收减免这一有效的激励措施在实践中产生了良好的效果,挪威统计局发布的《科技研发与创新支持政策的评价报告书》显示,当政府对企业的研发经费抵免税额总量达到100万克朗时,会增加1.2—1.7个长期的就业岗位。

通过分析发现,挪威对企业的税收抵免计划最为突出的特点是,如果抵免额大于所应该缴纳税额,其差额部分会以现金补贴的方式直接发放给企业,这对于严重缺乏研发资金的中小企业来说具有极为重要的作用。挪威经商参处的数据显示,从2008年到2012年4月,共收到了29728个项目申请税收抵免,其中22582个税收抵免项目得到批准,批准率达到了76%;项目的研发经费为560亿克朗,抵免税额为107亿克朗。到2012年3月,其中84%的项目已经完成了最终的目标,75%的项目已经显现出较为可观的回报,在已经完成的项目中,96%的研发成功最终已经商业化。①

第三节　发展中国家的创新发展: 以俄罗斯和印度为例

发展中国家也将科技创新视作为突破增长瓶颈,谋求未来发展的关键。

一、俄罗斯的创新

俄罗斯国家的成立伴随全球新科技革命不断深化和技术加速迭代。在俄罗斯国家的转型发展过程中,创新乏力、成果转化不足等痼疾制约着国家的健康发展,也导致俄罗斯经济发展长期无法摆脱能源依赖。

---

① 邱智丽:《挪威式创新解密:政府主导小企业当道》,《第一财经日报》2017年4月14日。

2000年普京当选俄罗斯总统后,大幅度提升科技研发投入。同时,出台了多部科研战略计划及科研创新方案,如2006年2月第1号备忘录《2015年前俄联邦科学和创新发展战略》、俄联邦政府2006年7月6日通过的第977-P号令《研究和制定2007—2012年俄罗斯科技综合体发展的优先方向》《2007—2013年俄罗斯发展科技研发优先领域》国家专项计划、俄联邦教育和科学部2009年11月2日通过的《俄罗斯创新体系和创新政策报告》和俄联邦政府2011年12月8日批准的第2227-P号令《2020年前俄联邦创新发展战略》等。①

2012年俄罗斯启动了《2013—2020年国家科技发展计划》,强调发挥科技创新在俄罗斯经济现代化过程中的主导作用;要解决基础研究与应用研究效率低下、企业研发积极性不高、国家研发投入不足及科技人才流失等问题。

具体来看,俄罗斯主要实施了创新型经济战略。(1)俄罗斯正式明晰了国家经济现代化任务,一是要促进俄罗斯高等教育体系创新能力发展,加速形成产学研良性互动机制;二是要切实提升政府的行政效能,大力促进国家创新体系的基础设施建设加速推进。(2)推动国有部门私有化现代化建设,目的在于有效培育良性竞争市场机制,提升市场运行效率。(3)通过吸收国内外的先进技术和资金等方式建设经济特区,实践中俄罗斯先后设立了三个工业生产特区、四个科技研发经济特区、三个港口和八个旅游休闲经济特区,目的是大力吸引外资、真正促进俄罗斯高科技产业的快速发展。在俄罗斯政府的持续努力下,俄罗斯科技水平持续提高,科技创新能力不断增强,一批新的科技创新成果逐渐转化为市场效应,切实促进了俄罗斯经济增长。

切实鼓励高等院校与企业进行科技研发活动。俄罗斯联邦政府在2010年4月9日颁布了《关于政府支持发展俄罗斯高等教育机构和组织实施全面打造高科技生产项目的决议》(以下简称《决议》)②,《决议》认

---

① 赵昆、罗梓超:《俄罗斯科技创新体系浅析》,《科技创新导报》2015年第29期。
② 安心:《全面提升教育竞争力——俄罗斯着眼未来的教育政策》,《光明日报》2018年5月16日。

为通过与企业进行高效合作,能够更好地有效推动俄罗斯科研机构和高等学校发展。《决议》明确提出俄罗斯联邦政府将对实施的"发展科学技术"项目(2013—2020年)给予一定的奖金支持,目的在于一方面建立俄罗斯高等学校、科研机构和生产企业间的紧密联系,另一方面高效促进科技创新,不断提升俄罗斯高校的科研实力,大幅提升高等学校的教育质量,推动科学密集型生产的快速发展。长期以来,俄罗斯对研发项目的经费支持实行的是全额奖金拨款,但前提条件是项目申请单位必须有企业的参与,而且拨付的奖金所产生的效果能够体现为给企业的高科技生产带来切实的改变。如果研发活动最终并未达到既定的目标,那就必须返还已经拨付的全部奖金。俄罗斯制定的计划是,在2024年前正式启动15个以上的教育科学中心,更好地服务于高等学校和经济部门的有效合作,确保俄罗斯国家进入科学研究五强国家行列。

从俄罗斯的经济发展实践看,要提升俄罗斯国家的创新能力,其根本在于培养大量的创新型人才。为了应对全球日益激烈的科技人才竞争,俄罗斯建立了比较完善的人才培养体系,包括天才儿童和青年识别与支持体系,以更好地满足科技发展和颠覆性技术突破对人才的有效需求。

2020年7月21日,俄罗斯总统普京签署了《关于2030年前俄罗斯联邦国家发展目标的法令》,一项主要内容就是将"为公民的自我实现和才能发展创造条件"提升至新的高度,而且继续将优先支持发展儿童和青年才能纳入国家战略。体现为俄罗斯国家在财力受限的约束下,加大对儿童教育支持力度,如2019年俄联邦共向42个地区发放220万份"补充教育券",还计划到2023年实现向"补充教育券"投入模式的全面过渡。①

俄罗斯儿童补充教育就是对通过选拔的天才儿童进行面授培训,通过多学科的融合培训和科技项目的实践锻炼,不断提升人才的知识能力和实践能力,最终达到人才计划的高端人才培养目标。

---

① 姜晓燕:《俄罗斯从娃娃抓起培养创新能力》,《光明日报》2020年10月15日。

二、印度的创新

2014年，印度提出了"印度制造"战略，其后又出台了"数字印度"及"创业印度"等配套措施，提出强调创新与研发。[①] 印度结合自身需求，在研发机构、人才培养、商业等领域执行"节俭式创新"，在降低成本的同时实现产品价值的提升。

梳理资料与文献可以看到，印度的创新具有明显的特点，体现为：一是隐形创新。印度的经济发展和科技创新的演进实践表明，对于创新形式和模式的认识必须突破惯性思维窠臼。创新未必是社会大众一定要知道的创新，也并非针对应用市场和终端用户的"终端创新"，它可以体现为制造产品的新工艺方法或者新的组织管理和营销商业模式等"过程创新"。在面临成本上升和竞争的压力下，诸多印度企业全心致力于高附加值研发服务——"隐形创新"而非"显形创新"。

从实践来看，相对于"显形创新"来说，"隐形创新"同样是具有相当力量的创新。印度在其"隐形创新"的过程中持续积累的技术和能力，通过充分发挥企业家精神的引领作用，加速雇员流转，通过副产品技术溢出，新机遇的不断创造等途径，有效培育出大批才华卓越的商业领袖和技术精英，进而间接地孕育出最终的"显形创新"。

二是逆向创新。从科技发展的实践看，印度人对于创新的理解是多元化的。印度的逆向创新内涵多元，既可以是节俭式创新，也可以是低成本创新，还体现为包容性创新或拼凑式创新。

在印度，"甘地精神"具有强大和持久的影响力，这种文化精神对于印度的创新文化形成具有深厚影响。"甘地精神"催生了印度的"节俭式创新"，并对长期以来形成的传统创新方式和理念进行了根本性的颠覆。多年来，印度医院致力于打造"世界级水准的超低成本医疗"，它们专门从精挑细选的高成本技术中入手进行逆向创新。由此提出了"逆向创

---

① 陈婧：《印度：用"印度制造"和"数字印度"引领国家未来》，《中国青年报》2016年10月21日。

新"，并在创新实践中广泛应用，为新兴市场而创新开发的节俭式产品首先在发展中国家采用，逐步推广到发达国家。学术界认为"逆向创新"之所以能够在印度取得成功，其缘由在于：（1）文化因素。研究显示，印度有一种文化被称为"即兴的创作"。（2）社会因素。实践表明，印度社会的贫富差距持续扩大，低社会阶层的人们需要享受到低价格、高质量的教育、医疗等服务。（3）印度形成了比较完善的鼓励创新和包容创新的制度体系。

三是草根创新。从全球看，发展中国家的人才向发达国家流动是一个趋势和规律，印度当然也不例外。印度自独立以来也一直面临着人才流失的问题。然而，近年来随着班加罗尔等国内科技创新高地的建立与发展，高新技术人才和高学历人才有了用武之地。印度班加罗尔的 John F.Welch 科技中心，是通用电气（GE）在全球建立的最大研发基地，拥有 2300 个雇员，其中 700 名印度年轻人都是从美国回来的。[①] 正是这些具有国际视野的印度年轻人，基于创新视角在工作实践中持续探索工作流程创新，才奠定了印度企业内"草根创新"的基石。印度管理学院教授阿尼尔·古普塔于 1988 年创办了"蜜蜂网络"，并通过各种方式尽力搜寻民间的各种类型"草根创新"。"蜜蜂网络"搜集到这些创新实践案例后，依据案例标准纳入数据库，数据库保持开放状态，任何人都可以在网站上搜索到草根创新案例的相关信息，进而更好地借鉴以实现创新的产业化。

为了激励更多的社会公众进行"草根创新"，在"蜜蜂网络"的推动下，又成立了若干家相关机构，这样就形成了一个比较完整的创新支持体系。在 2000 年时，印度政府建立了"印度国家创新基金会"，给予了 500万美元的经费支持，其目的在于有效鼓励民间开展"草根创新"活动。印度"草根创新"活动的成功实践，在于切实尊重和重视了人民的智慧，通过各类政策和制度有效推进民间个人创新发明。

《2019 年全球创新指数》显示，在全球创新指数排位中，印度位居第52，是中亚和南亚地区排名最高的经济体。印度 2015 年创新指数排名第

---

① 周及真：《印度创新特色面面观》，《学习时报》2018 年 8 月 20 日。

81 位,大幅上升了 29 位,是全球创新指数排名上升最多的主要经济体。从单个指标看,印度在创新质量方面位居中等收入经济体第二名,其中在如生产率增长和通信技术相关服务出口方面仍然居首,其成绩取得的优势在于印度拥有高质量的科学出版物和高等院校。2019 年,印度在全球研发公司支出上排名第 15 位。印度的班加罗尔、孟买和新德里进入全球百强顶级科技集群。《2020 年全球创新指数报告》显示,印度排名第 48 位,跻身全球前 50 位。①

---

① 佘惠敏:《中国创新能力排名保持第 14 位》,《经济日报》2020 年 9 月 7 日。

第二章 发达国家激励研发活动与推进技术转化的基本做法

第一节 发达国家促进研发活动的税收激励政策

在信息技术快速发展的背景下,国家间的竞争也逐渐由传统的产品和服务的竞争,前移到产品形成初期的研发阶段的竞争,这也更加凸显出科技创新能力对一个国家经济发展的决定性作用。为此,发达国家积极采取激励研究与开发(Research and Development,R&D)活动的有效措施以推进本国科技创新,其中科学有效的税收激励政策是一种普遍做法。因此,了解把握发达国家促进研发活动的税收激励政策的经验,对促进我国科技创新能力的提升有着重要的实践价值。

一、研发税收激励政策的内涵、方式及特点

(一)研发税收激励政策的内涵

税收激励也称为税收优惠,是税法中规定的给予某些活动和某些融资方式以优惠待遇的条款。税收优惠通过直接影响纳税人的收入来间接影响纳税人的行为,进而引导社会经济活动朝着政府的预期方向改变。这种目标主要通过两种方式来实现:一是对纳税对象的选择、税基、税率的变化以及税收范围的调整;二是针对税法中规定的一些法律条款,给予特定纳税人或特定类型活动以各种方式的税收优惠,从而引导扶持这些经济活动。研发税收激励政策是指可以有效刺激企业增加研发支出的相应税收政策,该政策主要通过税收优惠方式使企业可以较快地收回研发支出成本,以降低研发投资风险,提升企业在研发活动方面的投入积极性。

（二）研发税收激励政策的方式

从当前发达国家开展研发活动来看，各国政府促进研发活动的税收激励政策主要有三种方式：其一，税收减免。企业的研发投资根据企业研发投入总量和增长水平的情况从可征税收入中扣除。政府通过对企业实行定期减征或免征企业所得税的方式以增加企业税后所得利润，进而达到激励企业增加研发投入之目的，以提高企业创新能力。其二，加速折旧。这是按照税法规定通过缩短折旧年限、提高折旧率的方法，从而加快折旧速度，减少应税所得额的一种税收优惠方式。这样的激励方式能够减轻企业所得税，同时增强企业的未来竞争力。在正常折旧情况下，企业每年的折旧费用是固定不变的。在加速折旧的情况下，因为折旧费用不断减少，企业开始缴纳的所得税额也相应减少，随后企业缴纳的税额会逐渐增加，这在某种程度上相当于政府为企业提供了一笔无息贷款。其三，税前扣除。税前扣除指从企业应缴纳的税费中扣除研发投资的部分或全部金额。主要有三种方式：一是根据企业研发投资总额的比例来扣除税收金额；二是根据两个时段研发投资的增量来计算税收扣除金额；三是结合前两种方式，根据研发投资的总量和增量来综合考虑。

（三）研发税收激励政策的特点

相较于其他激励政策来说，税收激励政策对研发活动促进作用的特点体现在：一是对市场经济活动造成的影响最小。市场上各部门都拥有自己完善的经济活动执行计划，而直接补贴与低息贷款则要求获得资助的部门改变他们原有的经营计划，更加符合获得资助的条件。二是提高资源配置效率。直接补贴更容易导致腐败的发生，进而导致研发补贴"寻租"的发生，从而降低政府有限资源的配置效率。三是税收激励的运行成本较低。税收激励不需要通过复杂的官方文件，不需要其他的执行机构，不需要年度评核，这能够在一定程度上减少企业的非生产性成本。同时税收激励可以做到更准确的预期，因此这种激励方式也更加稳定和有效。

二、发达国家实施研发税收激励政策的异同

通过剖析发达国家企业研发成功的经验与做法，发现政府对企业研

发投入支出进行税收抵免是其共同做法,但其具体做法则各有差异。

(一)发达国家基本做法

1. 美国的基本做法

美国政府最新实施的研发税收激励政策有三种方式:传统税收减免法、递增减免法和简化减免法。传统税收减免法是指企业在纳税年度的有效研发投入中,超过基准值的部分,可以享受 20% 的减免。递增减免法于 1996 年通过,在 2006 年进行了修改,提高了优惠比率。该法规定:以企业在纳税年度的有效研发投入与前 4 年企业总收入平均值的比值为基准,按照三个层次的比例享受税收优惠。如果该比值大于 1% 但不超过 1.5%,企业可享受 3% 的税收减免;如果比值大于 1.5% 而小于 2%,企业能享受 4% 的税收减免;若该比值大于 2%,则企业能享受 5% 的税收减免。[1] 简化减免法在 2006 年通过,于 2007 年开始实施。该法只考虑研发投入情况而不考虑收入影响,有些企业无法享受传统税收减免或递增减免,但是有研发投入就可以享受该法的税收减免政策。该法规定:以企业前 3 年研发投入平均值的 50% 为基准,企业在纳税年度研发有效投入超过基准部分,享受 12% 的税收减免。新企业可直接享受 6% 的税收减免。

2. 英国的基本做法

市场经济中企业是创新的主体,只有企业创新工作取得进展,国家的整体创新能力才会有坚实的基础。为了支持企业进行创新活动,近年来英国政府对所有公司开展的研发活动给予了税收优惠。从 2000 年起,中小企业符合条件的研发费用支出的部分,能够享受税收减免的优惠,其额度最高可以达到 150%;对于新建立的企业,如果愿意放弃税收优惠,那么企业就能够获得占符合条件部分研发费用的 24% 的现金退款。从 2002 年起,对于大企业支持的研发费用,其税收优惠将给予无须支付的大额扣除,其额度相当于开支的 125%。[2] 2007 年英国政府还发布了一份《高端逐鹿》的科技评估报告,指出现行的税收优惠激励计划不仅要激励

---

[1] 冯埃生:《美国 R&D 税收激励政策——美国政府对跨国公司从事 R&D 活动的政策调研》,《全球科技经济瞭望》2009 年第 4 期。

[2] 王葆青:《英国政府如何激励企业创新》,《经济日报》2006 年 7 月 12 日。

高新技术产业,也应该将创意产业、金融部门等纳入进来,以鼓励企业进入这些重要的创新领域。

3. 日本的基本做法

1985 年日本政府下发了《促进基础技术开发税制》和《关于加强中小企业技术基础的税制》两个文件,明确规定了企业用于购置基础技术(包括尖端电子技术、生物技术、新材料技术、电信技术及空间开发技术)开发的资产免税 7%,对中小企业的研发和试验经费免税 6%。[①] 在国家政策的大力支持下,日本迅速成长为创新型国家。2003 年日本政府对税收激励政策进行改革,包括对研发费的减免和对研发设备投资给予优惠。2006 年日本政府制定了"混合型税收抵免"制度。2014 年日本政府对税收激励政策再次改革,对用于提高生产效率的设备购置成本 50%进行加速折旧,或者以购置成本 4%直接进行税额抵免。[②]

4. 澳大利亚的基本做法

为了激励和促进企业研发投资,不断提升企业的技术创新能力和竞争力,自 2001 年 7 月 1 日起,澳大利亚政府对企业新增加的研发投入的税收减免比例从以前的 125%提高到 175%;政府规定对年度营业额不超过 500 万澳元、研发支出没有超过 100 万澳元的企业,执行回扣的比例为 37.5%。澳大利亚政府特别支持企业自主创新和关注中小企业的发展,其法律明确规定,在重大采购项目中,如果金额达到 1000 万澳元以上,且中标部门为外国企业者,则必须与本国企业或科研机构共同制订科研计划或者设立研发中心,以帮助国内企业实现技术升级。[③] 而中小企业必须占有政府采购合同额的 10%。通过采取多元化的有效措施,澳大利亚很快发展成为南半球的创新先驱。

(二)发达国家税收激励政策的共同点

据统计,上述发达国家在研发投入和产出等方面远高于其他发展中

---

① 李时椿:《美、日技术创新机制及对我国的启示》,《宏观经济研究》2001 年第 10 期。

② 王万光、叶建芳、杨辉:《日本对研发的税收激励政策演变及评价》,《税务研究》2016 年第 11 期。

③ 肖建华:《典型创新型国家 R&D 税收激励政策纵横谈》,《广东科技》2008 年第 21 期。

国家,科技进步对其经济发展的贡献达到了70%以上,其研发的投入强度也大多在2%以上,世界每年产生的专利主要集中在这些国家,其科技创新成就的取得在相当程度上得益于国家对企业实施的税收激励政策,其共性体现在:

1. 多元化的税收激励政策和手段,提升了企业的研发自主性

从实践来看,发达国家对企业实施的研发的税收优惠手段多元化,不仅有直接的税收抵免和税后抵免额延期方式,还有加速折旧和提取技术基金等方式。类型各异和情况不同的企业,能够根据税收优惠政策和手段的导向目的,开展符合企业自身发展的自主研发活动。

2. 大多采用税基计算的支出总量法给予企业优惠政策

由于支出增量法没有考虑到研发活动的周期性,要求企业一直保持研发投入的增长,这不符合企业市场经济运行的规律,该种方法会导致研发支出高的企业因为增量没有满足要求而无法获得税收优惠,这将严重打击企业研发投入的积极性。而支出总量法的计算能有效避免这种情况的发生,因此很多国家将总量法作为首选的方法。

3. 实施更加优惠的税收激励政策以激励中小企业积极开展研发活动

通过税收手段激励企业开展自主创新,其实质是政府部门将原本通过税收取得的财政收入返还给这些企业。目的在于以增加企业税后收益来激励其进行自主创新的积极性;相比较于直接财政补贴,税收优惠政策是一种间接手段,企业自身选择的余地相对较大,能够形成较好的激励机制。中小企业往往是一个国家自主创新的主力军,同时普遍存在资金匮乏的问题,将税收激励的重点放在中小企业上能在很大程度上缓解其经济压力,增强其进行研发活动的动力。

4. 通过减免公司所得税来激励企业加大研发投入

从发达国家的具体做法看,政府给予企业研发税收优惠政策主要集中在公司所得税的减免上,税前支出扣除和税收减免均是通过对公司所得税的优惠来激励企业增加研发的资金投入。但是,随着税收激励的力度加大,税收激励政策也逐渐扩展到从事研发人员的个人所得税减免上,

这会大大提高研发人员从事技术创新的积极性。

第二节 发达国家直接资助研发活动的基本做法

目前,发达国家研发投入强度都在2%以上,世界每年产生的专利主要集中在发达国家,科技进步对其经济发展的贡献率达70%以上[1],这些国家的成功在一定程度上得益于政府对科技创新的研发资助。

一、设立专项资助基金,增强企业研发的积极性

发达国家政府通过对研发机构的直接资助,提高企业的研发积极性。美国国家科学基金会(NSF)2013年的财政预算为73.73亿美元,还不断提升对高风险研发项目的资助力度。美国联邦政府2019财年研发预算支出总额为1544亿美元,再创新高。[2] 2020年美国国家科学基金会(NSF)的预算增长2.5%(2.03亿美元),达到了82.8亿美元。[3] NSF还特别支持刚开始从事科研的研发人员,为科研机构、大学、国家实验室、企业等研发机构输送有竞争力的人才。美国于1988年提出先进技术计划(ATP),重点支持应用性研究。[4] ATP计划有效弥补了市场的缺陷,支持高风险、长周期的研发活动。德国政府对企业创新的资金资助毫不吝惜。2012年,德国教研部的财政预算为129亿欧元,经济技术部仅在技术创新方面的预算就达28亿欧元。2019年5月德国政府宣布,在未来10年内,每年将研究预算增加3%,总增长额达170亿欧元。[5] 德国的"高科技创业者基金""欧洲天使基金""中小企业创新项目计划"等资助基金迅速而高效地帮助研发企业解决所面临的资金不足问题,从而提高科技型企

---

① Jeffrey Wadsworth, "2014 Global R&D Funding Forecast", *Battelle and R&D Magazine*, 2013, pp. 7-9.

② 姜桂兴:《国外基础研究投入呈现显著新趋势》,《光明日报》2020年11月12日。

③ 刘霞:《美2020财年预算对科研"很大方"》,《科技日报》2019年12月24日。

④ 梅述恩、聂鸣、黄永明:《美国先进技术计划(ATP)的研究开发机制及启示》,《科学管理研究》2007年第1期。

⑤ 刘霞:《德国:未来10年科研预算增170亿欧元》,《科技日报》2019年5月7日。

业的研发积极性。日本经济产业省有专门针对研发活动的资助计划,日本的工业科学与技术前沿计划始于 1993 年,该计划主要资助工业技术的早期开发。①

二、激励中小企业持续创新

从企业规模所占市场份额看,中小企业是市场经济的主要力量,其科技创新也占据较为重要的地位。但中小企业普遍存在资金匮乏问题,因此政府将中小企业作为主要的资助对象。相比于其他激励手段,直接资助方式更为直接有效,能迅速解决中小企业面临的资金困境。德国政府在激励中小科技型企业创新方面有多种资助计划,包括"欧洲重建基金""中小企业创新项目计划""中小企业创新核心计划"。这些资助计划重点支持符合欧盟标准的小型企业,为这些小企业注入风险资本,提高其研发积极性。日本政府通过多种措施支持中小企业科技创新:一是指导中小企业进行技术开发。日本政府建立技术顾问制度,聘用专家、工程技术人员担任技术顾问。二是为中小企业技术创新提供资金补助。日本政府制定了技术开发补助金制度,对中小企业的技术开发给予 50% 的赞助,资助下限为 500 万日元,上限为 2000 万日元。三是扶持中小企业技术开发。日本政府创办公立"国际技术创造研究"机构,帮助中小企业有效利用国外研究机构及各种研究开发能力。②

三、完善科研资助体制,使资助资金能得到高效利用

科学的科研资助体制能大大提高资助的效率。在对科研项目资助时,选择行业的专业人员作为评审人员,政府不过度参与资助项目的评审,能极大减少科研资助资金使用不到位的情况,有效提高资助资金的使用效率。如瑞典政府不直接管理科研项目和科研经费的安排,通过下属机构授权知名专家组成的评审委员会决策,把资助计划交给更专业的团

---

① 张洁、苏多坚:《美、日、德促进 R&D 活动的比较研究》,《研究与发展管理》2006 年第 2 期。

② 于建军:《日本政府如何扶持中小企业》,《全球科技经济瞭望》1992 年第 12 期。

队来制定,很大程度上避免了资助的盲目性,有效提高了资助效率和资金使用效率。在创新政策的机制上,瑞典分工明确且协调统一,高校、科研机构和企业是科技研发的三大主体。① 德国政府积极扶持风险资本,通过"欧洲天使基金"和"高科技创业者基金"参与企业的创新。德国政府在资助企业创新时,很注重杠杆效应,希望通过政府的支持带动更多的民间投资,有效提高投入资金的资助效率。②

四、资助手段多样化且灵活高效

发达国家对研发的直接资助手段较为多样,有的是给予直接的资金、技术和设备支持,有的是政府相关机构共同参与研发。不同研发企业的需求有所不同,资助手段的多样化能有效解决不同企业遇到的不同问题,从而契合企业的实际需求。美国国家标准和技术研究所(NIST)隶属美国商务部,其使命是促进美国科技创新和提升产业竞争力,主要进行实验室研究计划和校外研究计划,不同研究计划针对不同资助项目。日本建立了多个管理和促进中小企业发展的官方和民间机构,形成了以政府中小企业厅为主导、地方政府为基础、民间团体为补充的官民结合的扶持机构体系。如日本政府出资建立的中小企业事业团,主要职责是帮助中小企业发展高新技术;设立中小企业学校,培养对中小企业进行指导、诊断的专家;建立情报信息网,防止中小企业破产而进行资金援助等。

第三节　发达国家推进技术转化的做法与经验:以以色列和美国为例

一、以色列技术转化的做法与经验

以色列国土面积为2.5万平方千米,总人口为900万人左右,80%的

---

① 欧文汉:《瑞典、德国支持自主创新的财政政策及对我国的启示》,《中国财政》2012年第18期。

② 李山:《德国:为中小企业创新扫清障碍》,《科技日报》2013年5月7日。

国土都被沙漠覆盖,资源很贫瘠。2014 年经济合作与发展组织的统计数据显示,以色列 25—64 岁人群完成高等教育的占比为 46%,在经合组织成员中位列第二,远远超过其 33% 的平均值。① 统计数据显示,以色列的科研人员占总人口的比例在全球排名第一。②

这个面积很小且资源贫瘠的国家在美国纳斯达克证券市场上市的新兴企业总数却超过了欧洲的总和,也超过了印度、韩国和日本等国的总和。为何以色列能够成为全球创新的领先者? 一个很重要的做法就是,以色列政府和部队尽力为国民提供一个开放的创新环境,将军事、商业与学术界高度一体化。8200 部队(是以色列国防军情报部门专门从事技术的精锐部队)允许技术"随身携带",退伍人员可以将服役期间学到的研发、技术经验投入民用(军用技术民用化),当然,涉及国家安全、黑客技术的传播等也要受到限制。此外,以色列人具有的"居安思危"的人生信条和提倡挑战权威的社会氛围也是以色列成为创新型国家的重要因素。

(一)设立科技转化公司

以色列国家有七所大学,大部分是理工类学科。以色列大学的科技转化能力极强,每个大学都有自己的公司,为科研和发明成果提供商业分析、专利注册和知识产权保护等服务,主要是服务于校内的技术转化。研究以色列科技创新转化的经验,必须分析其所拥有的高等院校、科研机构的研发活动。尽管以色列国内大学和科研机构的研究方向及学科优势各异,但却都有规则明晰、系统完善的科技转化流程,都有大学或者其他科研机构自主经营的科技转化公司。如以色列工学院有技术转化中心 T3,希伯来大学有伊萨姆(Yissum),威茨曼科学研究所有叶达(Yeda)等技术转化公司,并且已经运营多年。

以色列大学或科研机构成立的科技转化公司已经创造了不菲的价值。如伊萨姆(Yissum)公司为手机眼(Mobile Eye)的核心技术拥有人阿姆农·沙舒亚(Amnon Shashua)申请了专利,并进行产业化。依据伊萨姆

---

① 王思琪、孙慧:《以色列闭环:"贩卖"创新》,《第一财经日报》2017 年 2 月 22 日。

② 徐慧喜:《以色列创新竞争力从哪里来》,《经济日报》2018 年 10 月 27 日。

（Yissum）官方网站数据,公司自 1964 年成立以来,已经成功转化了 2600 多项技术,孵化出了 110 家公司,并拥有 9300 多项专利。现在,经由伊萨姆（Yisssum）技术转化和应用的产品,每年销售额已经达到了 20 亿美元。①

以色列被称为"创业国度",非常注重科技研发。美国国家科学基金会 2016 年年初发布的数据显示,以色列的研发投入已经占到了 GDP 总量的 4.2%,位居全球第一。更为值得称道的是,其极高的投入产出比,科技对以色列 GDP 的贡献率已经超过了 90%。② 2018 年以色列的研发投入强度为 4.94%,位居全球第一。

（二）注重科技研发

以色列国家创新环境的培育和运行机制就是,能够让从事科技研发活动的研究者专心于其感兴趣的课题和技术研发,也就是让教授和研究员专注于研究,将科技成果转化和产业化的工作交于技术转化公司来完成。大学和科研机构的技术转化公司的基本运行模式是:首先是发掘有商业价值的研究成果,为其申请技术专利;其次寻求合作伙伴、融资并成立公司;最后生产产品并且投入市场。对于技术转化所产生的收益分为三部分:研究人员的个人收益、研究团队和学校整体科研经费、技术转化公司的运营经费。

实践表明,以色列的技术转化公司更像是一个媒人,主要是为技术和市场做媒配对,以促成其联姻。在这一过程中,技术转化公司要有开阔视野,尽力把校内外或科研机构内外的各种资源充分融合起来,以发现合适的对象,为双方的结合创造有利条件。正是这些牵线搭桥的"媒人",使以色列的前沿科学技术迅速进入市场,并转化为现实生产力;同时,也将以色列的科研人员从繁杂的商业事务中解脱出来,以专心于科学研究工作,探索更为前沿和尖端的技术。

创新质量的提升与突破不仅依靠创新思维和创新人才,也要依赖于

---

① 禹洋:《看以色列如何"玩转"技术转化》,《经济日报》2016 年 11 月 16 日。
② 禹洋:《看以色列如何"玩转"技术转化》,《经济日报》2016 年 11 月 16 日。

良好的创新环境和意识,即挑战权威的创新环境。以色列最大的风险投资公司(Gemini VC)合伙人埃兰·瓦格纳分析以色列创新的成功经验时,就突出强调"挑战权威"这一创新精神。在创新的道路上总是有大量的创新想法被扼杀在萌芽初期,但以色列人有一股不服输和不弯曲的坚强意志,坚守创新理念与想法,最终取得成功。如以色列军事闻名国际社会的铁穹防御系统概念提出初期并不被看好,甚至被相关部门直接否决,然而铁穹防御系统的提出者并没有放弃,而是持续坚持实践,最终取得成功,证明了他坚持的正确性。

从实践来看,以色列自下而上的管理机制促进了实用性创新技术的产生。在《创业的国度》一书中,作者丹·塞诺认为,以色列之所以能够产生大批具有创新精神的高科技企业,其重要原因在于以色列面临的复杂的地缘政治。历史上,以色列长期遭受周边国家的突袭,其下级成员在实战中能够根据实况给出应变判断与调整,并不需要听从上级安排。这种灵变性能够最大限度上发挥个体创新思维,锻造个体更符合实际地解决问题的能力。以色列这种体制使国民的创新思维被最大限度地挖掘。当创业成为这些军人退伍后的首先选择时,以色列就拥有了一大批以解决实际问题为主的科技创新企业。

以色列的自下而上的管理模式虽然能够激发人们的创新能力和潜能,但是却缺少了自上而下的管理方向。在以色列国内,大部分企业都是小而美的高精尖技术,但缺少大而全的集团式经营。以色列创业者的一大特点就是,开发出一个新产品或技术就是要将其出售出去,然后再去进行新的创新,对于以色列创业者来说,一旦他们有新的想法,就会想办法将其变为现实。

(三)提供政策支持

1974 年设立以色列特色的首席科学家办公室制度,为创业公司提供良好孵化环境和研究基金支持。20 世纪 90 年代初,以色列政府就将电子信息和生物技术作为新兴技术产业领航领域优先支持,出台了一系列激励政策和扶持措施。21 世纪,支持创立"风险投资基金",实施《促进工业 R&D 法》,加快生物技术等高科技产业发展。

2020 年，以色列财政部、经济和工业部、资本市场管理局、证券管理局和创新署批准了"促进对以色列末期（Advanced-stage）高新技术公司机构投资"的计划。[①] 目的在于协助面临财务压力的公司通过吸引投资来改善资金和运营状况；切实鼓励机构投资者积极投资于高科技领域，进而持续提升以色列国家的创新能力和技术竞争力。

当然，以色列高度发达的经济金融体系、给予企业的税收优惠制度、已经形成的完善的基础设施、坚持扩大开放，加强与国际上高新技术领域的强力合作等都给予以色列国家的创新发展提供了强大的支撑。

二、美国技术转化的做法与经验

自 2007 年美国次贷危机爆发以来，为有效应对金融危机造成的巨大经济负面影响，美国政府通过大力推进科技创新活动，以求依靠创新水平和能力的持续提升来带动美国经济的高质量发展，目标定位就是希望"赢在未来"。为了实现通过创新活动持续带动美国经济高质量发展，美国政府进行了一系列创新顶层设计：2007 年通过《美国竞争法》，2009 年制定了"美国复兴与再投资计划"和《美国创新战略：推动可持续增长和高质量就业》，2011 年通过《美国创新战略：确保我们的经济增长与繁荣》，2015 年美国国家经济委员会和科技政策办公室联合发布了新版《美国国家创新战略》。这些创新战略体现了美国政府不断强化科技创新工作，目的是一方面要保持美国在全球创新版图中的高地位置；另一方面要通过科技创新水平的提升大力提高美国的科技竞争力和产品竞争力，确保美国占有的市场份额不断扩大，以获取更多的利益。

（一）制造业技术创新与高效技术转化模式

2011 年始，美国总统奥巴马提出了"制造业回归"计划，其目的是通过建立并完善覆盖美国整个国家的先进制造业网络，达到高效吸引

---

① 科技日报国际部：《支撑当下 规划未来——2020 年世界科技发展回顾·科技政策》，《科技日报》2021 年 1 月 4 日。

海外制造业加速回流到美国本土。其具体措施是通过政府提供一定的资金支持,企业主导研发中心建设,高等院校和研究机构共同参与,形成产学研有效结合的制造业创新中心,先后有 9 家制造业创新中心在美国本土成立。从美国的经济发展实践看,尽管制造业在美国的 GDP 中占比很小,但是对整个经济的影响较大。在美国,私人部门中制造业的研发比例超过 2/3,大约 70%的国家研发人员从事着与制造业有关的工作。因此,如果实实在在激发制造业的活力,将会有效促进美国经济的复苏。

美国市场形成了高效的技术转化模式。从 2012 年 3 月开始,美国政府计划用 5 年时间建成 15 个区域性创新研究中心;10 年内建设成 45 个创新研究中心,也就是每个州建成一个创新研究中心,为此政府专门拨款 10 亿美元。其目的在于通过创新研究中心,使科技创新成果迅速大规模地高效转化,以有效带动本区域传统的优势产业高质量发展。

客观分析,美国政府建设创新研究中心的实质是切实高效整合分散于政府部门、学术界及企业界的研发资源,以形成完善的国家创新网络,为制造业的重新崛起并占领全球高地提供科技支撑,真正确保美国的全球创新中心地位。从创新研究中心的运行机制来看,主要采取的是以政府为主导,企业为主体,大学、科研机构和社会机构共同参与的模式,充分协同创新,提升创新效率。实际上,每一个创新研究中心可以看作一个协同创新平台。

从美国经济发展的成功经验与当前面临的问题看,美国建设创新研究中心,其基本的定位:第一,架设一座由创新通往产业的桥梁,也就是政府主导"官产学研"之间的有效合作、创新研究中心的创新能力建设与提升;第二,极为重视创新成果的产业化及其绩效,其负责管理的主体是美国的国防部或者能源部,任务是创新技术与专利成果产生后,如何能够大规模地、高效率地转化为制造业的平台和产品;第三,创新聚焦于高端制造,美国政府原则上资助每个创新研究中心 7000 万美元,但要求参与研究中心活动的非营利性机构、政府、企业等相应的配套费用不能低于 1:1 的比例,其核心是加速技术产品创新,尽力降低新技术的商业化风险。①

(二)美国科技孵化器的成功做法

科技孵化器在产业技术创新过程中发挥着重要作用,特别是在技术转化的产业化方面更为明显。第二次世界大战后,美国一直是世界科技头号强国,其成功的一个基本做法就是持续强化科技孵化器的功能与作用。科技孵化器最早产生于美国,是由乔·曼库索提出的,1959年第一个科技孵化器诞生于美国的纽约。20世纪80年代,伴随孵化器在实践中能够有效促进就业和科技成果转化,孵化器行业迅速兴起并向深度发展。

当前,孵化器的类型多样。在美国,既有数量众多的孵化器创办之目的在于为企业服务;也有政府或者非营利性组织创办的主要以扶持创业为目的的非营利性孵化器;同时还有学术机构创办的孵化器和风险投资家与企业创办的孵化器。孵化器的服务项目包括从资金到人脉,从投资者到指导者,由合作伙伴到办公场所等,孵化的时间长短不一。新创办的企业可以申请适合自身企业的孵化器项目。

从实践看,孵化器项目对创业具有很大帮助作用,孵化器成功的重要因素在于:第一,政府投资与立法支持。在美国,企业孵化器的发展历程中,政府扮演了极为重要的角色,政府对孵化器的投资(包括直接投资和间接投资)已经占到了孵化器的51%—57%②;美国各州议会通过立法,建立和健全有关法规,使孵化器的运行有法可依,能够有效保障孵化器行业的持续健康发展。重要的是,美国政府不参与孵化器运营,给予孵化器行业充分的自主权。第二,依据市场化模式运行。来源于美国的实践,孵化器是依照企业模式进行专业化管理,主要是为中小企业提供综合性服务。美国的企业孵化器与入驻的企业间的关系定位为依据市场化原则运行。第三,风险资本投资。成功的案例显示,风险资本投资是孵化器成功的保障。理论与实践表明,孵化器与风险投资各有功能定位,不能相互替

---

① 甄炳禧:《智能制造与国家创新体系——美国发展先进制造业的举措及启示》,《人民论坛·学术前沿》2015年第11期。

② 朱旌:《美国科技孵化器如何孵化"成功"》,《经济日报》2017年2月9日。

代,但二者的有效结合能够促进孵化器向产业化方向发展。在一定程度上,孵化器与风险投资间是一种合作伙伴关系。第四,拥有高素质的管理队伍。在美国,企业孵化器的负责人都是市场公开招聘的。美国企业孵化器协会的数据显示,在孵化器管理人员队伍中,60%左右的人具有企业管理经历,43%的人经营过自己的企业,39%的人从事过管理咨询工作,31%的人从事过金融业务,26%的人从事过财务管理,47.5%的人具有研究生学历,42.7%的人具有大学及大专学历。① 由此可见,美国孵化器运行的成功很重要的一点就是聚集了一大批高素质管理人才。

美国科技孵化器行业成功发展的实践说明,企业孵化器既要有自己的孵化基金,也要大力吸收外部基金参与。在孵化过程中,企业孵化器要基于自身良好的信誉与判断力,给予投资者客观的咨询意见。具体来说,政府要不断加大财政支持力度,且要更加注重与金融机构的合作,搭建有效合作平台。要积极鼓励和引导各种资本参与中小微企业的发展。基于全球看,美国是全球孵化器发展的标杆,经过半个世纪的摸索发展,已经形成成熟的多样化的服务模式和盈利模式,也成功孵化出了一大批企业。有人评价为"美国的极客和创客1/3在大学里,1/3在自家车库里,还有1/3在孵化器里",这在一定程度上反映了孵化器在美国创新经济发展中所起的巨大作用。

(三)强化制度创新

制度创新和科技创新影响着一个国家的经济社会发展的质量和水平。制度创新更具有根本性和基础性,对于制度创新的研究在发达国家早已进行。科技创新领域的制度创新对激发科技创新者的积极性具有重要作用。针对科技成果转化,美国于1980年颁布了《拜杜法案》,目的就是鼓励高等院校通过积极转化专利技术更好地推动中小企业技术创新,把依靠政府资助的归属于政府的知识产权和专利完全对外开放。基于法案的基本要求,美国大学设立了技术授权办公室(OTL),负责将知识产权和专利对外开放,与知识产权的需求者商谈有关产权转让事宜,等等。这

---

① 朱旌:《美国科技孵化器如何孵化"成功"》,《经济日报》2017年2月9日。

种制度设计让发明人专心于自己的科学研究。根据斯坦福大学规定，专利许可收入的15%用于保障OTL机构的长期运行，其余的85%收益中，1/3分配给发明人，1/3分配给所在学院。①

---

① 张冶堂：《两部委发力创新平台建设　专家称制度创新重于技术创新》，《中国经济导报》2016年9月10日。

第三章　国际视野下的中国创新能力

第一节　中国科技创新的国内与国际背景

一、中国科技创新的国内背景

中共中央、国务院出台了《中共中央　国务院关于深化体制机制改革加快实施创新驱动发展战略的若干意见》,指导探索体制机制改革,加快实施创新驱动发展战略。"十四五"时期,中国需要迎接全球新一轮科技革命和产业变革的重大机遇,也要面对由此带来的风险挑战,面对经济发展新常态下呈现出的经济发展新特点和新趋势,因此,必须深化体制机制改革,坚定实施创新驱动发展战略,以构建有效的制度环境与支撑环境,大幅度降低创新活动的不确定性,促使经济发展动力由要素驱动转向创新驱动发展。

要有效实施创新驱动发展战略就必须搞清楚创新的基本属性,也就是创新目的的内在不确定性、创新投入与产出间的不确定性。由于创新活动的不确定性,导致投资活动的回报率也具有不确定性,致使企业投资于研发的积极性不高与企业研发投入不足。伴随各种经济资源的耗竭性愈益显现和经济发展阶段跃迁的驱使,经济发展对于创新的依赖性日益上升。经济发展要持续提升效率就必须依靠创新,要提升创新能力就必须不断增加研发投入。面对如此现实,如何有效降低创新的不确定性与风险,不断激励企业投资研发活动的积极性和主动性,就成为能否实施好创新驱动发展战略的关键所在。从实践来看,有效降低创新的不确定性能够激发万众创新。从国内外经济发展的演进趋势和资源禀赋的变化看,"十四五"时期,创新驱动发展将会显现出新的趋势和新的特征。

一是形成大都市集群的创新效应。伴随市场竞争环境的日益完善,资本和劳动等生产要素的充分流动对经济的非均衡发展产生重要的作用。一个明显的表现就是,相比于一般性经济活动,创新活动所体现的集聚性特征更为明显,其缘由在于各个经济主体对于经济活动的地理集聚性需求差异。从创新角度看,吸引高水平创新人才与风险资本充分流动的主要动因就在于创新知识产生的知识溢出效应与"孤岛式"创新的存在,由于要素的逐利性,创新要素在市场机制下流向外溢效应更为明显的地区。现实中,大城市的各种基础设施建设比较完善,各类与技术有关的部门更为专业化,拥有的各类专业性的科技创新人才众多,对于创新创业者来说更容易得到专业化的配套实施,在取得跨行业和跨领域的专业性知识方面具有相当优势,因此,大城市在形成创新活动的集聚效应与外溢效应方面有显著优势。具体来看,由于北京、上海、广州、天津与深圳等城市具有明显的人力资源优势和高端人才优势及综合的创新性要素优势,这些城市成为中国目前创新活跃度最高、创新能力最强和水平最高的地区。随着市场壁垒的不断消失,创新要素将会在市场作用下持续集聚于创新高地,也必将助推大城市和特大城市形成中国创新活动的集聚地,成为中国的创新源。由创新所形成的极化效应和外溢效应将日益显现,创新之于中国经济社会发展的驱动牵引效应也将更加强化。

二是创新活动的成本更多地由多元化主体承担,特别是应该由政府和企业承担。伴随市场竞争的日趋激烈,科技创新活动面临的不确定性也在不断上升,如果仅仅依靠市场的激励进行创新,没有政府的扶持,那科技创新活动将必然受到很大制约,这已经被发达国家科技创新的演进历程所证明。对于政府来说,随着科技创新市场环境的变化,诸多大型科技创新项目或者公益性科技创新项目不断出现,政府支持创新活动的方式必将是多元化的。但是,政府必须履行与企业共同承担大型科技创新项目或者公益性科技创新项目的职责,政府的支持也会大大降低企业创新的成本和承担失败的风险,企业会更有进行创新活动的积极性。近年来,中国企业研发支出的比重提升较快。2020年我国研发经费投入达到

24393.1亿元,其中,企业研发经费达到18673.8亿元,比上年增长10.4%,占中国研发经费的比重达76.6%。[1] 这体现了政府不断扶持企业创新与企业积极投资于创新活动相互促动的结果。

根据研究的领域与要解决的技术方向的不同,协同创新的模式选择也有差异。从经济发展对技术需求的不同层次看,协同创新的实践模式有:一是基于企业主导的协同创新模式。其创新的动力和投资的来源是企业,主要由企业主导创新的流程,同时吸纳大学或者科研机构参与科技创新,其目的是通过企业创新提升产品竞争力,以拉动经济发展。二是高等院校或者是科研院所主导型协同创新模式。这种模式主要是将其拥有的技术创新成果迅速商品化和产业化,既可以采取技术入股方式进行创新创业,也可以将自己拥有的成熟技术向企业转移。三是政府主导型协同创新模式。政府主要是发挥其决策、协调、信息服务等优势,推动参与创新各方紧密结合。这种模式适合需要政府提供较多配套设施与政策支持的产业。四是基于协同平台的协同创新模式。主要是以大型科学仪器、公共检测试验平台和高新技术研发机构、高新技术转移中心和孵化基地等为载体和纽带,形成完整的技术链、资金链、服务链,以有效进行协同创新。五是基于产业链的协同创新模式。主要是围绕产业链针对关键技术环节与链条进行协同创新,尽力攻克关键技术与核心技术,实现战略性与整体性的协同创新。整体来看,前三种模式主要是以创新主体为核心,而后两种创新模式主要是突出创新载体的作用。不同的技术需求采取灵活的创新模式,根本目的在于创新的高效性与有效性。

二、中国科技创新的国际背景

随着全球化的不断演进,发展中国家参与国际经济政治事务的程度越来越高,其对创新的依赖度也在不断上升,这就使各个国家间涉及学术界和产业界的合作创新成为驱动经济发展的主要动力。面对当前世界经济发展的困局,无论是发达国家还是发展中国家都需要通过共同的创新

---

[1] 张翼:《2020年我国研发经费投入再创新高》,《光明日报》2021年9月23日。

型解决方案以应对全球挑战。

近年来,发展中国家愈益成为科技创新的活跃地带,与发达国家的技术鸿沟逐步缩小。纵观全球产业发展与技术创新,未来的全球技术产业将可能呈现出四大趋势:一是科技发展呈现交互融合趋势,绿色与智能将会成为科技创新发展的新方向和新领域;二是各种创新要素的争夺将会更趋激烈,各类高端科技创新人才将会成为竞争的制高点;三是新型研发模式与研发组织将会不断出现,如以"创客空间"、威客、极客等为代表的小微型创新正在全球掀起一轮创新创业高潮;四是创新活动将更加由封闭状态迈向开放式创新与融合式创新,跨区域的协同创新更成为常态。

对于所有国家来说,要在全球竞争中占有一席之地,必须牢牢把握住新技术革命的发展趋势,要深刻认识到技术创新带来生产方式变革,从手动到自动化,进而演进到智能化、网络化与平台化。要把握新技术革命的机遇,坚定不移地实施开放战略,开展全球合作,融入全球进程。把握新技术革命的核心是体制机制创新。基于全球视野,体制机制创新有两大类型:第一种类型是追赶型的创新体制,其最大优势就是技术进步的方向明晰,如果落后就追赶,通过充分整合政、产、学、研多方资源,尽力突破技术瓶颈,以取得商业上的成功。第二种类型是领先型国家的创新体制,其技术发展的方向不明,只能在市场中寻找与实践。基于中国的经济发展阶段与水平,国际上的两种类型的创新体制都需要。中国目前大量的传统产业正面临着追赶的需求与机遇,当真正追赶到前沿阶段时,就需要另外一种体制和机制与之相适应。

国际著名咨询公司毕马威发表的《2017 改变现状的颠覆性技术》调查报告显示,硅谷作为全球技术创新中心的高地,处于技术领导地位,有可能在四年之内被其他城市所替代。根据受访者的选择,最具有能力挑战硅谷全球创新中心高地的城市依次为:上海、纽约、东京、北京、伦敦。基于综合实力和科技实力看,在颠覆性技术创新领域最有可能取得突破的国家是美国和中国,而一旦技术突破将会深刻影响全球经济发展和技术变革。2008 年国际金融危机后,世界各国投入于新技术、新产品、新产业领域的研发经费大幅上升,目的在于有效占据国际产业发展和科技竞争的制高点。从国际经济格局变化和科技创新演进的趋势看,中国有可能成为引领全球科技产生重大变革的国家之一。

第二节　中国的创新竞争力水平与全球排位

一、中国的国家创新指数排位

近年来,发展中国家科技创新能力与水平迅速上升,正在某些领域打破西方发达国家长期垄断局面。

2016 年 6 月 29 日,中国科学技术发展战略研究院发布的《国家创新指数报告 2015》(包括创新资源、知识创造、企业创新、创新绩效和创新环境五大方面指标)显示,在研发经费投入总和占全球总量 97% 以上的 40 个国家中,中国创新指数排名为第 18 位(具体类别排名:创新资源指数为第 27 位;知识创造指数为第 12 位;企业创新指数为第 12 位;创新绩效指数为第 11 位;创新环境指数为第 19 位),相比上年提升 1 位,进一步缩小与创新型国家间的差距。中国已经处于世界第二集团(创新指数排名位列 16—30 的为第二集团)的领先地位,2014 年中国人均 GDP 为 7590 美元,在 40 个参评的国家中仅高于印度和南非,然而国家创新指数得分远高于印度和南非,比较接近奥地利、比利时等人均 GDP 在 5 万美元左右的欧洲国家。[①] 在一定程度上,中国的创新能力水平大幅超越其经济发展阶段,领先于世界其他发展中国家。

2016 年 8 月 25 日,《二十国集团(G20)国家创新竞争力发展报告(2015—2016)》(简称黄皮书)发布,黄皮书对 2013—2014 年二十国集团中 19 个国家的创新竞争力进行了综合比较分析和评价,结果显示美国、英国、日本排名前三位,中国的排位为第 9。在二十国集团国家中,处于创新竞争力第一梯队(第 1—5 位)的是美国、英国、日本、德国、加拿大;处于第二梯队(第 6—10 位)的是韩国、法国、澳大利亚、中国、意

---

① 董碧娟:《我国创新能力远超同等发展水平国家》,《经济日报》2016 年 6 月 30 日。

大利(见表3-1)。①

表3-1　2013—2014年二十国集团创新竞争力排名前10位

梯队层次	国家	排名
第一梯队	美国	1
	英国	2
	日本	3
	德国	4
	加拿大	5
第二梯队	韩国	6
	法国	7
	澳大利亚	8
	中国	9
	意大利	10

资料来源：王永珍、邱凌燕：《社会科学院报告：中国创新竞争力列G20第八》，《福建日报》2014年11月20日。

2016年、2017年的中国创新指数排名来源于：陈建：《2017年全球创新指数出炉　中国排名上升3位》，《经济日报》2017年6月9日。

2018年、2019年的中国创新指数排名来源于：佘颖：《中国创新指数排名持续攀升》，《经济日报》2019年7月25日。

2020年、2021年的中国创新指数排名来源于：《〈2021年全球创新指数报告〉发布中国排名连续9年稳步上升》，《人民日报海外版》2021年9月21日。

从整体得分来看，2013—2014年，二十国集团大部分成员的创新竞争力得分呈现上升趋势，这也表明了近年来二十国集团成员为了尽快走出经济困局，而采取了"科技创新成为各国实现经济再平衡，打造国家竞争新优势的核心"的创新战略，大大推动了全球创新能力的提升。

由2015—2021年《全球创新指数报告》可知，中国的创新指数逐年上升，创新竞争力持续提升。图3-1显示了2015—2021年中国创新指数演变趋势。

---

① 王永珍、邱凌燕：《社会科学院报告：中国创新竞争力列G20第八》，《福建日报》2014年11月20日。

排名位次

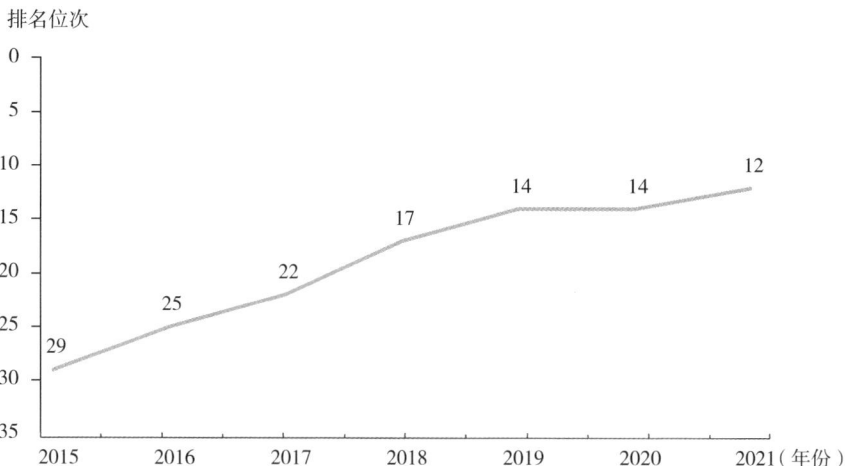

图 3-1　2015—2021 年中国在全球创新指数中的排名演进趋势

资料来源：2015 年的中国创新指数排名来源于：陈建：《中国跻身"最具创新力经济体"前列》，《经济日报》2015 年 9 月 18 日。

《2016 年全球创新指数报告》显示，创新离不开各国政府的支持，至关重要的是科研领域的创新投入。近年来，私营部门对科研投资的热情很大程度上弥补了政府在公共支出领域的削减。瑞士连续 6 年在全球创新能力排名中位居第一，其创新成功的秘密在于：创新是一个国家经济和社会进步最重要的动力之一，政府需要营造一种鼓励创造性活动的环境，除了高质量的科研机构、充足的科研经费、人才的不断输入等，政府必须学会放手，通过市场方式让民营领域的企业家精神充分释放。在这次创新综合评价中，瑞士、瑞典、英国、美国和芬兰依次占据榜单前 5 位，中国成为第一个晋级全球前 25 名的发展中经济体，标志着中等收入国家的创新能力首次达到了高度发达经济体水平。①

2017 年 6 月 16 日，由世界知识产权组织、美国康奈尔大学和英士国际商学院发布的《2017 年全球创新指数报告》显示，中国在全球创新中的排名由 2016 年的第 25 位上升到 2017 年的第 22 位，前进了 3 位，也是唯

---

① 朱隽、沈慧：《2016 年全球创新指数发布中国首次跻身世界创新前 25 强》，《经济日报》2016 年 8 月 17 日。

一进入前 25 名的中等收入经济体①，已经成功晋级到国际创新领导者的队伍中。2017 年的全球创新指数主要是通过 81 项指标，对全球 127 个经济体的创新能力和可以衡量的成果进行有效评估而得出的结论，创新指数是通过创新投入、创新产出两个次级指数的平均值加权而得出。中国在七大类指标中的制度、人力资本与研究、基础设施、知识与技术产出、创意产出排名均有进步。特别是，在本国人专利申请量、本国人实用新型专利申请量、本国人工业品外观设计申请量、国内市场规模、知识型工人、提供正规培训的公司占比、知识影响力、高新技术出口减去再出口在贸易总额中的占比、创意产品出口在贸易总额中的占比等多项指标排名都位居世界第一，这在一定程度上也反映了近年来中国持续实施创新驱动发展战略的实效。

2020 年 9 月 2 日，世界知识产权组织等联合发布了《2020 年全球创新指数报告》，数据显示，中国的创新指数排名仍是第 14 位，与 2019 年持平，并在诸多领域优势显现；中国也是唯一一个中等收入经济体进入全球综合排名前 30 的国家。《2020 年全球创新指数报告》立足于高校水平、科学出版物和国际专利申请量 3 个维度构建了"创新质量"分析指数。中国得分超过了 49 个高收入经济体的平均得分，创新质量得分居全球第 16 位，是唯一一个在全部 3 项指标上逼近高收入经济体的中等收入经济体。数据显示，中国有 17 个区域集群进入全球创新集群百强，其中，深圳—香港—广州创新集群排名全球第二位，北京创新集群排名全球第四位。中国进入全球创新集群百强的区域数量相较于 2017 年增加了 10 个，展现了中国区域创新集群的强劲国际竞争力。② 此外，中国在新的 GII 指标"全球品牌价值"上排名第 17 位；全球前 5000 的品牌中，中国占据 408 个；中国在创新质量上连续第八年在中低收入经济体

---

① 陈建：《2017 年全球创新指数出炉　中国排名上升 3 位》，《经济日报》2017 年 6 月 9 日。

② 刘垠、操秀英：《我国创新型国家建设成效显著》，《科技日报》2020 年 9 月 3 日。

中排名第一。①

世界知识产权组织 2021 年 9 月 20 日发布《2021 年全球创新指数报告》，数据显示，中国的创新指数排名由 2020 年的第 14 位上升至 2021 年的第 12 位，中国自 2013 年起，全球创新指数排名连续 9 年稳步上升，上升势头强劲。② 在中等收入经济体中，中国的创新质量连续七年排名第一。来源于世界知识产权组织的数据显示，在本国人专利申请量、工业产品外观设计和商标申请量、高科技与创意产品的出口量等方面，中国都位居世界前列。从公布的数据看，中国的"创新效率"已经超过多数高收入经济体，"创新质量"总体上平稳步提升，创新集群数量和竞争力取得双突破。当然，中国在创新的体制机制、中小企业融资等方面仍然存在缺陷。

没有创新也没有专利的现实，使中国企业不得不日复一日地向国外企业支付高昂的知识产权费用。为了改变尴尬与被动局面，中国不断加大研发投入，强化基础研究与科技创新。在普华永道思略特发布的"2015 年全球创新 1000 强"的研究报告显示，亚洲已经取代欧洲成为全球研发的首选地，北美洲次之，欧洲则下降到全球第三。对于中国本土企业来说，研发经费支出由 2005 年的 12 亿美元上升到 2015 年的 394 亿美元，增长幅度达到 3183%。2015 年全球创新 1000 强榜单上有 123 家中国企业，而在 2005 年只有 8 家。③ 中国企业的创新战略正由过去的需求搜索型转向技术推进型，这也在一定程度上支撑了研发支出迅速增长。从企业的创新能力看，中国企业的研发经费投入持续增加，在由欧盟主导评选的世界研发投入 2000 强中，中国入围的企业数量由 2013 年的 93 家迅猛增加到 2016 年的 237 家。④ 2020 年 10 月 21 日，科技部战略规划司司

---

① 冯迪凡：《全球创新核心区域逐渐东移中国排名亚洲第四》，《第一财经日报》2020 年 9 月 3 日。

② 《〈2021 年全球创新指数报告〉发布中国排名连续 9 年稳步上升》，《人民日报海外版》2021 年 9 月 21 日。

③ 李娜、王思琪：《中国研发走出山寨》，《第一财经日报》2016 年 8 月 25 日。

④ 陈彦斌：《企业创新能力是经济长期增长的内在动力》，《光明日报》2017 年 6 月 20 日。

长许倞在国新办发布会上说,2019年,有507家中国企业入围国际组织认定的全球研发投入2500强。特别是近年来涌现出了华为、联想、腾讯等许多在国际上具有相当影响力的创新能力较强的企业。

二、中国在"世界品牌500强"中的排位

由世界品牌实验室(World Brand Lab)编制的2016年度(第十三届)"世界品牌500强"排行榜结果显示,美国的苹果、谷歌和亚马逊位居全球前三位。中国有36个商标入围世界500强①,其中国家电网、工商银行、腾讯、CCTV、海尔、中国移动、华为、联想入围百强品牌。

世界品牌实验室是世界领先的品牌咨询、研究和测评机构。从2003年开始,该实验室就对全球50多个国家的4万多个主流品牌持续跟踪研究,并建立了全球最大的品牌数据库,其研究成果已经成为全球许多企业在并购过程中,对无形资产进行评估的重要依据。已经连续13年面向全球发布的"世界品牌500强"排行榜,其评判依据就是品牌的国际影响力,包括三项关键指标:市场占有率、品牌忠诚度和全球领导力。世界品牌实验室对世界8000个知名品牌进行了量化评估,最终给出了全球最具影响力的500强品牌。

从世界500强的地域分布看,2016年入围的国家有28个,其中,美国入围的品牌数量达到227个,绝对保持全球领先地位,体现出明显的竞争力优势,占据第一阵营位置;英国与法国各有41个品牌入围,位居第二阵营;日本、中国、德国、瑞士、意大利分别有37个、36个、26个、19个、17个品牌入围②,属于第三阵营。尽管中国有36个品牌入选,与中国具有13亿人口的大国体量和世界第二大经济体的位置相比,中国品牌数量过少。

由2016年的"世界品牌500强"榜单可以看出,新兴产业特别是年轻的互联网品牌呈现出爆发式增长。如连我(LINE)等品牌从企业创设到成长为世界级品牌的时间不到10年。同时也要看到,在个别行业榜单发

---

① 李冲:《中国36个品牌入选世界500强》,《扬子晚报》2016年12月28日。
② 李冲:《中国36个品牌入选世界500强》,《扬子晚报》2016年12月28日。

生了剧烈变动,比如,传统的媒体表现为集体的下滑趋势,自然(Nature)和科学(Science)的位次跌幅巨大,另一个国际知名的财经杂志商业周刊(Business Week)则直接跌出了榜单。这在某种程度上说明了,行业性的波谷已经到来,一个企业要保持品牌的价值不缩水,必须寻找转型出路,这已经没有选择。

2020 年 12 月 16 日,2020 年度"世界品牌 500 强"排行榜在美国纽约发布,美国的亚马逊、谷歌和微软位居全球前三位(见表 3-2)。美国占据 500 强中的 208 席,稳居品牌大国第一位;中国入选的品牌只有 43 个。[①]入选品牌中,国家电网、腾讯、海尔、中国人寿、中国平安、五粮液、青岛啤酒、中国中化、中国南方电网、周大福、中国光大集团、恒力、徐工和北大荒排名靠前。

表 3-2　2020 年"世界品牌 500 强"前 10 名品牌

2020 年排名	2019 年排名	品牌英文	品牌中文	品牌年龄	国家	行业
1	2	Amazon	亚马逊	25	美国	互联网
2	1	Google	谷歌	22	美国	互联网
3	3	Microsoft	微软	45	美国	软件
4	4	Apple	苹果	44	美国	计算机与通讯
5	7	Mercedes-Benz	梅赛德斯-奔驰	120	美国	汽车与零件
6	9	Toyota	丰田	87	日本	汽车与零件
7	6	Nike	耐克	48	美国	服装服饰
8	5	AT&T	美国电话电报	143	美国	电信
9	10	Walmart	沃尔玛	58	美国	零售
10	13	Facebook	脸书	16	美国	互联网

资料来源:潘子璇:《2020 年〈世界品牌 500 强〉出炉中国 43 个品牌上榜首超英国并有继续上升趋势》,《新民晚报》2020 年 12 月 17 日。

---

① 潘子璇:《2020 年〈世界品牌 500 强〉出炉中国 43 个品牌上榜首超英国并有继续上升趋势》,《新民晚报》2020 年 12 月 17 日。

随着中国企业在全球范围内取得令人瞩目的成绩,中国品牌的表现也进入了新纪元。英国品牌评估机构的(Brand Finance)全球品牌排行榜10年来品牌价值总体增长了143%,而中国入榜品牌的总价值增速几乎是榜单整体品牌价值增速的8倍。

第三节　经济发达省市加快推进科技创新中心建设

一、经济发达省市持续加大研发投入

近年来,中国经济发达地区的创新大战全面打响。北京市和上海市首先提出要做中国科技创新中心、全球科技创新中心的基本定位,紧随其后的江苏、广东、浙江等省也在迅速增加研发投入,不断加码科技创新。2017年的地方两会政府工作报告都作出相关的战略部署,如广东省将推动建设国家科技产业创新中心,江苏省将建设具有全球影响力的产业科技创新中心,山东省则要打造制造业创新中心与技术创新中心。梳理发现,提出科技创新中心或产业技术创新中心的省份都是中国科技投入较高的地区。

上述省市的研发投入强度都高于中国平均水平(见表3-3、表3-4)。从2015年和2020年的研发经费投入概况可以看出,发达省市都在通过提升科技创新能力推动经济高质量发展。

表3-3　2015年中国各省市研发经费投入强度排名前6位情况

地区	研发经费投入强度(%)
全国	2.07
北京市	6.01
上海市	3.73
天津市	3.08
江苏省	2.57
广东省	2.47
浙江省	2.36

资料来源:国家统计局、科学技术部、财政部:《2015年全国科技经费投入统计公报》,2016年11月10日,见 http://www.stats.gov.cn/tjsj/tjgb/rdpcgb/。

表 3-4　2020 年中国各省市研发经费投入强度排名前 6 位情况

地区	研发经费投入强度（%）
全国	2.40
北京市	6.44
上海市	4.17
天津市	3.44
广东省	3.14
江苏省	2.93
浙江省	2.88

资料来源:国家统计局、科学技术部、财政部:《2020 年全国科技经费投入统计公报》,2021 年 9 月 22 日,见 http://www.stats.gov.cn/tjsj/tjgb/rdpcgb/。

（1）北京市在建设科技创新中心方面具有地理、人才等优势。根据统计,北京市 2015 年用于研发经费投入为 1384 亿元（见图 3-2）,研发经费投入强度（研发经费与 GDP 之比）为 6.01%,为中国平均水平的近 3 倍（见表 3-3）。2017 年北京市提出要超前布局脑科学、人工智能、生物技术、石墨烯和第三代半导体等基础前沿研究。2020 年北京市研发经费投入为 2326.6 亿元（见图 3-3）;研发经费投入强度为 6.44%,位居中国第一（见表 3-4）。[1] 数据显示,北京市用于基础研究的经费投入持续上升,2018 年为 277.8 亿元,相较于上年度增长了 19.5%;基础研究经费投入占中国的比重为 25.5%[2],这与北京市拥有众多中国一流的高等院校和科研机构直接关联。同时,企业投入的研发经费持续上升,2018 年北京市的企业研发经费投入占全社会研发经费的比例达到了 41.7%[3],这与北京市的国家级高新技术企业数量排名中国城市首位直接关联。

（2）上海市在科技创新方面的优势体现在总部经济凸显,研发创

---

[1]　国家统计局、科学技术部、财政部:《2020 年全国科技经费投入统计公报》,2021 年 9 月 22 日,见 http://www.stats.gov.cn/tjsj/tjgb/rdpcgb/。

[2]　林小昭:《12 大城市研发投入:北上深超千亿广州领跑第二集团》,《第一财经日报》2020 年 11 月 12 日。

[3]　王帆:《15 座城市研发投入排名:京沪深规模超千亿,西安强度列第二》,《21 世纪经济报道》2020 年 11 月 18 日。

（单位：亿元）

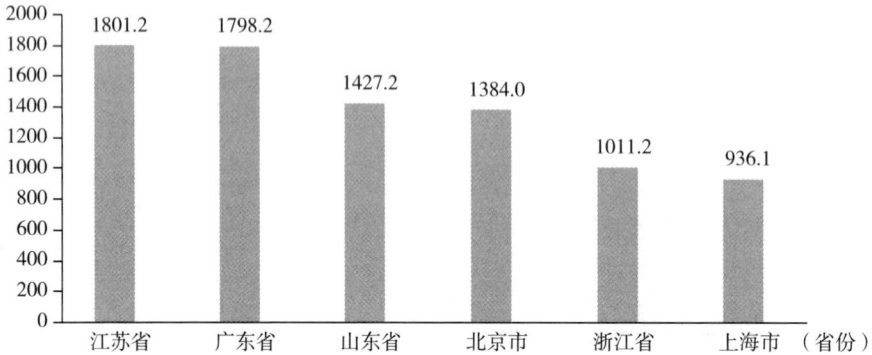

图 3-2　2015 年中国各省市研发经费投入排名前 6 位情况

资料来源：国家统计局、科学技术部、财政部：《2015 年全国科技经费投入统计公报》，2016 年 11 月 10 日，见 http://www.stats.gov.cn/tjsj/tjgb/rdpcgb/。

（单位：亿元）

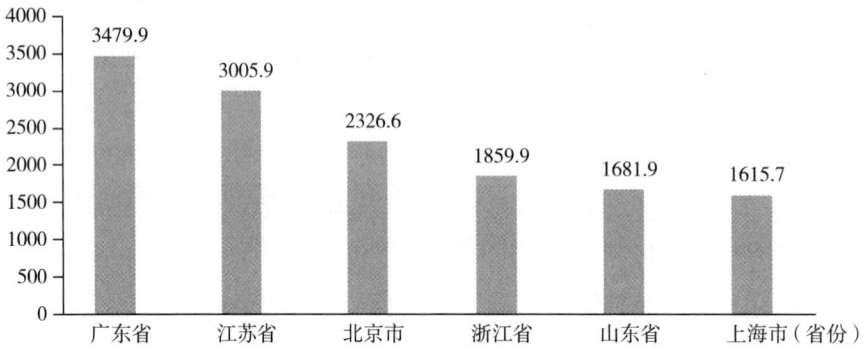

图 3-3　2020 年中国各省市研发经费投入排名前 6 位情况

资料来源：国家统计局、科学技术部、财政部：《2020 年全国科技经费投入统计公报》，2021 年 9 月 22 日，见 http://www.stats.gov.cn/tjsj/tjgb/rdpcgb/。

新基础设施和创新能力提升。2016 年上海市以张江地区作为核心承载区获批了中国第一个"综合性国家科学中心"，加速建设世界级的重大科技基础设施集群，进行重大前沿科学基础研究和应用基础研究，持续提升原始创新能力和水平。近年来，集聚了一大批包括诺贝尔奖获得者在内的国内外高端科技创新人才。如华为公司相当部分的研发人才就在上海，以充分利用上海的科研基础设施和优良的创新环境。2019 年上海的研发投入达到了 1524.6 亿元,位居中国第四,研发投入强度为 4.0%。① 2020 年上海市研发投入 1615.7 亿元,位居中国第六(见图 3-3);研发投入强度为 4.17%,位居中国第二(见表 3-4)。②《2019 上海科技进步报告》显示,上海本地的科研人员 2018 年在国际顶级学术期刊(*Science*、*Nature*、*Cell* 等)上发表的研究论文数量占到了中国的 28.4%;2018 年 1 月至 11 月,上海国际专利申请量同比增长了 23.2%。③

(3)江苏省提出建设全球影响力的产业科技创新中心,持续提升创新型省份建设水平。2017 年江苏省研发投入强度为 2.65%,高于 2016 年的 2.6%;2019 年江苏省研发经费投入总量为 2779.5 亿元,研发投入强度为 2.79%。④

2017 年江苏省提出深入实施"一深化四提升"专项行动,有效推动创新型省份建设。重点推进实施前瞻性技术创新专项,有效推动重大科技成果的产业化项目,尽力突破一批关键核心技术,力争培育出 50 个重大自主创新的战略产品。大力实施国家技术创新工程试点,加速推进包括纳米技术、智能制造、通信网络、医疗器械、环保装备、激光与光电六大产业的产业技术创新中心建设。

江苏省"十三五"规划显示,江苏"产业科技创新中心"建设分三步实施:第一步,到 2020 年,基本形成产业科技创新中心框架体系,主要创新指标达到创新型国家中等水平;第二步,到 2025 年,形成产业科技创新中心区域的核心功能,达到或者超过中国制造 2025 的既定目标,部分创新指标跨入创新型国家先进行列;第三步,到 2035 年左右,全面建成具有全球影响力的产业科技创新中心。实现上述目标江苏省具有诸多优势,如

---

① 国家统计局社会科技和文化产业统计司、科学技术部战略规划司:《2020 中国科技统计年鉴》,中国统计出版社 2020 年版,第 7—8 页。

② 国家统计局、科学技术部、财政部:《2020 年全国科技经费投入统计公报》,2021 年 9 月 22 日,见 http://www.stats.gov.cn/tjsj/tjgb/rdpcgb/。

③ 沈湫莎:《去年上海研发经费占 GDP 比重达 4%》,《文汇报》2020 年 1 月 15 日。

④ 国家统计局社会科技和文化产业统计司、科学技术部战略规划司:《2020 中国科技统计年鉴》,中国统计出版社 2020 年版,第 7—8 页。

产业基础优势,数据表明江苏省的经济总量中实体经济占比为80%以上,工业经济总量连续6年排名中国首位,规模达到万亿级水平的行业有6个。① 同时,江苏省规模工业企业、中小企业数量也位居中国第一;2016年江苏省规模以上工业企业主营业务收入达到15万亿元,其利税为1.5万亿元,利润达到9000亿元,其利润已经占到中国的1/7以上。② 2018年江苏省研发经费投入为2504.4亿元,研发投入强度为2.70%。2019年苏州市的研发经费投入为625亿元。③ 2020年江苏省研发经费3005.9亿元(见图3-3),位居中国第二(见图3-3),占中国的比重达12.3%;研发投入强度为2.93%,位居中国第五(见表3-4),比上年提高0.14个百分点。④

(4)广东省2015年研发投入总量为1798.2亿元,位居中国第二(见图3-2);研发投入强度为2.47%,位居中国第五(见表3-3)。2017年广东省政府工作报告提出,将创新驱动发展作为转型升级的核心战略和总抓手,紧紧围绕建设"国家科技创业创新中心"这一战略目标,全力建设珠江三角洲"国家自主创新示范区"和"全面创新改革试验点"。大力实施重点实验室倍增计划,以更好地对接国家重大科技专项,紧跟国家重大前沿科技研发和战略需求。在突破一批关键核心技术方面下功夫,聚焦于无人智能技术、精准医学与干细胞等核心技术攻关。2018年广东省研发经费投入为2704.7亿元,研发经费投入强度为2.78%。2019年广东省研发经费支出约3098.5亿元、占地区生产总值比重近2.88%,区域创新能力保持中国第一。⑤ 其中,2019年深圳的研发经费投入为1328亿

---

① 杭春燕:《江苏工业经济规模总量连续6年居全国第一》,《新华日报》2016年1月10日。

② 王海平:《江苏样本:体制创新打破如此束缚欲建全球产业科技创新中心》,《21世纪经济报道》2017年2月14日。

③ 林小昭:《12大城市研发投入:北上深超千亿广州领跑第二集团》,《第一财经日报》2020年11月12日。

④ 蔡姝雯:《去年投入3005.9亿元江苏研发经费全国第二》,《新华日报》2021年10月13日。

⑤ 国家统计局社会科技和文化产业统计司、科学技术部战略规划司:《2020中国科技统计年鉴》,中国统计出版社2020年版,第7—8页。

元,占 GDP 比重的 4.9%。[1] 2020 年广东省研发经费投入为 3479.9 亿元,位居中国第一(见图 3-3);研发经费投入强度为 3.14%,位居中国第四(见表 3-4)。自"十三五"以来,广东省全省研发经费支出从 1800 亿元增加到 3200 亿元,占 GDP 比重从 2.4% 提高到 2.9%。[2]

深圳经济特区建立 40 多年来,坚持创新思维引领经济社会发展,立足于全球经济发展的技术竞争态势,破釜沉舟,主动推倒了传统思维的"三来一补"产业发展路径依赖,将高新技术产业作为产业发展的突破路径,切实将创新驱动发展战略定位于城市发展的主导战略,持续推进以科技创新为核心的全面创新。现今,创新已经成为深圳的内核标签。深圳正是坚持不断创新,坚持不断完善"基础研究+技术攻关+成果产业化+科技金融+人才支撑"的全过程创新生态链,紧紧围绕产业链部署创新链、围绕创新链部署产业链,才支撑着这座城市的持续高质量发展。未来,深圳将更加坚定科技创新自立自强,更加扩大开放,大力强化国际科技合作,以更加坚定的决心和力度持续打造国际一流的创新生态,不断推进市场化、法治化、国际化,以更加优良的创新环境加快深圳推进具有全球影响力的创新、创业和创意之都建设,尽快形成全球科技创新中心。深圳由于比较缺乏高等院校和科研院所,致使其在基础研究方面面临短板,制约了企业的高端化发展。当然,深圳经济特区越来越重视基础研究,也在不断改变基础研究的落后状态。2020 年 11 月 1 日,《深圳经济特区科技创新条例》正式实施[3],在中国率先以立法的方式规定了"市政府投入基础研究和应用基础研究的资金应当不低于市级科技研发资金的 30%",表明了深圳市切实提升基础研究能力和水平的坚定决心和实践行动。

(5)浙江省也持续提高研发投入力度。浙江省政府工作报告提出,要加快提升自主创新能力,全力建设杭州城西科技走廊、钱塘江金融港湾

---

① 黄青山:《化解"卡脖子"难题 深圳大有作为》,《深圳商报》2021 年 3 月 3 日。
② 叶青:《广东:走在全国前列的先行者》,《科技日报》2021 年 6 月 1 日。
③ 王帆:《15 座城市研发投入排名:京沪深规模超千亿,西安强度列第二》,《21 世纪经济报道》2020 年 11 月 18 日。

和中心城市科技城。加速形成以"八大万亿产业"为支柱的产业体系，主要体现为信息技术、环保产业、健康产业、旅游产业、时尚产业、金融产业、高端装备制造业、文化产业的高质量发展。2017 年浙江省研发经费投入为 1266.3 亿元，研发经费投入强度为 2.45%①；2018 年浙江省研发经费投入为 1445.7 亿元，研发经费投入强度为 2.57%②；2019 年浙江省研发经费投入为 1669.8 亿元，研发投入强度为 2.68%③；2020 年浙江省研发经费投入为 1859.9 亿元，位居中国第四（见图 3-3），研发投入强度为 2.88%，位居中国第六（见表 3-4）。杭州统计局的数据显示，杭州的研发经费投入由 2015 年的 302.19 亿元上升到 2019 年的 530.4 亿元，研发投入强度由 2015 年的 3.06% 上升到 2019 年的 3.45%。此外，数据显示，苏州的研发经费投入由 2015 年的 388.6 亿元上升到 2019 年的 625.2 亿元，研发投入强度由 2015 年的 2.68% 上升到 2019 年的 3.25%。④

二、创新型省份建设成效显现

2013 年科技部决定在江苏省、安徽省、浙江省、陕西省、湖北省、广东省和福建省等七省进行创新型省份建设，于 2016 年 4 月印发了《建设创新型省份工作指引》⑤，引导区域优质资源创新创业。

2015 年，创新型省份建设取得了一定的成效，体现为：创新型省份高新技术企业数量达到了 37446 家，高新技术产业增加值占中国的 58.8%；投入的研发经费总量占中国研发经费总量的 45.1%；拥有的专利数量占中国总量的 45.0%；技术交易合同金额为 3268 亿元；建成的国家科技型

---

① 国家统计局、科学技术部、财政部：《2017 年全国科技经费投入统计公报》，2018 年 10 月 9 日。国家统计局网站：http://www.stats.gov.cn/tjsj/tjgb/rdpcgb/qgkjjftrtjgb/。

② 国家统计局、科学技术部、财政部：《2018 年全国科技经费投入统计公报》，2019 年 8 月 30 日。国家统计局网站：http://www.stats.gov.cn/tjsj/tjgb/rdpcgb/qgkjjftrtjgb/。

③ 国家统计局社会科技和文化产业统计司、科学技术部战略规划司：《2020 中国科技统计年鉴》，中国统计出版社 2020 年版，第 7—8 页。

④ 王帆：《15 座城市研发投入排名：京沪深规模超千亿，西安强度列第二》，《21 世纪经济报道》2020 年 11 月 18 日。

⑤ 科技部：《科技部关于印发建设创新型省份工作指引的通知》，2016 年 4 月 12 日，见 http://www.most.gov.cn/index.html。

孵化器数量达到 339 家,占中国总量的 45.8%;国家级高新技术产业开发区达到 60 个。[①] 就区域创新能力而言,2013—2015 年江苏省位居中国第一,北京市、上海市、广东省、浙江省位居第二、第三、第四、第五,安徽省排名位居中部地区第一,陕西省排名位居西部地区第二。

七个创新型省份建设的成效主要表现在以下三个方面:强化创新源头供给、产业创新主体显现和创新人才快速集聚。具体到每个省份,成效和优势各异。

一是强化创新源头供给。在七个创新型省份中,江苏省成为区域创新的龙头,其创新的重心在于从源头上解决创新的方向选择。主要基于卡脖子技术和关键核心技术的滞后问题,加紧实施前瞻性产业技术创新工程,不断推进涉及经济社会发展的重大科技成果的转移转化;推动国家未来网络实验设施等落户江苏。科技创新战略实施的结果是,国家超级计算(无锡)中心研制的"神威·太湖之光"已经两次位居全球超级计算机 TOP500 第一,在此基础上取得的相关研究成果获得国际高性能计算领域的最高奖——戈登贝尔奖,这些成果填补了国内空白。

浙江省在科技成果转化方面取得突破性成绩,立足于线上线下整合资源的方式,形成了"展示—交易—交流—合作—共享"五位一体的科技大市场。2012 年以来,浙江省举办了 7 场省级层面的科技成果拍卖会,成交 735 项科技成果,交易额达到了 13.1 亿元。[②] 浙江省前 6 场成交的 634 个项目中,已经完成产业化的有 322 项,销售收入的增加值为 228.45 亿元,最终利润为 11.09 亿元。

安徽省充分利用合肥地区所形成的大科学装置集群效应,着力支持关键核心技术和颠覆性技术领域开展学科前沿交叉研究探索,努力形成大科学工程与设施集群,以源头创新有效支撑科技创业的高质量发展。国家已经批复了安徽省申报的"合肥综合性国家科学中心"。目前,安徽

---

① 郭静原:《科技部创新型省份建设成效显著——七省高技术产业增加值超全国半数》,《经济日报》2017 年 3 月 1 日。

② 王健、陈樱之:《创新,打开发展的天空——浙江省向互联网+世界科技创新高地迈进》,《浙江日报》2016 年 8 月 5 日。

省投入大量资金全力支持建设"量子信息科技创新研究院"，其目标就是加速培育建设成为"量子信息国家实验室"，以更好地服务于国家前沿性基础研究和技术创新，持续提升科技创新能力和产业创新能力，这项工作被定位为安徽省科技创新的"一号工程"。安徽省区域创新能力连续9年居中国第一方阵。截至2020年年底，安徽省已建成各类国家级研发平台210家；2014—2019年，安徽省累计有68项科技成果获得国家科技奖，"九章"量子计算机、"嫦娥钢"、"质子刀"、"量子显微镜"以及"墨子号"实验卫星等一批重大创新成果相继问世。①

二是产业创新主体日益显现。国内外的经济发展实践表明，科技型中小企业在提升一个国家的科技创新能力、吸纳社会就业和支撑持续健康发展等方面具有举足轻重的作用。广东省的创新战略定位就是要把创新真正落实到科技型企业和产业发展的各个方面。近年来，广州市的高新技术企业发展非常迅速，数据显示，自2015年开始实施高新技术企业培育行动以来，广州市的高新技术企业数量由2015年的1919家跃升到2019年的12099家，连年高速增长。② 广州市拥有的高新技术企业数量居中国省会城市首位。2019年广州市高新技术企业数量超过1.2万家，在国家科技型中小企业备案入库的企业达9283家，位居中国第一。③ 其中，广州市高新技术企业的规模实力持续增长，2015年销售额达到100亿元以上的高新技术企业数量为8家，2019年上升到17家；2015年销售额为10亿元以上的高新技术企业数量达93家，2019年上升至226家。④

深圳市基于本地企业发展和科技创新实际，着力打造行业公共技术研发平台，为重大共性技术和关键技术研发提供服务平台；加速完善检测试验平台，以更好地提供检测与实验。大力支持国家重点实验室和工程实验室建设，部署开展前沿性技术攻关，努力实现核心技术颠覆性突破，

---

① 汪永安：《安徽创新型省份建设跑出加速度》，《安徽日报》2021年3月2日。
② 林小昭：《24省城高新企业数量比拼：广州第一，企业资质却不如杭州》，《第一财经日报》2020年11月17日。
③ 张建军、郑杨：《广州探路科技全链条发展》，《经济日报》2020年4月29日。
④ 方晴：《年营收百亿高企4年倍增至17家》，《广州日报》2020年10月30日。

真正发挥自主创新活动的引领作用。深圳市的创新发展已经形成 6 个"90%"的基本格局,也就是 90% 的创新型企业来自本土企业,90% 的研发人员在企业工作,90% 的研发经费来源于企业,90% 的专利产生于企业,90% 的研发机构设立在企业,90% 以上的重大科技项目发明专利来源于龙头企业。①

江苏省有关部门正着手启动创新型企业培育行动计划和科技企业"小升高"计划。江苏省着力培育国家级研发机构,加速形成并完善以企业为主体、市场为导向、产学研相结合的技术创新体系。到 2016 年,江苏省拥有的高新技术企业数为 1.1 万家,规模以上的高新技术企业自有的研发机构占比为 90% 左右,企业专利的申请量和专利授权量位居中国第一;给予科技企业的税收减免达到了 300 多亿元。2020 年,江苏省高新技术企业数量超过 3.2 万家,完成了 38% 的规模以上工业产值,成为制造业高质量发展的重要支柱。② 近年来,作为江苏省省会的南京市充分利用其科教资源优势,加快疏通高端生产要素与现代产业发展间的通道,努力将科教资源优势转化为产业创新优势;坚持以科技创新为抓手,通过"两落地一融合"工程(科技成果项目落地、新型研发机构落地、校地融合落地),加速"创新名城"建设,大力孵化和推动高新技术企业发展。2015年南京市的高新技术企业数量为 1844 家,2019 年上升到 4680 家,其数量居中国省会第 3 位。③

三是创新型人才加速集聚。科技型人才是创新型省份建设的决定性因素。近年来,湖北省加大各类创新型人才的培育和引进力度。2015 年年底,武汉东湖高新区实施了"城市合伙人"计划,这项计划的重点是集聚创新产业人才,重点聚焦于生命健康、信息技术和智能制造三大产业领域,大力引进产业领军人才、知名创业投资人、优秀年轻科技人才,以加快武汉地

① 郭静原:《科技部创新型省份建设成效显著——七省高技术产业增加值超全国半数》,《经济日报》2017 年 3 月 1 日。
② 何聪、姚雪青、白光迪:《贯彻新发展理念　推动高质量发展》,《人民日报》2021 年 5 月 15 日。
③ 林小昭:《24 省城高新企业数量比拼:广州第一,企业资质却不如杭州》,《第一财经日报》2020 年 11 月 17 日。

区经济发展。经过认定的"城市合伙人"将实行"一张绿卡全程服务"，依据绿卡能够享受创业扶持、居住落户、子女入学、奖励补贴等待遇和服务。2016年12月，武汉市又出台了配套鼓励措施，对"城市合伙人"创新创业中的10种失误或失败情形予以免责，并给予继续支持创新创业。到2016年，已经有119名人才入选武汉市"城市合伙人"计划，绝大部分都是有海外工作经历，并拥有国内外领先的核心技术产业领军人才。

江苏省立足于本省战略性新兴产业高质量发展需求，面向海内外公开竞聘了19个项目经理，选聘了200位海外高层次人才；同时，组建了28个会员研究所，建设了江苏省技术产权交易市场；持续推进苏南人才管理改革实验区建设，有696人入选国家"千人计划"，其中创业类人才247人，占中国总量的31%。江苏省有序推进众创集聚区、"苗圃—孵化器—加速器"科技创业孵化链条建设试点工作；截至2017年，江苏省拥有省级以上备案众创空间384家，各类科技企业孵化器582家。① 2020年4月26日，科技部公布2020年度国家备案众创空间名单，全国共498家，其中江苏省56家，获批总数居中国首位。② 同时。江苏省共同设立科技金融风险补偿资金池，建成"首投""首保"等为特色的科技投融资体系，有效支持了创新创业的高速发展。

第四节　中国城市创新竞争力

一、中国城市在全球科技创新中心城市中的位置

2020年9月，中关村论坛发布了《全球科技创新中心城市指数2020》报告，主要选取了科学中心、创新高地、创新生态三个方面共31个指标，针对全球30个城市（都市圈）创新能力进行测度。结果显示，一大批中国城市作为国际科技创新中心的新兴力量正在崛起。③

① 吴红梅、杭春燕：《聚力创新，江苏跑出"加速度"》，《新华日报》2017年9月23日。
② 蔡姝雯：《江苏新增56家国家级众创空间》，《新华日报》2020年4月29日。
③ 李军凯：《精准施策提升城市科技创新竞争力》，《经济日报》2020年11月4日。

以科技人力资源、科研机构、科学基础设施、知识创造四个指标作为衡量标准的评估结果为:排名前十位的城市中中国仅有北京市居第八位。[①] 具体的评估结果为,在科研机构数量和科学基础设施两方面,北京得分居全球前两位,这也印证了长期以来北京始终将基础研究和应用基础研究放在更加重要地位所取得的成效。但在知识创造指标上没有进入全球前十,这也反映出在高质量科技论文的产出及其应用上,北京仍处于落后态势。

以技术创新能力、创新创业、新兴产业、经济发展水平四个指标作为衡量标准的评估结果为:北京市、深圳市、上海市居全球第三、四、五位[②]。这表明中国的北京、深圳、上海等城市科技创新能力和水平的持续提升,其缘由在于长期以来北京、上海、深圳三个城市都将制度创新作为科技创新的保障和支撑,这就使科技创新具有了更加稳定的透明的创新环境和预期;也反映了长期以来中国实施的科教兴国战略、创新驱动发展战略、人才强国战略等取得了明显效果。

以创业支持、开放与合作、公共服务、创新文化四个指标作为衡量标准的评估结果为:中国没有城市进入全球前十位。[③] 这反映了中国在创业支持、开放与合作、公共服务、创新文化等方面还没有为科技创新提供足够的支撑和高效服务,也提醒我们加快补短板的必要性和紧迫性。

二、中国科技创新中心城市的优势和短板

从世界经济发展的实践和全球科技变革的历程看,通过科技创新有效驱动城市经济社会发展已经成为各个科技创新中心的战略共识。

改革开放以来,随着科教兴国战略、人才强国战略、创新驱动发展战略等的实施,无论国家层面还是地方政府都开始重视科技创新,中国的科技创新中心城市蓬勃发展,创新的基础设施建设和创新能力得到大幅提升,成为推动城市经济发展的引擎。从城市功能定位来看,北京、上海、深

---

① 李军凯:《精准施策提升城市科技创新竞争力》,《经济日报》2020 年 11 月 4 日。
② 李军凯:《精准施策提升城市科技创新竞争力》,《经济日报》2020 年 11 月 4 日。
③ 李军凯:《精准施策提升城市科技创新竞争力》,《经济日报》2020 年 11 月 4 日。

圳、广州等城市已经明晰建设成为国际科技创新中心目标。而天津、武汉、杭州等城市也正在大力推进科技创新城市建设。由于各个城市竞争性推进科技创新中心建设，关联科技创新的基础设施得到较好建设。如各个科技创新中心都持续增加对基础研究和技术创新的经费投入，各个科技创新中心拥有的研究机构、科技研发人才数量、实验室数量等都位居全球前列，各个科技创新中心都加快发展互联网、大数据、云计算、人工智能、数字经济等高新技术产业，形成了高速发展态势并处于优势地位。上述这些都成为中国科技创新中心城市的优势所在。

从中国建设创新型国家目标要求看，科技创新中心城市仍然存在诸多问题和短板。（1）从创新主体看，中国的各个科技创新中心城市目前仍然存在顶尖科技研发人才短缺、企业研发人员缺乏的短板。从中国科技创新主体的构成看，目前的科技创新主体还是高等院校和政府投资主导的科研机构，而与市场紧密联系的企业的技术创新研发人员比较缺乏，直接影响和制约了企业的技术创新活动开展和科技成果的产业化、市场化。以企业为主体、市场为导向的产学研合作模式尚未完全建立。（2）从创新成果看，中国的科技创新中心城市创新成果数量多但质量不高，较为突出的是能够占据学科或技术领域制高点的顶尖成果严重短缺。《2019 年国际科技创新数据洞见》报告显示，北京市的活跃科研人员总数、总发文量、SCI 高引发文量都位居世界第一，然而其论文的影响力仅居世界第 18 位，反映出北京市在科研方面的数量与质量严重不对等，差距明显。[1] （3）从科技成果的转化看，长期以来科技创新中心城市也面临着科技成果转化率低的问题；其学术成果的应用价值和经济价值不高。科技创新中心发表的学术论文数量多，但被引频次少；专利的申请量和授权量多，但专利的质量低，特别是"三方专利"（在美、日、德申请的专利）少，与经济发展的需求结合不紧密。国内科研机构和高等院校的科技创新成果对企业的科技支撑作用较低，其产生的主要原因是高等院校、科研机构与企业间的信息非对称，且研究机构与企业的真正深入合作不够，造

---

① 李军凯：《精准施策提升城市科技创新竞争力》，《经济日报》2020 年 11 月 4 日。

成研究成果与需求间的脱节,影响了科技创新效能的整体释放与发挥。(4)从科技创新生态方面看,中国的科技创新中心城市的良好创新生态尚未完全形成。基于科技创新发展的实践,健康的创新生态应该包括良好的经济、政治、文化和社会环境以及政府的执政效能,这会给予科技创新活动重要的环境支撑,减少外部摩擦和交易成本。实践表明,虽然中国在开放合作、公共服务等方面不断提升水平,但在创造人才吸引力环境、培育企业家精神、提供公共知识的基础设施建设等方面与全球发达国家科技创新中心相比差距较大,制约了科技创新能力提升。

2021年9月20日,世界知识产权组织发布《2021年全球创新指数报告》,在全球"最佳科技集群"排名中,前十名的位次与去年相比,仅有微小变动。深圳—香港—广州地区和北京市分别位列第二、第三,上海市排名第八。全球100个领先的科技集群,有19个在中国。①

第五节　中国制造业技术创新现状、问题与提升

一、中国制造业技术创新现状

当前,以新一代信息技术与制造业融合发展为主要特征的新一轮科技革命和产业变革正在全球范围内孕育兴起,给世界产业技术和分工格局的深刻调整带来革命性影响。从发展趋势和新特征来看,智能制造将成为全球新一轮制造变革的核心内容,世界各国积极参与全球产业再分工。所谓智能制造,就是人工智能和制造技术相结合的产物。制造业智能化是全球工业化的大趋势,也是重塑国家间产业竞争力的关键因素。

改革开放以来,中国的制造业从劳动密集型产业起步,处在微笑曲线中利润最低的加工组装环节,产品的同质化、过分追求规模、缺乏核心技术等严重阻碍了发展。经过改革开放以来的高速发展,中国的产业规模已经处于世界前列,中国企业对产品质量的把控,也逐渐从及格线慢慢向

---

① 《〈2021年全球创新指数报告〉发布中国排名连续9年稳步上升》,《人民日报海外版》2021年9月21日。

精细与极致化跃进,"追求卓越"成为中国制造者的精神所向。特别是制造业已经连续多年排位世界第一。但是,中国的产业技术创新能力仍然较弱,这导致了产业发展层次和国际分工地位依然处于低位。近年来,中国国内低端产能严重过剩,各种要素成本上升的压力明显增大,市场出现的供需双重压力致使中国的产业增速大幅放缓。同时,以往的高能耗、低效率的生产必将被客户群所淘汰,自动化、定制化与智能化将是驱动制造业持续发展的关键。因此,加快中国产业技术创新能力提升、实现产业向中高端迈进就是当前及今后面临的紧迫任务。

"十四五"时期是中国制造业提质增效、由大变强的关键时期,如何更好地抓住智能制造这一核心,将成为经济转型的重要战略考量。中国面临经济结构调整与转型升级的艰巨任务,又赶上了新一轮科技革命驱动的新经济蓬勃发展的历史机遇。对于中国来说,发展经济就意味着工业化和信息化的深度融合,是工业化进程的进一步深化与推进,是经济结构转型升级的本质要求。

从目前中国制造业发展水平来看,核心技术受制于人,关键技术对外依存度高。要着力弥补核心关键技术、质量品牌和创新能力的短板,创新仍然是推动中国制造业升级的第一驱动力。中国工程院院长周济认为,科技创新是推动"中国制造 2025"的根本动力。中国只有仅仅依靠科技创新,才能实现制造业从 2.0、3.0、4.0 同步前进的"并联式"发展。[1] 企业是创新驱动产业升级的主体,要从根本上调动企业家、工程师与管理者的积极性;要让产、学、研、金、政等部门深度融合,集中各路创新强将,全民推进有组织的创新活动。

二、中国制造业技术创新现存问题

中国企业对核心技术的掌握能力不足,更多集中于低端制造业与服务业,而且将营销作为其竞争优势,某种程度上会形成地区垄断,致使有效竞争缺乏。

---

① 黄鑫:《提质增效助推中国"智造"》,《经济日报》2016 年 9 月 12 日。

　　从整体上看,中国的制造业仍面临着基础研究和前沿性研究薄弱,许多企业研发创新的积极性和主动性不足,工业技术创新水平相比较于发达国家仍然偏低。

　　一是中国的产学研合作研发力度不足,科技成果的转化率仅为10%左右。① 中国现有的产业技术创新联盟发展水平仍然偏低,其利益分配机制没有得到有效协调。联盟内部同一种类型的创新主体,在技术创新方向与科研资金的分配比例等方面具有极强的相似性。其联盟成员间的信任程度难以形成足够深入的交流互动,这对创新活动和创新能力的提升极为不利。基于2016—2020年中国技术转让的相关数据可以看到(见表3-5),近年来中国的技术转让成交合同金额占中国技术市场成交合同金额的比重处于下降态势。

表3-5　2016—2020年中国技术转让成交合同金额情况

年份	中国技术市场成交 合同金额(万元)	中国技术转让成交 合同金额(万元)	中国技术转让成交 合同金额占中国技术市场 成交合同金额的比重(%)
2016	114069816	16078867	14.10
2017	134242245	14002811	10.43
2018	176974213	16096954	9.10
2019	223983882	21888788	9.78
2020	282515092	23976580	8.49

注:根据相关数据整理计算而得。

资料来源:国家统计局:《中国统计年鉴2021》,中国统计出版社2021年版,第670页。

　　二是中国对基础研究的投入力度过小,而且基础研究占研发经费支出比重低的趋势日益明显。2018年,我国基础研究经费1090.37亿元,比上年增长11.77%,但基础研究占整个研发经费投入的比重仅为5.5%②;2020

───────────────

　　① 吕昱江:《"十三五"提升工业技术创新能力:不能再集中于"点"的突破了》,《中国经济导报》2016年6月8日。

　　② 国家统计局社会科技和文化产业统计司、科学技术部战略规划司:《2020中国科技统计年鉴》,中国统计出版社2020年版,第6页。

年我国基础研究经费 1467.0 亿元,比上年增长 9.8%,占中国研发经费总量的 6.0%。[1] 其战略位置明显不足;各类研发主体之间呈现出割裂状态,致使协同创新的能力不足。

三是重科研、轻中试,导致创新能力低下。由于中试投资量大、周期长及风险高,使其对单一的科研主体来说,都不具有足够的吸引力。中国由于研发主体相互脱节,致使中试投入不能满足研发需求。技术创新面临的上述问题与短板必然制约我国制造业的高质量和高端化发展。

三、中国制造业创新体系建设

基于中国国情,要打造以国家制造业创新中心为核心载体的创新体系,以改变目前中国创新资源和力量过于分散断裂和各自为政的现实状况,要消除从实验室到产品到产业化间的"死亡谷",以提高关键共性技术供给的有效性。2016 年 8 月 30 日,工信部印发《关于完善制造业创新体系,推进制造业创新中心建设的指导意见》[2],按照"中国制造 2025"战略部署,"一案一例一策"方式,统筹推进国家制造业创新中心和省级制造业创新中心建设,要形成多层次、网络化制造业创新体系,显著提高国家制造业创新能力。

目前全球制造业创新体系和创新模式都在发生深刻变革,具体表现为:创新载体由单个企业转向跨领域多主体的协同创新网络,创新流程由线性链式转向协同并行,创新模式由原有的单一的技术创新转向技术创新与商业模式创新相结合。[3] 但现实中,中国的创新载体在"技术产生—扩散—首次商业化—产业化"链条上衔接不畅,大大影响创新效率和应

---

① 刘垠:《2.4%!我国研发经费投入强度再创新高——专家解析〈2020 年全国科技经费投入统计公报〉》,《科技日报》2021 年 9 月 23 日。

② 工业和信息化部:《工业和信息化部印发〈关于完善制造业创新体系,推进制造业创新中心建设的指导意见〉》,2016 年 8 月 30 日,见 http://www.gov.cn/xinwen/2016-08/30/content_5103702.htm。

③ 工业和信息化部、发展改革委、科技部、财政部:《制造业创新中心建设工程实施指南(2016—2020 年)》,见 http://www.miit.gov.cn/ztz1/1szt/zgzz2025/zcj01/art/2020/art_24182643-8334494493f2a98669bd9b2a.html。

用性。因此,中国建设制造业创新中心,就是要弥补创新链条间的断裂环节,把分散的创新资源与创新力量有效凝聚在一起,以完成把珍珠串成项链的关键一环。

要深入研判中国产业发展的现状,在产业集中度较高的产业领域,形成以大企业研究院为主、产学研用相结合的新技术供给模式;对于战略性产业,要建立以公共研发机构为主体,产学研相结合的创新体系供给模式。2016 年 6 月 30 日,中国首家制造业创新中心——动力电池创新中心成立。我国还计划在增材制造和工业机器人两个领域再创建 1—2 家国家制造创新中心。

为了贯彻落实《国民经济和社会发展第十三个五年规划纲要》《中国制造 2025》《国家创新驱动发展战略纲要》和《“十三五”国家科技创新规划》等文件精神,工业与信息化部编制发布了《产业技术创新能力发展规划(2016—2020 年)》①(以下简称《规划》)。《规划》提出,要健全以企业为主体、市场为导向、政产学研用相结合的产业技术创新体系,着力突破重点领域共性关键技术,加速科技成果转化为现实生产力,提高关键环节和重点领域的创新能力,推进两化深度融合,激发“大众创业、万众创新”新动能,促进中国由制造大国向制造强国、网络强国转变。《规划》明晰了六大重点任务,包括完善产业创新体系,强化企业技术创新主体地位,加大共性关键技术开发力度,提升企业知识产权运用能力,完善综合标准化体系和培育区域创新能力等。

《规划》也将新材料产业作为发展的重点产业。一定程度上,新材料产业发展水平决定着整个工业的未来发展,也是制造业转型升级的产业基础,必须高质量发展。中国正处于加快新材料研发和产业化的关键时期,材料正向微纳化、绿色化、智能化、复合化及材料器件一体化方向转变发展。中国是一个材料大国,但并不是一个强国。整体上看,中国的新材料产业需要大幅提升技术水平和能力,集中于新材料种类

---

① 工业和信息化部:《工业和信息化部关于印发〈产业技术创新能力发展规划(2016—2020 年)的通知〉》,2016 年 10 月 21 日,见 https://www.miit.gov.cn/zwgk/。

和工艺方面取得突破性进展。智能制造和产业转型升级根本上依靠产业技术创新，必须形成包括多元化主体和多元化路线的产业创新和技术扩散体系。

四、推动装备制造业高质量发展

装备制造业的发展水平关乎一个国家的经济发展水平和社会发展水平，是一个国家经济发展的骨架和支撑，装备制造业的产业链长、关联产业多，具有很强的吸纳就业能力，世界主要国家都将装备制造业作为本国的战略性产业。从全球视野看，装备制造业的发展呈现出新的特点与趋势，一个明显的特点就是协同创新正在塑造国际装备制造业。装备制造业正在由单个企业创业转向跨领域多主体的协同创新。

伴随科技创新的迅速发展，全球产业分工也愈益精细化，产品的复杂程度也不断提升，装备制造业的产品被嵌入复杂的技术网络中，单个企业已经无法参与和从事所有的创新活动环节。对于装备制造业企业来说，必须有效利用外部技术资源，与各类创新主体合作，以实现创新资源的有效配置。随着信息技术的不断发展，网络化的众包、众筹、线上到线下等多元化的新型创新方式不断产生，并在装备制造业领域中运用，这也成为创新的主流模式。

基于技术创新的视角看，装备制造业选择突破的方向在于智能制造，这一点能够从世界发达国家制造业的演进历程得到验证。近年来，美国提出了先进制造伙伴计划、德国提出了发展"工业4.0"计划、法国提出了新工业计划、日本提出了"机器人新战略"，其共同点是把发展智能制造作为主攻方向。美国利用自己的信息技术优势，把信息技术与智能制造技术结合起来，加快建设智能制造技术平台，大力推进智能制造的产业化与工程化。德国决定实施"工业4.0"计划，其基点在于智能工厂和智能生产，德国政府特别重视工业标准和智能制造的基础设施建设。日本的制造业发展重视工业大数据和工业互联网的推广应用，其"机器人新战略"的目标在于成为全球机器人创新基地、世界最大的机器人拥有量国家，真正成为全球机器人研发与生产的领先者。

从全球看,装备制造业发展过程中表现出的一个新的特点是绿色化和服务化。一方面,伴随全球新能源技术的日益突破,制造业的发展也体现出向低碳化、低能耗与低污染的方向发展,在全球范围内"绿色供应链""低碳革命""零排放"等新的产品设计和生产理念愈益泛起,不断推动着装备制造业的绿色化发展。另一方面,全球范围内的装备制造业的服务化转型加速推进,正从以"硬件"生产为中心向以"软件"服务为中心的综合工程能力产业转型,其最为基本和核心的要求就是投入和产出的服务化。从制造业企业的竞争力提升看,必须将客户导向和需求导向贯穿于整个生产过程,企业面向客户的主动协同将成为企业运作的重要模式。一定程度上,实体价值和服务价值皆是企业的重要的价值源泉。

五、提升制造业技术创新能力的战略选择

自中美贸易摩擦以来,由于美国对其他发达国家的干扰和威慑,致使中国的产业链、供应链在全球面临着极为严峻的形势和挑战。特别是自新冠肺炎疫情发生后,世界范围内产业链供应链的本地化、区域化、分散化趋势日益明显,产业链供应链处于重构过程中,一个明显的现象就是"去中国化",减少对中国的依赖,这必将给中国的产业链供应链带来严重的安全隐患。

在全球经济陷入低迷状态的背景下,经历过剧烈的调整后,中国是否还能够保持在原有的全球产业链供应链中的位置还是未知数。数据显示,中国已经是全球最大的制造业国家,到 2020 年时制造业的总规模在全球占比为 30% 左右;单从制造业在 GDP 中的占比看,中国的制造业增加值在 GDP 中的占比大致为 27%;但是中国在 2010 年时的制造业在GDP 中的占比为 40%[1],2015 年时的制造业在 GDP 中的占比为32.5%。[2] 由此可见,中国的制造业规模在经济总量中的份额呈下降

---

[1] 夏旭田:《保持制造业比重稳定,警惕过早"去工业化"》,《21 世纪经济报道》2020 年11 月 4 日。

[2] 白金蕾:《工信部部长肖亚庆:制造业要高质量发展,应重视新兴产业和国际化》,《新京报》2021 年 3 月 8 日。

态势。

我们也要认识到在全球价值链中,中国始终没有占据价值链的高端。中国长期实施的低成本出口导向的工业化战略,致使我们难以有效突破长期锁定的低端产业格局,特别是在诸多领域仍然大量存在"卡脖子"技术短板。同时,多年来过于强调产业转型升级,造成的结果就是许多地方盲目"去工业化"而持续提升第三产业比重。关键问题是服务业的效率低下,而逐渐放弃的工业效率较高,导致的后果就是虽然地方经济结构转型了,但产业却未升级的尴尬局面。

制造业是国民经济发展的主体,也是我国推动经济高质量发展的关键和重点所在。持续推动制造业高质量发展,最为关键的是不断提升制造业的技术创新能力,这需要比较完善的技术创新的政策支持体系。支持制造业技术创新的体系既包括激励前沿性技术突破的技术创新政策,也需要运用先进技术改造传统制造业的技术改造政策。通过制造业技术创新和技术改造,整体上持续提升制造业的生产效率和产品质量,以推动我国制造业的持续高质量发展。在世界面临百年未有之大变局和全球经济竞争日趋激烈的背景下,如何有效保障产业链供应链的安全可控并不断增强其韧性就显得十分重要。

一是切实强化基础研究和应用基础研究,增强原始创新能力。通过建基于基础研究突破发展的技术创新突破推动制造业前沿性技术创新发展。在推进我国制造业向中高端迈进的高质量发展过程中,必须坚持"标准为基、质量为先、知识产权为盾"的发展理念,加强面向国家战略需求的基础前沿和高新技术研究,大力支持自由探索的基础研究,建设一批支撑高水平创新的基础设施和平台。促进新技术、新组织形式、新产业集群形成和发展,增强制造业技术创新能力。

二是加快完善产业创新体系建设。从发达国家制造业发展的实践看,在国家经济发展进入工业化后期,发达国家都非常重视通过利用先进适用技术对传统产业进行有效改造提升,以提高传统产业的生产效率和产品质量。通过不断完善制造业创新体系以更好地应用先进适用技术,有效对接制造业的技术改造。制造业的创新发展需要聚焦产业链关键和共性技术瓶颈,组建国家制造业创新中心和省级制造业创新中心。要持续强化产业技术创新体系建设,不断夯实产业技术创新基础;要加快推进新技术产业化,积极推动技术创新形成新的竞争优势,形成制造业发展的新动能。

三是有序推进制造业产业集群,不断集聚高端制造、高效服务和高端人才。先进制造业集群是指一定区域里围绕先进制造领域密切联系的企业和机构合作共生的网络化产业组织形态,是产业分工深化和集聚发展的高级形式,是制造业高质量发展的重要标志。[1] 为了形成完善的产业链和供应链,必须加速推进产业集群,也就是在产业发展比较成熟,具有相对比较优势的地区,对于相关产业的上下游产业链进行集中布局发展,从而实现规模经济和范围经济,不断提升产业的竞争力。通过市场机制和战略导向,引导地方紧紧围绕主导产业和优势产业,不断细分优势领域,优化产业体系,形成良好的产业生态系统,推进先进制造业集群的高效发展。

四是推动制造业向产业链上游迈进,持续提升我国产业在全球价值链中的位置。要把握制造业与服务业融合发展的新态势,形成与制造业相关联的无形资产,如知识产权、软件等;形成比较完善的产业链布局,加速数据中心等新基建建设,加快弥补我国在产业链中的核心技术和环节的缺失。

五是集中各种生产要素,全力突破"核心技术""卡脖子技术"。2020年始,美国开始持续打压以华为公司为代表的高科技企业。美国以所谓的国家安全利益设立了出口管制条例,通过"断芯"围剿中国的高科技企业,以阻遏中国的高新技术发展与突破。尽管中国多年来给予科技研发全方位支持,也在一些领域取得技术突破,但整体上看与美国的技术差距还很大。同时,中国从未面临美国如此紧迫的和全面的技术围剿,因此,中国必须通过系统性的战法,加速突破"核心技术",突围"卡脖子技术",以尽早在多领域实现国产技术替代,彻底解决中国企业面临的"断芯"之痛。

---

[1]　王政:《聚焦产业链　发展新集群》,《人民日报》2019 年 7 月 6 日。

一要不断增强企业"突围"核心技术的意识,并尽早付诸实践。企业特别是高新技术企业必须超前性战略评估行业性技术发展的前沿领域演进趋势,尽快布局于行业技术的高端领域,加大资金、人才等要素的投入,以久久为功的战略定力取得技术突破。二要强化各类技术创新要素的集合能力和政策支持。"核心技术""卡脖子技术"的有效突破需要包括财政资金投入、税费优惠、研发人员激励等各类政策支持,单单依靠企业自身实力难以实现。中美贸易摩擦产生以来,伴随美国对中国高新技术企业的打压和关键核心技术的围剿,中国政府已经认识到问题的严重性和时间的紧迫性,国家层面对突破"核心技术""卡脖子技术"十分重视。2020年8月4日,国务院发布了《关于印发新时期促进集成电路产业和软件产业高质量发展若干政策的通知》,从财税、研发、知识产权等八个方面给予集成电路和软件产业40条政策支持。中国企业要紧抓机会、紧跟行业技术水平前沿,要突破企业的"卡脖子技术"。三要畅通高新技术企业的融资渠道。企业的技术研发需要大量的资金支持,采取市场化方式直接融资对有效解决企业的资金需求极为重要。2019年我国在上交所设立科创板的重要目的在于便利高新技术企业融资,2020年8月创业板注册制度正式落地,将会更有利于诸多科技型企业通过资本市场直接融资,满足企业技术研发的资金需求,推动企业的技术创新能力提升和"核心技术"突破,推动企业的高质量发展。

第四章　中国产业技术创新发展：
成就、短板与弥补

第一节　中国高新技术产业和高新
技术企业发展现状

一、中国高新技术产业发展现状

20 世纪 80 年代,中国的高新技术产业开始产生,经过 30 余年的发展与成长,已经开始进入了"黄金发展时期"。改革开放和经济发展的成果表明,在世界经济发展趋缓趋稳的背景下,中国的高新技术产业却逆势成长、高速发展。数据显示,2016 年中国的高新技术产业总收入达到了 153796 亿元,相比于 2015 年增长了 10.6%。[①] 2016 年中国的高新技术产业增加值相比于 2015 年增长了 10.8%,超过制造业增长率 4 个百分点;高新技术产业同比增长了 0.6 个百分点。[②] 2020 年中国的高新技术产业营业收入为 17.4613 万亿元,利润 1.2394 万亿元。[③] 总体上看,中国高新技术产业的年度营业额和利润总额保持在一个稳定状态(见表4-1)。

[①]　国家统计局社会科技和文化产业统计司、科学技术部战略规划司:《中国科技统计年鉴 2018》,中国统计出版社 2018 年版,第 140 页。

[②]　胡鞍钢、任皓:《中国高技术产业迈入"黄金时代"》,《经济日报》2017 年 3 月 2 日。

[③]　国家统计局社会科技和文化产业统计司、科学技术部战略规划司:《中国科技统计年鉴 2021》,中国统计出版社 2021 年版,第 106 页。

表 4-1　2016—2020 年中国高新技术产业生产经营情况（单位：亿元）

年份	营业收入	利润总额
2016	153796	10302
2017	159376	11296
2018	157001	10293
2019	158849	10504
2020	174613	12394

资料来源：2016—2017 年的数据来源于国家统计局社会科技和文化产业统计司、科学技术部战略规划司：《中国科技统计年鉴 2018》，中国统计出版社 2018 年版，第 140 页。

2018 年数据来源于国家统计局社会科技和文化产业统计司、科学技术部战略规划司：《中国科技统计年鉴 2019》，中国统计出版社 2019 年版，第 134 页。

2019 年的数据来源于国家统计局社会科技和文化产业统计司、科学技术部战略规划司：《中国科技统计年鉴 2020》，中国统计出版社 2020 年版，第 134 页。

2020 年的数据来源于国家统计局社会科技和文化产业统计司、科学技术部战略规划司：《中国科技统计年鉴 2021》，中国统计出版社 2021 年版，第 106 页。

近年来，中国高新技术产业领域的科技攻关成果不断产出，对中国产业技术竞争力的提升产生了重要推动作用。如国产大型客机 C919 交付试飞，带动中国的航空产业上升到一个新台阶；28 纳米的刻蚀机、离子注入机的研发成功，使中国的关键装备制造水平有效提升；特高压输变电的关键核心设备实现了国产化；风能和光伏能所需的关键核心技术取得有效突破，使中国的装机容量排名全球第一；海斗号无人潜水器的下潜深度不断突破，推动中国的深海技术装备谱系化；二氧化碳监测卫星的发射成功，大大强化了中国在应对气候变化谈判中的话语权。还有 1000 千伏特高压交流输变电、±320 千伏柔性直流输电等关键技术领跑世界，等等。

在中国高新技术产业的发展从无到有、由小到大、由大到强过程中，高新技术产业的创新发展经历了"落伍者—追赶者—赶超者—领先者"的上升演进过程，最终实现超越美国这一世界高新技术产业的领航者。2015 年中国高新技术产业的增加值在全球总量的占比为 29%，超越美国，成为世界第一。① 当然，不容否认，与美国相比，中国在许多核心技术方面仍然落后。

---

① 胡鞍钢、任皓：《中国高技术产业迈入"黄金时代"》，《经济日报》2017 年 3 月 2 日。

　　从经济增长效应视角看,高新技术产业的发展对中国经济增长的贡献度在 2000—2016 年为 5.05%①,可以显现出高新技术产业已经成为中国经济发展的主要先导产业,也是带动中国经济发展的一个重要引擎。从经济结构优化的效应看,2016 年高新技术产业增加值在中国 GDP 中的占比为 5.08%,高新技术产业已经成为中国经济发展的重要支柱产业。从产业技术溢出效应看,通过高新技术产业发展的关联带动,包括制造业和服务业在内的一大批产业高速成长,有效驱动着信息和通信技术产业的高速度高质量发展。

　　从中国产业经济发展的演进历程和发展水平看,高新技术产业无论是现有产业布局还是产业的市场活跃度,都表征了高新技术产业已经演进到高速度高质量发展阶段。如代表平台经济发展高地的电子商务平台和高科技企业迅猛发展。摩根士丹利研究报告显示,2003 年时中国的电子商务销售额近乎为零,然而到 2017 年时大幅跃升到 6000 亿美元左右,在全球市场份额中占比为 35%。② 随着信息传播技术和信息产业的高速成长,电子消费渠道的创新开发将会加速,中国将在全球电子商务的版图上占有更为重要的位置,电子商务份额将会持续上升,这将会更好地助推中国经济转型升级,不断提高经济发展质量。

　　信息技术和互联网产业的高速发展颠覆了人们的传统生产方式和生活方式,电子商务的创新发展使居民的消费模式由传统的柜台式演变为线上交易或者移动交易,这就必然使财务互动由原来的面对面现金支付方式转变为网络化和数字化交易方式,这也必定加速新兴产业的孵化与产生,金融科技产业就是在此条件下迅速成长。花旗银行集团发布的关于全球金融科技产业的相关报告表明,2016 年,中国金融科技产业极速崛起成为全球金融科技市场的“亮点”事件。由于中国的数字化产业发展起步早、发展速度快,同时中国的中产阶级规模不断扩大,对于新兴产业需求和新的消费模式偏好上升,推动了电子商务和社交新兴媒体的高

---

　　① 胡鞍钢、任皓:《中国高技术产业迈入“黄金时代”》,《经济日报》2017 年 3 月 2 日。
　　② 蒋华栋:《海外看中国:中国高科技产业正迈入“黄金时代”》,《经济日报》2017 年 2 月 24 日。

速成长,也推动了中国金融科技企业的快速发展。从全球来看,即使是老牌的金融强国英国和现在的经济金融强国美国,就金融科技产业的发展水平来说也不得不向中国学习。截至 2016 年 9 月,全球共有 27 家金融科技"独角兽"企业,其中中国占据 8 家,就总的市值来看,中国企业市值占总市值的比重超过 69%。2016 年前三季度,中国金融科技领域的投资占全球总额的 50%以上。其中,全球金融科技投资前 10 名企业中,中国占据 7 个。蚂蚁金服、陆金所、京东金融和趣分期成为全球前四大金融科技的投资对象。①

从整体上看,电子商务和金融科技产业的发展仅仅显示了中国高新技术产业高速成长的一个侧面。随着"科教兴国战略""创新驱动发展战略"的有效实施,中国的高科技产业迅速发展,已经覆盖了诸多产业领域。既在航空航天领域、粒子科学领域等组建培育了具有全球领先水平的高科技企业"创新团队",也在生命科学等领域培育成长了一批世界顶尖水平的民营企业。通过创新性发展,形成了中国科研项目的新的商业模式,更好地推动科技成果的产业化和市场化。

国家高新技术产业开发区、自主创新示范区等定位于发展高新技术产业,近年来高速发展,高新技术企业的质量不断提升,对区域经济及其产业产生了极强的牵引力,已经成为地区经济创新发展与转型发展的重要引擎。数据显示,已经国务院批准的 146 家国家高新技术产业区,在"十二五"期间营业收入的增长速度保持在年均 17.4%。② 其中,2016 年营业收入达 27.7 万亿元。③ 2019 年,中国国家高新区园区营业收入为38.56 万亿元。④ 2020 年,在受新冠肺炎疫情影响的不利环境下,中国169 个高新技术产业开发区实现营业收入 42.8 万亿元。⑤ 从 2016—2020年国家级高新区企业营业收入数据的变化幅度可以看出,国家级高新区

---

① 蒋华栋:《海外看中国:中国高科技产业正迈入"黄金时代"》,《经济日报》2017 年 2 月24 日。

② 陈芳、胡喆:《国家高新区去年营收增长逾一成》,《经济日报》2017 年 2 月 21 日。

③ 国家统计局:《中国统计年鉴 2020》,中国统计出版社 2020 年版,第 657 页。

④ 国家统计局:《中国统计年鉴 2020》,中国统计出版社 2020 年版,第 654 页。

⑤ 国家统计局:《中国统计年鉴 2021》,中国统计出版社 2021 年版,第 666 页。

的企业发展处于快速增长态势（见表4-2）。

表4-2　2016—2020年国家级高新区企业营业收入概况

年份	营业收入（亿元）
2016	276559
2017	307057
2018	346214
2019	385549
2020	427998

资料来源：2016—2019年数据分别来源于国家统计局：《中国统计年鉴（2017—2020）》，中国统计出版社2017年版、2018年版、2019年版、2020年版，第657、669、656、654页。
2020年数据来源于国家统计局：《中国统计年鉴2021》，中国统计出版社2021年版，第666页。

在中国经济发展由数量增长转向高质量发展阶段时期，经济结构转型也进入关键时期。实践已经证明，通过加快发展高新技术产业能够有效保障新技术和新经济快速持续发展，这将极大地促使中国的制造业由中低端向中高端迈进，也会极大地释放多重经济增长效应与外溢效应，中国也将会逐渐发展成为全球高新技术产业发展的高地和强国。

二、中国高新技术企业发展现状

基于全球视野，一大批中国本土的高新技术企业迅速成长，在世界500强中，中国的高新技术企业在2012年第一次入围，尽管只有1家。但到2016年，中国共有11家高新技术企业进入世界500强。2021年世界五百强企业上榜的互联网企业共7家，其中4家来自中国，分别是京东、阿里巴巴、腾讯、小米。

支撑中国高新技术产业的高速发展和高质量发展的，是华为、阿里巴巴、华大基因、腾讯等一批高新技术企业的创新发展和快速成长。在前所未有的外部挑战下，华为2020年实现销售收入8914亿元，同比增长3.8%；净利润为646亿元，同比增长3.2%。财报显示，2020年，华为研发总费用为1418.93亿元，超过百度、阿里、腾讯、京东（以下简称

BATJ)2020 年研发投入的总和,较上年进一步增加,占销售收入的比重保持在 15.9% 的高位。① 华为公司拥有的移动、光网络、终端等技术和产品被应用于世界 100 多个国家;特别是 5G 产品的问世,高效带动了全球电信产业链的高端发展。

科技部数据显示,2020 年,中国高新技术企业和科技型中小企业分别达 27.5 万家和 22.3 万家,一批具有国际竞争力的创新型企业加快发展壮大。我国高新技术企业实现营业收入 51.3 万亿元,同比增长 13.8%;利润总额为 3.8 万亿元,同比增长 20.1%。② 我国创新指数世界排名提升至第 14 位,企业数量日均净增 1 万户以上。③

2016 年 1 月新修订的《高新技术企业认定管理办法》,明确加大对科技型中小企业的倾斜支持力度,能够有力助推"大众创业、万众创新"。中国许多地方已经把培育和认定高新技术企业作为当地促进经济持续发展的有效抓手。如 2018 年广东省认定高新技术企业数量达到 33356 家,位居中国第一。

同时,科技部持续加大扶持战略性新兴产业的力度,以工程技术服务业、文化创意和设计服务业为代表的科技服务业的高新技术企业的数量不断增加;生物医药、电子信息等战略性新兴产业企业得到有效支持和迅速发展。科技部不断规范国家技术转移服务规则,推进国家技术转移体系健康发展,在科技成果转化方面,截至 2016 年年底,中国共签订登记的技术合同数量为 320437 项,成交金额为 11407 亿元,第一次突破了 1 万亿元,比上年增加了 15.97%。④ 2020 年共签订技术合同 55 万项,技术合同成交金额 28252 亿元,比上年增长 26.1%。⑤ 基于相关年份的数据可以看出,中国技术市场发展态势良好(见表 4-3)。技术交易额的持续增

---

① 时娜、邱江:《华为 2020 年研发投入超过 BATJ 总和》,《上海证券报》2021 年 4 月 1 日。

② 佘惠敏:《创新型国家建设取得决定性成就》,《经济日报》2021 年 2 月 27 日。

③ 国家发展和改革委员会:《关于 2019 年国民经济和社会发展计划执行情况与 2020 年国民经济和社会发展计划草案的报告》,《人民日报》2020 年 5 月 31 日。

④ 杨翘楚、张庆雄:《我国高新技术企业逾 10 万家》,《经济日报》2017 年 2 月 23 日。

⑤ 《中华人民共和国 2020 年国民经济和社会发展统计公报》,《光明日报》2021 年 3 月 1 日。

加反映了技术成果转移转化的路径正在不断疏通,也表明了技术市场的发展环境正在持续优化。

表4-3 2015—2020 年中国技术市场成交合同数与成交金额

年份	成交合同数(万项)	成交金额(亿元)
2015	30.7	9835.8
2016	32.0	11407.0
2017	36.8	13424.2
2018	41.2	17697.4
2019	48.4	22398.4
2020	50.0	28252.0

资料来源:2015—2019 年数据来源于国家统计局社会科技和文化产业统计司、科学技术部战略规划司:《2020 中国科技统计年鉴》,中国统计出版社 2020 年版,第 220—222 页。

2020 年数据来源于《中华人民共和国 2020 年国民经济和社会发展统计公报》,《光明日报》2021 年 3 月 1 日。

中国高科技企业的高速高质量发展,在国际资本市场上得到了明显的体现,受到了投资者的高度认可和肯定。普华永道数据显示,2016 年全球共有 53 起科技企业进行 IPO,其中中国企业就有 18 起,排名世界第一。[1] 事实上,中国在 2014 年有 45 起科技企业进行 IPO,2015 年有 30 起科技企业进行 IPO,都位居全球第一。国际上普遍认为,伴随中国金融监管制度和监管体系的不断完善,基于政府大力支持科技创新活动和创新型企业发展的需求,未来中国将会有更多的科技企业加速上市融资步伐,以更好地支持企业的技术创新和科技成果的产业化、市场化。2021 年 8 月 25 日,普华永道发布了 2021 年上半年中国科技、媒体及通信行业(TMT)企业首次公开募股(IPO)数据。数据显示,2021 年上半年内地 TMT 企业 IPO 数量较 2020 年下半年的 109 起有所下降,共计 78 起,融资总额约人民币 2138 亿元。[2]

---

① 蒋华栋:《海外看中国:中国高科技产业正迈入"黄金时代"》,《经济日报》2017 年 2 月 24 日。

② 郭倩:《2021 年上半年中国 TMT 行业 IPO 全球表现保持活跃》,《经济参考报》2021 年 8 月 26 日。

第二节　产业结构演进与高新技术产业发展

一、依据技术水平的制造业类型划分

经济合作与发展组织（OECD）以研发强度为标准,把制造业划分为高新技术产业、中高新技术产业、中低技术产业和低技术产业四个类型。一般来说,高新技术和中高新技术产业比重越高代表着产业技术水平越高。依据此标准,核算中国的相关指标可以发现,中国低技术制造业比重在下降,中低技术、中高新技术和高新技术制造业的比重都在上升。具体例证为:2000—2014 年,中国低技术制造业的收入占制造业比重从27.6%降至24.8%,中低技术制造业占比由 27.7%上升到 29.7%,中高新技术和高新技术制造业占比由 44%提升至 45.5%。由此可见,中国的产业结构名义上正趋向于中高端化。①

2014 年,中国规模以上高新技术制造业增加值同比增长 12.3%,比规模以上工业高 4 个百分点,高新技术制造业利润增长 15.5%,比同期规模以上工业高 12.1 个百分点。② 2021 年上半年,高新技术制造业投资增长 29.7%;规模以上高新技术制造业增加值同比增长 22.6%,同比增速和平均增速都领先制造业;高新技术制造业利润同比增长 62%,两年平均增长 36.2%,比规模以上工业平均水平高 15.6 个百分点;平均增速领先制造业 13.4 个百分点。③ 战略性新兴产业继续保持快速增长,新技术、新产品、新业态、新商业模式不断涌现,有效推动经济转型升级。

基于中国出口贸易中的制造业来分析,2005 年以前,中国高科技出口在制成品中占比较高,曾经达到 30%以上,之后趋于下降,2014 年时降到了 25.4%,但总体上仍高于德国、美国与日本的水平。2016 年中国高

---

① 付保宗:《提升中高技术行业创新能力是产业迈向中高端的关键》,《中国经济导报》2016 年 8 月 19 日。
② 国家发展改革委:《以创新打造经济增长新引擎》,《中国经济导报》2015 年 4 月 2 日。
③ 黄鑫:《高技术制造业投资为何能高速增长》,《经济日报》2021 年 8 月 5 日。

新技术产品出口额是美国的 3.2 倍,因此,以美国为首的一些发达国家将我国的创新发展视为对他们的严重威胁,从多方面制定了阻击中国企业对外投资和对外贸易发展的政策,如美国于 2017 年对中国发起了"301调查"。2019 年中国高新技术产品出口额为 7307 亿美元。① 虽然中国高新技术产值和出口比重较高,但整体上在世界制造业价值链中的分工地位处于低位。近年来,伴随中国国内各种生产要素成本的不断上升,外资企业所主导的高新技术制造企业表现出外迁的迹象与态势,中国高新技术产品出口比重呈现下降趋势,这对于中国技术创新能力的提升带来不利。

二、高新技术服务业与经济增长

高新技术服务业是指现代服务业与高新技术产业相互耦合发展的产物,是中国加快发展和培育战略性新兴产业的需要,也是推动实现"中国制造"向"中国创造"转变的必然要求。目前,中国的高新技术服务业已经逐渐融入传统行业的各个环节。如信息与制造技术的融合持续推动制造业智能化、柔性化与服务化方向发展;研发设计服务的迅猛发展为传统行业提供产品形象、功能体验、信息交互等综合性集成服务,在打造中国的自主品牌、提升效益与国际竞争力方面的作用与贡献度日益上升。

2010 年 5 月,国家发展改革委员会办公厅发布了《关于当前推进高技术服务业发展有关工作的通知》(以下简称《通知》),决定在北京市、天津市、上海市、江苏省等 14 个省(自治区、直辖市)进行高新技术服务业发展工作。2011 年国务院办公厅发布了《关于加快发展高技术服务业的指导意见》(以下简称《指导意见》),其目标是在 2020 年时,中国要形成较为完善的高新技术服务产业体系,伴随《通知》《指导意见》等政策文件的出台,大部分省(自治区、直辖市)都制定了有的放矢的规划政策与激励措施。整体上,中国的高新技术服务业进入快速发展阶段,许多资金选择进入高新技术产业与服务业。

---

① 国家统计局:《中国统计年鉴 2020》,中国统计出版社 2020 年版,第 653 页。

近年来,我国加速推进实施创新驱动发展战略,持续加大研发投入于创新型服务业。数据显示,2016 年以来我国的信息传输、软件和信息技术服务业增加值都保持在 15% 以上的高增长速度。2013—2018 年,我国规模以上的互联网和相关服务、软件和信息技术服务业企业的营业收入年均增速分别达到 32.8% 和 21.2%,远远超过规模以上服务业 11.1% 的年均增长速度。[①] 2020 年 1 月至 11 月,规模以上高新技术服务业、科技服务业和战略性新兴服务业营业收入增速分别为 12.0%、11.0% 和 8.6%。[②]

从具体省份看,到 2018 年年末,我国的高新技术服务业企业法人单位主要集中在北京市、江苏省、浙江省、山东省、河南省和广东省,其 6 省(市)总体的企业法人单位数、从业人员、营业收入、资产总计分别占中国高新技术服务业企业法人单位的 55.2、52.8、59.1 和 60.2%。高新技术服务业单位数、从业人数最多的省份是广东省,分别占中国高新技术服务业企业法人单位的 16.8% 和 14.1%;高新技术服务业营业收入、资产总计最高的地区是北京市,分别占中国高新技术服务业企业法人单位的 19.1% 和 28.8%。从区域分布看,东部地区的高新技术服务业在中国占明显优势。2018 年年末,东部地区高新技术服务业企业法人单位数、从业人员、营业收入、资产总计分别占中国高新技术服务业企业法人单位的 63.5、64.2、73.4 和 74.2%,均远高于中部、西部地区之和。[③]

基于具体的省(自治区、直辖市)分析,2015 年北京市高新技术服务业实现的增加值达到了 4193.3 亿元,在全市第三产业增加值的占比为 22.9%,位居第一。2015 年北京市技术交易合同额达到了 3400 亿元[④],其中 80% 左右流入到国内其他省(自治区、直辖市)或者输出到国外,对推动中国创新发展起到了积极作用。2018 年北京市科技服务业实现增加值 3223.9 亿元,在第三产业中的占比为 13.1%,占 GDP 的 10.6%。

---

① 赵白执南:《服务业成为我国吸纳就业最多产业》,《中国证券报》2019 年 7 月 23 日。

② 赵同录:《经济持续稳定恢复　综合国力不断增强——国家统计局相关负责人解读 2020 年主要经济数据》(上),《经济日报》2021 年 1 月 19 日。

③ 于大勇:《我国高技术服务业区域集聚效应突出》,《中国高新技术产业导报》2019 年 12 月 16 日。

④ 郭丁源:《高技术服务业"领跑"经济增长》,《中国经济导报》2016 年 12 月 21 日。

2018 年北京市认定登记的技术合同成交额达到了 4957.8 亿元；北京市技术合同成交总量的七成以上辐射到北京以外，其中流向津冀地区的成交额为 227.4 亿元，同比增长 11.8%。[①] 2020 年北京市高新技术服务业完成投资增长 16.5%；全年共签订各类技术合同 84451 项，增长 1.5%；技术合同成交总额 6316.2 亿元，增长 10.9%。[②]

广东省高新技术服务业的发展主要体现在产业集聚与产业集聚效应方面。2013 年国家发展和改革委员会与国家质量监督检查检疫总局决定在广州市建立中国第一个"国家检验检测高新技术服务业集聚区"，目标是到 2020 年时能够集聚 20 个以上国家级质检中心。目前，在广州市、深圳市与珠海市三地形成以信息技术服务、研发设计与成果推广服务、数字化服务等为核心的集聚效应。上海市获批国家高新技术服务产业基地之后，从 2011 年开始认定了一批高新技术服务产业园区和重点培育园区。2013—2015 年，上海市高新技术服务业总产值增长速度达到了 10% 左右。作为中国经济发展最活跃的地区之一，浦东高新技术服务业企业涉及以上各个大类，呈现多样发展、优势明显的特点。2020 年，浦东高新技术服务业"10 亿俱乐部"（年营收超过 10 亿元）规模进一步扩大，达到 73 家，较上年增加 10 家，实现营业收入 2456.14 亿元，增长 13.6%，营收占全部规模以上高新技术服务业的 65.8%，占比较上年提高 1.5 个百分点。[③] 上述省（自治区、直辖市）高新技术服务业的发展符合中国经济新常态的基本特征，也是中国经济进入增速换挡期后，投资产业的发展方向。

与国际高新技术服务业发展的水平与规模比较看，中国的各个省（自治区、直辖市）高新技术服务业虽然规模大，但是服务能力明显不足。高新技术服务业主要存在大企业不够大和不够强，而小企业不够专与不够精的问题。作为在经济新常态下产生的新产业和新业态，高新技术服

---

① 骆倩雯：《高精尖产业领跑北京经济增长》，《北京日报》2019 年 5 月 24 日。
② 北京市统计局、国家统计局北京调查总队：《北京市 2020 年国民经济和社会发展统计公报》，《北京日报》2021 年 3 月 12 日。
③ 许素菲、张诗欢：《浦东高技术服务业"10 亿俱乐部扩容"》，《浦东时报》2021 年 3 月 23 日。

务业真正应对市场风险的能力明显不足。从生产要素的密集度看,高新技术服务业基本上是以脑力劳动为主,其资产主要表现为无形资产,经常面临市场融资难的问题。

三、中国工业企业技术创新效率

(一)企业的创新能力不断提升

数据显示,2012 年中国企业的研发支出占全社会研发支出的比重超过 74%,2014 年保持在 76%以上,企业已经成为研发和创新的主导力量;企业从事研发活动的人员越来越多,2014 年中国企业研发人员占比为77%;企业参与完成的创新成果在国家科技进步奖中的占比为 76.3%,作为第一完成人的获奖成果占比为 40%,位居中国行业第一;企业的技术产出成果不断增加,企业发明专利超过国内有效发明专利总量的 55%,企业技术创新效率稳步提升。2020 年中国企业的研发支出占全社会研发支出的比重超过 76.6%,对中国研发经费增长的贡献达 77.9%。[①] 从2015—2020 年企业研发支出占中国研发经费投入比重可以看出,企业一直是我国研发创新的主体(见表4-4)。

表4-4　2015—2020 年中国企业研发经费投入情况

年份	中国研发经费投入(亿元)	企业研发经费投入(亿元)	企业研发经费投入占中国的比重(%)
2015	14169.9	10881.3	76.8
2016	15676.7	12144.0	77.5
2017	17606.1	13660.2	77.6
2018	19677.9	15233.7	77.4
2019	22143.6	16921.8	76.4
2020	24393.1	18673.8	76.6

资料来源:国家统计局、科学技术部、财政部:《2015—2020 年全国科技经费投入统计公报》,见 http://www.stats.gov.cn/tjsj/tjgb/rdpcgb/。

---

① 刘垠:《2.4%! 我国研发经费投入强度再创新高——专家解析〈2020 年全国科技经费投入统计公报〉》,《科技日报》2021 年 9 月 23 日。

2004—2014年,规模以上工业企业专利申请量从6.46万件上升到63.09万件,增长了近9倍。其中,发明专利申请量从2万件左右提升到24万件左右,增长了11倍。专利产出量持续增加,如果以当年的价格核算,每投入10亿元研发经费产出的专利申请量由58件上升到68件左右;发明专利申请量由18件上升为26件左右。[①] 从2015—2020年国内企业发明专利申请数和授权数可以看出(见表4-5),中国企业的发明专利数基本上处于上升态势,但也能够发现国内企业发明专利授权数增加幅度高于申请数,说明了国内企业发明专利申请的质量在不断提升。当然,由于疫情等因素的影响,2020年国内企业的发明专利申请数趋于下降。

表4-5　2015—2020年国内企业发明专利申请数和授权数　(单位:件)

年份	国内企业发明专利申请数	国内企业发明专利授权数
2015	582512	158620
2016	735533	189564
2017	788194	200804
2018	896648	222287
2019	898925	268366
2020	807813	222439

资料来源:2015年、2016年数据来源于国家统计局:《中国统计年鉴2017》,中国统计出版社2017年版,第649页。

2017年、2018年数据来源于国家统计局:《中国统计年鉴2019》,中国统计出版社2019年版,第648页。

2019年、2020年数据来源于国家统计局:《中国统计年鉴2021》,中国统计出版社2021年版,第658页。

2019年,企业研发经费投入占中国研发投入比重超过70%,超过40%的规模以上工业企业开展了技术创新活动。[②] 2020年,企业研发经

---

① 付保宗:《提升中高技术行业创新能力是产业迈向中高端的关键》,《中国经济导报》2016年8月19日。

② 刘坤:《我国企业创新能力不断提升》,《光明日报》2019年5月25日。

费 18673.8 亿元, 比上年增长 10.4%; 占中国研发经费的比重达 76.6%,
对中国研发经费增长的贡献达 77.9%, 分别比上年提高 0.2 个和 9.4 个
百分点, 拉动作用进一步增强 (见表 4-4)。① 伴随企业专利数量的持续
增加, 专利质量也不断提升, 助推企业技术创新能力提升和水平的提高,
推动中国制造业加速转型升级, 也必将为中国经济社会的高质量发展打
下坚实基础。

基于中国企业创新意识的不断觉醒和提升, 企业的创新能力也全
面上升, 加快了以企业为主体的技术创新体系的形成和完善。在创新
驱动发展战略和完善产业链供应链的背景下, 中国的制造业正加速由
产业链价值链的中低端向中高端攀升, 产业技术创新也从长期的跟踪
模仿转向自主创新, 一些企业已经开始在前沿性技术领域和关键核心
技术领域与大型跨国公司进行技术竞争。在工程机械、交通设备、通信
设备等重大装备制造业领域, 其集成创新的能力和水平不断提升, 有些
已经处于行业领先地位, 有的新产品和技术已经进入国际中高端市场。
同时, 中国在生物技术、新能源等领域的技术创新模式和商业模式创新不
断更新。

近年来, 中央企业的自主创新能力持续提升, 投入的研发资金不断增
加。数据显示, 2018 年中央企业用于研发的资金投入达到近 5000 亿元,
同比增长了 13.4%, 其占中国研发经费总量的比重为 1/4。② 2020 年, 中
央企业研发经费投入同比增长 11.3%, 研发经费投入强度为 2.55%, 同
比提高 0.3 个百分点③, 其中中央工业企业研发经费投入强度达到 3%。
在国有企业改革三年行动中, 提升企业的自主创新能力将是一项十分重
要的硬任务。当然, 作为重点工作部署的中央企业自主创新将会获得
"升级版"的政策支持, 力求通过强化科技管理, 提升组织创新能力。包
括强化科技战略规划, 完善技术创新体系, 积极融入全球创新网络, 组建

---

① 刘垠:《2.4%! 我国研发经费投入强度再创新高——专家解析〈2020 年全国科技经费
投入统计公报〉》,《科技日报》2021 年 9 月 23 日。

② 王璐:《央企自主创新将获升级版政策力挺》,《经济参考报》2020 年 9 月 21 日。

③ 周雷:《2020 年央企净利润增长 2.1%》,《经济日报》2021 年 1 月 20 日。

共性技术研发平台和技术创新战略联盟等。

同时,必须看到,中国企业的创新能力偏低依然是事实,企业研发投入不足、关键共性技术供给不足、有效激励企业进行创新的体制机制不健全,都会制约核心技术的有效突破。

中国经济发展的实践也证明,中国企业特别是国有企业的创新意愿和动力并未真正调动起来,造成的结果就是国有企业的科技创新成果虽然数量众多但技术含量不高。从国有企业的产品竞争力和市场占有率来看,能够反映其拥有的科技创新成果更多归类于技术扩散型的应用创新;国有企业在基础研究和应用基础研究上的投入严重不足,致使其难以在核心技术等技术创新链条关键环节取得突破,无法有效占据技术创新链条的中高端。其形成原因在于基础研究和应用基础研究的进入门槛高,研发投入大,产出技术成果的研发周期长,并且面对的市场风险大,故企业没有太大积极性进行基础研究。这也成为中国跻身创新型国家前列面临的实实在在的短板,当然也就成为中国企业未来突破技术创新难点、占据技术创新高地的发展潜力所在。

因此,对于政府和企业来说必须坚持关键共性技术、颠覆性技术的持续突破作为引领,紧紧围绕战略性新兴产业的产业链关键环节,引导和激励企业大力投入研发活动,加快科技成果的产业化和市场化。在不断完善社会主义市场经济体制和坚持市场对资源配置的决定性作用的基础上,做到"有效市场"与"有为政府"充分结合。必须坚持市场选择技术研发方向,市场选择技术创新路线,市场决定各种创新要素的高效配置。在国家创新战略的导向下,通过市场机制吸引各类创新要素向关键核心技术领域集聚,提高创新效率和创新竞争力。

为了持续提升中国的科技创新水平和能力,不断缩小与发达国家在技术上的鸿沟,必须强化基础研究、大幅度投资于基础研究,引导创新型领军企业坚持基础研究投入,真正将原始创新能力的提升置于关键位置,优化创新要素配置和利益分配机制。要使企业成为技术创新的主体,推动企业实实在在与高等院校、科研院所组建产学研联合体,集中优势科技资源开展关键核心技术攻关与突破。对关键核心技术领域的产权形成完善的快速审查、确权和维权的保护制度。

（二）中国工业创新效能持续提升

党的十八大以来，中国深入实施创新驱动发展和制造强国战略，产生了一系列积极效应。

一是工业发展既在数量上取得突破，也在质量上显著提高。数据显示，2020 年中国工业增加值为 31.3 万亿元，约是美国的 1.5 倍。[①] 在 500 种主要工业品中，中国有 220 多种产量位居全球第一。二是产业结构优化升级加速，产业发展迈向中高端。如钢铁行业目前已经拥有了全球最大最先进的冶炼、轧制设备，钢材的高端品种质量持续提升，主要钢材品种完全自给。三是新兴产业加速发展。先进制造业、高新技术产业、战略性新兴产业增速明显快于工业平均速度，新动能不断集聚加速发展。移动通信、语音识别、掘进装备等位居全球前列，集成电路制造、高档数控机床、大型船舶制造装备等正在加速追赶世界先进水平。四是出口产品结构不断优化。高新技术、高附加值产品成为出口主力，机电产品出口占我国出口总值的比重达六成左右。五是制造业数字化网络化智能化水平持续提升。数据显示，截至 2018 年 9 月，企业数字化研发设计工具普及率和关键工序数控化率分别达到 67.8% 和 48.5%。[②] 中国工业互联网在研发设计、生产制造、运营管理等环节广发使用，目前在石油、石化、钢铁、机械等行业广泛应用，其产业规模超过万亿元。

在创新驱动发展和制造强国战略的指引下，中国的工业创新能力持续提升。作为创新主体的规模以上工业企业持续增加研发投入，科技创新水平和能力明显提高，成为促进中国工业高质量高速度发展的原动力。目前，中国的发电设备、输变电设备、轨道交通设备和通信设备产业方面已经居于世界领先水平；"神威·太湖之光"超级计算机多次蝉联全球超算 500 强榜首。"长征""神舟""北斗""天问""嫦娥"等国家重大航天项目顺利进行，载人航天和探月工程取得重要成果，北斗导航进入组网新时

---

① 郭朝先：《百炼成钢：中国工业创造世界瞩目奇迹》，《新京报》2021 年 6 月 28 日。
② 郭朝先：《百炼成钢：中国工业创造世界瞩目奇迹》，《新京报》2021 年 6 月 28 日。

代。这一切都体现了中国工业创新效能持续提升。

四、中国技术贸易发展现状

基于贸易发展效应看，高新技术产业出口占工业制成品出口的比重，从2000年的18.98%增长到2014年的25.37%，同时，高新技术产业对于制成品出口的贡献在2014年达到26.08%，高于其对于制造业增长的贡献，这表明高新技术产业出口迅速带动了制成品的出口。高新技术产业增加值占制造业增加值比重已经由1999年的6.23%提升到2016年的16.52%，提升了10.29个百分点，这也反映了高新技术产业经历了高速发展期。[①] 2020年我国高新技术制造业增加值占规模以上工业增加值比重提高到的15.1%；新技术、新材料、新装备、新工艺广泛应用，规模以上工业企业新产品销售收入占主营业务收入比重提高到20%左右。[②]

同时，中国技术贸易规模依然偏小，高新技术产品贸易总量占中国对外贸易总量的比重基本维持在30%左右，其中出口规模占比低，仅为15%—17%。根据海关数据，在中国高新技术产品的进出口中，技术服务和技术许可等"软技术"的进出口总量占比不到10%，而"硬技术"的进出口总量占比高到90%以上，明显体现出具有自主知识产权的产品过少，自主创新能力低下与产品附加值低等特征。基于2016—2020年中国高新技术产品出口值的相关数据可以看出（见表4-6），中国的高新技术产品出口基本保持增长态势，但在中国货物出口总值中的占比一直维持在28.8%—30%（见表4-6），没有多大变化。需要持续提升企业的技术创新能力，增加产品的技术含量，扩大高新技术产品出口，提高中国产品的技术竞争力。

---

① 胡鞍钢、任皓：《中国高技术产业迈入"黄金时代"》，《经济日报》2017年3月2日。
② 王政：《制造业增加值连续十一年世界第一》，《人民日报》2021年9月14日。

表4-6 2016—2020年中国高新技术产品出口

年份	高新技术产品 出口值（亿美元）	货物出口总值 （亿美元）	高新技术产品出口值 占货物出口总值比重 （%）
2016	6035.7	20976.3	28.8
2017	6674.4	22633.5	29.5
2018	7468.1	24866.8	30.0
2019	7307.1	24994.8	29.2
2020	7762.5	25899.5	30.0

注：高新技术产品出口值占货物出口总值比重系根据相关数据计算而得。
资料来源：2016—2020年的年度货物出口总值数据来源于国家统计局：《中国统计年鉴2021》，中国统计出版社2021年版，第344页。
2016—2020年的年度高新技术产品出口值分别来源于国家统计局：《中国统计年鉴2016—2021》，中国统计出版社2017年版、2018年版、2019年版、2020年版、2021年版，第357、367、351、349、360页。

第三节 中国科技创新短板的表现、原因及其弥补

在全球创新最为活跃的地区，由于人才、技术、资本等各种创新要素的集聚，形成了"创新马赛克"。表现最为突出的是美国的硅谷，国内这一特征最为明显的地区是北京市、上海市、深圳市，呈现出各具特色的"创新马赛克"，更为显著地体现了"科技强—产业强—经济强"的完整链条。

近年来，中国科技创新得到迅速发展，在创新领域也取得卓越成绩。如在航天领域，中国正成为世界航天大国与强国，中国的高铁技术已经走向全球并成为高铁里程世界第一大国，中国的互联网企业高速发展并引领世界潮流，中国在全球创新指数排名持续上升等。但是，我们应该清醒地认识到，中国的科技发展仍然存在诸多短板，且已经影响产业技术创新质量的提升。

一、中国科技创新短板的主要表现

（一）基础研究投入结构不合理，重大原创性成果产出稀缺

《2019 年全国科技经费投入统计公报》显示，近年来中国的研发经费投入始终处于上升态势，2018 年，中国共投入研发经费 19677.9 亿元，比上年增加 2071.8 亿元，增长 11.8%，研发经费投入强度（与国内生产总值之比）为 2.19%。[①] 2020 年我国研发经费投入总量突破 2.4 万亿元，比上年增加 2249.5 亿元，增长 10.2%，研发经费投入强度（与国内生产总值之比）达到 2.40%，比上年提高 0.16 个百分点，提升幅度创近 11 年来新高。[②] 2021 年中国全社会研发经费投入达 27864 亿元，比上年增长 14.2%；研发投入强度再创新高，达到 2.44%，比上年提高 0.03 个百分点。[③] 基于 2016—2021 年研发经费投入统计数据，能够发现中国的研发经费投入逐年增加，研发投入强度持续攀升（见表 4-7）。从研发经费投入总量来看，中国连续多年成为仅次于美国的世界第二大科技经费投入国，这也与世界第二大经济体的位置相对应。

表 4-7　2016—2021 年中国研发经费投入情况

年份	研发经费投入（亿元）	与国内生产总值之比（%）
2016	15676.75	2.10
2017	17606.13	2.12
2018	19677.93	2.14
2019	22143.58	2.23
2020	24393.10	2.40
2021	27864.00	2.44

资料来源：2016—2019 年数据来源于国家统计局社会科技和文化产业统计司、科学技术部战略规划司：《中国科技统计年鉴 2020》，中国统计出版社 2020 年版，第 6 页。

2020 年数据来源于张翼：《2020 年我国研发经费投入再创新高》，《光明日报》2021 年 9 月 23 日。

2021 年数据来源于佘惠敏：《中国研发投入将保持高速增长》，《经济日报》2022 年 1 月 30 日。

---

①　林火灿：《我国研发经费投入强度连续 5 年超 2%》，《经济日报》2019 年 8 月 31 日。

②　张翼：《2020 年我国研发经费投入再创新高》，《光明日报》2021 年 9 月 23 日。

③　佘惠敏：《中国研发投入将保持高速增长》，《经济日报》2022 年 1 月 30 日。

　　然而,中国研发经费投入的结构短板十分明显,也就是基础研究经费投入比较短缺。虽然近年来中国的基础研究投入在增长,但到2017年基础研究经费也才占到研发投入总量的5.5%,这与发达国家15%—20%的投入水平相比差距很大。① 2018年中国基础研究经费为1090.4亿元,比上年增长11.8%;基础研究经费占中国研发经费比重为5.5%。2019年中国基础研究经费为1335.6亿元,比2018年增长了22.5%。② 2020年中国基础研究经费投入为1467.0亿元,比上年增长9.8%,占中国研发经费的6%。③ 基于2016—2020年中国基础研究经费投入的数据可以发现,虽然基础研究投入的总量在增加,但投入强度没有大的增加(见表4-8)。6%左右的基础研究投入占比可能会满足跟踪模仿需要,但无法有效支撑创新引领;持续的基础研究低投入将会对中国重大原创能力和重大突破带来巨大伤害。

表4-8　2016—2020年中国基础研究经费投入情况

年份	中国研发经费投入(亿元)	基础研究投入(亿元)	基础研究投入比上年增长(%)	基础研究投入占中国研发经费投入之比(%)
2016	15676.75	822.9	14.9	5.2
2017	17606.13	975.5	18.5	5.5
2018	19677.93	1090.4	11.8	5.5
2019	22143.58	1335.6	22.5	6.0
2020	24393.10	1467.0	9.8	6.0

注:根据相关数据整理而得。
资料来源:国家统计局、科学技术部、财政部:《2015—2020年全国科技经费投入统计公报》,见http://www.stats.gov.cn/tjsj/tjgb/rdpcgb/。

　　中国在基础研究投入的方向和结构上也有不足。国家层面的经费投入过于注重大工程、大项目、大团队,而对诸多的小团队进行的自由

① 张翼:《我国科技研发经费投入强度再创新高》,《光明日报》2018年10月10日。
② 国家统计局:《中国统计年鉴2020》,中国统计出版社2020年版,第626页。
③ 张翼:《2020年我国研发经费投入再创新高》,《光明日报》2021年9月23日。

探索并未给予足够关注和经费投入支持。发达国家的实践表明，许多引领性和原始性的基础研究突破恰恰来源于自由探索和好奇心驱使所形成的小团队。同时，基础研究投入结构单一，过于依赖于中央财政。2018 年中央财政对于基础研究的投入占到基础研究经费的 90%，而美国联邦政府对基础研究投入占一半；美国地方政府对基础研究的投入占比为 20%，而中国地方政府投入仅占 7%。[①] 科学研究中目标导向类基础研究的比例偏低，无法满足面向重大战略任务的基础研究对资金的需求，也不能对依托国家实验室、大科学装置等的基础研究形成有力支撑。

从企业层面看，企业投入于基础研究的经费在企业研发经费中的占比更是微乎其微。2016 年我国基础研究经费执行中政府研究机构与高校各占半壁江山，企业仅占 3.17%。而在韩国和日本，基础研究经费执行中企业占比长期保持在 55% 以上和 40% 以上，美国基础研究经费约 1/4 由企业执行。[②] 而在中国这样的企业凤毛麟角。同时，实践中中国的科研项目立项、项目管理、科研经费的使用等基本上都是行政评价而非学术评价，其结果就是许多科研经费并未真正投入到急需的研究领域和研究团队。坚持强化基础研究投入，既是提升中国原始创新能力和进阶全球科技强国的必要条件和必然路径，也是中国企业不断提升创新能力、抢占产业核心技术制高点和增强长期竞争力的基本保障。

整体上，中国的基础科学研究短板依然突出，长期以来国内企业对基础研究重视不够，具有标志性的重大原创性成果匮乏，底层基础技术、基础工艺能力不足，工业母机、高端芯片、基础软硬件、开发平台、基本算法、基础元器件、基础材料等瓶颈仍然突出，关键核心技术受制于人的局面没有得到根本性改变。

---

① 叶雨婷：《短板在基础研究！需要"无用之用"的时候到了》，《中国青年报》2018 年 4 月 16 日。

② 刘文强、孟凡达：《变革研发机制提升制造业创新能力》，《中国国情国力》2019 年第 7 期。

（二）关键领域创新匮乏，关键核心技术受制于人

要把中国建设成为全球科技强国，一个重要的标志就是掌握关键核心技术。因为实践已经证明，关键核心技术是要不来、买不来、讨不来的。但是，中国科技发展面临的一个很突出的短板就是关键核心技术、源头技术受制于人的现状没有根本性改变，产业关键领域的创新匮乏，核心技术依然依赖外部并受制于他人，经济发展所需的重大关键技术严重不足，已经成为制约经济迈向中高端的瓶颈。被称为"工业母机"的机床制造业面临"低档过剩、高档进口"状况；被称为"工业之花"的航空发动机和新材料产业等尚处于起步阶段；高端医疗设备基本上被跨国公司控制和垄断；"缺芯少魂"是中国信息产业之痛，芯片产业仍然位于全球价值链的低端，信息安全"命门"受制于人。核心芯片、操作系统等研发和应用被认为是新一轮科技浪潮的基石，却也是中国被"卡脖子"的掣肘因素。[1]核心技术的严重短缺大大限制了中国产业向产业链的中高端迈进。实践表明，中国科技创新的基础还不扎实，无法有效支撑经济和社会的高质量发展。

有关统计数据显示，一些行业的对外技术依存度超过50%。"核心技术依存度较高，产业发展需要的高端设备、关键零部件和元器件、关键材料大多依赖进口。"[2]2020年，我国汽车产销量分别达2522.5万辆和2531.1万辆[3]，然而汽车最核心的发动机部件技术还需依靠进口。2015年中国的手机产量为18亿部左右，然而最核心的技术芯片与操作系统却掌握在别人手中，基本需要从外国进口，导致的结果就是我们付出巨大的生产能力，却仅仅获得极少的附加值和利润。[4]

（三）创新的"工匠精神"缺乏，创新技术突破受困

工匠精神就是指工匠对自己的产品精雕细琢，精益求精的精神理念。其精神内核体现为精益求精、一丝不苟、专注、耐心、敬业等品质。工匠精

① 崔文佳：《举国强芯要科学决策也要宽容失败》，《北京日报》2020年10月21日。
② 沈慧：《核心技术：要跟踪更要原创》，《经济日报》2018年6月12日。
③ 刘瑾：《去年我国汽车市场恢复超预期》，《经济日报》2021年1月14日。
④ 李伟：《培育发展新动能根本在于深化改革》，《经济参考报》2017年1月23日。

神能够激励人们为提升产品设计、生产等质量而持续奋斗，进而有利于形成品牌效应。工匠精神对于科技创新来说具有极为重要的作用，因为科技创新的最终环节是产品生产，而一个高水平的生产环节能够发现科技创新的问题，并对科技创新形成正向的反馈机制，使科研活动与生产形成良性互动，有效推动科技创新与科技成果转化。

伴随中国市场化的不断演进，过度的"经济利益评价"导向，使优秀的技术工人不能得到应有的社会尊重和物质回报，致使中国的传统精神不断退化，工匠精神日渐衰微。实践中，我们经常看到许多未必复杂但能够显著提升产品质量与改进管理效率的创新技术不能有效突破，导致中国制造的产品仍然缺乏竞争力。如圆珠笔、打印机、电饭煲、马桶盖等，这些产品几乎成为近年来中国出境游者购物的必选商品。其实，与航空航天等高端产品相比较，这些产品的生产技术并不高端，也并没有多高的技术含量，但是我们就是不能生产出与国外厂家相竞争的产品，其最为关键的一点就是我们缺乏一种真正的"工匠精神"。

（四）产学研创新机制体制不顺畅，科技成果转化机制缺失

长期以来，中国的产学研创新的体制机制并不完善，使体制不顺畅，政策不协调，各种创新要素不能高度融合、处于分割状态，形成了创新"孤岛现象"，造成产业链、创新链、资金链之间无法有效紧密衔接，进而产生了"管理孤岛""资源孤岛""信息孤岛""技术孤岛"等现象，大大影响协同创新的效应发挥，致使技术转移转化和科技创新效率低下。

从中国经济发展和科技创新的实践看，面临的一个重要的短板就是"科技成果转化"。科技成果转化的机制缺失，往往出现科技与经济分离的"两张皮"现象，这成为科技创新有效驱动经济发展的最大障碍。其原因是多元化的，包括长期存在的科技成果产权归属不明确，致使科技人员虽然以技术入股的方式将自己的科技成果进行转化，但在这一过程中面临着巨大的法律风险和政策风险，大大影响科研人员科技成果转化的积极性。

科技成果转化必须解决动力问题、方向性问题和顾虑问题，其实质就是改革如何更为有效地调动人的积极性。由于企业过度关注眼前利益、当期业绩和功利化偏向，而忽视远期才会产生效益并且可能会有一定风险的技术创新活动，所以企业的创新动力不足；中国企业整体上对于基础研究的投入和积累短缺，原始创新能力极为薄弱，而正是由于企业的缺位致使基础研究和应用脱节，也使科技研发人员与企业家的沟通不畅，企业也不能获取足够的知识和能力储备，造成科技成果转化不顺畅。高等院校由于考核评价偏重于论文和获奖，并且过度量化、考核频度过高，致使学者们更倾向于追求短平快的项目，不愿意投入于需要更长时间才能够出成果的但更有价值的项目。

二、中国科技创新短板的主要形成原因

（一）单个主体创新资源有限，创新资源整合和利用效率低下

中国国内单个创新主体所拥有的创新资源极为有限，不能有效支撑创新活动。如 2017 年中国的整体研发投入为 1.76 万亿元，总量位居世界第二。[①] 但如果从单个主体能够支配的创新资源看（见表 4-9），中国企业的研发投入与全球发达国家的研发投入相比差距较大。2018 年，按研发人员全时工作量计算的人均经费，日本为 111 万元人民币、英国为 68 万元人民币。[②] 2018 全球企业研发投入排行榜前 50 名的企业中，中国仅有的一家是华为公司，排名第五位，这明显与中国世界经济总量第二的位置极为不匹配。基于 2016—2020 年的按研发人员全时工作量计算的人均经费看，虽然经费在逐年增长，但增加幅度在下降（见表 4-9），这非常不利于中国科技创新能力的提升。

---

① 张翼：《我国科技研发经费投入强度再创新高》，《光明日报》2018 年 10 月 10 日。
② 国家统计局社会科技和文化产业统计司、科学技术部战略规划司：《中国科技统计年鉴 2020》，中国统计出版社 2020 年版，第 258—263 页。

表4-9 2016—2020年按研发人员全时工作量计算的人均经费情况

(单位:万元)

年份	按研发人员全时工作量计算的人均经费	比上年增加额
2016	40.4	2.7
2017	43.6	3.2
2018	44.9	1.3
2019	46.1	1.2
2020	46.6	0.5

资料来源:国家统计局、科学技术部、财政部:《2016—2020年全国科技经费投入统计公报》,见 http://www.stats.gov.cn/tjsj/tjgb/rdpcgb/。

中国国内整体研发资源没有得到有效整合,创新资源较为分散,重复研发,资源利用效率低下。比如,在重大技术研发领域,诸多性质相同或相近、目的也基本相似的创新资源分散于不同的研发机构中,难以形成创新的合力,真正的技术研发很难取得突破。中国国内大量研发人员的积极性没有得到有效激发和发挥,创新主体的创新潜能难以挖掘。实践中,大量的科研人员将精力耗费于项目申请、经费使用、表格填写等琐碎事务上,不能专心于研究与思考。一些企业家过于追求短期效益与收益,没有进行长期研发的战略定位。此外,相当一部分企业的一线职员潜心于技艺学习和知识积累的动力缺乏。

同时,传统的科研文化中过度强化"科研的独立性",致使科研人员不断凸显科研的"单打独斗"个性,造成科研"合作意识"和"团队精神"不足。许多科研院所、高等院校和相关单位等掌握的科学大数据实行封闭管理,形成了科学数据资源的"孤岛"现象,致使诸多极有价值的数据资源无法实现科技界同仁共享。一定程度上浪费了大量的科研资源,不利于科技创新的有效推进。

(二)过度强调"实用",缺乏"穷究物理"的格物思想

长期以来,中国传统文化理念过度强调和注重实用,忽视发展以观测实验为基础的现代的基础理论研究工作,致使已经建立起来的科学技术体系难以走在国际技术经济发展的前沿,导致中国的科学研究水平长期处于全球落后的位置。在现实的科学研究中，更加简单地以"是否有用"作为科学研究的衡量和评价标准，一定程度上会大大降低和弱化基础研究成果的战略价值和意义。实践中，大量科学研究工作者缺乏"穷究物理"的格物思想。所谓"格物"就是指探究事物的道理，纠正人的行为。科技研发人员对于已经发现的现象不愿意穷究其真正的机理，致使刚刚发现的研究线索停滞不前，结果就是重大的科学发现与我们失之交臂。其缘由在于，中国的科学工作者缺乏实验分析的理论思维。

学术浮躁或者学术投机与科学研究特别是原始创新研究格格不入。真正的科学研究是人类对自然界未知领域的积极探索，其目的就是学习和发现真理，并没有将利益置身其中。从全球视野看，由中国科学家提出的科学理论和原创思想很少，主要就是中国缺乏大量普遍的能够真正心无旁骛、长期沉浸于基础理论研究的人才队伍。中国真正缺乏的是大师级学术人物和大师级理论，一个重要的原因就是许多科学工作者忘记了科学研究的"初心"是追求"真理"，反而被"利益"所困；不能够在科技创新上"苦苦追求"，无法获得"国内领先、全球一流"的科技成果。

（三）科学精神缺失，影响中国科技创新能力提升

从实践看，中国的创新能力不高、基础研究薄弱、重大的理论突破和原始创新成果缺乏，很重要的一个缘由就是科学精神的缺失。何为科学精神？就是指一种精神和思维方式，由科学性质决定，并体现在科学活动中。它既可以规范科学家的行为，是科学家在科学领域取得成功的保障，也可以渗透到社会公众的意识层面。科学精神包括求真务实、批判质疑、探索创新、宽容精神等。科学精神来源于科学实践，又作用于科学实践，是科技创新发展的不竭动力。推动科技创新必须秉持科学精神，坚持科学态度，求得科学方法。在"大科学、群技术、融创新"来临的时代，必须在中国社会树立起科学精神和创新文化，这是中国有效应对全球新一轮科技革命和产业变革的必然选择。

科学精神对于弘扬中华民族优秀文化，推动创新型国家建设具有重要的作用。但客观地看，中国目前的科学精神还比较缺失，大大影响了中国的科技创新能力提升。其缘由在于：一是功利主义的影响。功利主义过度强调科学的工具价值、技术价值和功利价值，虽然可以推进科技进步，但忽视了科学的生态、伦理价值，致使国家层面的科技发展战略强化了应用研究，而对基础研究关注不够。二是人文精神缺失。实践中，工具理性超越了人文精神，致使科学精神和人文精神在中国科研教育体系中分离和断层，影响了科学精神的普及和发挥。三是科技创新活动缺乏学术民主和学术争论。实践证明，只有提倡和形成科学精神，才可能有更好更快的学术思想产生和进步；没有学术论争和质疑就不可能有科学精神，而没有科学精神也就当然不会有创新。中国目前科学精神的匮乏被认为是从事原始创新的软肋。

同时，在一些科学研究领域仍然存在急于求成、违背科学规律的心态与做法。如由于中美贸易摩擦而导致的美国封杀中兴通讯事件，引起了国人对于掌握高新技术产业核心技术的高度关注，出现了迫切要求政府大力扶持、全面赶超的狂热思维，这严重违背了市场规律和研发规律。我们应该客观地认识到，对于一个高度全球化、市场化、系统化、知识产权壁垒又十分森严的产业领域，技术突破具有极大的难度。因为既有的产业技术格局已经形成了从硬件到软件、从上游到下游的完整的产业链和产业生态，要真正进入和彻底突破极其困难。想当然地认为"国家拿几千个亿就能砸出来关键核心技术"的想法非常幼稚，难以实现。必须科学评估高新技术产业突破的难度，切实找寻政府与市场间真正的契合点，激发产业界和社会资本的积极性，推动核心技术突破。

（四）科研评价政策和评价体系异化，没有有效释放各类创新主体的积极性和创新潜能

科技评价的急功近利致使科研浮躁现象普遍化。观察科研实践活动，可以看到从国家到研究机构各个层级都普遍存在人才、项目、成果、基地等各类评价体系和评价活动，而且日益显现出复杂化。其中，最为突出的是评价体系中的论文导向，无论是基础研究还是应用研究、不管研究领域的差异和阶段的不同，基本都采用简单的论文评价。同时，评价人才主要的依据是拥有的各种"头衔和帽子"。这种急功近利的评价导向，驱使科研人员倾向于选择热点研究和短期出成果的研究，回避难度大和风险高的原创性研究，甚至也导致了大量的科研不端行为。长期的畸形科技评价导向将会使愿意真正从事基础研究和长期研究的科研人员越来越少，会大大制约重大原创性和突破性研究成果的产生。

科技创新的体制机制不顺畅，使科研人员消耗大量精力于各类项目申报、经费报销、职称评定、绩效考核等琐碎的事务中。行政化的科技资源配置和评价机制扭曲了科技资源分配，使创新短期化和效率低下。许多企业家过于注重企业的短期效益和利益，技术工人的学习能力和积极性不高，现代科技知识的积累严重滞后。

（五）技术转型面临内外部瓶颈制约

经济发展实践和技术演进的规律表明，产业培育和产业技术升级都需要一定的时间积淀。改革开放以来，中国主要采取引进、消化、吸收、再创新的技术发展路径来提升我国的技术水平和创新能力。但是，伴随"逆全球化"等引起的国际环境的巨大变化，使我们面临越来越巨大的内外部挑战和压力：基于国内看，我国的基础创新、原始创新发展滞后，支撑创新的科学基础和教育基础等软环境存在的瓶颈制约仍然没有根本解决。我国已经进入新发展阶段，走上了高质量发展道路，然而现实中发展不平衡不充分问题依然凸显。发达国家经济发展的实践表明，不管是建设现代化经济体系或是实现经济内涵型增长，还是加快形成新发展格局、提升供给体系质量和水平，都必须建立在强大的科技支撑基础上。对于中国来说，必须走科技自立自强之路，形成一条符合中国国情的创新发展之路，要实实在在把原始创新能力提升放在更加凸显的位置，真正实现更多"从0到1"的技术突破，牢牢把握核心技术的自主知识产权。也只有如此，中国才可以真正掌握竞争和发展的主动权，才能加速实现全面建设社会主义现代化国家的新目标。

基于国际看，贸易领域的保护主义、单边主义持续上升，经济安全、科技安全、文化安全、政治安全等面临重大挑战，世界政治经济格局正在发生深刻调整，世界各国特别是发达国家都想方设法夯实已有的科技优势，并且防范本国先进技术产生外溢效应。以美国为代表的发达国家推动产业回归本国或转移他国、更加强化外资安全审查以及对我国采取更为苛刻和严厉的技术封锁政策,使关键核心技术的外部借鉴更为困难,技术突破难度陡增。在国际技术主导权争夺日趋激烈的国际背景下,西方发达国家不断设置各种技术壁垒,持续进行技术封锁,这必将使中国的技术赶超战略实施大打折扣,在推进创新型国家建设征途中将会面临更加严峻的挑战。

与开放式创新相比,自主创新和原始创新周期较长、成本较大,短期见效慢,效应难以体现和衡量,人们往往不愿意更多投资于创新活动。但是自主创新和原始创新恰恰有利于技术积累、知识产权独享和成果保密,持续发展的潜力较大。而且,对于我们来说,要向全球产业链供应链的中高端迈进,必须依靠自主创新和原始创新的动力引导。因此,我们要强化战略定力,坚定推进自主创新和原始创新,提升我国技术创新水平和技术竞争力。

三、中国科技创新短板的有效弥补

面对世界百年未有之大变局的加速演进,科技创新对全球经济版图的发展演化起着十分关键的作用。当前,全球科技创新发展呈现出深度交叉融合与渗透、多点突破与群发性突破的基本态势,大大影响着科技创新方式,也打破了原有的创新力量和创新高地格局。中国经济已经转向高质量发展阶段,更加依靠科技创新驱动经济发展,也必然对科技创新提出更高的要求。

党的十九届五中全会通过的《中共中央关于制定国民经济和社会发展第十四个五年规划和二○三五年远景目标的建议》提出:"坚持把发展经济的着力点放在实体经济,坚定不移建设制造强国、质量强国、网络强国、数字中国,推进产业基础高级化、产业链现代化,提高经济质量效益和核心竞争力。"[1]"十四五"时期也是中国经济实现转型升级并向高质量发展演进的关键时期,这一阶段的特征体现为产业更加协调发展和结构

---

[1] 《中共中央关于制定国民经济和社会发展第十四个五年规划和二○三五年远景目标的建议》,人民出版社 2020 年版,第 12 页。

的优化升级，而要能够有效实现这一特征目标必须依赖于技术创新。作为全球具有超大市场规模和经济规模优势的后发经济体，必须紧盯全球科技创新发展趋势，不断提升我们把握技术赶超机遇的能力，对关键核心技术进行分类梳理和前沿性预判，真正加快研发具有自主知识产权的关键核心技术及其产品，有效驱动中国经济的转型升级和高质量发展。

为了提升科技创新能力和水平，推动中国经济高质量发展，必须牢牢把握习近平新时代中国特色社会主义思想的精髓和要义，精准把握科技创新对高质量发展的关键作用和意涵，必须坚持"四个面向"即坚持面向世界科技前沿、面向经济主战场、面向国家重大需求、面向人民生命健康，推动科技创新向高端前沿迈进。充分发挥新型举国科研体制优势，利用中国在调动社会资源方面的强大体制优势，有效发挥中国市场规模大的优势，立足于更好地服务国家重大战略需求，优化配置各类科技资源。依据国家战略需求的发展变化和产业发展需求的调整，及时调整科技创新任务布局，集成优势创新资源开展攻关，重点攻克关键核心技术和"卡脖子"技术，持续提升产业链向中高端迈进。

对于中国来说，要坚持不断加大对基础研究的研发投入，以持续大幅提升原始创新能力。要继续深化科技体制改革，基于构建有利于充分激发科技人员创新活力和积极性的良好创新生态。要大力弘扬科学家奉献精神、探索精神，形成全社会真正尊重科学家的氛围，鼓励科学家专心于科技创新工作，努力提出新理论，不断探索新领域和开辟新路径，努力产出突破性的颠覆性高水平原创成果。

要立足于"十四五"时期乃至更长一个时期的奋斗，切实推动中国的科技创新进入高质量发展路径，为实现到2035年跻身全球创新型国家前列、到2050年建成世界科技强国目标奠定雄厚基础和前提。真正使中国通过高质量的科技创新成果推动经济社会的高质量发展，更好地满足人们日益增长的美好生活需要。

（一）继续加大研发资源投入，不断提高基础研究水平

自主创新是中国进阶全球科技创新高峰的必由之路，而如果没有基础研究的投入,也就不会有创新的源头活水,创新的金字塔地基就不可能稳固,核心技术受制于人的局面就无法改变。基础研究是技术研发的源头和"总开关",只有建立在夯实的基础研究基础上的科技创新实力才能保持持续发展。"今天的关键核心技术诞生于昨天的基础研究,而今天的基础研究又在以难以预测的方式创造明天的关键核心技术"①。尽管中国的研发总量较大,现在已经位居全球第二,但还是需要持续加大研发投入,主要是投资于基础研究领域,解决中国基础研发薄弱短板。要切实解决中国科技创新资源分散、重复、低效等问题,紧盯未来前沿领域,打破各种壁垒,集中优势资源,创造更多的"从0到1"的原始创新成果,力争在全球科技竞争中占据制高点。

中央层面高度重视基础研究。在不断完善顶层设计上,李克强总理在2016年全国科技创新大会上明确提出,要切实补好中国基础研究的短板,要长期持续加大投资于基础研究的力度,要加快组建国家实验室等国家级高水平创新平台建设,有效激发各类企业和社会力量的积极性,大力提升中国的原始创新能力。党的十九届五中全会通过的《中共中央关于制定国民经济和社会发展第十四个五年规划和二〇三五年远景目标的建议》提出了"加强基础研究、注重原始创新,优化学科布局和研发布局,推进学科交叉融合,完善共性基础技术供给体系"②。

推动形成基础研究的多元化资助体系。在中央政府持续加大基础研究投资的前提下,引导和鼓励地方、企业、社会力量参与基础研究和加大对基础研究的投入,要继续提升基础研究经费在总研发经费中的比例。可以通过税收政策引导企业加大基础研究投入,推动企业积极联合高等院校和科研机构集中攻克研究难题,加速企业成为基础研究的生力军。

积极引导金融资本介入创新活动。因为对于创新活动来说最为短缺的要素就是资金,特别是在创新活动的知识创新研究和孵化阶段,更需要

---

① 《看待中国科技创新世界地位要有"定力"》,2018年8月6日,见新华网 http://www.xinhuanet.com/2018-08-06/c_1123229123.htm。

② 《中共中央关于制定国民经济和社会发展第十四个五年规划和二〇三五年远景目标的建议》,人民出版社2020年版,第10页。

充足的资金支持，才能够有效化解投资风险并取得潜在的收益。当然，这又需要政府为金融参与创新提供有效的激励措施和制度支持，切实形成"基础研究+技术创新+产业转化+金融支持"的全链条创新体系。如大力扶持发展创业投资，采取政府引导并通过市场力量补齐科技创新短板的有效方式，支持创业创新企业的特殊投融资需求，有效集聚人才、科技、资金等要素与市场充分对接，加快科技创新与科技成果转化。实践中，国家支持中小企业研发活动的力度持续加大，科技型中小企业享受研发费用加计扣除优惠政策。①

（二）强化核心技术攻关，有效突破应用研究的产业化瓶颈

要解决中国制造业存在的核心技术短板问题，在创新过程中必须要尊重企业的创新主体地位，形成以市场为导向的创新机制，充分发挥市场对资源配置的决定性作用，更好发挥政府作用。基于国家层面看，必须加快实施一批能够真正体现国家战略意图的重大科技攻关项目和重大科技工程，其目的在于能够更为长远地生长成为新的经济增长点，推动新兴产业领域的产生与发展。

要在战略性前瞻性的重大科学问题领域持续推进重点专项实施，强化对变革性技术关键问题的研究。建立科技资源开放共享的评价体系和激励制度，在重大关键领域新建一批共享服务平台，有效推动公共财政支持形成的科学数据、实验材料等科技资源向社会开放。

必须坚持自主创新，以关键共性技术、前沿引领技术、现代工程技术、颠覆性技术作为突破口，努力实现关键核心技术自主可控，引导企业强化研发攻关和应用推广。党的十九届五中全会提出，要大力提升自主创新能力，加速突破关键核心技术，这是关系中国发展全局的重大问题，亦是形成新发展格局的关键。必须坚持创新在中国经济社会发展中的核心地位，坚定科技自立自强的国家发展战略支撑定位，切实打好关键核心技术和颠覆性技术的攻坚战。

---

① 财政部、税务总局、科技部：《关于提高科技型中小企业研究开发费用税前加计扣除比例的通知》，2017 年 5 月 2 日，见 http://www.chinatax.gov.cn/n810341/n810755/c2597736/content.html。

要强化国家战略引领,发挥科技型企业创新引领,以政府引导、市场化合作运行、利益共享等方式有效聚集国家各类人才,科学引导创新要素集聚于核心技术攻关,加速关键核心技术的突破和自主可控,强化原始创新,降低对外技术依赖度,一定要把创新的主动权和发展的主动权牢牢掌握在自己手上,这对于中国的国家安全极为重要。强化关键核心技术攻关和突破,是有效提升中国企业核心竞争力优势和有效摆脱核心技术受制于人的必然选择和根本路径,也是产业转型升级的必由之路。

要加快国家自主创新示范区建设,持续优化政策、人才、资金、机构、基础设施等集聚效应,提升技术创新效应和能力。要通过政府引导和市场诱导方式激励企业切实加大有关核心零部件、先进工艺、关键材料和相关产业技术等方面的基础研究。针对一些确实面临市场风险大且投入高的研发项目,政府部门可以给予一定的资源支持,可以由政府牵头形成专家委员会,以更好地协助研发项目顺利推进。

推动关键核心技术成果的市场化转移转化,努力实现创新链与产业链的有效对接。习近平总书记指出:"要加快创新成果转化应用,彻底打通关卡,破解实现技术突破、产品制造、市场模式、产业发展'一条龙'转化的瓶颈。"①从当前中国经济发展面临的瓶颈和制约因素看,必须加快疏通战略性新兴产业应用基础研究和产业化连接的通道,以有效促进关键核心技术创新成果迅速市场化转移转化为高科技产品并形成具有市场前景的产业。

信息网络时代,必须建立信息对称和信息公开共享机制,必须有效依托网络平台建立能够开放共享的创新平台,整合企业、高等院校、科研院所、创客等不同创新主体,集聚人才、技术、资金等要素协同创新,形成创新的社会氛围,不断释放创新的新动能和潜能,推动传统产业转型升级。

(三)切实塑造全社会真正尊重科技工作者的良好氛围,有效激发科技人员的创新积极性

必须加快推动政府职能由研发管理转向创新服务,不断强化创新政

---

① 《习近平谈治国理政》第三卷,外文出版社 2020 年版,第 251 页。

策的连续性和协同性，最大化地激发科技创新的活力和潜力。要尊重科研工作者，要切实遵循和把握科研规律，真正体现以增加知识价值为导向的分配制度，加快完善收入分配制度改革；改革资金管理制度，持续提升科研经费中的间接费用和用于科研工作者的人头费比例，不断推进科技成果的产权制度改革与建设，改革科技研发人员的科技成果转化的收益分配方式，大幅度提升科技成果转化的收益分配比例，增加科技研发人员的收益获得感。形成具有中国特色的科技奖励制度，立足于提升科技人员的荣誉感、责任感及使命感，有效激发创新的内生动力，切实奖励高水平科技创新人才。要大力弘扬科技研发中的工匠精神，这是高效推进中国制造业质量升级和技术升级，实现新旧动能转换，提升中国经济质量的有效举措。

党的十九届五中全会通过的《中共中央关于制定国民经济和社会发展第十四个五年规划和二〇三五年远景目标的建议》提出："贯彻尊重劳动、尊重知识、尊重人才、尊重创造方针，深化人才发展体制机制改革，全方位培养、引进、用好人才，造就更多国际一流的科技领军人才和创新团队，培养具有国际竞争力的青年科技人才后备军。健全以创新能力、质量、实效、贡献为导向的科技人才评价体系。"①

要完善人才双向流动机制建设，实现科技人才共享。要加快中国的社会保障体系建设，切实推动创新型人才的流动；要加快培养高水平的科技领军人才和创新团队。简化环节，改革并完善职称评审制度；建立符合基础研究基本特点和规律的科技评价机制，坚决摒弃唯论文的评价方式。完善学术环境和创新激励机制，实实在在为科技工作者创造良好的科研条件和工作环境，要创造自由、宽松和引导社会形成包容失败的社会文化环境，要有容错纠错以及免责机制，给创新者提供坚强后盾，最大化激发社会公众的创新激情、创新潜能，使科技工作者确确实实能够全身心投入于创新工作中，勇于创新、乐于创新，持续释放创新活力，

---

① 《中共中央关于制定国民经济和社会发展第十四个五年规划和二〇三五年远景目标的建议》，人民出版社 2020 年版，第 11 页。

真正把中国所拥有的科技人员数量优势有效转化成为科技创新的质量优势。

（四）创造公平竞争的市场环境，切实强化知识产权的保护力度

国内外发展实践证明，没有知识产权制度，创新就必定是一句空话。中国国家层面已经发布了《关于强化知识产权保护的意见》，这是一个巨大突破，要鼓励企业创新就必须打击山寨和恶意模仿，切实保护企业家的创新积极性。企业必须通过创新产生知识产权，并运用知识产权获得回报。世界主要的发达国家都是运用专利制度而实现前期科技的飞跃。

要改变知识产权保护的被动局面，创造有利于知识产权保护的良好生态系统。真正做到侵权必究和严惩，加快构建知识产权严保护、大保护、快保护及同保护的产权保护局面，以有效净化市场竞争空气，坚决遏制市场中存在的各类投机行为，保障企业家真正关注企业的长远发展，持续加大研发投入，提升企业的竞争力和生存力。要加快完善知识产权的相关法律制度，真正加大对技术秘密、技术标准、商业模式等创新成果的保护力度，有效降低交易成本和市场交易风险，加速推进科技成果的产业化和市场化，创造激励创新的社会法治环境，切实保障科技创新主体的合法权益。

全社会要努力营造尊重知识、崇尚创新与诚信守法的良好文化氛围，形成尊重和保护知识产权的创新文化。要不断提升"精、气、神"，既要尊重企业家精神的发挥、也要坚守工匠精神，并与创新精神更为紧密融合起来，真正破解科技创新过程中存在的"最后一公里"顽疾，彻底疏通科技成果转化的有效通道。

总体上看，政府要切实创造社会资本和人力资本积极参与、真正宽容失败与大力鼓励创新的生态系统。要通过持续改革，彻底打破严重束缚各类创新主体开展创新工作的羁绊和障碍，形成全社会各类创新主体都有创新意愿和责任担当。促使整个社会以更有活力的创新来培育更强大的经济社会发展新动能，使中国的经济加速迈向中高端。

（五）构建立足于中国本土和面向全球的创新战略和创新体系

从世界科技创新强国的发展经验看，开放性和包容性是科技创新成功的内在特征。中国要实现科技创新能力的超越，必须立足于国际视野，必须具有包容性的开阔胸怀，中国要基于原有的创新体系，不断融入国际化创新要素和创新资源，基于全球视角构建创新战略和创新体系。

从全球视野和中国改革开放的实践历程看，一个国家技术创新能力的提升过程要经历发展、追赶、超越的演进阶段。在技术创新能力的培育过程中，我们不能完全照搬美日模式，也不能完全套用欧洲国家的创新发展模式，而应该是在大力培育中华民族创新精神的基础上，有效学习借鉴发达国家的创新模式和创新思想；大力倡导多元化创新、协同创新，更要鼓励和激励自主创新，坚持科技自立自强，更好地推动国家创新体系与经济全球化协调发展。

中国要积极引入国际科技资源，充分利用发达国家大学和科研机构基础研究的优势，加速打造以中国为主的全球基础研究网络。坚持科技创新的开放性和国际性，持续强化国际科技合作，努力创造条件、持续优化环境，逐步疏通国际科技组织在中国设立分支机构或联络处的通道，允许、吸引外籍科学家在中国的相关科技学术组织中担任职务，给世界顶尖人才、领军人才来中国从事科技创新工作创造发展条件和提供机遇，使中国紧紧嵌入全球科技网络之中，在开放合作的全球科技创新广阔舞台上占有一席之地，将中国打造成为全球人才高地。

推动中国本土企业在全球布局研发资源，中国要加快在北美、西欧和东亚世界三大创新中心加快建立自己的创新中心，并形成向周边城市群的辐射效应，持续强化全球创新体系和创新网络。中国要继续积极参与国际大科学工程和计划，如参与国际人类基因计划、全球气候变化研究计划等，以尽快提升中国在这些领域的研究能力和水平。

中国要充分利用"一带一路"倡议、借力国际组织大平台，不断提升创新能力；要有效借鉴学习创新型跨国公司在利用全球创新资源方面的实践经验；要推动中国与创新型国家的科技战略合作，形成全球创新网络；要形成面向世界的人才招聘机制，要有博大胸怀、兼容并蓄，大力吸引全球各类创新型人才，并给其提供良好的创新创业平台，真正做到人尽其才；要通过建立完善的双边或多边对话交流机制，大大消解发达国家或创新型国家在科技创新领域对中国形成的误解或偏见，增进各方对中国科技创新政策的理解，以创造中国科技创新的良好的国际环境。中国要大力支持具有竞争力的企业"走出去"，加速培养全球化的企业，加强与国外企业的竞争与紧密合作，将关键核心技术、产业共性技术作为重心，形成以政府为主导，企业为主体，市场为纽带的交叉融合、协同创新的创新网络，持续推动战略性产业和支柱产业的高质量发展。

（六）改革评价制度和创新科研体系，弥补科技创新短板

要有效发挥科研机构的主体作用，通过内部评价机制和竞争机制的建立，基于正确的价值导向，使人才称号彻底回归学术性和荣誉性的本质，真正体现"学术评价"；要改变以静态评价结果给予人才贴上"永久标签"的不科学做法；也要避免简单地把人才称号与物质利益直接挂钩，使学术回归学术，科技人员回归真正的科学研究。

要建立多元化评价制度和评价体系，彻底打破单纯依靠论文评价的科研产出评价方式和模式，依照分类原则切实建立以创新质量和贡献为核心的评价导向。特别是在基础研究领域，如何进行科技成果评价，如何建立更符合基础研究特点和规律、适合基础研究人员的评价体系尤为重要。因此，对于自由探索类基础研究应该依照国际做法，采取长周期评价机制和同行评估评价方式，主要评价的是原创性和学术贡献；对于目标导向类基础研究主要评价其解决重大科学问题的效果。通过改革，使科学研究的导向更加科学，真正营造科学工作者潜心研究、追求卓越、风清气正的科研环境，形成有效的正向激励机制和氛围，实实在在把人的创造性活动从不合理的体制中释放出来，激发科技工作者的创新活力和潜力。

要有效弥补中国的创新短板，提升中国的科技创新能力和水平，必须创新科研体系，形成多元化的科研合作模式。针对科研领域重大基地建设，可以采取多元主体合作的方式进行。企业与科研院所可以就针对引领科技的科学技术研究基地、科技孵化基地和科研成果产业化基地进行合作，形成以企业为主体、科研机构为核心、市场为导向、产学研深度融合的创新科研体系。

企业投入于研发经费与科研院所合作，这种科研合作模式在某种程度上能够较好地弥补科研机构研发经费不足的短板，科研机构以高端人才队伍与企业合作，能够为科技创新能力的提升提供有力保障；科研机构与企业合作打造科研基地，提供从科技开发、商业孵化到大批产业化的全链条式服务，能够有效推动科技成果由成长到最终的产业化，这会大大提升科技成果的转化率；企业可以为创新团队提供极为优厚的激励机制，吸引和集聚高端人才，充分调动人才的创新潜能和积极性，发展成为"顶级科学家的集聚地"，推动科技创新高质量发展。

（七）稳步向产业链中高端迈进，紧紧盯住国际产业链中的高端与核心位置

对于中国来说，要以新基建为基本抓手和突破口，加快推进产业迭代升级。新基建之"新"关键在于以新发展理念为引领，以技术创新为驱动，以信息网络为基础，面向经济社会高质量发展需求，有效提供数字转型、智能升级、融合创新等服务的基础设施体系。政府部门要大力支持科学研究、技术研发及产品研制等具有公益属性的创新基础设施建设。

紧紧围绕新兴产业高质量发展和新兴业务的场景需求，加快发展生产性服务业，充分运用物联网、人工智能、大数据等新一代信息技术，有效实现制造业与互联网的高效融合，同时支撑传统基础设施改造转型升级。要充分把握"一带一路"倡议下的各种合作机会，克服各种障碍和困难，加快推进新型基础设施的高效联通，为沿线国家给予适宜的技术和设备支持，带动其发展；通过政府激励和市场利益导向引导国内企业加大与沿线国家进行 PPP 项目合作，真正促进新型基建与"一带一路"建设项目的有效对接。

（八）完善科技创新体制机制，有效提升创新效能

要改革与完善科技体制机制，畅通高等院校、科研机构和企业间科技活动的有效合作与流通。要以企业为主体牵头实施重大科技攻关项目，发挥创新型企业和骨干企业作用，整合各类科技创新资源向企业集中，加快形成高水平的战略科技创新基地，通过企业主体地位推进科技成果的产业化和市场化。要形成科技研发人员与产业界间的顺畅交互协同机制，使科技研发人员及时把握产业界的技术需求和市场需求。要基于产业发展趋势和技术演进趋向制定符合中国经济发展实际的技术战略规划和项目指南，引导科技研发人员针对产业发展需求凝聚基础研究的前沿科学问题，以使基础研究更加切合产业发展需求，提升产业技术水平和产品质量。要加快培育科技中介服务机构，使其朝着专业化、网络化与规范化方向发展；加快培育知识产权服务市场，更好地推动技术交易市场高效运行。通过科技服务中介推动科技成果转移转化。

（九）完善科技治理体系：需求导向和问题导向

习近平总书记在科学家座谈会上指出："我国面临的很多'卡脖子'技术问题，根子是基础理论研究跟不上，源头和底层的东西没有搞清楚。"[1]"研究方向的选择要坚持需求导向，从国家急迫需要和长远需求出发，真正解决实际问题。"[2]需求导向和问题导向是科技创新突破的基本路径，有利于我们聚焦重点、难点和痛点，集中优势资源，使国家财力和科技资源集中于基础性、关键性的重大战略基础科学和前沿技术研究上，取得颠覆性技术和关键核心技术的突破。需求导向和问题导向的科技创新路径主要解决关涉国家根本和全局性的科技问题，能够形成关键技术供给体系，以达到实现自主拥有关键核心技术。中美贸易摩擦演进上升到技术摩擦与封锁，彻底暴露了中国的关键核心技术短板，使中国陷入"卡脖子"技术的困境。必须通过需求导向和问题导向科技研发，基于明晰的战略目标，在若干切实制约中国经济发展的技术领域取得重大突破，进

---

[1]　习近平：《在企业家座谈会上的讲话》，人民出版社 2020 年版，第 7 页。
[2]　习近平：《在企业家座谈会上的讲话》，人民出版社 2020 年版，第 5 页。

而有效突破以美国为首的发达国家对中国形成的技术封锁,努力占据技术发展的高地,掌握技术主动权。

基于习近平总书记提出的"四个导向"凝练科学技术问题,坚持应用性和基础性。在重大科技问题梳理和凝练中要凸显政府的决策支撑作用,发挥政府的引导作用,使科技战略规划更符合经济发展需求。要基于创新型国家建设和全球科技强国目标定位,大力推进国家实验室优化整合,调整优化科技资源,使国家实验室承担起重大科技项目攻关。要持续创新科技人才培养模式,在科技实践中培养具有全球视野和水平的战略科学家、科技领军人才和创新团队。

科技治理强调多元参与、民主协商和协调合作,共同促进科学技术的发展。新兴科技的前沿性、复杂性和不确定性,给科技治理的各个环节带来风险与挑战,这促使必须加快全球科技治理。我们需要在科技伦理、科技投入、科研数据以及科技评价等方面加强科技治理体系建设。

一是加快完善科技伦理治理体制。中共中央办公厅、国务院办公厅印发的《关于加强科技伦理治理的意见》提出,要压实创新主体科技伦理管理主体责任,严肃查处科技伦理违法违规行为;要完善科技伦理风险监测预警机制,监测预警科技伦理风险;跟踪新兴科技发展前沿动态,对科技创新可能带来的规则冲突、社会风险、伦理挑战加强研判、提出对策。

二是积极构建多层次多元化科技投入治理体系。"十四五"期间,从完善政府财政投入的整合机制、促进企业投入的激励机制、引导金融资本的补助机制以及拓宽社会资金的投入机制等方面推进改革,实现政府、企业、金融、社会等各类资源形成合力,建成多元化、多层次、多渠道的科技投入治理体系。

三是形成健全的科学数据治理体系。通过政府采购、服务外包等多种形式,强化多元协同机制创新,健全科学数据治理的制度体系。深度参与全球科学数据开发、利用和共享的标准制定与风险治理。

四是加快科技评价治理机制创新。深化科技评价制度改革,坚决破除唯论文、唯职称、唯学历、唯奖项,科技创新主体更加注重以创新成果、能力、实绩为导向,强调质量和长期效果。基于新兴科技发展的不确定性,进一步完善同行评议制度,提高科技评价的科学性。

(十)持续深化科技体制改革,明晰科技创新主体,真正实现科技自立自强

党的十九届五中全会通过的《建议》提出:"坚持创新在我国现代化建设全局中的核心地位,把科技自立自强作为国家发展的战略支撑,面向世界科技前沿、面向经济主战场、面向国家重大需求、面向人民生命健康,深入实施科教兴国战略、人才强国战略、创新驱动发展战略,完善国家创新体系,加快建设科技强国。"[①]

要真正实现中国的科技自立自强,首先必须找到主攻方向和突破点,客观科学梳理中国科技发展现状,把中国科技发展需求和科技实际水平、长期性科技战略目标和短期科技工作更好地统筹起来规划;要持续强化国家战略科技力量,不断强化基础研究,力争关键核心技术取得有效突破,逐个攻克制约中国科技发展和产业水平提升的"卡脖子"技术。

要坚持深化科技体制改革,不断改善科技创新生态,给予科技创新者以良好的科技创新环境,为科技创新者提供完善的基础条件和相关的科研服务。要不断完善科技成果转移转化机制,尽力解决基础研究存在的"最先一公里"及其成果转化,也要努力解决科技成果市场应用面临的"最后一公里"及其有效衔接问题,彻底打通产学研创新链、价值链的顺畅通道。要加快完善国家创新体系建设,有效整合各类科技创新资源,使科技资源的效能最大化。

同时,必须明晰科技创新主体,党的十九届五中全会通过的《建议》提出:"强化企业创新主体地位,促进各类创新要素向企业集聚。"[②]要清楚科技创新成果的最终应用在于企业,必须凸显企业的技术创新主体地位,大力提升企业的技术创新能力和水平,持续推动各类创新要素聚集于企业,使企业真正成为创新要素集成、科技成果转化的主力军,不断推动

---

① 《中共中央关于制定国民经济和社会发展第十四个五年规划和二〇三五年远景目标的建议》,人民出版社 2020 年版,第 9—10 页。

② 《中共中央关于制定国民经济和社会发展第十四个五年规划和二〇三五年远景目标的建议》,人民出版社 2020 年版,第 10 页。

产学研的深度融合,提升创新效能。大力推动企业牵头与高等院校、科研机构等组建创新联合体,力争承担国家重大科技项目。要真正发挥企业家在企业技术创新中的重要引领作用,切实有效激励企业持续增加研发投入,实实在在减免企业投入于基础研究的税收优惠。要切实发挥大企业在技术创新中的引领支撑作用,努力把中国的中小微创新型企业培育为创新的重要来源地,大力加强创新的共性技术平台建设,形成产业链、创新链的整个链条及大中小企业融合创新。

要加快培养具有国际视野的战略科技人才、科技创新领军人才及其科技创新团队。世界科技发展的演进历程和发达国家科技崛起的实践表明,一个国家如果没有科技的自立自强,就不会有经济的真正自立,也就不会真正崛起为一个科技大国和经济强国。对于中国来说,必须保持战略定力,加速推进科技强国战略,使科技创新成果持续涌现,以尽早把中国建设成为社会主义现代化强国。

科学研究必须坚持自立自强,但绝不能闭关锁国。实践中,中国的有关科研机构正在不断地强化并积极融入全球创新网络。如中国科学院与法国原子能和替代能源委员会等签订了相关的科技合作协议,在海外建立了10个海外科教合作中心。① 同时,随着中国市场经济体制的日益完善和制度型开放的不断推进,越来越多的国外科学家来到中国进行科学研究与工作。

四、促进战略性新兴产业技术创新能力的持续提升

从国家战略层面看,不断深化改革,强化创新,努力把创新驱动发展战略落到实处。世界经济发展实践表明,战略性新兴产业发展水平已经成为影响一个国家产业结构升级高度和在世界经济发展格局中所居位置的关键。

战略性新兴产业正在成为我国经济保持中高速增长,推动我国产业迈向中高端水平的关键支撑。加快发展战略性新兴产业,做大做强高新

---

① 张亚雄、齐芳、陈海波:《我们自立自强,向科学技术深度和广度进军》,《光明日报》2020年12月25日。

技术产业,打造经济发展的新引擎。客观地看,我国的战略性新兴产业保持较快的发展态势,产业结构的服务化、智能化及高端化日趋明显。

然而,我们必须理性地认识到,在国际经济竞争日益激烈及逆全球化的背景下,我国战略性新兴产业的高质量发展面临极其严峻的挑战,主要表现为:一是发达国家由于强大的技术创新能力和竞争力,已经占据了诸多战略性新兴产业的高端。我国现代产业技术体系基础尚不稳固,科技成果转移转化能力较弱,这就导致我国的相关战略性新兴产业要向中高端迈进,必然面对巨大的技术、市场外部压力。二是由于我国面临诸多方面的核心技术缺失,为了控制技术和市场以谋求利益最大化,发达国家的跨国公司必定会利用已有的核心技术和渠道的垄断优势,挤压和排斥我国相关产业向中高端迈进。由于核心技术的缺失而导致的技术供需结构性矛盾依然较为突出,产业技术体系发展仍然凸显为不平衡不充分。三是由于我国的资本市场发展滞后,长期依靠间接融资,且金融创新能力相对于发达国家较弱,导致整体上我国金融资源的市场化配置效率低下,无法有效支撑战略性新兴产业发展的融资需求。

要坚持发挥市场对资源配置的决定性作用,不断优化产业创新的良好环境,更好地推动中国战略性新兴产业的高质量发展。依照研发突破与产业化政策相结合、供给侧与需求侧相配合的产业化创新模式,打通由新技术到新产业带动新增长的通道,加快培育新的经济增长点。实践中,不断完善政策环境,注重关键技术的应用,注重新业态培育及注重产业集聚化发展。在夯实创新基础能力、强化创新的激励政策及改善产业政策环境方面积极有效作为。具体来说:

第一,要有效推进国家科技基础创新能力建设。国家层面上,要启动转化医学、高能同步辐射光源验证装置等一大批重大科技基础设施建设。国家发改委联合财政部、科技部、国家自然科学基金委发布实施中国首部《国家重大科技基础设施管理办法》,目的在于有效规范科技基础设施管理,加大科技基础设施的建设和运行环节的体制机制创新,促进科技设施的开放共享。

第二,切实有效推进产业创新平台建设。中国已经在新兴产业领域建设了视觉信息处理与应用、平板显示玻璃基板等 11 个国家工程实验室，支持了陶瓷基复合材料制造技术等 5 个国家工程研究中心创新能力建设。到 2014 年年底，中国的近 300 家工程研究中心（实验室）已经聚集了一支 3 万多人的高水平科研人才队伍，获得的专利授权量接近万件，获得了国家科技进步奖 300 余项，完成重大科技成果转化万余项。① 在移动通信领域、高速列车研发、大型核能研发领域等方面取得了一批具有标志性的重大成果，并迅速将其产业化，产生了诸多新的经济增长点。

第三，加速推进企业技术创新体系建设。中国在环境保护、新能源汽车等领域已经建立了 96 家国家企业技术中心，并给予了企业技术中心多种政策支持，包括进口科技开发用品免税等优惠，使企业用于研发的投入迅速增长，研发人才队伍迅速扩张，创新成果日益增长，创新效益明显提升。到 2014 年年底，国家认定的企业技术中心的企业数量为 1098 家②，占中国大中型企业总量不到 2%，然而其研发人员数量占到企业研发人员总量的一半，研发经费支出占比近 2/3，发明专利拥有量占比近一半，成为推动产业技术创新和产业结构调整的有力推动者。2019 年我国高新技术产业（制造业）拥有的研发机构数量为 17969 个。③ 2019 年我国规模以上工业企业开展研发活动的企业数量为 129198 个，占比为 34.2%；研发经费支出占营业收入之比为 1.32%。④ 基于 2016—2020 年的相关数据可以发现（见表 4-10），无论是有研发活动企业数、研发机构数、研发人员全时当量，还是有研发活动企业数占比、研发经费支出与营业收入之比，其数据都处于增加或上升态势，清晰地反映了中国规模以上工业企业把技术创新作为提升产品竞争力和企业竞争力的核心资源和战略选择，坚定创新驱动企业发展之路。

---

① 国家发展改革委：《以创新打造经济增长新引擎》，《中国经济导报》2015 年 4 月 2 日。
② 经济日报"自主创新"调研小组：《全民拥抱"创"时代》，《经济日报》2015 年 4 月 7 日。
③ 国家统计局：《中国统计年鉴 2020》，中国统计出版社 2020 年版，第 642 页。
④ 国家统计局：《中国统计年鉴 2020》，中国统计出版社 2020 年版，第 629 页。

表4-10 2016—2020年中国规模以上工业企业科技活动情况

年份	有研发活动企业数（个）	有研发活动企业数占比（%）	研发经费支出与营业收入之比（%）	研发机构数（个）	研发人员全时当量（万人年）
2016	86899	23.0	0.94	72963	270.2
2017	102218	27.0	1.06	82667	273.6
2018	104820	28.0	1.23	83115	298.1
2019	129198	34.2	1.32	95459	315.2
2020	146691	36.7	1.41	105094	346.0

注：根据相关数据整理而得。

资料来源：2016年、2017年数据来源于国家统计局：《中国统计年鉴2018》，中国统计出版社2018年版，第647页。

2018年、2019年数据来源于国家统计局：《中国统计年鉴2020》，中国统计年鉴2020年版，第629页。

2020年数据来源于国家统计局：《中国统计年鉴2021》，中国统计出版社2021年版，第641页。

客观地看，战略性新兴产业创新能力的提升，一方面在于较好地体现了市场在资源配置中的决定性作用；另一方面在于较好地发挥了政府的作用。实践中，政府在不断地探索和转变支持新兴产业发展的方式。2014年5月，国务院常务会议决定成倍扩大国家新兴产业创业投资引导资金规模。国家发改委和财政部新支持组建了72只新兴产业创业投资基金。到2014年年底，"新兴产业创投计划"支持组建的创业投资基金达到了213只，总规模为570亿元以上，有效带动了股权投资、金融机构融资等各类资金约3000亿元，大约3000家创新型企业得到扶持。① 2015年1月，国务院常务会议审议并原则通过了"国家新兴产业创业投资引导基金设立方案"，其支持的重点方向在于处于起步阶段的创新型企业，目的在于有效促进技术与市场融合，创新与产业能够有效对接，真正孵化出战略性新兴产业。

李克强总理在2017年政府工作报告中提出，要全面实施战略性新兴

① 顾阳：《创投基金培育更多"阿里巴巴"》，《经济日报》2015年12月6日。

产业发展规划，加快新材料、新能源、人工智能、集成电路、生物制药、第五代移动通信等技术研发和转化，做大做强产业集群。深入实施《中国制造2025》，加快大数据、云计算、物联网应用，以新技术新业态新模式，推动传统产业生产、管理和营销模式变革。

推动战略性新兴产业高质量发展，要在有效发挥政府的政策支持和顶层设计的引导下，集中优势科研力量进行重大科技项目攻关，力求在新一代信息技术、生态环保、智能制造等体现前沿性、关键共性技术领域取得重大突破。切实在资金、科技人才、重大科研基础设施等方面给予智能制造全方位支持，加速推进智能制造业升级换代。要实实在在解决利益机制和分配机制问题，给予技术创新活动者能够反映其技术贡献的合理报酬，真正激发科技创新人员的积极性，以有效释放科技创新红利。要发展和完善风险投资机制和风险投资基金，强化政府投资基金的引导功能，以市场化利益机制引导风险投资机构和基金积极参与科技成果转化项目。

基于企业层面看，必须紧盯产业链的核心环节，以向产业链的高端迈进为目标，也就是必须围绕产业链而部署创新链。同时，企业要加快向个性化生产销售转变，要面对消费者形成精准化的服务模式。

五、以优良环境支撑企业创新

从中国经济发展和科技创新的实践来看，科技和经济紧密结合的有效中介和载体是企业，企业必须承担起技术创新决策、技术创新投入、科技成果转化的主体责任。

只有真正建立起市场导向的运行机制，才能够真正落实企业的创新主体地位。

一是要大力营造激励企业创新的市场竞争环境。要真正强化企业创新主体地位，有效推进产学研深度融合，现实中，中国相当数量的企业没有研发，并不愿意进行创新活动，其原因当然有企业自身能力等因素，但也与外部的市场竞争环境恶劣直接关联。如果要使企业有积极性进行创新，就要让真正创新的企业获得相应收益。这需要构建严格的知识产权保护制度,保护创新者的权益和积极性;要持续优化相关领域的行业监管和市场准入,努力打破行业垄断和市场分割,坚持放松管制和减少干预,创造公平竞争环境;要调整完善创新资源的有关政策,不断释放整个社会的创新活力。

二是要使企业真正带头进行技术创新。技术创新的实践表明,创新的需求来源于市场,创新资源必须向企业集聚,才能真正形成以企业为主体的创新活动。中国长期存在的研发与市场的脱节,与成果转化的脱节,其主要原因在于没有真正以企业为创新主体。因此,要切实提升创新的效率,就必须提升企业在创新决策中的话语权,加快完善以企业为主体的产业技术创新机制等改革。要切实做到,市场导向明确的科技项目由企业来牵头,联合高等院校和科研院所共同实施,政府仅仅起到引导作用。

三是要持续加大政府对企业的普惠性支持。从中国经济发展的实践看,过去中国政府过度集中于选拔式的创新支持。根据科技创新的内在要求,逐步转变为以普惠性财税政策为主的支持模式;要通过税收和采购等普惠性政策激励企业创新的积极性。要切实对企业基础研究投入实行税收优惠,持续提升企业技术创新能力,不断推动产业链上中下游、大中小企业融通创新。

四是加快各类创新型人才培育。经济社会发展中的各种科技创新活动都是由人完成的。中国提出建设科技强国,最为关键的是要加快建设一支规模宏大、知识结构和年龄结构合理、素质优良的创新型科技人才队伍。要不断完善人才发展的体制机制,真正形成以创新能力、质量、实效、贡献为导向的科技人才评价体系,切实体现质量评价导向,使各类人才的创新活力不断迸发出来;大力加强创新型、应用型和技能型人才培育,采取更加开放的人才政策,形成国内外优秀人才集聚的科研创新高地。

第五章　研发投入与技术 创新效率提升

进入 21 世纪以来,全球科技创新进入空前活跃期,世界市场的竞争日益加剧,决定竞争胜负的是技术竞争力,科技创新在经济社会发展中的作用愈益凸显,整个社会对技术创新的重视程度不断上升。

在全球新一轮科技革命重构全球创新版图的大背景下,研发投入和科技成果的产出也进入到快速增长期。中国的研发投入迅速增长,已经位居世界第二;成果产出总量不断攀升,但整体技术创新效率较低。基于全球视野和技术演进规律看,中国必须加速构建自己的现代产业技术体系,为经济的高质量发展夯实技术基础。

第一节　中国研发投入全方位增加

一、中国研发支出持续增加

2012 年,中国全社会的研发经费首次突破了万亿元。2013 年中国的研发经费支出 11846.6 亿元,比 2012 年增加 1548.2 亿元,增长 15%;占GDP 的比重为 2.0%。[①] 2014 年中国全社会的研发经费支出为 13312 亿元,位居世界第二;全年中国的技术交易合同额为 8577 亿元,较 2013 年增加了 14.8%。从整个研发人才总量看,2014 年中国的研发人才全时当

---

① 国家统计局社会科技和文化产业统计司、科学技术部战略规划司:《中国科技统计年鉴 2020》,中国统计出版社 2020 年版,第 6 页。

①国家统计局...第6页。

量为 380 万人年,排名世界首位。①

2015 年中国研发投入总量为 14169.9 亿元,研发经费投入强度(研发投入占国内生产总值的比重)为 2.06%(见表 5-1),研发增长幅度为 8.9%,比同期 GDP 增速高 2.5 个百分点②,研发投入的总量和强度都处于上升态势,研发投入结构持续优化。同时,2015 年企业的研发投入达到了 10881.3 亿元,同比增长了 8.2%,对全社会研发经费总量的增加作出了主要贡献。同时,研发投入结构也不断优化,2015 年中国基础研究经费为 716.1 亿元,同比增长 16.7%;基础研究占研发费用的比重为 5.1%,同比增长 0.4%。③

数据显示,2016 年全社会投入于研发领域的支出为 15676.8 亿元,第一次跨越 15000 亿元关口;研发经费投入强度为 2.11%,相比上年增长 0.05 个百分点(见表 5-1)。其中,企业占比为 76.1%,创新型国家建设取得重要进展。④

2016 年中国公共预算中的科技支出为 6568 亿元,相比于上年度的决算增加了 12%;中央预算本级科技支出为 2686 亿元,比上年度增加了 8.4%。2017 年中国公共预算中的科技支出为 6811 亿元,相较于上年度增长了 3.7%。⑤ 从科技支出的领域看,集中在基础研究、社会公益研究、重大关键共性技术、前沿性技术等领域,重点解决制约社会经济发展的共性公共技术问题,特别是给予基础研究的支持力度更为凸显。持续深化科技领域改革,不断完善中央财政支持的科研项目的资金管理,真正把资金用于科学研究和技术创新,提升资金使用效率。通过深化科技管理体制改革,大力支持企业进行研发活动和技术创新,切实把科技创新成果转

---

① 穆荣平:《抓住新科技革命的历史机遇》,《人民日报》2015 年 3 月 10 日。

② 中华人民共和国国家统计局:《中国统计年鉴 2017》,中国统计出版社 2017 年版,第 632 页。

③ 中华人民共和国国家统计局:《中国统计年鉴 2017》,中国统计出版社 2017 年版,第 632 页。

④ 中华人民共和国国家统计局:《中国统计年鉴 2017》,中国统计出版社 2017 年版,第 632 页。

⑤ 新华观点:《真金白银:提升百姓福祉》,《中国财经报》2017 年 3 月 7 日。

化为现实的生产力。

2018 年中国研发投入总量为 19677.9 亿元，相较于 2017 年增加了 2071.8 亿元，同比增长幅度为 11.8%；研发经费投入强度为 2.14%，比 2017 年提高 0.02 个百分点（见表 5-1）。经过核算的研发人员全时工作量的人均经费为 44.9 万元，相较于 2017 年增长了 1.3 万元。[1]

2019 年，中国研发经费投入总量为 22143.6 亿元，比上年增加 2465.7 亿元，增长 12.5%，增速较上年提高 0.7 个百分点，连续 4 年实现两位数增长；研发经费投入强度为 2.23%，比上年提高 0.09 个百分点（见表 5-1）。基于国际视野看，2013 年以来中国研发经费总量持续增加，连续占据全球第二的位置。

表 5-1　2012—2021 年中国研发经费投入情况

年份	研发经费投入（亿元）	研发经费投入强度（%）
2012	10298.41	1.91
2013	11846.60	2.00
2014	13015.63	2.02
2015	14169.88	2.06
2016	15676.75	2.11
2017	17606.13	2.12
2018	19677.93	2.14
2019	22143.58	2.23
2020	24393.10	2.40
2021	27864.00	2.44

资料来源：2012—2019 年数据来源于国家统计局社会科技和文化产业统计司、科学技术部战略规划司：《中国科技统计年鉴 2020》，中国统计出版社 2020 年版，第 6 页。

2020 年数据来源于《中国统计年鉴 2021》，中国统计出版社 2021 年版，第 638 页。

2021 年数据来源于佘惠敏：《中国研发投入将保持高速增长》，《经济日报》2022 年 1 月 30 日。

---

[1]　林火灿：《我国研发经费投入强度连续 5 年超 2%》，《经济日报》2019 年 8 月 31 日。

2020 年我国研发经费投入总量突破 2.4 万亿元,比上年增加 2249.5 亿元,增长 10.2%,但受新冠肺炎疫情等因素影响,增速较上年回落 2.3 个百分点。

2021 年中国研发经费投入达 27864 亿元,比上年增长 14.2%;研发投入强度再创新高,达到 2.44%。[①]

从 2012—2021 年 10 年间的研发经费投入数据看,研发经费投入逐年增加,研发投入强度也是逐年增长(见表 5-1)。

衡量国与国之间或地区之间科技实力的指标有多种,其中研发经费投入强度就是一个衡量科技创新实力和强弱的重要指标。数据表明,2013 年以来中国投入于研发领域的经费总量在全球位居第二。[②]

基础研究水平是提升原始创新能力的关键,中国持续加大基础研究经费投入,2019 年中国的基础研究经费为 1335.6 亿元,比上年增长 22.5%,增速为近 8 年来最高[③];基础研究投入强度(基础研究经费占研发经费的比重)为 6.03%,比上年提高 0.49 个百分点,这也是中国基础研究经费占比首次突破 6%[④],研发资源集聚效应凸显。2020 年,中国基础研究经费为 1467.0 亿元,比上年增长 9.8%,增速较上年回落 12.7 个百分点,主要是疫情影响了高等院校和政府科研机构的研究进展与投入。[⑤]

二、国际视野中的中国研发支出

普华永道思略特的《2016 年全球创新企业 1000 强研究成果》显示,2016 年中国共有 130 家企业上榜全球创新 1000 强名单,其研发经费投入总量为 468 亿美元,相较于 2015 年增长了 18.6%,增加了 74 亿美元。2015 年中国企业研发经费投入总量占到全球创新企业 1000 强研发经费

---

① 佘惠敏:《中国研发投入将保持高速增长》,《经济日报》2022 年 1 月 30 日。
② 佘惠敏:《新的起点　新的期待》,《经济日报》2020 年 8 月 28 日。
③ 《中国创新指数再创新高》,《人民日报海外版》2020 年 11 月 3 日。
④ 林火灿:《2019 年全国科技经费投入统计公报发布——R&D 投入超 2 万亿元意味着什么》,《经济日报》2020 年 8 月 28 日。
⑤ 张翼:《2020 年我国研发经费投入再创新高》,《人民日报》2021 年 9 月 23 日。

总量的 5.8%,2016 年上升到 6.9%。① 中国的创新支出以 19% 的增长率领先于世界。

根据《研究成果》,2016 年,计算机产品与电子产品、医疗、汽车三大行业的研发支出在全球所有行业研发支出中的占比为 62%,其中计算机与电子产品占比为 24%,位居第一。在中国,研发支出排名前三位的行业分别为工业品、汽车、软件与互联网。表 5-2 显示了 2016 年中国研发支出十大上市公司的行业分布。研发支出多少与销售支出并没有直接关系,但却与所处的行业相关。五年前,一般的企业会将 50% 以上的研发支出投入到产品领域,但《研究成果》显示,五年后企业的研发支出将主要投入到软件和服务领域。由实体产品投入转向软件与服务业投入的真正缘由在于不断变化且日益苛刻的消费者的期望。

表 5-2 　2016 年中国研发支出十大上市公司

2016 年中国企业排名	2016 年全球创新 1000 强排名	企业	行业	研发支出（十亿美元）	研发强度
1	61	阿里巴巴	软件与服务业	2.2	13.6
2	70	中兴	计算机与电子产品	1.9	12.2
3	73	中石油	化工与能源	1.9	0.7
4	86	中铁	工业品	1.6	1.7
5	88	百度	软件与互联网	1.6	15.3
6	92	中车	工业品	1.6	4.2
7	100	联想	计算机与电子产品	1.5	3.3
8	102	腾讯	软件与互联网	1.4	8.8
9	107	中铁建	工业品	1.4	1.5
10	112	上汽	汽车	1.3	1.3

资料来源:王锐:《全球研发 1000 强企业都把钱花哪儿了》,《第一财经日报》2016 年 11 月 3 日。

《研究成果》显示,2010—2015 年,软件领域的平均研发支出占研发经

① 荣郁:《数字化转型成全球企业共识》,《国际商报》2016 年 10 月 28 日。

费的比重由 54% 跃升到 59%；总的研发支出由 860 亿美元增加到 1420 亿美元，上涨幅度高达 65%。然而，在这五年时间里，投入产品研发的支出却由 46% 下滑至 41%。[①] 全球经济发展的实践表明，研发投入多并不意味着企业就一定取得成功，创新能力与研发支出并不成正比例，市场洞察力仍然是企业制胜的最重要法宝。中国企业不断加大研发投入，表现出中国企业正由成本竞争型转向技术竞争型，主要依靠技术优势在国际竞争中胜出。

目前，中国所处的发展阶段决定了还需以吸纳境外先进技术发展自己，而企业主要以承担二级和三级研发和创新为主。基于政府视角，中国的创新活动处于较快发展阶段，今后仍将继续增加研发投入，也会更加注重创新成果的扩散和应用，持续提升整个社会创新绩效和生产效率。将继续进行科技体制机制改革，充分发挥国内市场的优势和巨大潜力。基于研发活动的长期性和研发成果的不确定性，主要的基础研发活动仍将由政府承担与推进。

第二节　专利发展：成效与短板

一、中国专利申请的基本概况

专利是创新能力的主要参考指标。统计数据表明，2000 年中国专利合作条约（PCT）专利申请量为 1428 件，在全球专利总量中的占比为 1.39%；2013 年上升到 22184 件，在全球专利总量中的占比为 10.98%，中国《专利合作条约》专利申请量排名仅次于美国和日本，位居世界第三。2013 年，全球 28% 的专利申请集中于"计算机""电气机械、仪器和能源""测量""数字通信和医疗"等 5 个增长最为迅速的技术领域，中国在其中的占比为 28%，基本达到了发达国家的水平。[②] 中国的知识产权运用管理水平不断提升。根据统计，2009 年至 2013 年，中国的专利密集型产业

---

① 王锐：《全球研发 1000 强企业都把钱花哪儿了》，《第一财经日报》2016 年 11 月 3 日。
② 穆荣平：《抓住新科技革命的历史机遇》，《人民日报》2015 年 3 月 10 日。

增加值平均增长达到 11%,有效发明专利实施率稳步提升,产业化率为
33.8%。2014 年专利质押融资金额达 489 亿元,同比增长 92.5%。商标
质押 8721 件,融资金额为 519 亿元,同比增长 29%。2012 年版权产业行
业增加值超过 3.57 万亿元,占 GDP 的 6.87%。①

 2014 年,中国的发明专利申请量为 92.8 万件。同比增长 12.5%,连
续四年位居世界第一;共授权发明专利 23.3 万件,发明专利审查周期缩
短至 21.8 个月。商标有效注册量 839 万件,连续 13 年保持世界第一。
受理商标注册申请 228.5 万件,同比增长 21.5%,平均审查周期控制在 9
个月以内。中国国家知识产权局受理的《专利合作条约》国际专利申请
26169 件,同比增长 14.2%,其中来源于国外的有 24007 件。②

 2016 年 11 月 23 日,世界知识产权组织在日内瓦发布《世界知识产
权指标》报告显示,2015 年,中国发明专利申请量达到了 110.2 万件,实
现了首次超过 100 万件的重大突破,已经连续 5 年居于世界第一;中国的
专利申请量增长量目前位居世界第一,相比 2014 年增长了 18.7%;中国
的专利授权量约为 35.9 万件,成为授权量最多的国家。2015 年,中国的
商标申请量迅速上升,按类计达到 283 万件,增长率高达 27.4%,在全球
位居第三;中国收到外观设计申请近 57 万件,占世界总量的 50% 左右。③

 2017 年 6 月 13 日,中国国家知识产权局知识产权研究中心发布了
《2016 年中国知识产权发展状况评价报告》,该报告选取知识产权的创
造、运用、保护和环境 4 个指标作为一级指标,创造数量、质量和效率等
11 个指标作为二级指标,下设 52 个三级指标。同时,对全球 40 个科技
资源投入和知识产权产出较大的国家,从知识产权能力、绩效和环境三个
维度进行了国际比较。

 报告显示,2016 年中国的各种类型的知识产权申请、登记、注册数量
都有较大幅度的提升,其结构也不断优化。2016 年中国知识产权各项指
标都实现量质齐升。2016 年中国国家知识产权局总共受理发明专利申

---

① 李哲:《我国发明专利申请量连续 4 年世界第一》,《经济日报》2015 年 4 月 17 日。
② 李哲:《我国发明专利申请量连续 4 年世界第一》,《经济日报》2015 年 4 月 17 日。
③ 陈建:《中国推动全球专利申请创新高》,《经济日报》2016 年 11 月 25 日。

请 133.9 万件,相比于 2015 年增长了 21.5%,连续 6 年保持世界首位。条约(专利合作)国际专利申请受理量超过 4 万件,同比增长 49.9%,国内有效发明专利拥有量突破 100 万件。受理商标注册申请 369.1 万件,同比增长 28.35%,连续 15 年保持世界第一。[1]

2016 年,国内发明专利申请受理量位居前三位的企业是:华为技术有限公司、中国石油化工股份有限公司、乐视控股(北京)有限公司;发明专利授权量位居前三位的企业是:国家电网公司、华为技术有限公司、中国石油化工股份有限公司。

截至 2016 年年底,中国国内拥有的发明专利数量达到 110.3 万件,平均每万人拥有的发明专利量为 8.0 件。其中,《专利合作条约》的专利申请量大幅上升,2016 年国家知识产权局受理 4.50 万件《专利合作条约》专利申请,同比增长了 47.3%。其结构为:来源于国内(不包括港澳台地区)地区的《专利合作条约》申请量为 4.22 万件,同比增长了 48.5%;来源于国外地区的《专利合作条约》申请量为 0.28 万件,同比增长了 31.2%。从省(自治区、直辖市)看,有 19 个省(自治区、直辖市)《专利合作条约》专利申请量超过 100 件;广东省的《专利合作条约》申请量为 2.36 万件,位居中国第一;《专利合作条约》申请量超过千件的省(自治区、直辖市)有广东省、北京市、江苏省、上海市、山东省、浙江省,这六个省(直辖市)的《专利合作条约》申请量在中国总量中的占比为 90% 左右。[2]

2019 年,中国发明专利申请量为 140.1 万件,共授权发明专利 45.3 万件。其中,国内发明专利授权 36.1 万件。在国内发明专利授权中,职务发明为 34.4 万件,占 95.4%。截至 2019 年年底,我国国内(不含港澳台)发明专利拥有量共计 186.2 万件,每万人口发明专利拥有量达到 13.3 件,提前完成国家"十三五"规划确定的目标任务。[3] 2019 年我国国内外三种专利申请数和授权数分别为 4380468 件、2591607 件[4],相较于

①　潘旭涛:《去年中国发明专利受理 133.9 万件》,《人民日报海外版》2017 年 4 月 26 日。
②　韩霁:《我国发明专利申请受理量连续 6 年世界居首》,《经济日报》2017 年 1 月 20 日。
③　佘颖:《每万人口发明专利达 13.3 件》,《经济日报》2020 年 1 月 15 日。
④　国家统计局:《中国统计年鉴 2020》,中国统计出版社 2020 年版,第 646 页。

2018年都有增长。

科技强国战略、创新驱动发展战略等的深入推进实施,中国的专利数量大幅度跃升。数据显示,2007—2019年,中国的国内专利授权数量由87.7万件跃升至247.4万件;国际专利授权量的表现为:中国在2013年超过德国,2017年超过日本,2019年超过美国,攀升到全球第一。[①] 基于2013—2020年的国内专利申请量、授权量数据(见表5-3),能够看出中国的专利申请数和授权数逐年增加,反映了技术创新能力的持续提升。

2020年,中国受理《专利合作条约》国际专利申请7.2万件,其中国内申请人提交6.7万件;实用新型专利授权237.7万件,外观设计专利授权73.2万件。[②]

表5-3　2013—2020年国内专利申请量与授权量　　　　（单位:件）

年份	专利申请量	专利授权量
2013	2234560	1228413
2014	2210616	1209402
2015	2639446	1596977
2016	3305225	1628881
2017	3536333	1720828
2018	4146772	2335411
2019	4195104	2474406
2020	5016030	3520901

资料来源:2013—2019年数据来源于国家统计局社会科技和文化产业统计司、科学技术部战略规划司:《中国科技统计年鉴2020》,中国统计出版社2020年版,第189—190页。

2020年数据来源于国家统计局:《中国统计年鉴2021》,中国统计出版社2021年版,第659页。

但从整体上看,中国国内地区之间的知识产权发展并不平衡,中西部地区与东部经济发达地区差距明显,知识产权综合发展指数呈现出东部地区、中部地区、西部地区逐级递减的趋势,体现出明显的区域间不平衡。

---

① 白舒婕:《中国创新有力量》,《国际商报》2020年11月12日。

② 佘颖:《2020年我国发明专利授权量增长17.1%》,《经济日报》2021年1月23日。

特别是在我国经济发达地区,由于科技创新资源的持续集聚,必然带动了本地创新能力的不断提升。如粤港澳大湾区在科技创新资源持续聚集下,自然而然就带动了粤港澳大湾区的创新能力的不断提升。作为能够较好衡量一个地区的区域创新能力的重要指标,根据《粤港澳大湾区协同创新发展报告(2019)》数据显示,2014—2018 年,粤港澳大湾区的发明专利总量逐年持续增长,已经由 10.36 万件提升到 33.08 万件,增长219.31%。① 粤港澳大湾区目前的发明专利拥有量已经超过世界著名的纽约湾区、旧金山湾区、东京湾区,成为世界四大湾区首位。

二、国际视野中的中国专利实力

中国的强劲表现推动世界专利授权量增速、全球商标申请量增速以及全球商标注册量增速等均创下了近年来的新高。根据世界知识产权组织国际局的统计数据,2016 年中国申请人向马德里提交的商标国际注册总量为 3014 件,同比增长了 29.8%,在马德里联盟中位居第五。中国的年度申请量第一次超过了 3000 件,位次进入前五。截至 2016 年年底,中国马德里商标累计有效注册已经达到了 22270 件。② 商标品牌国际化是衡量一个国家全球化与开放度的重要指标之一。中国政府自 1989 年加入马德里体系以来,中国申请人向马德里提交国际商标注册量已经位居马德里联盟的前十。

2017 年 3 月 15 日,世界知识产权组织(WIPO)在日内瓦发布消息,2016 年,世界知识产权组织专利、商标和工业品外观设计知识产权申请服务的需求强劲,中国国际专利申请位居第三(见表 5-4)。中国的申请量大约占 2016 年世界知识产权组织专利合作条约 23.3 万份申请数的18.5%,中国推动了《专利合作条约》的需求整体增长;世界知识产权组织国际商标申请服务(马德里体系)需求增长了 7.2%,申请量达到 52550

---

① 《粤港澳大湾区冲刺国际科创中心:基础研究补短板,推广"四不像"新型研发机构》,《21 世纪经济报道》2020 年 7 月 14 日。
② 《我国马德里商标国际注册年度申请量首次进入前五》,《经济日报》2017 年 2 月16 日。

件;世界知识产权组织海牙体系处理的工业品外观设计数量增长了13.9%,达到 18716 件。[①] 基于 2015—2020 年《专利合作条约》专利申请量数据,能够发现中国在 2019 年《专利合作条约》申请量已经位居全球第一(见表 5-4)。

表 5-4　2015—2020 年《专利合作条约》专利申请量　　(单位:件)

年份 国别	2015	2016	2017	2018	2019	2020
中国	29837	42092	48904	53352	59050	68764
美国	57132	56592	56685	56156	57692	58730
日本	44053	45210	48205	49708	52686	50559
德国	18004	18308	18951	19748	19327	18538
法国	8420	8210	8014	7919	7938	7765

资料来源:国家统计局社会科技和文化产业统计司、科学技术部战略规划司:《中国科技统计年鉴2021》,中国统计出版社 2021 年版,第 240—241 页。

据法国《费加罗报》网站 2017 年 3 月 8 日报道,欧洲专利局数据显示,2016 年,中国企业在欧洲递交的专利申请增加近 25%,达 7150 项。欧洲专利局公布,2015 年华为向欧洲专利局申请专利 1953 项,居欧洲专利局申请量的第四位;其中 1197 项为数字通信专利,也是数字通信领域专利申请量最多的公司。2016 年华为在欧洲的专利申请量排名跃升至第二,仅次于飞利浦,而排在华为之后的则是三星、LG、西门子、高通等公司。2016 年,华为在企业创新排名中居于第二,距该企业跻身十大创新企业不过两年。欧洲专利局局长伯努瓦·巴蒂斯泰利分析说:"这些要素反映出中国经济的演变——中国经济逐渐国际化和多元化,并变得更具创新性。"[②]2019 年,在欧洲专利局的专利申请排名中,华为以 3524 件专利申请排名第一。

从国际视野看,中国的专利申请量已经不是第一次位居世界"头把

---

① 韩霁:《我国国际专利和商标申请持续两位数增长》,《经济日报》2017 年 3 月 17 日。

② 邱海峰:《最佳创业国家,中国全球第二》,《人民日报海外版》2017 年 3 月 13 日。

交椅"。特别是在近几年,中国的专利申请量增加趋势日益明显。世界知识产权组织的报告提出,这一趋势变化反映的是全球创新力量和势头在地理位置上发生了转移。从深层意义上说,一个国家专利申请量不断增长的背后,真正反映的是创新活力的不断提升。也正是这种活力,使长期以来以创新见长的西方国家不得不将目光投向中国,美国的《纽约时报》、英国的《经济学人》等西方的主流媒体纷纷刊文,讨论西方国家在互联网企业借鉴中国的成功经验与做法。一定程度上,西方发达国家对中国产品、中国创意的"重新认识",也体现了中国的创新自信。

世界知识产权组织总干事弗朗西斯·高锐认为,中国不仅仅是提升国际专利的申请量,而且正在把创新作为经济战略的核心。近年来,中国的专利申请不仅呈现出数量增加,也表现为质量提升和结构优化的特点,这是创新驱动发展和转型升级的重要参考指标和积极信号。美国的《华尔街日报》认为,中国在对技术突破的全球探索中,成为一个能够激发创新力的竞争者,最终能够让世界经济再次进入一条快速增长道路。

质量提升永远在路上。我们应该清醒地认识到,中国在专利数量方面仍需解决"多而不优、大而不强"的缺陷与问题。从全球来看,中国在全球海外市场的专利布局明显不足,差距较大。世界知识产权组织的数据显示,2015 年中国的海外专利申请量排名全球第六位。同时,中国在某些领域的专利布局也有差距,世界知识产权组织把技术划分为 35 个领域,就中国来看,数据显示,2016 年中国有 29 个领域的国内发明专利拥有量高于国外在华的发明专利拥有量。然而,中国在光学、发动机、运输、半导体、音像技术、医学技术 6 个领域拥有的发明专利与国外比较仍有差距。光学领域中,国外拥有的发明专利数量是国内发明专利数量的 1.4 倍;发动机领域中,国外拥有的发明专利数量是国内发明专利数量的 1.2 倍。从发明专利维持 10 年以上有效期看,国外在华拥有的有效发明专利数量是国内有效发明专利数量的 1.9 倍,在运输领域更是达到了 5.7 倍。①

---

① 《我国马德里商标国际注册年度申请量首次进入前五》,《经济日报》2017 年 2 月 16 日。

2022 年 4 月 5 日，欧洲专利局发布的数据显示，2021 年欧洲专利申请中，来自中国的申请数量在 30 个主要专利申请国家中增幅最高，达到 24%。在过去 10 年中，中国企业在欧洲的专利申请数量增长了 4 倍。《世界知识产权指标》报告显示，2020 年，中国在专利、商标、工业品外观设计等方面知识产权申请量均居全球首位，展现出强劲的创新活力。中国欧盟商会发布的《商业信心调查 2021》显示，半数以上受访企业认为中国知识产权执法力度"足够好""非常好"[1]。

三、中国专利发展存在的问题

(一)中国的专利质量和层次低

中国的专利申请与发达国家相比较，差距仍然明显。2009 年至 2013 年，中国专利密集型产业增加值年均增长 11%，而就对 GDP 的贡献来看，知识密集型产业仅为 27% 左右，远低于发达国家水平。[2]

同时，我们也要看到，在中国专利申请数量和授权数量持续增长的背后，呈现出专利质量与专利数量不相符不协调的状况，最关键的是核心专利数量少、三方专利少，专利的既有布局并不合理。国内专利主要分为发明专利、实用新型专利和外观设计专利。从整体上看，尽管中国的专利申请量庞大且增长迅速，但是申请的国际专利少，或者申请的国内专利含金量低。如中国 2015 年超过 100 万件的专利申请总量中，《专利合作条约》等具有含金量的国际专利数量仅占 4% 左右。一般来说，发明专利的技术含量更高，发明专利的占比越高，也就意味着专利的质量越高，根据《中国企业创新能力百千万排行榜（2017）》，中国企业创新能力 1000 强所拥有的发明专利数量的占比为 59.2%，而全部高新技术企业的发明专利数量占比也仅为 41%。同时，从专利的数量分析，整个专利拥有量在不同企业间的分布是极其不平衡的，少数创新能力强的企业拥有了大部分专利，而绝大部分创新能力较弱的企业的专利拥有量很少。来源于

---

① 郑彬：《保护知识产权　激发创新活力》，《人民日报》2022 年 6 月 1 日。
② 陈庆宇：《保护知识产权就是保护创新》，《经济日报》2016 年 10 月 3 日。

《中国企业创新能力百千万排行榜（2017）》的数据显示，企业创新能力前1000强中，专利申请数量超过1000件的企业数量为149家，占整个1000强企业专利申请数量的60.7%，而其余的企业专利申请数量占比仅为39.3%。此外，数据显示，中国的8万多家的高新技术企业，其专利申请数量超过1000件的企业仅占到高新技术企业总数的0.24%，有94%的高新技术企业的专利申请量少于100件。[①]

目前，世界最大的三个专利中心在美国、日本与德国，国际上一般认为，在美日德三个国家的市场寻求保护的专利亦即所谓的"三方专利"。由于这三个专利中心的申请成本高，因此可能其发明就更有价值。就中国来看，2000—2013年，中国的"三方专利"从87项增加到1897项，所占世界的比重也由0.16%提升到3.91%。就2013年来说，中国的"三方专利"数量仅为美国和日本的10%左右，为德国的30%和韩国的60%。[②]

近年来，中国技术研发实力稳步提升，三方专利量从2012—2017年的世界第六位上升到2014—2019年的世界第四位，但与排名靠前的发达国家相比，在专利量、技术方向覆盖面和领域内均衡性等方面仍有较大差距。[③]

统计显示，中国的专利申报数量每年以20%的速度增长，但中国在海外申请的专利仅占其中的5%，这大大制约了中国企业在全球层面的知识产权保护及知识产权组合扩张。[④] 体现一个国家专利质量的一个重要指标是《专利合作条约》申请在国际阶段被其他国家的专利所引用的强度，即"非自引用量"强度。根据这个指标，中国的《专利合作条约》专利质量仅相当于《专利合作条约》成员国平均水平的1/3。[⑤]

---

① 陈彦斌：《企业创新能力是经济长期增长的内在动力》，《光明日报》2017年6月20日。
② 付保宗：《提升中高技术行业创新能力是产业迈向中高端的关键》，《中国经济导报》2016年8月19日。
③ 陆成宽：《中科院发布最新报告：中国三方专利量全球第四》，《科技日报》2021年6月5日。
④ 李高超：《知识产权不应是中企成本中心》，《国际商报》2016年8月1日。
⑤ 郦光伟、陆丁：《中国专利发展成就、问题及建议》，《新经济导刊》2021年第1期。

从一定程度上看，一个国家专利发明量并不必然与其创新能力成正相关关系。经济发展实践中，真正的创新是指那些能够引发生产过程重大重组的技术成就，例如汽车、互联网等。就中国目前来看，虽然在改进工艺流程、降低材料成本等方面处于全球领先地位，但是仍然面临着高产出、低收益、低价值的困境；尽管中国企业也能够生产出诸多高新技术产品和设备，但核心技术却掌握在外国企业手中。基于此，中国真正要成为一个创新型国家还有很长的路要走。

目前，中国专利发展存在"大而不强，多而不优"，高质量专利供给不足的问题，导致中国在知识产权相关问题的国际贸易争端中处于被动位置，涉及国家和产业安全的核心技术受制于人的局面难以缓解。具体来看，中国专利供给存在的问题是专利保护范围集中在国内市场，专利国际布局相对较弱；部分《专利合作条约》申请"半途而废"，在高新技术领域处于劣势；研发人力投入的专利产出水平不高；专利产业化率不高，①等等。

（二）专利申请流于形式

现实中，许多专利有时流于形式，只要给钱，很多时候专利代理公司就想办法帮助你申请上专利，其实实用性较差。由于利益的驱动，许多专利代理公司都是"黑户"。数据显示，截至 2016 年 11 月 30 日，在中国各级工商局注册的知识产权代理机构达到了 28967 家，而实际上由国家知识产权局授权的有代理资质的机构仅为 1496 家，占比仅为 5.16%。② 中国专利含金量不高的因素很多，一个重要的因素是申请人的目的。就个人来说，只要专利在手，无论是在城市落户还是职称评审等都可以加分；就企业来说，只要专利在手，就可以提升自身价值并获得政府的补贴，而且在融资时也可以作为企业的软实力。同时，专利在一定程度上也代表了技术实力，能够在产品销售时获得市场和消费者的信任。因此，无论是对于个人还是企业都有积极性采取各种手段获

---

① 刘辉锋：《高质量专利助推中国迈向高质量发展新阶段》，《科技中国》2021 年第 7 期。
② 王玉凤：《追问中国百万专利：含金量、转化率、侵权成本"三低"》，《第一财经日报》2017 年 1 月 17 日。

得专利。

基于实践,从宏观政策到企业执行,中国的专利申请注重以数量为追求目标。各级部门设立专利指标,如人均发明专利拥有量等,真正关注专利质量的氛围并未形成。各类政府设立的理工类项目,其结题的指标会设定专利申请要求,但仅要求专利已经申请,并未要求授权。

(三)创新能力不足与成果转化率低

创新能力不足与成果的转化率低,是中国当前科技研发中的一块明显的短板。中国的专利申请者主要来源于高等院校、科研机构及企业的科技研发人员。就高等院校来说,受困于资金短缺、科研活动与产业发展需求脱节等制约,致使科技研发人员的创新积极性不能充分调动起来,造成科技成果的转化率低下。根据相关数据,中国现有的 5100 多所大专院校和科研机构产出的 3 万多项科研成果中,能够切实转化为现实生产力的成果也就是 20% 左右,最终真正形成产业规模效应的仅为 5% 左右,与发达国家高达 70%—80% 的成果转化率相去甚远,大量的创新成果最终沦落为实验室的"陈果"[1]。根据统计,2010—2015 年,受理的专利数量呈现爆发式增长,然而专利转化的数量却明显减少。《2015 年中国专利调查数据报告》显示,中国企业的发明专利和个人的发明专利转化率仅为 5.0% 以上,高校仅为 1.5% 左右,中国的发明专利转化率太低。[2] 据教育部《2017 年高等学校科技统计资料汇编》的数据显示,中国各类高校全年专利授权数共 229458 项,合同形式转让数仅为 4803 件,中国高校科技专利转化率刚到 2%。[3] 统计数据也表明,中国规模以上工业企业能够真正进行研发活动的仅为 14%,工业企业真正投入于研发活动的经费仅占主营业务收入的 0.8%。

---

① 中国科学技术协会:《2014—2015 学科发展报告综合卷》,第 88 页,见 http://www.cast.org.cn/art/2019/1/15/art_46_85542.html。

② 王尔德:《九三学社提案聚焦科技、产业和生态建议 组建国家知识产权总局》,《21 世纪经济报道》2017 年 2 月 24 日。

③ 人民日报评论员:《努力把论文写在产品上》,《人民日报》2019 年 1 月 21 日。

第三节　中国直接资助研发活动的基本概况

一、中国直接资助研发活动的基本概况

政府直接资助是我国激励企业进行技术研发的重要手段。早在计划经济时期,政企合一的体制及优先发展重工业战略,使我国重工业在社会主义初期的建设中取得巨大成就。1986 年,我国启动"高新技术研究发展计划",又称"863 计划",旨在提高我国自主创新能力。自计划实施以来,我国在科技创新领域取得许多重大成果。1997 年,我国又启动"国家重点基础研究发展计划",即"973 计划",旨在解决国家战略的重大科学问题。1999 年,我国启动了科技型中小企业技术创新基金,该基金是我国首个专门支持中小企业进行科技创新的基金,重点扶植有高新技术含量、市场发展前景好、存在高风险的中小型企业。自该创新基金建立以来,截至 2012 年,财政资助累计投入 266 亿元,共资助将近 40000个创新项目,使一大批有创新能力的科技型中小企业迅速成长。其中,以岭药业、特瑞德、中航惠腾等创新型中小企业已成长为各行业的"领头羊"。

20 世纪 90 年代以来,我国的研发经费投入增长加速(见图 5-1)。研发总费用支出从 2003 年的 1539.6 亿元增加到 2012 年的 10298.4 亿元。[①] 2013—2021 年我国研发经费投入从 11846.6 亿元增长到 27864 亿元(见图 5-2)。

从研发活动类型看,2012 年我国在基础研究、应用研究和试验方面的支出比例为 4.8%、11.3% 和 83.9%。从支出部门看,企业投入的资金比例高达 74.0%,政府投入资金的比例为 21.6%。[②] 从地区看,江苏省、

---

① 国家统计局、科学技术部:《2013 中国科技统计年鉴》,中国统计出版社 2013 年版,第6 页。

② 中华人民共和国国家统计局:《中国统计年鉴 2015》,中国统计出版社 2015 年版,第652 页。

（单位：亿元）

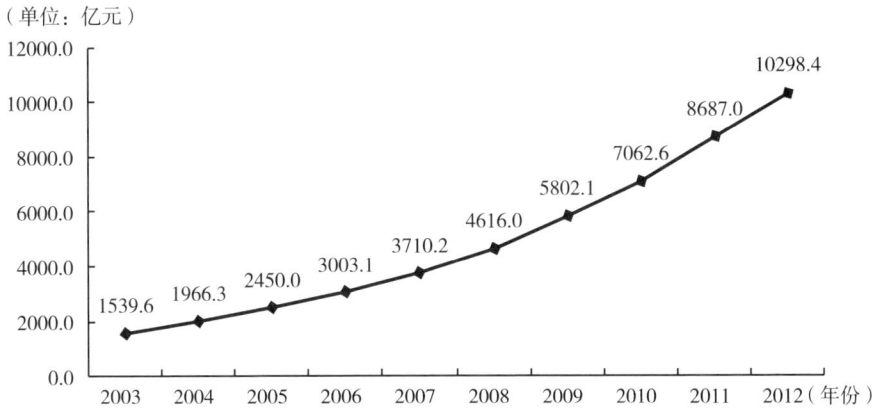

图 5-1　2003—2012 年中国研发费用支出情况

资料来源：国家统计局、科学技术部：《2013 中国科技统计年鉴》，中国统计出版社 2013 年版，第 6 页。

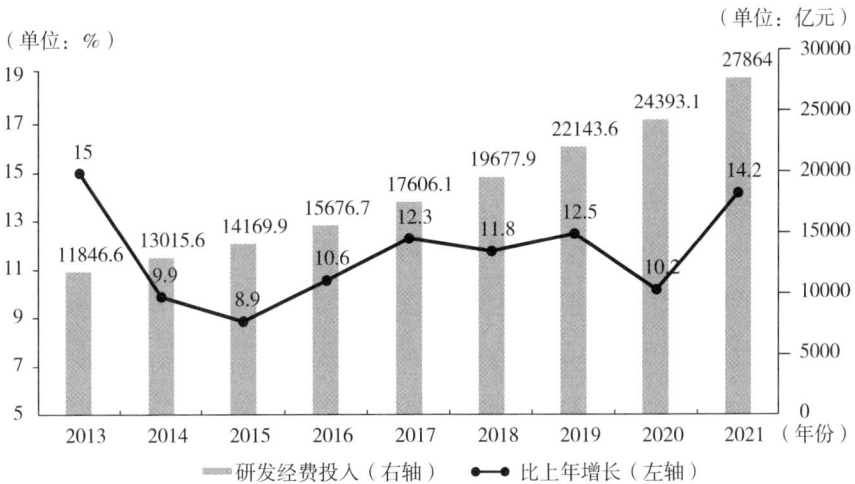

图 5-2　2013—2021 年中国研发经费投入情况

资料来源：2013—2019 年数据来源于国家统计局社会科技和文化产业统计司、科学技术部战略规划司：《2020 中国科技统计年鉴》，中国统计出版社 2020 年版，第 6 页。

2020 年数据来源于国家统计局：《中国统计年鉴 2021》，中国统计出版社 2021 年版，第638 页。

2021 年数据来源于佘惠敏：《中国研发投入将保持高速增长》，《经济日报》2022 年 1 月30 日。

广东省、北京市、山东省、浙江省和上海市六个地区的研发投入均超过500亿元,这六个地区的研发投入之和占全国研发经费总支出的58.4%。从我国财政支出机构上看,2012年科技支出为5600亿元,比上年增长16.7%;科技支出在财政总支出的比例达4.45%,比上年增长9.9%。这些数据反映出国家财政不断加大对科技研发的扶持力度,尤其在基础研究方面的投入更是稳步增长,2012年我国基础研发投入比上年增加21.2%。2006—2012年,全社会基础研究经费总支出从155.8亿元增加到498.8亿元,年均增长21.1%。[①] 我国在专利上的申请数量也增长迅猛,这是我国长期对研发支持的重要体现。2019年我国在基础研究、应用研究和试验发展经费所占比重分别为6.0%、11.3%和82.7%。[②] 2020年我国研发经费投入总量达到24393.1亿元,比上年增加2249.5亿元,增长10.2%;研发经费投入强度达到2.40%,比上年提高0.16个百分点,提升幅度创近11年来新高。[③]

　　基于2016—2020年财政科学技术支出数据可以看出,中国政府直接资助研发活动的力度不断加大(见表5-5),除2020年由于疫情等因素影响导致经费负增长外,其他年份的财政科学技术支出基本保持10%左右的增长速度。

表5-5　2016—2020年中国财政科学技术支出情况

年份	财政科学技术支出(亿元)	比上年增长(%)
2016	7760.7	10.8
2017	8383.6	8.0
2018	9518.2	13.5

---

　　① 《中国基础研究经费占社会研发投入比重多年未涨学界喊涨》,《中国科学报》2014年4月2日。
　　② 李争粉:《去年全国研发经费突破两万亿元》,《中国高新技术产业导报》2020年8月31日。
　　③ 班娟娟:《2020年R&D经费投入突破2.4万亿　企业研发投入主体作用凸显》,《经济参考报》2021年9月23日。

续表

年份	财政科学技术支出（亿元）	比上年增长（%）
2019	10717.4	12.6
2020	10095.0	-5.8

资料来源：国家统计局、科学技术部、财政部：《2016—2020 年全国科技经费投入统计公报》，见http://www.stats.gov.cn/tjsj/tjgb/rdpcgb/qgkjjftrtjgb/。

二、中国直接资助研发活动存在的问题

（一）研发投入强度过低

研发投入强度是衡量一国创新能力的重要指标，高水平的研发投入强度是一个国家保持强大创新能力的基石。近十年来，我国研发活动的经费投入每年保持 16% 以上的增长率。虽然我国研发总投入居世界第二位，但我国最近 20 年的科技累计投入量仍然较低。2012 年我国研发投入强度为 1.98%，比 2011 年的 1.84% 增加 0.15%；2020 年我国研发投入强度为 2.40%。[①] 从 2016—2020 年中国研发经费投入数量和投入强度看（见表 5-6），研发经费投入数量逐年增加，投入强度持续上升，体现了中国实施"创新驱动"发展战略的坚定决心，也是通过科技创新引领中国经济高质量发展的必然选择。但是，我国研发经费投入总量和强度仍然不足，这也必定影响中国颠覆性技术的突破，阻滞中国追赶世界科技强国的能力和速度。

表 5-6　2016—2020 年中国研发经费支出情况

年份	研发经费支出（亿元）	研发经费支出与GDP之比（%）
2016	15676.7	2.10
2017	17606.1	2.12

---

① 班娟娟：《2020 年 R&D 经费投入突破 2.4 万亿　企业研发投入主体作用凸显》，《经济参考报》2021 年 9 月 23 日。

续表

年份	研发经费支出（亿元）	研发经费支出与GDP之比（%）
2018	19677.9	2.14
2019	22143.6	2.24
2020	24393.1	2.40

资料来源：国家统计局：《中国统计年鉴2021》，中国统计出版社2021年版，第638页。

（二）对不同类型研发活动资助失衡，基础研究投入过低

研发活动按照研究类型主要分三种：基础研究、应用研究和试验发展。基础研究是其他研发活动的基础，任何一项科研成果的取得，都要以基础研究为前提。近年来，我国财政科技投入保持了20%以上的增长幅度，为我国科技创新提供了强大的资金支持，但也存在基础研究投入过低的问题。我国的基础研究经费主要靠中央财政，地方和企业投入过少，基础研究费用占研发费用总支出的比例较低。近十年虽然我国研发经费总投入增加幅度很大，但基础研究的投入却始终处于较低水平。2012年，我国基础研究投入在研发经费支出中占比为4.8%，2020年为6.0%。从基础研究经费额度来看，2020年较2015年增长一倍，按可比价计算年均增长12.9%。基于2016—2020年中国基础研究经费投入的数据看（见表5-7），基础研究在全国研发经费支出总量中的占比一直维持在5.2%—6%，对于颠覆性技术的产生和"从0到1"的突破极为不利。

表5-7　2016—2020年中国基础研究经费投入情况

年份	中国研发经费投入（亿元）	基础研究投入（亿元）	基础研究投入占中国研发经费投入之比（%）
2016	15676.75	822.9	5.2
2017	17606.13	975.5	5.5
2018	19677.93	1090.4	5.5
2019	22143.58	1335.6	6.0

续表

年份	中国研发经费投入（亿元）	基础研究投入（亿元）	基础研究投入占中国研发经费投入之比（%）
2020	24393.10	1467.0	6.0

资料来源：国家统计局、科学技术部、财政部：《2015—2020年全国科技经费投入统计公报》，见http://www.stats.gov.cn/tjsj/tjgb/rdpcgb/。

2020年我国基础研究、应用研究和试验发展经费所占比重分别为6.0%、11.3%和82.7%。[1] 我国研发经费投入的重心在于试验发展。然而，实践证明没有雄厚的基础研究做后盾，应用研究和试验发展难以有重大突破，也会使研发投入效果大打折扣。

（三）为中小企业研发活动提供资助的基金运行不完善

1999年，我国成立了科技型中小企业技术创新基金，大大推动了科技型中小企业的发展。然而，该基金在运行过程中也存在许多问题。首先，在创新基金的管理体制中，决策监督和管理相对分离，这种管理体制缺陷导致一些不具备条件的企业利用信息不对称来提高自身的申报率，使真正符合条件申报的企业被淘汰，使企业的申报积极性有所下降。其次，该基金的资助金额和项目较少。虽然政府不断加大投入，仍难以解决科技型小企业对资金的需求。再次，资助项目在各地区分布不均衡，地区差距较大。最后，欠发达地区企业对创新基金不了解。一般情况下，大部分创新能力较强的优质科技型中小企业都位于高新技术开发区，这些企业较容易获取科技管理部门关于创新基金的信息，而一些地理位置相对偏僻的中小企业，获取资助信息的能力较弱，不利于获取申报资助的机会。

三、提升资助研发活动效率的政策建议

（一）在扩大资助规模的同时应更重视基础研究

政府要在不断增加研发资助的同时，调整资助结构，不断强化对基础

---

[1]　刘垠：《2.4%！我国研发经费投入强度再创新高——专家解析〈2020年全国科技经费投入统计公报〉》，《科技日报》2021年9月23日。

研究投入。发达国家强大的创新能力是建立在坚实的基础研究之上，没有坚实的基础研究做后盾，相关研发活动将缺乏有效支撑。因此，首先，我国应在增加基础研究投入的同时积极鼓励企业参与基础研究。其次，要建立企业、高校和科研机构联合进行基础研究的合作体系。企业终究是以营利为目的，因此在内部研发中必定会更重视应用研究和试验发展，而高校和科研机构并不存在这样的问题，让企业加强与高校和科研机构的合作，并通过资金购买基础研究成果的方式间接参与到基础研究中来，以更好地提升企业的应用研究能力。最后，鼓励更多优秀人才从事基础研究学科。国家可通过免除基础研究学科学生的学费，或给予基础研究学科学生一定的经济补助来鼓励更多优秀人才选择基础研究学科，从而壮大基础研究人才队伍。

（二）完善多元化的资助方式以提高资助效率

我国的资助方式较为单一，主要有直接拨款、贴息和资本金投入等。单一的资助方式难以满足企业多元化的资金需求，会导致资助效率下降。应根据项目和研究阶段采取差异化的资助方式。如针对共性技术研究，应采取政府专项基金资助方式；为促进技术型企业快速成长，应采取以税收激励等间接资助方式及政府进行风险投资和参股的直接资助方式；针对高风险研发项目，应对研发企业可能出现的损失进行补贴，解决企业高风险研发项目的后顾之忧。同时，应积极鼓励民间资本的研发项目，以风险性、有偿性和营利性作为民间资本的投资条件，通过融资贷款和担保等形式来拓宽企业的融资渠道。

（三）拓宽中小企业融资途径，促进中小企业创新

中小企业在国家创新体系中占据重要地位，但其资金匮乏及融资难现实困境已严重影响科技型中小企业的研发积极性。我国可通过多元化方式拓宽中小科技企业的融资途径：第一，针对不同行业、不同地区，建立专项资助基金。如针对生物制药等研发周期长的行业，提高其专项资助基金的贷款额度并延长其贷款的还款期；针对经济欠发达地区的中小科技企业，其专项资助基金应加大对其科研人员的补贴力度，从而吸引高素质的科技型人才。第二，扩展金融机构对中小科技企业的信贷支持。中

国银监会应鼓励银行加大对符合条件的科技型中小企业的信贷支持和金融服务,使其能获得更充裕的资金进行科技研发。第三,完善中小科技企业的担保机制。应积极鼓励担保公司对当地中小科技企业的贷款提供担保,使中小科技企业更易获得贷款。第四,适当降低主要面向中小企业放贷的地方股份制银行的存款准备金率。这能有效扩张地方股份制银行的信用,使中小科技企业方便获得贷款。

(四)完善知识产权保护制度

建立完善的知识产权制度,可在一定程度上保障企业研发的外部性内部化,赋予新研发产品一定时限的垄断权力,严厉打击其他厂商的模仿和盗窃行为,这将大大保护和激励企业的创新精神。一个完善规范的知识产权制度能有效保护研发者的根本利益,从而使研发者基于追求自身利益持续保持而产生强大的创新动力。我国知识产权保护制度建设仍处于滞后水平。从我国经济社会发展的实际情况看,我国应在行政、立法和司法等层面对本国知识产权进行有效保护。一是培养知识产权观,让知识产权观念深入人心。二是建立符合我国国情的知识产权法律法规。三是政府严格执行产权保护制度,严厉打击侵犯知识产权行为。四是根据行业特点,灵活实施知识产权保护制度。五是培养高素质的知识产权民间组织,形成完善的社会监督体系,有效监管知识产权保护行为。

第六章 基础研究与技术创新能力提升

近年来,中国对科技创新工作的重视提升到新的高度,从改革开放初期的"科学技术是第一生产力"到"创新型国家建设"战略部署,再到"创新驱动发展战略"的提出,充分表明中国把创新作为推动经济发展的核心因素。

从实践来看,创新是中国有效转换经济发展新动能,进而能够有效地保持经济持续发展和高质量发展的关键所在。党的十八大报告明确提出了实施创新驱动发展战略,特别强调了"科技创新是提高社会生产力和综合国力的战略支撑,必须摆在国家发展全局的核心位置"。党的十八届五中全会提出了"创新、协调、绿色、开放、共享"的新发展理念,并将创新置于新发展理念的首位。2017年《政府工作报告》提出了"以创新引领实体经济转型升级""深入实施创新驱动发展战略,推动实体经济优化结构",首次将创新驱动与实体经济连接起来,创新在推动中国经济高质量发展中的关键作用更为明晰化了。党的十九大报告指出,创新是引领发展的第一动力,是建设现代化经济体系的战略支撑。要瞄准世界科技前沿,强化基础研究,实现前瞻性基础研究、引领性原创成果重大突破。

整体上看,中国企业技术创新效率不断提升,但中高端技术行业研发投入强度与发达国家相比差距较大,特别是基础研究的支撑力明显不足,影响技术创新水平。

第一节　基础研究的特点及其战略地位

一、基础研究的内涵与特点

（一）基础研究的内涵

2006 年 2 月颁布的《国家中长期科学和技术发展规划纲要（2006—2020 年）》对基础研究给出了明晰定位，即"以深刻认识自然现象、揭示自然规律，获得新知识、新原理、新方法和培养高素质创新人才等为基本使命，是高新技术发展的重要源泉，是培育创新人才的摇篮，是建设先进文化的基础，是未来科学和技术发展的内在动力"[①]。并对基础研究工作进行了战略规划和统筹部署。经济合作与发展组织（OECD）把基础研究界定为：为了获得新的关于现象和可观察事实的基本原理的新知识而进行的实验性或理论性研究，它不以任何专门或特定的应用或使用为目的。并认为基础研究包括纯基础研究和导向型基础研究。

1945 年，美国科学技术办公室主任万尼瓦尼·布什（Vannevar Bush）在给美国总统罗斯福提供的《科学：无尽的前沿》（*Science, the Endless Frontier*）的报告中，将基础研究放置于创新链的源头地位，并将基础研究与应用研究对立二分，提出基础研究是技术进步的先驱，因此，基础研究经过应用研究到技术创新这一单一的线性模式就成为美国政府支持的基石，美国的科学发展进入黄金期，并成长为科技超级强国。[②] 1997 年，美国普林斯顿学者唐纳德·司托克（Donald Stokes）认为，技术越来越依赖于科学，而科学也越来越从实践中的问题和社会需求出发。他把基础研究划分为纯基础研究和应用基础研究两类。

由上可知，基础研究是指认识自然现象、揭示自然规律，获取新知识、

---

① 李志民：《领会纲要精神实质　加强高校基础研究》，《中国高校科技与产业化》2010 年第 10 期。

② 张先恩、刘云、周程、方在庆、向桂林：《基础研究内涵及投入统计的国际比较》，《中国软科学》2017 年第 5 期。

新原理、新方法的研究活动,基础研究包括纯基础研究和应用基础研究,既可以是个人自由探索,也可以是科技创新团队集体攻关研究。

(二)基础研究的特点

(1)基础研究向社会提供新知识、新原理、新方法,催生新的重大科学思想和理论,会产生颠覆性的技术,带动新兴产业崛起;(2)基础研究主要探索自然规律和科学方法,不以特定的应用方向为目标,投入能否得到回报并不确定,具有探索性和高风险性;(3)基础研究通过理论、知识基础和分析工具,能够检测应用对策研究的科学性和合理性;(4)基础研究具有公益性和共享性;(5)基础研究孕育科学精神;(6)基础研究的成果一般包括论文和数据等。

二、基础研究的战略地位

(一)从基础研究与应用研究、技术开发的关系视角看基础研究的前瞻性和战略性

原始创新源自基础研究,没有基础研究的有效突破,就不可能产生关键核心技术,产业发展也就变为无源之水。重大的战略性基础研究成果是"非卖品",必须依靠自身进行攻关和突破。每一次基础研究取得的重大突破,都会引领和推动技术创新,开辟新的经济增长点,有效促进经济社会健康发展。人类历史上的三次技术革命都强烈地依赖于科学理论、基础研究的突破。

科学技术发展的演进历程表明,基础研究是创造科学知识、形成技术开发的源头之源头,也是造就创新型国家的基础性决定因素。基础研究是解决科学问题的发现和探索,是科学探究和解释事情如何做的基本原理,这些基本原理就形成了科学。

基础研究是应用研究与技术开发的新信息源和理论基础。在基础研究(包括应用基础研究)、应用研究和开发研究三者关系中,基础研究是科学技术发展的基础和前提,没有雄厚的基础研究实力做后盾,就不能有高水平的技术开发。尽管不同国家的定位不同,但整体上基础研究与应用研究的演进顺序为:基础理论研究—科学产生—技术发明—生产应

用—产品开发—占有市场。由此可见,基础研究的基础性和战略性地位。

(二)从国际视野看:发达国家正反实践案例佐证了基础研究的基础性和重要性

基础研究的突破能够真正改变人类的命运,把大力支持基础研究作为提升国家科技创新能力的战略性举措,是所有世界科技强国长期以来的通行做法;发达国家都是通过基础研究的重大突破所产生的技术变革和产业发展,成长为世界科技强国和经济强国。

当前全球范围内新一轮科技革命和产业变革加速推进,科学领域的一些基础性问题也孕育着重大突破,基础研究产业化的周期大大缩短,国际竞争已经呈现从科技竞争向基础研究竞争前移的态势。2015 年,美国发布新版《美国创新战略》,主要聚焦九大领域,继续加大研发。2013 年12 月 3 日欧盟部长级会议批准了欧盟的"地平线 2020"计划,将从 2014 年 1 月 1 日实施到 2020 年年底,预算为 770 亿欧元。该科研规划分基础研究、应用技术和应对人类面临的共同挑战三大部分,目的在于整合欧盟各国的科研资源,提高科研效率,促进科技创新,推动经济增长和增加就业。[1]

英国曾经是基础研究实力强大的国家,但后来轻视基础研究而导致了工业技术创新能力的下降,迫使撒切尔夫人不得不在英国皇家学会328 周年宴会上特别强调基础研究对英国未来发展的强大指引作用。第二次世界大战后,日本由于过度强调应用研究而忽视基础研究,导致日本的技术创新能力提升受到很大制约,日本政府转变理念,开始重视基础研究。1988 年日本科技白皮书强调要"争取建立富于创造性的研究环境",必须大力发展基础研究,贯彻科技立国的基本国策。[2]

(三)从中国视野看:只有基础研究取得重大原创性突破,才能产生颠覆性核心技术,推动中国产业向全球价值链中高端迈进

习近平总书记指出,要持之以恒加强基础研究,要明确我国基础研究

---

①　姜岩:《欧盟通过"地平线 2020"科研规划》,《科技日报》2013 年 12 月 6 日。

②　全国政协科技委员会基础研究问题专题组:《关于进一步加强基础研究工作的意见和建议》,《中国科学院院刊》1990 年第 3 期。

领域方向和发展目标,要加大基础研究投入,要在财政、金融、税收等方面给予必要政策支持。要创造有利于基础研究的良好科研生态,建立健全科学评价体系、激励机制。① 要按照需求导向、问题导向、目标导向,从国家发展需要出发,提升技术创新能力,加强基础研究,努力取得重大原创性突破。李克强总理在中科院视察时指出,一个国家基础研究的深度和广度,决定着这个国家原始创新的动力和活力。

习近平总书记在 2020 年的科学家座谈会上指出:"我们必须走出适合国情的创新路子,特别是要把原始创新能力提升摆在更加突出的位置,努力实现更多"从 0 到 1"的突破。"②科技部、国家发改委、教育部、中国科学院、国家自然科学基金委联合印发了《加强"从 0 到 1"基础研究工作方案》,具体从优化原始创新环境、加强基础研究人才培养等方面给出了措施。③

"十四五"规划把基础研究提升到一个新的高度。《中共中央关于制定国民经济与社会发展第十四个五年规划和二〇三五年远景目标的建议》提出,把科技自立自强作为国家发展的战略支撑;提出要"加大研发投入,健全政府投入为主、社会多渠道投入机制,加大对基础前沿研究支持"④。2020 年 12 月 16—18 日在北京召开的中央经济工作会议,提出了抓紧制定基础研究十年行动方案,主要是重点布局一批基础学科研究中心,支持有条件的地方建设国际和区域科技创新中心。

全球创新型国家创新发展的实践表明,对基础研究的持续投入将会在源头上有效提升原始创新能力,加速在基础研究领域全球顶尖领军人才的培养。基础研究作为提升国家源头性创新能力最重要的载体,既是高新技术的源泉,也是科技创新的上游。中国当代技术创新成果的 90%

① 《习近平相关新闻报道集》(2020 年 9 月),人民出版社 2020 年版,第 40 页。
② 习近平:《在科学家座谈会上的讲话》,人民出版社 2020 年版,第 4 页。
③ 刘垠、操秀英:《科技部等部门印发〈加强"从 0 到 1"基础研究工作方案〉》,《科技日报》2020 年 3 月 4 日。
④ 《中共中央关于制定国民经济和社会发展第十四个五年规划和二〇三五年远景目标的建议》,人民出版社 2020 年版,第 12 页。

左右源于基础研究,如卫星、通信、超导、核能、航空航天等技术的突破都与基础研究直接相关。全面加强基础科学研究刻不容缓,中国大多数产业在全球价值链中处于中低端,关键核心技术受制于人,一个关键的因素就是基础研究没有跟上。对于中国来说,只有在基础研究方面打下坚实基础和取得重大建树,才能够在核心技术和颠覆性技术方面获得突破,在全球经济分工中取得优势地位,在全球创新竞争中赢得优势、抢占先机,推动中国向全球价值链的中高端迈进。

进入新时代和高质量发展阶段,基础研究的源头作用愈加凸显。要想建立现代化经济体系,就必须依赖更高层次的创新——源头式创新,即从基础研究衍生出来的、拥有完全知识产权的科学突破。全面加强基础研究必须面向世界科技前沿和社会经济高质量发展对科技的需求,全面部署和加强前瞻性基础研究和应用基础研究的规划、投入、领军人物引进培养、核心团队建设、基础设施和制度环境建设,全面支撑科技强国和其他领域强国战略的有效实施,最终把我国建设成为社会主义现代化强国。

第二节　中国基础研究的突破性进展

相关的研究表明,中国的基础研究近年来取得了突飞猛进的成就,不仅基础研究的规模获得了跨越式发展,而且学术影响力的扩展速度也大大超越同类国家,这为中国科技的全面提升奠定了雄厚基础。

一、基础研究科技人员素养不断提升

科学技术是第一生产力,而基础研究是科技发展最重要的基石,是科技创新的源泉。基础研究的每一次重大突破都能够催生一批新技术、新专利、新发明,都能够带动新兴产业的迅速崛起,这又会有效促进经济社会向高层面发展和新阶段迈进。党的十八大提出了创新驱动发展战略,其核心技术就是以科技创新为核心的全面创新,这对提升原始创新能力提出了更高的要求。

自"十二五"时期以来,中国不断优化财政性投入结构,基础研究经费持续增加。2011 年中国的基础研究投入为 411.8 亿元,比上年增长 26.9%;2012 年为 498.7 亿元,比上年增长 21.1%;2013 年为 555.0 亿元,比上年增长 11.3%;2014 年为 613.5 亿元,比上年增长 10.6%;2015 年为 716.1 亿元,比上年增长 16.7%(见图 6-1)。从经费投入的主体看,中央财政仍然占据主导地位。[1]

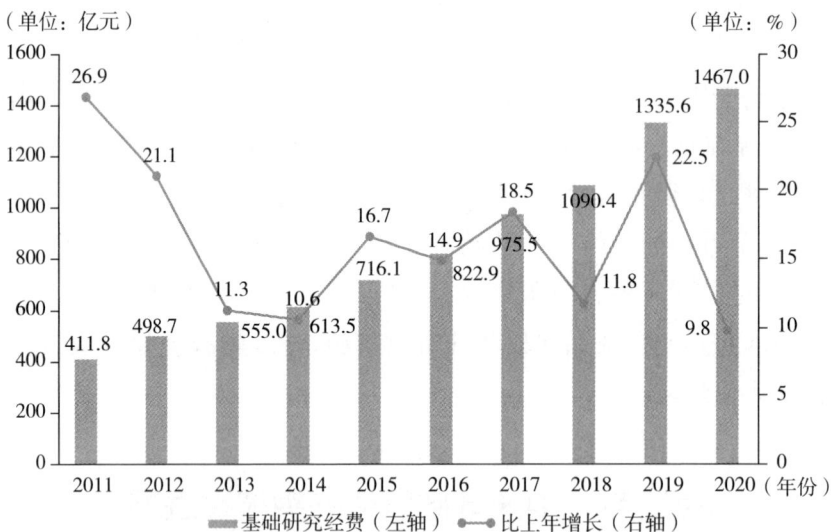

图 6-1　2011—2020 年中国基础研究经费支出及其增长速度

注:增长比率根据相关数据计算而得。

资料来源:2011—2014 年数据来源于中华人民共和国国家统计局:《中国统计年鉴 2015》,中国统计出版社 2015 年版,第 652 页。

　　　　2015—2019 年数据来源于中华人民共和国国家统计局:《中国统计年鉴 2020》,中国统计出版社 2020 年版,第 626 页。

　　　　2020 年数据来源于中华人民共和国国家统计局:《中国统计年鉴 2021》,中国统计出版社 2021 年版,第 638 页。

"十三五"时期以来,我国基础研究经费投入持续增加。2016 年我国基础研究经费投入为 822.9 亿元,比上年增长 14.9%;2017 年为 975.5 亿元,比上年增长 18.5%;2018 年为 1090.4 亿元,比上年增长 11.8%;2019

---

[1]　佘惠敏:《基础研究开启新一轮"加速跑"》,《经济日报》2017 年 4 月 2 日。

年为 1335.6 亿元,比上年增长 22.5%;2020 年我国基础研究经费为
1467.0 亿元,比上年增长 9.8%(见图 6-1)。

中国的基础研究正加速赶超引领,其发展已经进入新的阶段,中
国从事基础研究的人力资本投入也持续增加。数据显示,中国从事
基础研究的全时人员总量逐年增加,2011 年中国从事基础研究的全
时人员总量为 19.3 万人年,2015 年中国从事基础研究的全时人员总
量为 25.3 万人年,增长了 31.0%。国家统计局数据显示,2015 年我
国研究与试验发展人员全时当量 375.88 万人年,2016 年我国研究与
试验发展人员全时当量 387.81 万人年,2017 年我国研究与试验发展
人员全时当量 403.36 万人年,2018 年我国研究与试验发展人员全时
当量 438.14 万人年,2019 年我国研究与试验发展人员全时当量
480.08 万人年,2020 年我国研究与试验发展人员全时当量为 509.2
万人年(见图 6-2)。

（单位：万人年）

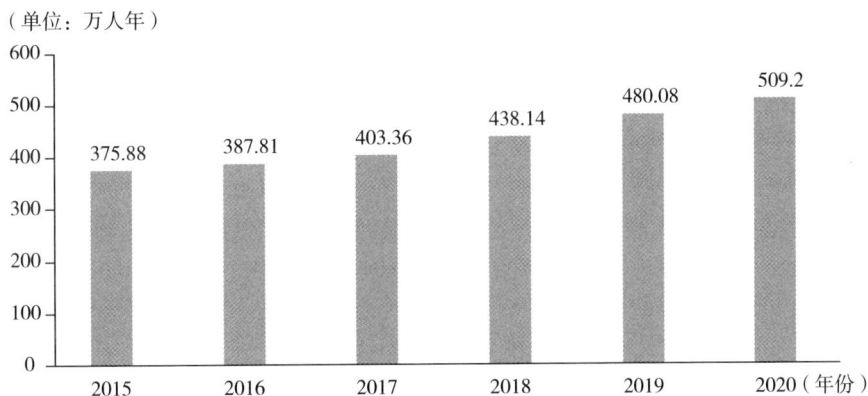

图 6-2　2015—2020 年中国研究与试验发展人员全时当量情况

资料来源:2015—2019 年数据来源于国家统计局社会科技和文化产业统计司、科学技术部战略规划
司:《中国科技统计年鉴 2020》,中国统计出版社 2020 年版,第 4 页。
2020 年数据来源于沙迪:《〈中国科技人才发展报告(2020)〉发布》,《人民日报》2021 年 9
月 13 日。

留学归国人员保持增长;中国学者发表的国际科技论文数量排名全
球第二,论文总被引次数位居全球第二(见表 6-1)。2016 年中国"高被

引学者"数量达到了 197 人,占全球总数的 6%,"高被引学者"数量排名全球第三。① 中国科学技术信息研究所发布的 2018 年中国科技论文统计结果显示,我国在国际顶尖学术期刊上发表论文数量排名前进到世界第四位,国际论文被引用次数排名继续保持世界第二。② 基于从事基础研究的科技人员规模看,中国的基础研究的主力军正由中青年科学家承担,科技研发人才后备队伍不断壮大,高水平的创新团队正在形成和崛起。

表 6-1　2011 年 1 月至 2021 年 9 月 9 日按 ESI 论文被引用次数排序的前 10 个国家

国别	位次	被引用次数 （次）	论文数量 （篇）	论文引用率 （率/篇）
美国	1	87553897	4379730	19.99
中国	2	45591820	3465661	13.16
英国	3	29822342	1396742	21.35
德国	4	22824920	1186919	19.23
法国	5	15205668	802799	18.94
加拿大	6	14517245	751647	19.31
意大利	7	13434758	758293	17.72
澳大利亚	8	13270891	690031	19.23
日本	9	12290608	875069	14.05
西班牙	10	11229911	652443	17.21

注:数据来源于 Essential Science Indicators(基本科学指标数据库),年限跨度从 2011 年 1 月至 2021 年 9 月 9 日。

资料来源:国家统计局社会科技和文化产业统计司、科学技术部战略规划司:《中国科技统计年鉴 2021》,中国统计出版社 2021 年版,第 239 页。

二、基础研究取得突破性成果

近年来,中国的基础研究呈现加速赶超引领态势,在诸多领域基础研究已经开始并跑或者领跑。

① 惠梦:《我国科技基础研究迈入新阶段》,《中国财经报》2017 年 3 月 2 日。

② 刘垠:《国际顶尖学术期刊发表论文数量中国第四》,《科技日报》2018 年 11 月 2 日。

中国的学术影响力持续提升。由于近年来中国持续加大对基础研究的投入，并不断深化基础研究方面的改革，由此推动了中国的基础研究在某些领域获得了令全球关注的成就，因而中国的学术影响力也相应地不断提升和扩展。中国的高水平科学研究成果不断涌现，数据显示，中国在国际上最具有影响力的学术期刊发表的论文数量已经连续6年排名全球第二。2012—2016年，中国学者在国际上发表的高影响力的学术论文数量占全球总数的18.1%；具有国际影响力的科学家的人数占全球总量的比例由三年前的4%上升到6%。① 中国入选高被引科学家名单从2019年的 636 人次（占比 10.2%）上升到 2020 年的 770 人次（占比 12.1%）。②

中国学者获得的国际大奖水平不断提升。随着中国学者在基础研究领域取得突破性成果和学术界影响力的提升，中国学者在国际上获得的学术大奖不断增加，如中国科学院高能物理研究所王贻芳研究团队获得了 2016 年"基础物理学突破奖"，这也是中国科学家第一次获得该奖项；中国科学技术大学潘建伟院士团队也数次获得美国物理学会和欧物理学会评选的十大年度突破奖。同时，中国学者在国际学术组织任职的人数不断上升，担任国际知名科技期刊主要负责人的数量不断增加。中国科学家的国际视野持续提升，积极"走出去"参与国际相关的科学研究计划，不断提升基础研究能力和水平，如中国科学家已经参与了大型强子对撞机（LHC）、国际热核聚变实验堆（ITER）等国际大型科学研究计划项目。

中国学者取得的诸多成果处于全球领先水平。中国在某些基础研究领域已经取得卓越成就，使中国的研究水平和成就从过去的跟跑转向并跑甚至在国际上处于领跑的位置。如中国学者取得的"量子反常霍尔效应"、外尔费米子、拓扑半金属等领域的原创性成就处于国际领先水平和位置；由中国科学家最早发现的铁基超导材料已经占到全球总量的半壁江山，并且长期保持着世界最高超导转变温度；中国在纳米材料技术方面

---

① 佘惠敏：《基础研究开启新一轮"加速跑"》，《经济日报》2017 年 4 月 2 日。

② 张梦然：《"2020 年度高被引科学家"名单出炉》，《科技日报》2020 年 11 月 20 日。

居于全球领先水平,开辟了国际梯度纳米结构研究的新领域,为高性能金属材料提供了新路径;中国在国际上首次发射了量子通信卫星,并且已经完成了试验任务,达到了预期实验目标;76 个光子的量子计算原型机"九章"成果构建,确立了中国在国际量子计算研究中的第一梯队位置;中国不断刷新着多光子世界纪录,引领着全球量子通信技术的发展方向和路径;中国北斗导航系统完成全球组网,打破了美国 GPS 一枝独秀的垄断局面;最高参数"人造太阳"在成都建成,中国正式进入可控核聚变研究前沿位置;中国科学家首次在蛋白质研究领域科学解析了 RNA 剪接体的结构和机理,研究成果得到了国际社会的持续关注和好评……这些成果在一定程度上凸显了中国基础研究的国际影响力。

中国的重大科研项目凸显了科研实力。如全球首颗量子通信卫星、世界最快的超级计算机、史上最大单口径电望远镜等,雄踞世界第一;嫦娥揽月掘"土"而归,中国第一次完成了地外天体采样工作;中国首个火星探测器"天问一号"成功发射等。从实践看,重大的科研项目要取得突破性成果必须建立在整体科研实力持续提升的基础上。根据英国《自然》杂志于 2016 年 7 月 28 日发布的"自然指数 2016 新星榜"(Nature Index 2016 Rising Stars) 显示,近年来中国的科研实力迅速上升,中国的科研机构正在引领世界高质量的科研产出,在《自然》杂志统计的"自然指数"排名前十位科研机构中,中国占据 9 位;在全球前 100 位科研产出最快的科研机构中,中国占据 40 位。①

三、科技创新基地和基础设施建设不断完善

"十三五"时期,我国启动了首批国家实验室建设任务,加快推进重组国家重点实验室体系工作。

数据显示,中国在数理、信息、化学等相关的 8 个领域共建成了 255 个学科类国家重点实验室,依托企业和行业转制的科研院所建立的企业国家重点实验室有 177 个,省部共建的国家重点实验室 22 个,军民共建

---

① 佘惠敏:《自然指数新星榜百强中科院居首》,《经济日报》2016 年 8 月 1 日。

的国家重点实验室 17 个,还有国家重点实验室港澳伙伴实验室 18 个。①
上述实验室已经成为国家科技创新基地的重要部分。2018 年 6 月《科技
部 财政部关于加强国家重点实验室建设发展的若干意见》发布,其目
标定位于到 2020 年实验室总量保持在 700 个左右,其中,学科国家重点
实验室保持在 300 个左右,企业国家重点实验室保持在 270 个左右,省部
共建国家重点实验室保持在 70 个左右。②

实践表明,中国从事基础研究和应用研究的主要阵地也在国家重点
实验室,历年颁发的国家自然科学奖和前瞻性科技成果主要诞生于此。

"十三五"时期,中国持续加大科研基础设施建设投入,国家层面启
动了第一批国家实验室建设任务,加快推进重组国家重点实验室体系
工作,已经完成建设了一大批大科学装置(包括大型先进光源、强磁场、
散列中子源等装置),这些大科学装置建设的目的就是为科学研究提供
更为先进的技术手段,以更好地服务于科学家对重大科学问题的深入
探索和解析,如对物质基本结构、宇宙起源与演进等前沿性问题的科学
探索。中国首次在全球建成 500 米口径球面射电望远镜(FAST),远远
领先于其他国家;高质量完成了上海超强超短激光实验装备、大亚湾中
微子实验室、合肥稳态强磁场装置等能够真正体现国家科技实力的
"国之重器"科研设施建设,大大提升了中国科研基地的创新能力。
中国的诸多大科学装置陆续建设完成,促使中国的重大科学成果不
断产出。

从国家层面看,一直在持续推进中国科技基础资源的开放与共享。
为了激励科研单位对科研设施和仪器面向社会进行有序开放与共享,采
取了改革实施补助机制、创新券政策等支持措施。国家级的科研设施与
仪器网络管理平台已经正式上线运行,这个平台包括 3100 家单位的 58
个重大科研基础设施和 4.7 万台(套)大型科研仪器。数据显示,开放科
研设施与仪器的比率为 71.2%,在线服务平台服务的用户总量超过 6.2

---

① 佘惠敏:《基础研究开启新一轮"加速跑"》,《经济日报》2017 年 4 月 2 日。
② 《科技部财政部关于加强国家重点实验室建设发展的若干意见》,2018 年 6 月 22 日,
见 http://www.most.gov.cn/xxgk/xinxifenlei/fdzdgknr/fgzc/gfxwj。

万个,服务总次数超过 130 万次。① 与此同时,科技部和财政部要求,由公共财政支持的科学数据、实验材料等公共科技资源要加速向社会开放,截至 2017 年,已经完成的国家科技资源共享服务平台建设共 28 个,有效带动了中国 800 家高等院校、科研院所以及企业共同参与科技资源开放共享,为大型飞机、载人航天工程等国家重大项目提供科技资源服务。

第三节　基础研究与技术创新能力提升

国内外已有的研究表明,基础研究作为研发活动的一部分能够通过提高知识积累和人力资本积累促进技术进步和创新能力提升。基础研究的发展已经成为技术吸收的前提和基础,然而在研发投入结构失衡时,基础研究对技术创新可能会产生"挤出效应"。

一、基础研究促进企业创新能力不断增强

党的十八届五中全会提出,"坚持创新发展,必须把创新摆在国家发展全局的核心位置"。党的十九届五中全会提出"坚持创新在我国现代化建设全局中的核心地位,把科技自立自强作为国家发展的战略支撑",并将其摆在各项规划任务的首位进行部署,创新正在成为关乎中国前途命运的一场深刻变革。当今世界,谁能在新一轮科技革命和产业变革中掌握核心技术和高端科技这一现代技术的"国之利器",谁就可以占领科学技术发展和经济社会发展先机,并在未来的长远发展中赢得巨大竞争优势。目前,世界正步入一个新的创新密集活跃期。中国正以"大众创业、万众创新"带动中国经济成长与发展,努力缩小与发达国家的"技术鸿沟"与"创新鸿沟",这是中国能够真正由经济大国成长为经济强国的必然选择。

伴随中国对创新和技术进步的不懈追求,中国的科技实力正在全

---

① 佘惠敏:《基础研究开启新一轮"加速跑"》,《经济日报》2017 年 4 月 2 日。

面追赶世界先进技术水平。2016年日本发布的《通商白皮书》宣称,中国已经超越了日本,成为亚洲新的"价值"来源地。《美国科学与工程指标》的相关数据也显示,中国在研发领域的投入已经位居全球第二。美国《自然》杂志指出,中国正在成长为研究型国家,近年来在世界顶级期刊发表的论文量持续增长,已经位居全球第二且还在高速增长。数据显示,2012—2014年,中国在世界高质量科技论文中的贡献率为37%,同期美国的贡献率却下降了4%。[1] 2018年中国在世界178个学科领域155种高影响力期刊上发表论文11318篇,比2017年增加了3059篇,占世界总数61420篇的18.4%,位居世界第二。[2] 近年来,中国学者发表的学术论文被SCI收录的数量大幅上升,2012年被SCI收录的论文数量为192761篇,到2019年上升为450215篇,增长了133.6%(见图6-3)。

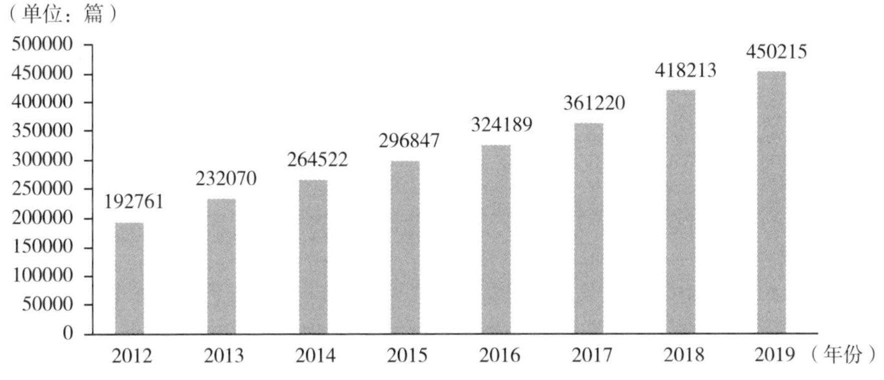

（单位：篇）

图6-3　2012—2019年SCI收录中国论文总数情况

资料来源:2012—2018年数据来源于国家统计局社会科技和文化产业统计司、科学技术部战略规划司:《2020中国科技统计年鉴》,中国统计出版社2020年版,第211页。
2019年数据来源于《中国统计年鉴2021》,中国统计出版社2021年版,第664页。

从实践看,2012年中国企业的研发支出占全社会研发支出的比重

① 洪观平:《中国渐成全球科技创新贡献者》,《经济日报》2016年8月12日。
② 夏先良:《加快建设创新型国家　推进经济高质量发展》,《科技中国》2020年第5期。

超过 74%①,成为研发和创新的主力军。2014 年中国企业研发经费支出占比达到 75.4%②;2014 年中国企业从事研发活动的人员不断增加,其占比为 77%;2014 年由企业参与的国家科技进步奖获奖项目占获奖总量的 76.3%,由企业作为第一完成单位的占比为 40%,首次超越高等院校,排名中国第一;企业拥有的有效发明专利数量超过国内有效发明专利总量的 55%,企业技术创新效率稳步提升。③

2016 年企业研发经费支出在中国研发经费中的占比为 76.6%,2017 年为 76.5%,2018 年为 76.6%,2019 年为 76.3%,2020 年为 76.6%。从 2016—2020 年的企业研发经费投入占中国研发经费投入的比重可以看出,企业研发投入保持在一个稳定的高位状态(见图 6-4)。

（单位：%）

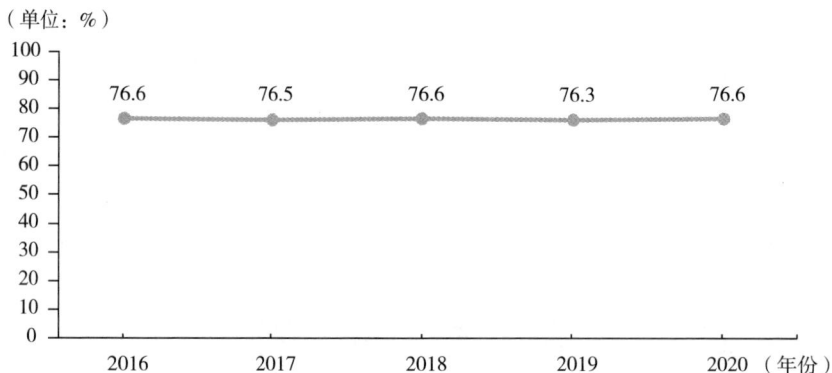

图 6-4　2016—2020 年企业研发经费投入支出在中国研发经费中的占比

资料来源:2016—2019 年的数据来源于国家统计局:《中国统计年鉴 2020》,中国统计出版社 2020 年版,第 626 页。

2020 年的数据来源于刘垠:《2.4%! 我国研发经费投入强度再创新高——专家解析 2020 年中国科技经费投入统计公报》,《科技日报》2021 年 9 月 23 日。

2004 年中国规模以上工业企业专利申请量为 6.46 万件,到 2014 年

---

① 中华人民共和国国家统计局:《中国统计年鉴 2016》,中国统计出版社 2016 年版,第 638 页。

② 中华人民共和国国家统计局:《中国统计年鉴 2016》,中国统计出版社 2016 年版,第 638 页。

③ 穆荣平:《抓住新科技革命的历史机遇》,《人民日报》2015 年 3 月 25 日。

时专利申请量增加到了 63 万件左右,增长了 9 倍多(见表 6-2)。其中,发明专利数由 2004 年的 2 万件增加到了 2014 年的 24 万件左右(见表 6-2),增长了 11 倍。如果以当年的价格换算,2004 年每投入 10 亿元研发经费所产生的专利申请量为 58 件,而到 2014 年时每 10 亿元研发经费产生的专利申请量提升到 68 件左右;其中,发明专利申请量由 2004 年的 18 件左右上升到 2014 年的 26 件左右。[①] 由 2014—2020 年中国规模以上工业企业专利申请量、发明专利数和有效发明专利数可以看出,年度数量都在增加(见表 6-2),说明了中国工业企业的创新能力不断提升。

表 6-2　2014—2020 年中国规模以上工业企业专利申请量　(单位:件)

年份	专利申请数	发明专利	有效发明专利数
2014	630561	239925	448885
2015	638513	245688	573765
2016	715397	286987	769847
2017	817037	320626	933990
2018	957298	371569	1094200
2019	1059808	398802	1218074
2020	1243927	446069	1447950

资料来源:2014 年、2016 年、2020 年数据来源于中华人民共和国国家统计局:《中国统计年鉴 2015、2017、2021》,中国统计出版社 2015 年版、2017 年版、2021 年版,第 657、637、642 页。
2015 年、2017 年、2018 年、2019 年数据来源于国家统计局社会科技和文化产业统计司、科学技术部战略规划司:《中国科技统计年鉴 2016、2018、2019、2020》,中国统计出版社 2016 年版、2018 年版、2019 年版、2020 年版,第 59、55、51、52 页。

　　2018 年,规模以上高新技术制造业企业法人单位全年专利申请量 26.5 万件,其中发明专利申请 13.8 万件,分别比 2013 年增长 85.1% 和 85.8%;发明专利申请所占比重为 52.0%,比规模以上制造业平均水平高

①　付保宗:《提升中高技术行业创新能力是产业迈向中高端的关键》,《中国经济导报》2016 年 8 月 19 日。

13.2 个百分点。①

从现实看，中国的华为、中兴、腾讯、百度、阿里巴巴等创新型企业的迅速成长与崛起，也说明了中国的企业创新发展进入了一个新阶段。中国的制造业正从价值链的中低端向中高端迈进，产业技术正由跟踪模仿向自主创新转变，部分企业在前沿技术领域与跨国公司进行竞争。在信息技术、电子商务和互联网金融等领域，中国取得了一些原始性创新和颠覆性创新成果。工程机械、交通设备、通信设备等重大装备制造业领域的集成创新能力不断提升，部分进入全球中高端市场或全球领先行业。在生物技术和新能源等领域，技术创新和商业模式创新不断涌现。

二、基础研究支撑国家综合创新能力持续提升

（一）国际机构评估与判断

2016 年 8 月 15 日，由世界知识产权组织、美国康奈尔大学和英士国际商学院共同完成的《2016 年全球创新指数报告》在日内瓦发布，该指数的内容就是全球经济体的创新能力和结果排名，具体由 82 项评估指标构成。中国在 2016 年全球经济体创新指数排行榜中位居第 25，成为第一个跻身全球创新指数（GII 指数）的中等收入经济体。2016 年在全球创新质量（主要评价指标是大学水平、科学出版物数量与质量、国际专利申请量等指数的加权评价）中的排名上升到第 17 位，大大缩小了与高收入经济体的差距，是唯一创新质量紧跟领先者的中等收入国家。② 在 82 项具体评估指标中，中国在高科技出口比例、知识型员工、15 岁青少年能力（阅读、数学与科学）评估、公司培训等 10 项指标居全球首位。③

2017 年 6 月 15 日，世界知识产权组织与康奈尔大学、英士国际商学

---

① 国家统计局：《第四次全国经济普查公报（第六号）——部分新兴产业基本情况》，2019年 11 月 20 日，见 http://www.stats.gov.cn/tjsj/zxfb/201911/t20191119_1710339.html。

② 李明思：《全球创新指数上升背后"拼研发投入"》，《中国经济导报》2016 年 9 月 2 日。

③ 张淼：《中国跻身全球创新 25 强》，《人民日报海外版》2016 年 8 月 17 日。

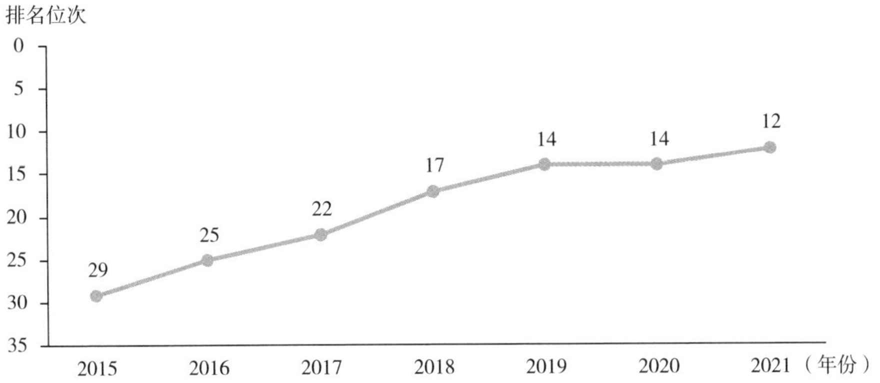

排名位次

图6-5　2015—2021年中国在全球创新指数中的排名演进趋势

资料来源：2015年的中国创新指数排名来源于陈建：《中国跻身"最具创新力经济体"前列》，《经济日报》2015年9月18日。

　　2016年、2017年的中国创新指数排名来源于陈建：《2017年全球创新指数出炉　中国排名上升3位》，《经济日报》2017年6月9日。

　　2018年、2019年的中国创新指数排名来源于佘颖：《中国创新指数排名持续攀升》，《经济日报》2019年7月25日。

　　2020年、2021年的中国创新指数排名来源于：《〈2021年全球创新指数报告〉发布中国排名连续9年稳步上升》，《人民日报海外版》2021年9月21日。

院合编的《2017年全球创新指数报告》显示，中国的位次由2016年的第25位上升至2017年的第22位，是第一集团（前25名）中的唯一中等收入国家。①

　　2019年7月24日，世界知识产权组织在印度新德里发布了第12期报告《2019年全球创新指数报告》，2019年全球创新指数基于80项指标对全球129个经济体进行排名。报告显示，中国的全球创新指数排名由2018年的第17位上升至第14位（见图6-5），连续第七年在中等收入经济体中的创新质量排名首位，中国有18个集群进入科技集群百强。②

　　2021年9月20日世界知识产权组织在日内瓦发布了《2021年全球创新指数报告》，数据显示，中国创新指数排名全球第12位，较2020

---

① 崔莹：《2017年全球创新指数出炉》，《经济日报》2017年6月19日。

② 蒋建科：《2019年全球创新指数发布：中国排名升至第17位》，《人民日报海外版》2019年7月26日。

年上升 2 位,在中等收入经济体中排名首位。特别值得一提的是,中国自 2013 年起,全球创新指数排名连续 9 年稳步上升,上升势头强劲。①基于 2015—2021 年中国创新指数排名演进趋势看(见图 6-5),中国的科技创新能力持续提升,不断追赶世界科技强国,加速"从 0 到 1"和颠覆性技术的突破,更好地引领中国经济的高质量发展。也确证了中国实施的创新驱动发展战略的科学性和有效性,更加坚定走自主创新道路。

英国品牌评估机构(Brand Finance)发布的"2016 科技品牌百强榜"显示,美国苹果公司以 1459.18 亿美元位列榜首。除韩国三星公司外,其他全球九大科技品牌公司全是美国品牌。中国共有 19 个科技品牌入围百强。中国排名最前列的科技品牌是华为公司,居全球第 11 位。② 由此前的"零上榜",上升到现在的五分天下有其一,中国公司正在全球科技行业中不断刷新着它们的存在感。

(二)国内的成果支撑

从国内看,《两化深度融合创新推进 2016 专项行动实施方案》《关于引导企业创新管理提质增效的指导意见》《加强信息共享促进产融合作行动方案》《工业绿色发展规划(2016—2020 年)》等,一系列针对激发企业创业创新活力、发展潜力和转型动力的产业政策出台并实施,有力地推动了信息领域的技术创新。

在战略高新技术领域,中国也取得诸多巨大成就:中国北斗卫星导航系统全球组网模式基本确立;中国第一个专用的微重力实验卫星"实践十号"成功发射并返回;中国纯国产超级计算机"神威·太湖之光"摘得世界超算冠军;世界首颗量子科学实验卫星"墨子号"成功发射;"中国天眼"FAST 落成使用,让人类认识宇宙有了新的利器;"天宫二号"与"神舟十一号"对接并开展科学实验;中国首颗碳卫星发射;等等。中国科技重大工程硕果累累,基础科研屡创佳绩,经济民生受益良多。中国正以赶超

---

① 操秀英:《2021 年全球创新指数报告发布》,《科技日报》2021 年 9 月 22 日。
② 《2016 全球科技品牌百强榜出炉》,《经济日报》2016 年 3 月 21 日。

世界强国的气魄阔步前行。实践表明,中国基础研究的重大突破支撑了中国科技创新能力的不断提升。

中国正逐步深度融入全球创新网络。立足于国际视野整体谋划和推动中国科技创新,有效探索开放背景下科技创新合作的新模式和新路径,科技创新的国际化水平大大提升。截至 2020 年,中国已经与全球 160 多个国家和地区建立了多元化科技合作关系,已经参与的国际组织和多边机制超过了 200 个。中国积极参与多个国际大科学计划和大科学工程,并且取得一定成绩,也作出了中国自己的应有贡献。如中国积极参与国际热核聚变实验堆(ITER)、平方公里阵列射电望远镜(SKA)等组织。中国提出"一带一路"倡议后,实施了"一带一路"科技创新行动计划,牵头成立了"一带一路"国际科学组织联盟(ANSO),与沿线国家共建了一批联合实验室和技术转移平台,在与"一带一路"沿线国家交流合作中形成了多领域、多层次、多渠道的交流合作机制。中国融入全球创新网络并深入合作,有效地提升了中国的科技创新水平和能力。

三、基础研究的短板制约技术创新能力提升

基于全球视角,中国制造业整体技术创新水平低下。

2014 年中国制造业研发经费投入强度为 0.91%[①],2016 年高新技术制造业研发经费 2915.7 亿元,投入强度(研发经费投入与主营业务收入之比)为 1.9%[②];2017 年高新技术制造业研发经费 3182.6 亿元,投入强度为 2%[③];2018 年高新技术制造业研发经费投入为 3559.1 亿元(见图 6-6),2019 年高新技术制造业研发经费 3804.0 亿元,投入强度(与营业收入之比)为 2.41%[④]。

---

① 国家统计局、科学技术部、财政部:《2014 年全国科技经费投入统计公报》,2015 年 11 月 23 日,见 http://www.stats.gov.cn/tjsj/tjgb/rdpcgb/qgkjjftrtjgb。

② 国家统计局、科学技术部、财政部:《2016 年全国科技经费投入统计公报》,2017 年 10 月 10 日,见 http://www.stats.gov.cn/tjsj/tjgb/rdpcgb/qgkjjftrtjgb。

③ 国家统计局、科学技术部、财政部:《2017 年全国科技经费投入统计公报》,2018 年 10 月 9 日,见 http://www.stats.gov.cn/tjsj/tjgb/rdpcgb/qgkjjftrtjgb。

④ 国家统计局:《中国统计年鉴 2020》,中国统计出版社 2020 年版,第 643 页。

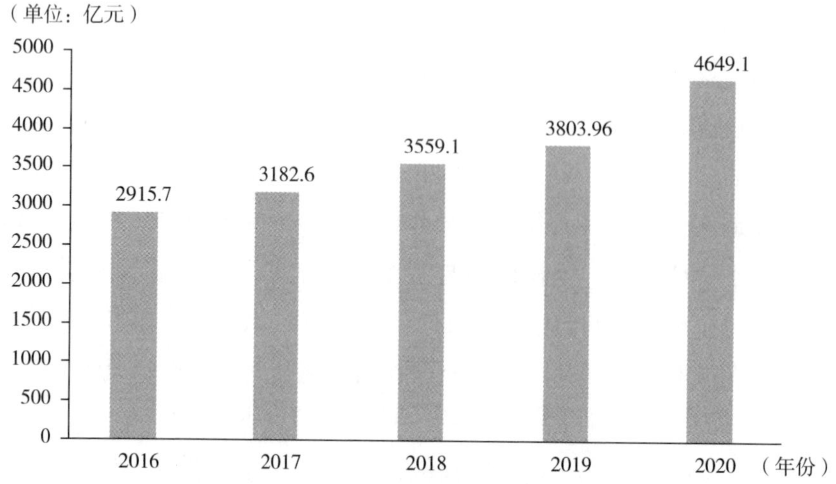

（单位：亿元）

图 6-6　2016—2020 年中国高新技术制造业研发经费情况

资料来源：2016 年、2017 年、2019 年、2020 年数据来源于国家统计局、科学技术部、财政部：《2016 年、
2017 年、2019 年、2020 年中国科技经费投入统计公报》，见 http://www.stats.gov.cn/tjsj/
tjgb/rdpcgb/qgkjjftrtjgb。

2018 年数据来源于国家统计局：《中国统计年鉴 2019》，中国统计出版社 2019 年版，第
645 页。

2020 年高新技术制造业研发经费 4649.1 亿元，投入强度（与营业收入之比）为 2.67%，比上年提高 0.26 个百分点；装备制造业研发经费 9130.3 亿元，投入强度为 2.22%，比上年提高 0.15 个百分点。[①] 基于 2016—2020 年的数据可以看出，我国高新技术制造业研发经费投入逐年增加（见图 6-6），有利于推动中国制造业向中高端迈进。

随着技术密集度的提升，也就是从低技术、中低技术到中高新技术再到高新技术产业的演进，中国与发达国家的差距呈现扩大趋势。由此可知，中高新技术产业和高新技术产业研发投入强度偏低已经严重制约了中国产业向中高端迈进的步伐。

中国的工业整体水平不断提升，但仍然缺乏关键核心技术，原始创新有待加强，领军人才和高技能人才匮乏，创新型企业家群体尚需壮大，激

---

① 国家统计局、科学技术部、财政部：《2020 年全国科技经费投入统计公报》，2021 年 9 月 22 日，见 http://www.stats.gov.cn/tjsj/tjgb/rdpcgb/qgkjjftrtjgb。

励创新的市场环境和社会氛围更需培育与完善。从中国经济发展的实践看,诸多产业表现出大而不强的特点,在全球价值链层级中处于中低端位置,大大制约了中国经济高质量发展和产业向中高端迈进。

在中国的"十三五"规划中,已经把还没有取得重大突破的一些尖端技术列入攻坚的清单里,主要包括攻克高档数控机床、石墨烯纳米技术、生物合成材料、航空发动机、量子计算机的核心技术等。而要取得重大技术突破,首先要取得基础研究和原始创新能力的突破,因为这是工业技术突破的核心源头所在。如果我们不能持之以恒地弥补中国基础研究的短板,不能形成基础研究的厚积薄发态势,那我们就不可能产生真正的关键核心技术,产业竞争力的提升就是空中楼阁。

目前,全球新一轮科技革命和产业变革正在兴起,世界经济也处于深度调整中。伴随全球经济竞争的日趋激烈和产业发展新动能日益加速转换,必将对基础研究提出更高的要求,也必将推动着基础研究和原始创新有效突破。国际经济发展的实践也证明了,一旦某些重大的基础科学问题取得重大突破,就会产生突破性技术和颠覆性技术,这又会进一步推动世界经济格局与产业分工发生巨大变革与调整。我们必须紧紧抓住中国面临的重大战略转型机遇期,立足于中国基础研究的高端突破,以坚定的毅力和行动应对挑战,最大可能地掌握新技术的主导权与话语权,引领中国的产业发展迈向全球产业链的中高端,切实提升中国产业的国际竞争力。

第四节 中国基础研究的短板与弥补措施

一、中国基础研究的短板

中美经贸领域的持续摩擦演进到美国对中国的技术限制与封锁,特别是限制美国企业通过知识产权许可向中国转让技术,给中国的技术引进与获取造成巨大困难,大大影响中国的技术创新能力提升。经济发展的实践表明,中国基础研究能力和水平的短板已经严重制约关键技术和核心技术有效突破。

当前，基础研究没有很好地立足于产业发展对技术的实际需求，带来的问题就是随着政府、科研机构与企业对科技投入的持续增加，科学家的研究兴趣会更加转向科学前沿问题并力求取得突破，一定程度上会弱化应用基础研究，导致科技成果转化的能力下降。随着科研院所的企业化转制，大量长期从事应用基础研究与技术开发的应用类科研院所市场化改制后，更加以获取短期营利为目标，这将大大淡化应用基础研究和产业应用之间的桥梁纽带作用，也会弱化科技成果转化和应用。同时，中国目前大量企业的应用研究能力较弱，无法有效吸收大学和科研院所的科研成果并结合企业的产品优势进行有效转化，真正能够利用外部知识实现企业产品核心技术突破的意识不强与能力不足。

（一）基础研究整体水平较低

中国基础研究起步晚，始终处于较为薄弱的环节，很多领域尚处于跟踪模仿阶段。从建设科技强国的目标看，基础研究仍然是中国面临的短板。

整体上看，中国基础研究的水平依然较为落后，表现为缺少推动科学发展的重大科学发现；严重缺乏关键核心科学知识的积累与积淀；大师级基础研究人才和高端领军人才严重匮乏。基于全球顶尖科学家分布看，美国占比为52.9%，英国与德国占比接近15%左右，中国占比仅为4.7%；人才流动和激励机制方面仍有缺陷。2020年11月18日，科睿唯安"2020年度高被引科学家"名单出炉，来自全球60多个国家和地区的6167人入选高被引科学家名单；美国共有2650人次入选，占名单总数的41.5%。中国内地上榜人数继续激增，入选科学家从2019年的636人次（占比10.2%）上升到2020年的770人次（占比12.1%）。[①]

虽然中国的科技人员总量位居世界第一，但是就业人口中的研发人员比重低，人才结构不合理。真正能够引领产业变革的原创性原理性的

---

① 张梦然：《"2020年度高被引科学家"名单出炉》，《科技日报》2020年11月20日。

突破凤毛麟角;凝练和解决科学问题能力不足、战略基础力量不足、社会整体创新氛围不浓厚。

从基础研究经费投入占国家研发经费投入的比重看,2020年中国的基础研究经费投入占总研发经费投入的比重为6%[①]。而2016年俄罗斯基础研究经费投入占总研发经费的比重为15.2%。2017年法国的占比为22.7%,2018年美国的占比为16.6%、日本的占比为13.1%、英国的占比为18.3%、韩国的占比为14.2%、意大利的占比为21.7%[②](见表6-3)。

表6-3 2018—2019年发达国家基础研究经费投入强度

年份	国别	基础研究经费投入占总研发经费投入的比重(%)
2018	法国	22.7
2019	美国	16.4
	日本	13.0
	丹麦	18.3
	韩国	14.7
	意大利	21.3

资料来源:国家统计局社会科技和文化产业统计司、科学技术部战略规划司:《中国科技统计年鉴2020》,中国统计出版社2021年版,第237页。

2015年11月10日,联合国科教文组织发布的《科学报告:面向2030》指出:中国科学家还没有获得尖端性突破,研究成果能够有效转化为创新和竞争产品的甚少;中国存在100亿美元的知识产权收支赤字(2009年),企业的许多关键核心技术仍然依赖于国外。

(二)基础研究投入结构不合理

中国的基础研究投入总量不足和结构不合理,中央政府投入占比达

---

① 国家统计局、科学技术部、财政部:《2020年全国科技经费投入统计公报》,2021年9月22日,见 http://www.stats.gov.cn/tjsj/tjgb/rdpcgb/qgkjjftrtjgb。

② 国家统计局社会科技和文化产业统计司、科学技术部战略规划司:《中国科技统计年鉴2020》,中国统计出版社2020年版,第262页。

到 90% 以上，地方政府和企业投入于基础研究的经费严重不足。中国企业对基础研究的投入更为薄弱、积累严重不足，致使企业的原创能力极为薄弱，汤森路透发布的 2016 全球百强创新企业中大陆仅有华为一家入选①。整体科学研究中的目标导向类基础研究比例偏低，不能很好地适应重大战略任务的基础研究的资金需求，也不能对依托国家重点实验室和大科学装置等的基础研究形成有效的支撑作用。发达国家以大科学装置为核心载体的基础研究组织方式在中国发展严重滞后，而以竞争性项目进行基础研究缺乏持续稳定的支持机制，导致重大原创成果难以产生。上述基础研究领域的种种短板已经对产业创新能力提升形成很大制约。

高等院校研发主体占比下降。在中国的研发活动中，高等院校（从事基础研究的主体）在全部研发主体中的占比呈现下降趋势。国家统计局数据显示，2014 年企业、政府属研究机构、高等学校经费支出所占比重分别为 77.3%、14.8% 和 6.9%。② 2016 年企业、政府属研究机构、高等学校经费支出所占比重分别为 77.5%、14.4% 和 6.8%。③ 2020 年企业、政府属研究机构、高等学校经费支出所占比重分别为 76.6%、14.0% 和 7.7%。④ 基于 2016—2020 年中国高等学校研发经费支出占中国研发经费支出的比重可以清晰地看出（见表 6-4），高等学校研发经费支出过少，本来年度经费处于高位增长状态，但由于各种原因在 2020 年又陷入低增长态势。高等学校研发经费支出过低，必然制约基础研究的水平和质量。

---

① 叶玉江、吴家喜、任家荣：《科技强国须补好基础研究短板》，《学习时报》2017 年 7 月 5 日。

② 国家统计局、科学技术部、财政部：《2014 年全国科技经费投入统计公报》，2015 年 11 月 23 日，见 http://www.stats.gov.cn/tjsj/tjgb/rdpcgb/qgkjjftrtjgb。

③ 国家统计局、科学技术部、财政部：《2016 年全国科技经费投入统计公报》，2017 年 10 月 10 日，见 http://www.stats.gov.cn/tjsj/tjgb/rdpcgb/qgkjjftrtjgb。

④ 国家统计局、科学技术部、财政部：《2020 年全国科技经费投入统计公报》，2021 年 9 月 22 日，见 http://www.stats.gov.cn/tjsj/tjgb/rdpcgb/qgkjjftrtjgb。

表6-4 2016—2020年中国高等学校研发经费支出情况

年份	高等学校研发经费支出（亿元）	增长幅度（%）	高等学校研发经费支出占中国研发经费支出的比重（%）
2016	1072.2	7.4	6.8
2017	1266.0	18.1	7.2
2018	1457.9	15.2	7.4
2019	1796.6	23.2	8.1
2020	1882.5	4.8	7.7

资料来源：国家统计局、科学技术部、财政部：《2016—2020年全国科技经费投入统计公报》，见http://www.stats.gov.cn/tjsj/tjgb/rdpcgb/qgkjjftrtjgb。

基于国际视角看，2019年德国高等学校的研发经费占比为22.5%、美国为12.0%、英国为23.1%、法国为20.1%，日本为11.7%、瑞典为23.7%（见表6-5）。可以看出发达国家高等学校研发经费支出占研发经费支出的比重一直处于高位。

表6-5 2019年发达国家高等学校研发经费支出占比情况

国别	高等学校研发经费支出占研发经费支出总额的比重（%）
瑞典	23.7
英国	23.1
法国	20.1
德国	22.5
美国	12.0
日本	11.7

资料来源：国家统计局社会科技和文化产业统计司、科学技术部战略规划司：《中国科技统计年鉴2021》，中国统计出版社2021年版，第237页。

从基础研究来看，2019年在基础研究经费投入中，高等学校、政府属研究机构和企业的基础研究经费分别为722.2亿元、510.3亿元和50.8亿元，分别比上年增长22.4%、20.6%和51.6%。其中，高等学校和政府属研究机构对全社会基础研究经费增长的贡献分别为54.0%和

35.6%,分别比上年提高2.9个和1.9个百分点。① 从2016—2020年高等学校研发经费支出的数据看(见表6-6),高等学校投入的研发经费总量在持续上升,但近年来基础研究占比却持续下降,由2017年的42.0%降至2020年的38.5%,这对于原始创新成果的产出及科技创新能力的提升极为不利。

表6-6 2016—2020年中国高等学校研发经费支出情况

年份	研发经费支出（亿元）	基础研究经费支出（亿元）	基础研究支出占高等学校研发经费支出的比重（%）
2016	1072.2	432.5	40.3
2017	1266.0	531.1	42.0
2018	1457.9	589.9	40.5
2019	1796.6	722.2	40.2
2020	1882.5	724.8	38.5

注:根据相关数据整理而得。

资料来源:国家统计局:《中国统计年鉴2021》,中国统计出版社2021年版,第640页。

基础研究经费在GDP中的占比较低。2000年至2014年,中国基础研究的经费支出占GDP的比重从0.05%提升到0.1%,而日本(2014年)、韩国(2014年)和美国(2013年)的基础研究经费支出占GDP分别为0.44%、0.76%、0.48%。数据显示,中国政府在基础科学上的投入资金从2005年的19亿美元上升到2015年的101亿美元②,但总体不足。2020年中国基础研究的经费投入占GDP的比重为0.14%。

基础研究投入在总研发中的比例过低。从国家层面看,1997年至1999年,中国的基础研究投入在总研发投入中占比为5%—5.7%;2004年曾经达到6%,但随后不断下滑,2007年至2012年,占比徘徊于4.6%—4.8%。2015年中国的基础研究投入在总研发中的占比为5.1%,

① 林火灿:《2019年全国科技经费投入统计公报发布——R&D投入超2万亿元意味着什么》,《经济日报》2020年8月28日。

② 新华社:《海外舆论称中国正努力重回世界科技之巅》,《科技日报》2017年3月16日。

2016 年基础研究占比为 5.2%。① 近年来,中国的基础研究经费投入逐步增长,2019 年,中国基础研究经费为 1335.6 亿元,比上年增长 22.5%,增速比上年大幅提高 10.7 个百分点;占研发经费比重为 6.03%。② 2020 年我国基础研究经费为 1467.0 亿元,比上年增长 9.8%,增速较上年回落 12.7 个百分点;占研发经费比重为 6.01%,连续两年保持在 6% 以上。③ 基于国际视野看,美国、日本等全球所谓的创新型国家,其基础研究投入占比都比较高,一般都在 10% 以上,像法国、意大利的基础研究经费在总研发经费中占比都超过 20%(见表 6-3)。

基础研究经费占中央财政科技总支出比重低。2012 年中国基础研究经费占中央财政科技总支出的比例为 15% 左右;美国的比重在 2000 年至 2009 年就已经达到 36.5%,其他 OECD 成员比重也在 30%—50% 之间。④ 2012 年中国基础研究经费在地方财政科技支出中的占比仅为 1.5%。2020 年中国的基础研究经费额度较 2015 年增长 1 倍,按可比价计算年均增长 12.9%,但整体水平仍然较低,短板依然突出。⑤

中国长期以来对基础研究投入的严重不足,应该说也与改革开放初期我们采取的"跟踪—模仿—再创新"的跟踪创新模式有直接关联。在中国工业化初期阶段,经济基础很薄弱,能够有效模仿出发达国家的技术就是我们的技术进步与成绩,也确实推动了中国经济发展。然而,我们应该真正深入认识到,基础研究是科技创新的源泉和产业变革的先导,它对经济社会高质量发展会产生根本性和长远性的影响。因此,对中国来说,未来要实现产业迈向中高端,必须创造条件加快提升中高新技术和高新

---

① 国家统计局、科学技术部、财政部:《2016 年全国科技经费投入统计公报》,2017 年 10 月 10 日,见 http://www.stats.gov.cn/tjsj/tjgb/rdpcgb/qgkjjftrtjgb。

② 《2019 年全国科技经费投入统计公报发布——R&D 投入超 2 万亿元意味着什么》,《经济日报》2020 年 8 月 28 日。

③ 刘垠:《2.4%!我国研发经费投入强度再创新高——专家解析〈2020 年全国科技经费投入统计公报〉》,《科技日报》2021 年 9 月 23 日。

④ 赵展慧、李姿阅:《基础研究该投多少钱(四问基础研究②)》,《人民日报》2014 年 5 月 9 日。

⑤ 刘垠:《2.4%!我国研发经费投入强度再创新高——专家解析〈2020 年全国科技经费投入统计公报〉》,《科技日报》2021 年 9 月 23 日。

技术产业创新水平,这必须依靠基础研究的坚实发展。

二、中国提升基础研究水平的有效措施

世界经济发展的实践和中国科技创新发展的历程表明,基础研究对于一个国家的科技创新能力的持续提升具有决定性作用。然而,实践也证明,基础研究特点体现为投入高、周期长、应用链条长,短期难以产生明显的效果和效益,这就使诸多企业更愿意将研发经费投入于能够满足市场需求且带来经济效益的"短平快"的应用研究之中。因此,必须激发企业积极与高等院校、科研机构等在基础研究领域的深度合作,形成基础研究、应用基础研究与市场化、产业化的效益对接,不断提高企业的技术创新能力和产品创新能力。

中国要建设世界科技强国,基础研究承担的责任任重而道远。2018年1月13日,《国务院关于全面加强基础科学研究的若干意见》提出,要瞄准世界科技前沿,强化基础研究,深化科技体制改革,促进基础研究与应用研究融通创新发展,着力实现前瞻性基础研究、引领原创性成果重大突破,全面提升创新能力,全面推进创新型国家和世界科技强国建设。[①]

(一)国家层面:不断释放基础研究活力

针对中国基础研究的现存问题,国家层面必须加大力度出台更多具体政策扶持基础研究,持续释放基础研究的活力,以建立开放包容的创新生态体系。从基础研究的特质看,其对于从事基础研究的人员来说既需要自由发挥和想象的空间,也需要社会给予宽容失败和对"板凳一坐十年冷"的潜心研究的包容,还需要政府给予基础研究长期稳定的政策支持。

要持续加大基础研究投入,继续发挥中央财政在基础研究中的主体和引导作用,拓宽基础研究的投入渠道。李克强总理在2017年政府工作报告中,提出完善对基础研究和原创性研究的长期稳定支持机制。针对

---

① 新华社:《全面加强基础科学研究》,《人民日报》2018年2月1日。

中国的基础研究发展影响技术创新效率的现实,从国家层面不断深化改革。中国必须以更长期和更宽广的国际视野,培育研发及其应用的基础科学根基,必须把基础研究的质量提升作为创新活动的重点。

改革国家科技计划管理体制。整合过去分散于各个部委和单位的科技计划项目,对整合后的科技计划项目更加强调和凸显基础研究的分量和地位。如国家自然科学基金项目定位于自由探索的基础研究,更为凸显学科间的均衡发展,主要是服务于人才培养和团队建设;重大科技专项定位于服务和支撑国家重大战略目标,国家层面上开始实施一批"科技创新2030—重大项目",已经开展的项目有"量子通信与量子计算"等科学目标导向明晰的基础研究类重大项目;国家重点研发计划定位于战略性、基础性、前瞻性重大科学问题,对基础研究进行了整体性部署,已经开展的项目有纳米科技、干细胞及转化研究等。

加快国家科技创新基地体系建设。推动基础研究上台阶和高水平的一个有效途径就是加快重点研究基地建设,通过重点研究基地凝聚的科学研究资源释放科技创新活力。在推动重点研究基地建设方面,科技部等部门已经形成了比较完善的国家科技创新基地优化整合方案和框架,立足于国际战略需求和科研基地功能地位,将国家科技创新基地整合为三类:(1)科学与工程研究;(2)技术创新与成果转化;(3)基础支撑与条件保障。

大力营造宽松的基础研究环境,国家层面要不断完善对高等院校、科研机构与科学家长期稳定的支持机制;实实在在落实法人单位和科研人员的经费使用自主权,把"人"真正放在核心位置,让经费服务于人的创造性活动;基于基础研究的本质特征完善科学的评价机制,对不同的科学研究机构要分类评价,引入"小同行评议",主要以创新质量和贡献作为科学评价的核心;对于自由探索类基础研究应该采取长周期评价机制,评价的核心在于研究成果的原创性和学术贡献。要弘扬科学精神、涤荡学术风气,强化科研诚信机制建设,从源头上坚决遏制学术不端行为。同时,建立鼓励创新和宽容失败的容错机制,使科学家真正愿意坐冷板凳,沉浸于基础研究,进行自由探索和自主创新。

近年来国家层面出台了系列措施和相关政策,加速释放基础研究的活力,如推动高等院校和科研院所加快自主权改革试点,发布了《关于实行以增加知识价值为导向分配政策的若干意见》《关于优化学术环境的指导意见》《统筹推进世界一流大学和一流学科建设总体方案》等文件,其真正的目的就是在于能够有效为基础研究持续发展注入新动能,以激励科学工作者从事基础研究、专心于基础研究、奉献于基础研究,不断提高中国的基础研究水平,以取得原创性的科学成果,推动技术创新能力和应用性技术突破,引领中国制造向中高端迈进。

立足于经济发展实际和技术创新水平,有效促进科技界与产业部门间的深度协同合作,促使创新链条的不同环节有效链接。基于国家层面强化顶层设计,充分利用新型科研举国体制优势,在政府引导和市场化运行机制相结合的基础上形成相对稳定的应用基础研究团队。依据国家战略发展需求和产业发展演进趋势,科学选择能够有效带动产业高质量发展,并产生强辐射效应和技术外溢效应的应用基础研究作为重点支持领域。完善科研体制机制,充分挖掘和释放原有的行业性科研院所的产业系统集成和核心共同技术的独特作用,有效发挥产业部门技术的关联纽带作用,使应用基础研究成果更好地面向全产业和全社会进行转移和扩散。

要强化国民的创新文化教育,在基础研究和科技创新领域真正做到宽容失败,为科技工作者创造良好的创新环境和氛围,鼓励科学工作者大胆探索、挑战未知,有效推动中国的基础研究从量变向质变高质量迈进,真正的目的在于为把中国建设成为世界科技强国提供坚实的科研基础。

(二)企业层面:提升企业基础研究生力军的地位和作用

基础研究的最大特点就是"基础性"和"长期性",这些特质决定了并非所有的基础研究都能够直接面向市场和产业。现实的经济发展中也确实存在基础研究偏离经济发展需求的状况,这不仅影响经济发展与技术提升,也造成大量的科技资源低效、无效配置甚至浪费。有效解决这一问题的措施就是,让企业更多地参与到基础研究过程中去,也成为基础研究的生力军。企业投入于基础研究既是发达国家的经验,也是后发追赶型国家的经验。在 2018 年 1 月国务院印发的《关于全面加强基础科学研究的若干意见》中特别强调,构建基础研究的多元化投入机制,引导鼓励地方、企业和社会力量增加基础研究的投入。在增加研发总投入的基础上,更加完善制度机制,有效促使中央企业投入于基础研究,同时加大科研平台建设力度。

第一,要使企业转变对基础研究的传统认知理念。传统理念中,企业往往认为基础研究就是公共产品,具有很强的公益性烙印,应该由高等院校与科研机构来承担。但我们面对的现实环境和市场环境瞬息万变,科技进步日新月异,高等院校与科研机构未必能够完全把握企业需求和市场信息,这就可能会导致其所进行的基础研究工作不能完全满足企业的需求,致使基础研究与经济社会发展相偏离。而企业对市场的变化与信息反应敏捷与及时,站在市场的最前沿,最了解产业发展的技术需求,能够发现并找准产业发展需求相对接的基础研究方向。因此,企业必须深刻认识到基础研究(特别是应用基础研究)对技术创新能产生明显的经济效益,也有利于企业切实降低技术学习成本,并能够有效提升企业对外部技术的"吸收能力"等。

在现实中,我们也发现那些进行基础研究并获得了研究突破的企业,其能够较为快速地占据产业核心技术的制高点,并有力地推动了新产品的开发,创造了新的产业技术的实践应用,使企业在行业领域内保持竞争优势。如 1928 年,美国的杜邦公司实施了"开创杜邦技术"的基础研究计划,研究计划的负责人卡罗瑟斯兢兢业业地进行企业的基础研究,最终作出了震惊世界的合成橡胶和合成纤维,并迅速进行了产业化;后来又完成了对尼龙 66 的研究,也垄断了美国的尼龙生产,给企业带来了巨大的经济效益。美国通用电气公司也重视基础研究,其代表性的研究人物朗缪尔沉浸于表面化学的基础研究工作,并在 1932 年成为美国第一位获得诺贝尔奖的工业科学家。华为公司长期以来,一直重视基础研究,要求企业投入的研发经费中的 15% 应用于基础研究。任正非认为,人类社会的发展都是走在基础科学进步的大道上。华为要进行基础研究的投入，否则不可能有持续的产品开发，不可能有持续的发明创造。[①]

第二，引导和推动企业从事应用性较强的能够驱动产业高质量发展的基础研究。从基础研究的特质看，有诸多基础研究难以直接和迅速地应用于产业发展，因此，企业也就没有足够的积极性从事基础研究。所以，对于企业来说，其加大基础研究投入的方向在于面对现实的问题导向和需求导向，选择那些具有明确的技术问题导向、与企业的应用需求直接关联的基础研究；通过企业国家重点实验室建设，引导企业面向行业共性技术的应用基础研究；通过企业与高校、科研机构等共建研发机构等形式，强化基础研究的产学研协同创新。这样就能够较好地解决产业发展中的技术瓶颈，也能够有效地在推动产业技术发展与突破的过程中，不断扩展基础研究的科学知识边界。当然，高等院校和科研机构要帮助企业加快基础研究成果转化，使企业看到实实在在的效益，以促使企业大力投资于应用基础研究，不断提升企业的技术创新能力。

第三，不断加大对企业从事基础研究的支持力度。从事基础研究需要大量的经费投入和人力资本投入，需要很长的时间投入，但是结果难以控制和把握，具有很大的不确定性，短期难有回报或回报甚微。统计数据显示，中国企业研发支出占全社会研发支出的比例超过78%，但企业的研发支出主要用于试验发展，投入于基础研究很少。同时，中国企业整体上投入于研发的经费太少，研发经费支出占企业营业收入的比例太低，2020年中国规模以上工业企业有研发活动的企业数为146691个，投入的研发经费额为15271.3亿元，平均每个企业仅为1000多万元。[②] 而用于企业的基础研究资源更为缺乏，单单依靠自身难以进行基础研究。基于2016—2020年中国规模以上工业企业研发投入的相关数据（见表6-7），虽然企业研发经费投入总量在增加，但在企业营业收入中的占比太低，难以有效支撑企业的创新活动。

---

① 刘乐平：《圆珠笔之问戳痛谁》，《浙江日报》2016年6月15日。

② 国家统计局：《中国统计年鉴2021》，中国统计出版社2021年版，第641页。

表6-7　2016—2020年中国规模以上工业企业研发经费支出情况

年份	有研发活动企业数（个）	研发经费支出（亿元）	研发经费支出与营业收入之比（%）
2016	86891	10944.7	0.94
2017	102218	12013.0	1.06
2018	104820	12954.8	1.25
2019	129198	13971.1	1.32
2020	146691	15271.3	1.41

资料来源：2016年数据来源于中华人民共和国国家统计局：《中国统计年鉴2017》，中国统计出版社2017年版，第635页。

2017年、2018年数据来源于国家统计局：《中国统计年鉴2019》，中国统计出版社2019年版，第633页。

2019年、2020年数据来源于国家统计局：《中国统计年鉴2021》，中国统计出版社2021年版，第641页。

　　美国企业研发投入中基础研究经费的比例是4.4%，日本是6.8%，韩国是13.1%，而我国企业只有0.1%。美国社会捐助资金的20%左右投入到与社会发展、生态研究相关的公益性基础研究，而我国在这方面基本为零。①

　　为了有效激励企业从事基础研究，必须以多种举措引导企业加强基础研究，必须加大科技经费对企业基础研究的投入力度，持续推进在企业建立国家重点实验室等各类实验室，吸引各类基础研究人才进入企业从事研究工作。同时，可以对企业进行税收补贴，采取对企业进行基础研究的投入加倍税收减免的方式，给予企业有效的激励，以提升企业投入于基础研究的积极性。华为公司从2008年到2017年的十年间，已经累计投入研发经费3940亿元，其中15%投入基础研究。并且华为公司要求要把用于基础研究的经费占比提升到研发经费的20%、25%，甚至更多。正是由于华为大幅度投资于基础研究，大大提升了企业的技术创新能力。持续的创新投入使华为成为全球最大的专利持有企业之一。截至2020年年底，华为在全球共持有有效授权专利4万余组（超10万件），90%以上

---

　　①　万钢：《在第十九届中国科协年会开幕式上的致辞》，《科技日报》2017年6月28日。

专利为发明专利。目前华为已经与美国欧洲日本韩国等主要 ICT 厂家,签署了 100 份以上的专利交叉许可。① 2020 年,中国华为以 5464 件已公布国际专利申请量连续第四年成为国际专利体系最大的申请人。② 华为的成功实践证明了,企业注重并投资于基础研究,能够推动企业的技术创新能力迅速提升,能够给企业带来巨大的经济效益和品牌效应。

从经济发展和企业发展的实际看,中国有大量的企业开始重视研发活动,企业研发日益活跃。2019 年有 507 家中国企业入围全球研发投入 2500 强企业名单,在无人机、电子商务、云计算、人工智能、移动通信等领域成长起一批具有国际影响力的创新型企业。③

第四,有效解决科研院所与企业在基础研究与成果转化间的脱节问题。长期的经济发展实践表明,基础研究与新技术互相促进和相互融合,基础研究可以为新技术提供基本原理阐释,新技术反过来会促进和拓展基础研究的深度和高度。我国的科研院所或企业过于定位于专业化的领域发展,过于强调所谓的"专",导致的结果就是科研院所仅仅关注基础研究而不关注成果转化,企业仅仅关注科技成果转化而忽视基础研究。科研院所与企业间的脱节,使产学研不能够顺畅对接,必然影响创新效率和科技成果转化率,最终影响产品的技术竞争力。

因此,必须解决科技创新与产业发展间存在的脱节问题,要形成企业、科研机构、政府、金融机构、科技中介机构等主体之间的完整链接网络,切实解决基础研究存在的"最先一公里"和成果转化、市场应用面临的"最后一公里"的紧密对接问题。必须通过新的科研院所与企业合作的模式打通产学研链接的通道。要立足于校企合作形成科教融合的复合型人才培养模式,引导和激励企业以多种形式投资于高校的基础研究和人才培养;学习借鉴发达国家的成功经验和模式,激励社会以捐赠、成立基金等形式多途径投入基础研究,为基础研究的持续进行提供坚实的资金来源。

---

① 黄青山:《华为 5G 专利费率彰显创新话语权》,《深圳商报》2021 年 3 月 18 日。
② 杨海泉:《中国国际专利申请量保持全球第一》,《经济日报》2021 年 3 月 3 日。
③ 刘垠、操秀英:《我国创新型国家建设成效显著》,《科技日报》2020 年 9 月 3 日。

从我国改革开放以来的发展实践看,深圳已经探究出一条比较有效的路径,其成功经验值得推广和应用。具体为:深圳清华大学研究院实践中提出了"四不像"创新模式①,即是兼具大学、科研机构、企业、事业单位四类主体的特征,将科技研发、成果转化、产业孵化、企业培育、投资服务等功能融为一体。基于具体的实践效果看,这种新型研发机构能够比较好地分享在通信、新能源等技术领域产生的科技创新成果,以解决企业面临的技术瓶颈;也可以为高新技术企业融资提供有效的市场信息,帮助科技企业申请贷款担保等。这种"四不像"创新模式能够有效解决企业在基础研究方面的短板,以提升企业的技术创新能力和科技成果转移转化能力。

经过持续加大科技经费投入和高科技人才培养与引进,不断提升企业的科技创新能力和产品创新能力,中国现在已经涌现出一大批在全球具有重要影响力的创新领军企业和科技型中小企业,使以企业为主体的技术创新能力和水平不断提升。

(三)增加人才供给,全面提升原始创新能力

基于政府视角看,必须加大政府财政对科技创新人才的支持力度,其优先选择的领域在于基础研究,大力扶持相关的基础学科提质增效,不断优化基础研究人员的科研环境和成长环境。真正营造有利于科技人才成长的创新环境,切实做到鼓励试错、宽容失败,给科技创新人员减负,使其专心于主业。立足于全球视野,创造良好的工作环境,运用市场化机制面向全球吸引和招揽科技创新领军人才和创新团队,并给予创新人才和创新团队以足够的科研自主权,以有效打造和形成专业化的科技研发团队,力争在关键核心技术方面取得突破。同时,要高度重视高校创新型人才的培养,不断深化科教融合、产教融合的协同育人模式,切实大幅提升教育教学质量和人才培养质量;专门进行"高精尖"基础研究人才和产业技术创新人才培养,紧紧依托国家科研平台和创新平台,全力打造具有国际

---

① 《粤港澳大湾区冲刺国际科创中心:基础研究补短板,推广"四不像"新型研发机构》,《21世纪经济报道》2020年7月14日。

竞争力的创新创业环境,加速培养一流高质量人才;结合国家开展的新工科建设,优化教育资源和科技创新资源配置,努力形成新的教育理念和教育方式,以提升学生的科学精神和创新能力。持续完善科学合理、客观正向的创新人才激励和评价制度,在人才评价中,坚持目标导向,对于科技创新人员实施绩效考核的薪酬制度和奖励制度,同时要强化科技奖励的诚信体系建设,完善科研伦理的监督机制建设。

第五节　提升基础研究对科技创新的理论支撑

世界知识产权组织总干事弗朗西斯·高锐称,"创新投资是促进经济长期发展的关键,在当前的经济环境下,发掘新的经济增长点,利用全球创新所带来的机遇,是所有利益攸关方的重中之重。"《2016 年全球创新指数报告》显示,创新指数排名靠前国家的共同点就是,通过提供比较稳定的研发支出,以保持创新处于关键的领先地位。

发达国家都加大了技术创新与中小企业创新创业的资助力度。如欧盟,自 1984 年起的欧盟研发框架计划,到目前都是全球最大的公共财政科研资助计划。2014 年出台的《欧盟"地平线 2020"计划》提出,要在2014 年到 2020 年共投入研发费用 770.28 亿欧元,这比第七研发框架计划的 505 亿欧元增长了 52.5%。

一、推动中国持续增加基础研究经费投入

跟踪模仿曾经是包括日本、韩国等在内的一些后起工业化国家,在工业化早期阶段曾经采取的成功发展战略,其目的在于通过不断节省并不能直接带来经济效益的基础研究的投入,以较低的研发成本谋求经济的较快发展和总量的迅速积累。然而,伴随国家经济发展,这种跟踪模仿的经济发展模式的弊端愈益显现出来,大大制约了国家经济社会的持续健康发展。因此,这些国家迅速调整发展战略和发展模式,采取了超常规的基础研究提升策略,如韩国的基础研究经费在 20 世纪六七十年代就占到其研发总经费比重的 18%以上,韩国的国家综合竞争力得到迅速提升。

来源于汤森路透的数据,2012年世界100强创新型企业中,韩国共有7家企业进入,中国没有企业进入百强榜单。

伴随世界经济发展形势的改变和国家间竞争的日趋激烈,发达国家越来越严加控制高新技术的对外出口,发展中国家可以用来模仿的资源将会越来越少。因此,对于中国来说,必须彻底改变延续过去轻基础、重低成本的跟踪模式的创新,真正增强中国的原始创新能力。要适度提高中国的基础研究投入比重,这也是中国坚持实施创新驱动发展战略的必然要求和选择。根据世界创新型国家的发展经验与规律,在一个国家的研发总投入中,基础研究、应用研究与试验发展三个部分比例一般为2:2:6。基于中国的现实国情,到2030年时,要争取使基础研究经费占到总研发经费的10%左右。

一个国家的创新实力和创新能力的重要标志就是从基础研究到形成市场竞争力的效率,是与价值链紧密联系和紧凑衔接的高效创新链。当今许多关键核心技术的形成依赖于核心科学问题的突破。如芯片升级面临新结构、新材料、新工艺和新算法的科学突破,必须加大基础研究投入。对中国来说,就是要瞄准全球科技革命前沿,持续强化对基础研究和战略性高新技术研究的投入力度,以期能够在重大交叉学科、集成创新、跨界融合等方面取得重大突破,尽快实现中国的科技创新由跟跑向并行直至领跑的根本性转变。

要补好基础研究短板。持续加大长期稳定支持力度,持续提升国家研发强度,规模以上工业企业研发经费支出与主营业务收入之比要不断提高;要组建国家实验室和综合性国家科学中心等高水平创新平台,充分发挥科研院所和高校的主力军作用,调动企业和社会力量的积极性,增强原始创新能力。要不断强化对好奇心驱动基础研究的支持力度,使科学研究者把学术兴趣与国家的战略目标紧密结合,全力攻克科学难题。政府和企业要切实增加对非共识与变革性创新研究的支持力度。政府要立足于全球竞争与国家经济发展的主战场,解决关键科学问题,对可能会产生变革性技术的科学基础,要进行超前部署与投入。

实践表明,从基础研究到产业化应用是一个长期过程,伴随诸多不确定,必须长期稳定支持。中国应基于国家战略需求和供应链安全,加大需求导向基础研究投入,重点解决共性理论和核心科学问题,强化基础研究对关键核心技术攻关的支持。切实创新体制机制,多途径增加基础研究投入。

二、多途径降低创新成本

伴随科技创新的不断发展,真正具有商业价值的创新越来越难。政府持续强化科研基础设施建设和人才培养投入,实际上能够有效降低产业技术创新的门槛与创新成本。同时也要有效借鉴社会与市场的力量,通过搭建产业发展的融资平台、设立各种形式的产业创新基金及形成政府对企业自主创新的财政支持机制,以能够形成产业自主创新的长效筹资机制,促使创新资源能被更加高效利用,切实保障产业技术创新的持续性与稳定性。

《中共中央　国务院关于深化体制机制改革加快实施创新驱动发展战略的若干意见》提出,要破除限制新技术新产品新商业模式发展的不合理准入障碍。这对于创新产品、前沿技术、全新商业模式为特质的企业来说确实是一个重大利好,这将有效降低企业的创新成本,降低新技术和新业态的成本。但是,我们一定要明白,降低市场准入门槛和成本,并不是要降低安全许可的标准,而是实实在在剔除掉影响创新发展的障碍,必将对整个行业的健康快速发展和创新潜力的释放产生重要影响。要建立宽容创新失败的有效机制,为创新提供更大的空间和制度保障。

第七章　创新人才培育与创新生态环境建设

要加快优化产业技术创新生态系统的制度环境。形成良好的产业技术创新生态系统对于产业创新来说至关重要,能够提升创新效率和产业竞争力。产业创新系统的形成主要在于创新主体之间形成良性互动,创新主体与创新环境之间形成良性互动。创新生态系统的构建与形成,主要体现为在管理机制和运行机制方面如何更为有效地调动创新者的积极性和创造性,彻底解决既有的创新体制机制障碍与瓶颈,真正造就能够体现公平竞争、充分竞争的创新生态系统的制度环境。通过市场机制优化配置资源,使科技创新人员能够切实掌握和拥有创新资源,获得充分的创新发展机会和空间,产生高质量的创新成果,有效推动产业转型升级。

第一节　国际人才竞争态势与中国人才现状

一、国际人才竞争态势

人才是科技创新活动中最为活跃、最为关键的要素,拥有创新意识和创新能力的科技人才已经成为经济发展中最具有价值的核心要素资源。人才是创新的根基,创新人才也就成为世界各国竞相争夺的核心战略资源。在科技竞争日趋激烈的全球背景下,无论是发达国家还是发展中国家都纷纷实施人才竞争战略,结合本国国情出台各异的吸引人才的制度和措施,一场全球性的人才争夺战正在上演。

英国在 2011 年推出了"杰出人才签证"网络世界领军人才。德国

2007 年设立国际研究基金奖,2012 年通过授权法案,开始向非欧盟国家的专业技术人才发放"欧盟蓝卡"。法国 2007 年设立了国家级海外人员归国基金。日本于 2008 年推出 G30 项目,希望招收 30 万名留学生。美国从 2008 年开始实施科技外交政策,通过访问、交换、移民等方式扩充美国的科技人力资源,同时放宽外国学生和学者赴美签证,重点发放签证的领域包括数学、物理、工程、生命科学和计算机等,已经吸引了全球 1/4 的高技能移民。美国参议院则通过了《移民改革法案》,明确给出了取消工程、科技等领域的人才移民配额等优惠政策。只要取得博士学位,外国科技人员申请美国的绿卡不受名额限制。韩国与美国、日本等国联合进行国际项目研究,并在海外设立合作中心,以实现吸引和利用高端人才之目的。

二、中国人才发展状况

面对全球范围内日益严峻和激烈的人才争夺战,中国必须坚定实施人才强国战略,以推动中国创新发展。习近平总书记指出,"创新驱动实质上是人才驱动"①"关键是要建设一支规模宏大、结构合理、素质优良的创新人才队伍,激发各类人才创新活力和潜力"②,这一论断深刻揭示了人才与创新间的紧密关系。对于中国来说,借鉴国内外已有的成功经验与做法,要充分发挥人才在创新中的引领和决定作用,加速培育一批结构合理并具有创新精神的产业技术创新人才。

(一)取得的成绩

中国的科技人才队伍迅速成长,创新型科技人才队伍持续壮大;特别是国家实施的人才推进计划、卓越人才教育培养计划等人才项目,培育出了大批各行业的领军人才和拔尖创新人才。"十二五"时期,中国的研发人员总量达到了 535 万(折合全时当量为 371 万人年),处于全球第一;企业研发人员已经占到全部研发人员的全时当量(万人年)的 78.1%,已经成为研发活动的绝对主力群体。

---

① 中共中央文献研究室编:《习近平关于科技创新论述摘编》,中央文献出版社 2016 年版,第 119 页。

② 《习近平谈治国理政》第二卷,外文出版社 2017 年版,第 275 页。

2020 年,中国研发人员全时当量为 523.5 万人年。① "十二五"时期,中国的留学归国人员达到 100 多万人,是改革开放前 30 年的 3 倍。② 2019 年,超过 58 万人学成回国,40 多年来回国留学人员累计达 420 余万人。③ 在科教兴国和人才强国战略的驱使下,我国的科技创新队伍不断壮大;通过持续实施改进项目管理评价机制,不断扩大科研人员自主权等政策,使科研人才的培养、使用和激励机制更加完善。2019 年,中国从事研发活动的人员总量为 712.9 万人,中国研发人员全时当量为 480.1 万人年;2020 年中国研发人员全时当量为 523.5 万人年。④ 从 2016—2020 年中国研发人员全时当量的相关数据能够发现,年度研发人员全时当量处于逐渐上升态势,基础研究研发人员全时当量也处于增加态势,基础研究研发人员全时当量占比也处于相对增长态势(见表 7-1)。

表 7-1　2016—2020 年中国研发人员全时当量情况

年份	研发人员全时当量（万人年）	基础研究研发人员全时当量（万人年）	基础研究研发人员全时当量占研发人员全时当量之比（%）
2016	387.8	27.5	7.09
2017	403.4	29.0	7.19
2018	438.1	30.5	6.96
2019	480.1	39.2	8.16
2020	523.5	42.7	8.16

注:根据相关数据计算而得。

资料来源:国家统计局:《中国统计年鉴 2021》,中国统计出版社 2021 年版,第 638 页。

我国研发人员总量在 2013 年超过美国,已连续 6 年稳居世界第一位。2020 年 8 月,中国科学技术协会发布了《中国科学技术与工程指标

---

① 国家统计局:《中国统计年鉴 2021》,中国统计出版社 2021 年版,第 638 页。

② 新华社:《在新起点上,勇攀世界科技高峰!——落实习近平总书记在"科技三会"上的重要讲话一周年述评》,《经济日报》2017 年 5 月 31 日。

③ 国务院新闻办公室:《新时代的中国青年》白皮书(全文),见 http://www.scio.gov.cn/ztk/dtzt/47678/48169/48177/Document/1723487/1723487.htm。

④ 国家统计局:《中国统计年鉴 2021》,中国统计出版社 2021 年版,第 638 页。

（2020）》报告，数据显示，截至 2018 年，中国的科技人力资源总量为 10154.5 万人，排名全球第一。[①] 中国人才资源总量从 2010 年的 1.2 亿人增长到 2019 年的 2.2 亿人，其中专业技术人才从 5550.4 万人增长到 7839.8 万人。[②]

中国的科技人才结构和布局体现出持续优化的态势，科技人才的创新能力持续提升，科技人才的集聚效应不断显现。当然，中国科技人才的结构性矛盾仍然凸显，科学研究前沿领域的高端领军人才缺乏，高端研发人才稀缺，高新技术人才的总量存在很大缺口。2020 年 8 月，中国科学技术协会发布的《中国科学技术与工程指标（2020）》报告显示，中国科技人力资源密度偏低，体现为每万名就业人员中科学研发人员全时当量仅为 52 人／年，研发研究人员占科学研发人员全时当量的比重为 43.1%，而主要发达国家同类的比重超过 50%。[③] 整体上，基于数据看中国科技创新投入产出规模已经位居全球前列，科技人员的现有总量已经成为全球第一，总体投入于技术研发的费用逐年增加，已经大大缩小了与位居全球第一的美国的差距。

"十三五"时期，中国的人才管理体制改革取得突破，科技创新人才的积极性得到较好调动；科技人才支持和培育计划体系不断优化整合，有效地支撑了培育和引进的战略科技人才、科技领军人才、高技能人才和创新型企业家的创业创新，提升了他们的创新能力和水平，取得明显的科技创新效应。数据显示，2020 年，中国研发人员全时当量达到 523.46 万人年[④]，稳居全球第一；中国逐步形成了规模宏大、结构合理和素质优良的创新型科技人才队伍。基于 2016—2020 年中国研究与试验发展人员全时当量数据可以看到（见表 7-1），中国的研发人员全时当量持续增加，中国的科技创新人才队伍不断壮大，为中国科技创新能力和水平的提升提

① 詹媛：《中国科技人力资源总量世界第一但密度偏低》，《光明日报》2020 年 8 月 12 日。
② 习近平：《深入实施新时代人才强国战略　加快建设世界重要人才中心和创新高地》，《求是》2021 年第 24 期。
③ 詹媛：《中国科技人力资源总量世界第一但密度偏低》，《光明日报》2020 年 8 月 12 日。
④ 国家统计局社会科技和文化产业统计司、科学技术部战略规划司：《中国科技统计年鉴 2020》，中国统计出版社 2020 年版，第 3—4 页。

供了坚实的人才基础。

同时,近年来中国的高等教育培养质量持续提升,科研经费投入数量和强度不断增加,在国际国内发表的高水平论文数量大幅上升,中国科学家在国际上的影响力不断扩大。从经济发展和科技创新视角看,中国的科技发展已经进入由规模和速度转向追求质量发展的新阶段。

(二)存在的问题

高等学校与科研机构的用人自主权远远不能适应发展需要,真正体现"以人为本"的科技人才评价体系和机制没有形成;实践中科技人才在产学研间的充分流动存在障碍;真正有利于科技人才成长的政策环境以及保障机制尚未形成。同时,我国的创新型企业家数量有限,从事大数据、人工智能、生命科学等研究的人员缺乏。彻底解决上述问题的关键,是要切实改革和完善科技人才发展的体制机制,实实在在为创新人才培养和应用提供良好的生态和创新环境氛围。

虽然中国的研发经费投入持续上升,并且基础研究经费投入在 2018 年达到了千亿元以上,但是从 2016—2020 年中国研发经费支出相关数据可以发现,中国的基础研究经费和应用研究经费投入总量和强度还不能充分满足科技创新的需要(见表 7-2)。

表 7-2　2016—2020 年中国研发经费支出情况

年份	研究与试验发展(亿元)	基础研究(亿元)	应用研究(亿元)	基础研究和应用研究占研究与试验发展比重(%)
2016	15676.7	822.9	1610.5	15.5
2017	17606.1	975.5	1849.2	16.0
2018	19677.9	1090.4	2190.9	16.7
2019	22143.6	1335.6	2498.5	17.3
2020	24393.1	1467.0	2757.2	17.3

资料来源:国家统计局:《中国统计年鉴 2021》,中国统计出版社 2021 年版,第 638 页。

表 7-3 显示了发达国家在基础研究和应用研究投入方面的基本情况。

表7-3　2018—2019年发达国家研发经费支出情况

年份	国别	基础研究经费占比（%）	应用研究经费占比（%）	基础研究和应用研究占研究与试验发展比重（%）
2018	法国	22.7	41.3	64.0
2019	意大利	21.3	39.9	61.2
	日本	13.0	19.4	32.4
	韩国	14.7	22.5	37.2
	美国	16.4	19.0	35.4

资料来源：国家统计局社会科技和文化产业统计司、科学技术部战略规划司：《中国科技统计年鉴2021》，中国统计出版社2021年版，第237页。

相关数据显示，到2017年年底中国高等院校和科研院所拥有的大型科研仪器数量为85173台（套），价值为1251.2亿元，而且大型仪器的几乎一半布局在京津冀和长三角地区。关键是中国的大型科研仪器有72.8%需要依靠进口。① 尽管中国在科研各领域的投入在不断增长，重视程度前所未有，但在科技创新实力和影响力方面，中国与发达国家的差距仍然明显，特别是在知识产权等技术贸易方面的逆差持续扩大。

2017年5月21日，科技部印发了《"十三五"国家科技人才发展规划》（以下简称《发展规划》），明确提出了到2020年，中国的研发人员全时当量由2014年的371万人年达到2020年的480万人年以上；研发人员年人均研发经费由2014年的37万元/年提升到2020年的50万元/年，与发达国家间的差距进一步缩小。② 到2020年年底，中国的研发人员全时当量为523.46万人年，超过指标；然而，研发人员年人均研发经费为46.6万元③，没有达标。

《发展规划》对中国未来5年的人才培养体制继续探索，计划经过5年的发展，在中国形成具有国际竞争力的创新型科技人才的制度优势，以

---

① 詹媛：《中国科技人力资源总量世界第一但密度偏低》，《光明日报》2020年8月12日。

② 陈宇庆：《为创新人才成长营造更好环境和生态》，《经济日报》2017年5月22日。

③ 国家统计局、科学技术部、财政部：《2020年全国科技经费投入统计公报》，2021年9月22日，见 http://www.stats.gov.cn/tjsj/tjgb/rdpcgb/qgkjjftrtjgb/。

有效推动中国的科技人才队伍不仅向量的增长发展,更向质的提升。面对全球经济竞争的高科技化趋势,对于中国来说加速推进技术创新、持续提升技术竞争力就极为紧迫,必须坚持科技创新与制度创新、管理创新、商业模式创新、业态创新和文化创新紧密相结合,稳步推动经济发展方式从主要依靠资源要素投入转向依靠持续的知识积累、技术进步和劳动力素质的提升方面,持续促进经济向形态更高级、分工更精细、结构更合理的阶段演进,推动经济高质量发展。然而,要形成充足的各类人才,特别是各类高端人才,营造良好的创新人才培育机制、环境和生态就显得极为重要,因为这将对创新人才的不断产生起到重要的促进作用。

虽然世界经济发展面临困局,但并不影响全球已经进入一个创新密集时代,人才与科技实力真正成为决定大国角逐胜负的决定性力量。中国经济发展的历史教训和全球经济发展的新趋势都昭示我们,只有抢占人才竞争的制高点,才能立于产业革命和科技革命的不败之地。我们必须紧紧扭住"人才"这个科技创新的"牛鼻子",聚集各类英才、汇聚社会各界众智众力,以激发创新活力,真正集聚起有效推动经济社会发展的强大动力和新动力。以创新驱动中国经济发展也必然要依赖于人才集聚高地建设。

第二节　推进人才体制改革和政策创新

长期以来,中国一直重视科技人才队伍建设,也取得了很大成绩。中国拥有全球最大规模的科技人才队伍,科技人力资源和研发人员总量位居世界第一。但是,中国科技人才队伍量大而质不强的问题并没有得到根本性改变。如在重大工程和重大科研项目领域、世界一流的重点学科等方面,严重缺乏大师级人才和领军人才,这直接导致中国在高端科技领域的发展受到严重制约,造成原始创新少、核心技术落后,高端装备和关键元器件仍然主要从外国进口。

科技创新面临的问题不仅在于科技人才队伍匮乏,而且也是水平和结构问题。必须大力推进人才发展体制改革和人才政策创新,以形成具有国内国际竞争力的人才制度，才能够"择天下英才而用之"。要推进创新型人才结构进行战略性调整，更加凸显"高精尖"导向，更加突出高层次创新型科技人才队伍建设，使科学研究、工程技术、科技管理和科技创业等各类人才有效协调发展。要真正赋予创新领军人才以更大的人财物支配权和技术路线决策权，为拔尖人才的成长与胜出创造良好的创新环境。

创新型人才是实现创新驱动发展战略最具有能动性的决定性因素。中国不断强化人才强国的基本战略，以高层次人才和高技能人才为重点的各类创新型人才队伍发展壮大。但是，仍然要清醒地认识到，中国人才的整体发展水平相比于发达国家，仍有很大差距，高层次创新型人才短缺，创新能力较弱，人才的流动仍然面临许多障碍。数据显示，创新人才短缺被企业家视为妨碍创新活动的首要因素，有81.49%的企业家认为企业创新人才匮乏①。

一、改革与创新人才培养机制

要大力改革人才培养模式，尊重人才成长规律，真正改革应试教育体制。必须推进教育创新和改革人才培养模式，使教育与产业发展需求更好地相结合，不仅提升人才的理论水平，更要强化人才的实践能力。要创新教育方法，提高人才培养质量，加快形成有利于创新人才成长的育人环境。

要以人才培养为中心，推动人才培养与产业链、创新链有机有效结合，推动科教产深度融合，持续提升高等学校的基础教育质量，依托重大科研项目和高水平科研基地，多渠道建立高校大学生的科技创业和科技创新实训基地，努力培养能把握世界科技大势的战略科技人才，完善科技创新人才战略储备体系，不断提升人才培养质量和实践水平。

要采取培养和使用相结合的方式，通过项目带动等方式造就一批具有国内国际先进水平的产业科技领军人才。《中共中央　国务院关于深

---

① 赵海娟：《中国企业持续迈入创新活跃期》，《中国经济时报》2018 年 9 月 21 日。

化体制机制改革加快实施创新驱动发展战略的若干意见》提出,要把人才作为创新的第一资源,更加注重培养、用好各类人才,促进科技创新人才在高等学校、科研机构和企业之间的合理流动和优化配置,创新人才培养模式。"开展启发式、探究式、研究式教学方法改革试点""分类改革研究生培养模式""建立健全科研人才双向流动机制""探索建立技术移民制度"等全方位改革药方。

对于高等学校来说,要持续深化研究生培养机制改革,加速培养高层次创新性人才,以更好地服务经济社会发展。人才培养必须基于国家重大战略需求,真正做到学科融合、科教融合和产教融合,提升人才培养的实践性和创新性。基于学校的学科优势和特色优势,立足于国际科技发展的演进趋势,坚持服务于经济社会发展需求,优化组合学科资源配置,培养高素质和创新性人才。真正做到科教融合,完善教学科研激励机制,鼓励教学科研人员将学科教学优势、科研资源转化为人才培养优势。必须基于国家重大战略定位与需求,紧密结合区域经济社会发展的现实需求,实践产教融合,更好地推动人才培养、科学研究与产业对接,提升人才培养的针对性和创新性。

为真正体现人才驱动创新发展,中国各地都加快了创新培养和用好人才机制的步伐。如辽宁省大连市就出台了五项人才新政,包括高层次人才创新支持、科技人才创业支持、重点领域创新团队支持、重点产业紧缺人次引进和海外优秀专家集聚等。

要真正改变有些地方仍然是口头上重视发展教育而实践中忽视教育发展的现状,切实把重视教育发展落实到位,持续提升教育质量,把培养学生的创新能力和创新精神放在重要位置。要持之以恒地关注青年科技人才的健康成长,创造优良条件促使他们成为科技创新的中坚力量。

二、创新高端人才引进机制

2015年3月5日,习近平总书记在参加十二届全国人大会议上海代表团审议时强调:"人才是创新的根基,创新驱动实质上是人才驱动,谁拥有一流的创新人才,谁就拥有了科技创新的优势和主导权。"①

对于中国来说,目前在人才引进方面存在诸多问题,主要表现在:一是中国的人才引进政策缺乏统一性和协调性,各个部门和地区都是基于自身的人才需求与偏好而制订更符合与满足自己的人才引进计划,由于产业的同质化和学科的相似性,必然导致许多项目在人才引进上出现中国趋同化现象,也会导致不同地区间恶性竞争与重复建设,造成大量的人力资源浪费与消耗,人力资源的配置效率低下。二是没有形成对海外人才在税收、知识产权等方面的有效激励机制和措施,普遍存在对人才的重引进而轻使用现象,真正有效发挥人才积极性的软环境建设仍然滞后,导致了海外科技型高层次人才没有积极性进入中国。三是人才引进与科技创新对人才的现实需求相脱节。当前,我国对引进人才质量评价更多的是看其是否发表了"高端、高影响因子"的论文,并未能更紧密地与中国经济发展的产业转型与升级相结合,没有与关键核心技术领域取得突破所需要的人才相结合,致使我国在关键技术领域能够带动突破"卡脖子技术"的科技领军人才缺乏。引进的人才可能会产生大量的高水平论文,但并未对关键技术领域的有效突破带来有效帮助。

此外,还存在海外人才在办理移民、出入境、户籍等手续方面的障碍。目前,国际人才竞争呈现更加激烈与日趋白热化的态势,对于中国来说,必须加快形成具有自身特色和优势的能够体现国际竞争力的人才体制机制,更加开放地吸引全球高端人才和团队进入中国进行科学研究、技术创新、产品创新等,聚天下英才而用之,形成人才规模优势,为中国建设全球科技强国和创新型国家提供人才支撑。

人才需要科学培养,但有效引才也十分重要。尤其是具有国际科技前沿水平的战略科技人才、科技领军人才与科技创新团队,是真正能够有效解决"卡脖子"关键核心技术问题的首位要素。要坚持做好开发利用国际国内两种人才资源,造就一支数量宏大、富有创新精神、勇于承担风

---

① 中共中央文献研究室编:《习近平关于科技创新论述摘编》,中央文献出版社 2016 年版,第 122 页。

险的科技创新人才队伍,持续优化激励人才成长的政策措施,为科技创新人才有效发挥才干、不断迸发创新思想提供更加广阔的发展空间。

其一,要树立全新的人才理念,基于全球视角审视中国的人才体制机制。在现代经济发展条件下,必须打破地域限制,以全球眼光谋划人才工作,从中央政府层面统筹协调人才政策,通过激励机制的科学设计,以最大化地体现人才激励效益。坚持顶层设计,协调各级政府和部门整合有关人才的各类计划、规划等,使人才政策的激励效应最大化地释放出来。形成和完善覆盖全国范围的高层次人才资助计划的信息管理系统,以实现全国范围的有效连接,推动有关人才信息共享,减少人才资源重复性浪费。

其二,加大人才激励力度,不断创新优化海外人才引进政策。既要加大经济性激励力度,大幅降低海外人才的流入成本和运行成本;也要不断创造有利于人才充分发挥创新积极性的社会环境,有效提升海外人才流入中国的意愿和兴趣。借鉴发达国家经验,对引进的符合中国产业发展需求的海外高端人才实施个人所得税优惠政策;对外籍高层次人才在华创办科技型企业等创新活动给予国民待遇。要持续强化法制建设,完善知识产权保护制度和科技成果转化制度,以提升外籍科技人员的科技成果转化收益比例,给予其有效的经济回报和刺激。

其三,将人才引进与科技创新的现实需求紧密结合,健全科技人才吸引体系。中国在引进国际高端人才的过程中必须紧密结合经济发展实际和科技创新对现实人才的需求,要紧紧依托国家各类重大任务、重大布局规划、重大科研平台建设需要,真正不拘一格、不设置限制性条件选拔优秀科技创新人才,政府要健全各类"人才库"建设。要健全完善人才团队引进政策,强化"领军人才+研发项目+创新团队+平台载体"引进力度。当前和今后要切实引进能够引领中国经济高质量发展和在全球产业技术领域占据高端位置所需的新一代信息通信、航空航天、生物医药、新能源、新材料、智能制造等领域的核心技术人才。

创造良好软硬环境以引进高端人才和短缺人才是世界各国强化人才竞争的有效途径。要持续优化中国的科研环境、生活环境、产业环境、制度环境等,大力营造更加浓厚的科技创新创业氛围,不断吸引世界各类产业高端科技人才和基础研究、应用基础研究的高端科学家来华工作创业。党的十八届三中全会对全面深化人才体制机制改革作出重大部署;2016年2月,党中央印发第一个人才发展体制机制改革综合性文件《关于深化人才发展体制机制改革的意见》;2018年,中办国办印发《关于分类推进人才评价机制改革的指导意见》《关于深化项目评审、人才评价、机构评估改革的意见》等。党和国家不断加大对人力资本的投入,都是为了顺应深化人才发展体制机制改革,都是为了通过制度改革留住人才。①要实施更加积极有效的创新人才引进政策,要创新人才引进方式,可以采用聘用式、邀请式、借调式、兼职式及合作式(包括技术入股、资金入股、双向交流、合作研究等)引进高端人才和紧缺人才。要加强统筹,不断完善高层次创新人才、实用科技人才以及青年科技人才队伍建设,以最大限度地支持和帮助科技人员创新创业。

坚持高水平对外开放,持续扩大人才对外开放领域和范围。基于国内产业和技术发展需要,针对性地从发达国家引入高端科技人才,主要着眼于引进处于国际产业高端和科技发展前沿,具有全球视野和学术造诣深厚的各类优秀外国人才。要真正为海外人才在华工作和生活提供有相当竞争力和吸引力的环境条件。

坚持高端引领、以用为本,加快集聚高层次创新创业人才,发挥人才政策效应,集中创新资源破解产业发展的关键核心技术和瓶颈技术。要真正抛弃地域、国别限制,大力引进海内外掌握关键核心技术的高端人才及其创新团队,重点关注和引进有望突破关键核心技术的专家人才、能够培育和带动新兴学科的战略性科技创新人才与创新创业的领军式人才。对于引进的高端人才要放手大胆使用,给予各种创新资源,满足其创新创业需求。

大力推进"千人计划"工作,引进培育"千人计划"专家、科技部创新

---

① 光明日报评论员:《深化制度改革开阔党的人才工作新局面》,《光明日报》2021年10月1日。

领军人才等,要搭建高层次人才创新创业平台,推动人才创新创业生态园建设,要举办人才创新生态高峰论坛,要真正落实高层次人才的住房保障政策。

三、改革与创新人才使用方式和评价方式

要破解人才使用、流动、评价、发挥作用的体制机制障碍,加快完善利益导向和激励机制,为人才创造脱颖而出、施展才华的平台与机会,形成促进创新人才健康成长与快速成长的良好工作环境。依据学科领域、行业类别、人才层次的差异和特点,基于分类和分层原则实行差异化评价方式,稳步推进专业化、社会化和市场化的科技人才评价方式。要大力支持高等学校、科研机构等运用市场化机制进行多元化评价,有效充分发挥市场等多元评价主体功能。

政府仍需大力简政放权,科学构建管理规范、开放包容、运行高效的人才发展治理体系,切实形成具有竞争力的人才制度优势。必须打破束缚人才发展的条条框框,让各类创新人才在高校、科研机构、企业间充分流动起来,尽力打通科研与市场间的"旋转门",以使创新资源由实验室向市场流动,将科技成果最大化地转化为现实的生产力。各级部门和机构必须加快完善和优化科技评价体系,努力破除人才流动和使用、人才充分发挥作用的体制机制制约和障碍。

要加快实施以增加知识价值为导向的分配政策,不断提高研发人员成果转化收益的分享比例。2015 年 3 月 13 日发布的《中共中央 国务院关于深化体制机制改革加快实施创新驱动发展战略的若干意见》(以下简称《意见》)明确提出,科技创新成果的使用权、处置权和收益权下放,由符合条件的项目承担单位享有和处置,科技成果转化所获得的收益归属单位所有;把职务发明成果所取得收益的奖励比例由 20% 提高到 50% 以上,主要奖励作出成果贡献的科研项目负责人、技术骨干人员和团队。《意见》给出的相关措施可以更好地激励科技研发人员的创新积极性。《意见》出台的总体导向就是为创新活动服务,目的就是促使科研人员更加注重科技创新工作的实际贡献。《意见》规定了比较容易操作的

实施细则，如评价制度改革方面，"分类考核""同行评价"等提法凸显了评价标准中的"质量导向"，这正是长期以来科研人员最为关心的。对科技创新的评价绝不能"一刀切"和简单化，不能仅仅看发表论文的数量，更要突出论文质量；科技创新评价要从资源导向转向实际贡献。当然，最关键的是，在实践中能否真正落实和兑现。要在全球创新逐步形成创新网络的框架下，通过创新环境的不断优化和开放的不断深入，吸引全球高端人才加速向中国流动和集聚。

对科技工作者的品德、能力和业绩进行综合评价，不断完善创新型人才的薪酬数量和报酬结构，完善岗位升迁的激励机制等，有效激发科技人才的创新积极性和主动性，使科技人才的创新创造活力充分迸发出来。关键核心技术需要大量的资金投入，进入门槛高，研发成果产出周期长并具有颠覆性，需要各类高端技术创新人才，同时也面临着内外部复杂的创新环境和社会环境影响而形成的高风险。因此，对关键核心技术人才的评价必须以能力、质量和贡献为导向，加快建立与核心技术人才相适应和匹配的薪酬待遇，真正体现实绩和贡献的薪酬激励机制，切实保障关键核心技术人才全身心投入于研发活动。

四、完善基础人才评价方式

2018 年 2 月 26 日，中共中央办公厅、国务院办公厅印发《关于分类推进人才评价机制改革的指导意见》强调，"分类建立健全涵盖品德、知识、能力、业绩和贡献等要素，科学合理、各有侧重的人才评价标准"①。2018 年 7 月 3 日，中共中央办公厅、国务院办公厅印发了《关于深化项目评审、人才评价、机构评估改革的意见》，再次提出要坚持分类评价，基础前沿研究突出原创导向，以同行评议为主。从这两个文件的内容既可以看出国家对基础创新人才的重视，也可以看出加快建立有效的基础创新人才评价体制的重要性和紧迫性。

---

① 新华社：《中办国办印发〈关于分类推进人才评价机制改革的指导意见〉》，《经济日报》2018 年 2 月 27 日。

　　首先要在教育的过程中强化数学、物理、化学等基础学科的师资、实验平台建设。要采取实际措施鼓励具有一定师资实力和科研平台实力的高等院校加快设置基础研究和交叉学科专业,大力强化基础研究专业的本科生教育与培养,不断探索新的有效的本科生和研究生培养模式。教育部已经在部分实力强的高等院校强化基础研究,同时开始布局建设前沿科学中心,推动基础研究的高质量发展。

　　完善基础创新人才评价理论。由于基础研究和创新成果的抽象性、不可预测性、非渐进性,成果的贡献度和影响力难以估量性,成果的应用领域的非确定性等特点,决定了基于客观现实应该对基础创新成果进行科学的劳动价值评价,而淡化效用价值和应用价值评价。也就是说,在基础研究成果产生前更主要的是针对劳动的付出强度、投入的劳动时间及研究成果的潜在价值较为客观地评价基础研究人才。当基础研究的创新成果产出后,应该按照科学规则对成果的应用价值进行评价,以发现基础研究的真正价值所在,并根据其创新程度和应用价值给予基础研究创新者一定的回报,以奖励基础研究创新群体,吸引更多的愿意"坐冷板凳"的研究人员从事基础研究工作,为技术创新提供雄厚的基础。

　　科学确定基础研究创新人才的评价方法。如何对基础研究与从事基础研究的创新人才进行精准评价是学术界面临的一个难题,因为更多的基础研究在研究过程中的价值显性化不明显,其成果表现可能比较单一或简单,但基础研究内部体现为非常复杂的知识结构。因此,选择科学方法对基础研究及基础研究人才进行客观评价就显得极为重要。在评价过程中更应该注重依据研究过程的相关信息,借助于大数据,梳理基础研究人才的各类过程信息,重视过程评价,以真正发现和体现从事基础研究的科研人员的价值所在,肯定从事基础研究人员的贡献,激励其坚定基础研究的积极性。

　　完善基础研究评价制度。长期以来,对于基础研究如何更好地、更科学地进行评价是学术界与政府部门共同面临的有关科学评价难题。基础研究的科学评价问题已经影响基础研究人员从事科学研究的积极性,进而直接影响我国基础研究的高质量持续发展,也成为我国技术创新能力提升的一个基础性痛点和难点。从全球经济发展实践和科技演进历程看,基础研究创新根本关联着一个国家科技创新全局和科技创新能力与水平,决定着一个国家的经济发展水平和质量。基础研究创新具有极大的不确定性和不可预测性,但其对经济社会发展的贡献是巨大和基础性的,它必定需要社会各领域和各部门的大力支持。既要注重对基础研究创新人才的评价,也要观照对相关支撑条件的评价,这些都是基础研究所必需的要素,比如对项目、成果等的评价。要坚持自我评价与他人(第三方)评价相结合。基础研究的评价应该以同行学术评价为主,同时积极推行代表性成果的评价,主要凸显评价成果的质量、原始创新的价值以及对经济社会发展的实际贡献,要淡化以论文、项目、专利等进行量化评价。把个人评价和团队评价结合起来,以使在科研领域的不同环节、不同位置的人才都可以得到有效评价和认可。

五、加快技能人才队伍建设

结合中国经济发展实践和技能人才现状,不断完善相关的制度建设,健全技能人才成长的政策措施,加快形成有利于技能人才成长和发展的体制机制。要不断探索能够切实提高人才培养质量的技能人才培养模式,高技能人才的培养必须以企业为主体、职业院校为基础、学校教育与企业培养密切关联、政府推动与社会支持相结合的模式。在优化社会软环境上下大力气,切实改变人们对技能型人才认识的偏差和误解,正确引导人们尊重、关心、重视技能人才的成长和发展,持续提升技能型人才的社会地位和各类待遇。就技能型人才自身来说,必须弘扬工匠精神,努力养成精益求精、爱岗敬业、不断创新的良好品质,有效提高中国产业技术创新能力和水平,提升中国产品的市场竞争力和国际竞争力。

六、完善科技成果转化收益分配制度

为了带动科技创新人员的创业创新积极性,就要不断改革与完善科技成果转化收益分配制度。2016 年年初,国务院出台实施的《中华人民共和国促进科技成果转化法》(以下简称《转化法》)中对"双肩挑"人员的收益作出明确规定:国务院各部门和单位、地方所属的研发机构、高等院校等事业单位(不含内设机构)的正职领导,上述事业单位所属的具有独立法人资格单位的正职领导,如果是科技成果的主要完成人,或者对科技成果转化作出了重要贡献的,可以按照《转化法》的规定获取现金奖励,但原则上不能获取相关的股权激励。其他担任领导职务的科技人员,如果是科技成果的主要完成人,或者是对科技成果转化作出了重要贡献,都可以按照《转化法》的规定得到现金、股份或者是出资比例等奖励和报酬。《转化法》也规定了单位领导在履行勤勉尽责义务,而并没有牟取非法利益的前提下,免除其在科技成果定价中由于科技成果转化的后续价值变化产生的决策责任。

不管政策如何变化,对于科技人员来说,"股权和奖金"的激励效应更为明显。《转化法》大幅度提升了对科技人员的奖励比例:完成一项科技成果转化,回报给科技人员的个人激励比例不低于科技成果转化净收益或者是许可收益的 50%,大大高于法律修改前的 20%。实践中,有的地方在科技成果转化收益分配中给出了更为优厚的条件。如中关村,到 2015 年年底时共有 105 家国有企业、高等院校、科研机构的股权和分红激励试点方案获得批复,共有 404 位科研和管理人员获得股权,激励总额达到了 2.17 亿元。[①] 中关村示范区在中国率先进行了股权激励试点,主要采取科技成果入股、科技成果折股、股权激励、股权出售、股权分期、分红权、科技成果收益分成等方式,大大激发和提升了科研人员的积极性,有效推动和加快了科技成果转化。

北京理工大学提出了"产学研师"的合作模式,目的在于使科技人员真正成为科技成果转化的责任主体。主要是通过"采取学校科技成果入股+股权激励+教师现金入股"模式组建学科性公司。近年来,有 100 多位教师持有学科性公司的股份。

---

① 李哲:《沉睡的科研成果正在苏醒——全国人大常委会促进科技成果转化法执法检查随行记》,《经济日报》2016 年 12 月 22 日。

七、培育创新文化

在推进中国科技创新发展的过程中，要充分把握我国科技创新的实际，既不妄自菲薄也不妄自尊大，必须深刻认识到增强创新自信对于中国科技创新的重要性和紧迫性，以创新自信推动中国的科技创新和科技发展。要强化创新文化建设，创新文化是创新自信的真正源泉。要充分深入挖掘中国的优秀传统文化，将其中所蕴含的创新思想文化资源提炼出来，以大力弘扬中国的民族创新精神。要注重培育研发人员独立自信品格，促使研发人员遵循研发规律，独立思考与勇于创新。要大力弘扬以创新为核心的企业家精神，扩大创业创新教育规模，激励更多的各类优秀人才从事创业创新活动。动员和激励社会各类组织加快建立以激励员工的创新性为核心的创新文化。要加快现代国家智库建设，在全社会营造勇于创新和敢于创新的文化氛围。

大力弘扬科学家精神。2020 年 9 月 11 日，习近平总书记在科学家座谈会上提出"科学成就离不开精神支撑"，特别强调必须大力弘扬科学家精神。习近平总书记指出："科技创新特别是原始创新要有创造性思辨的能力、严格求证的方法，不迷信学术权威，不盲从既有学说，敢于大胆质疑，认真实证，不断试验。……要鼓励科技工作者专注于自己的科研事业，勤奋钻研，不慕虚荣，不计名利。"[1]2019 年 6 月中共中央办公厅、国务院办公厅印发的《关于进一步弘扬科学家精神加强作风和学风建设的意见》对科学家精神的内涵进行了科学解读，包括：胸怀祖国、服务人民的爱国精神，勇攀高峰、敢为人先的创新精神，追求真理、严谨治学的求实精神，淡泊名利、潜心研究的奉献精神，集智攻关、团结协作的协同精神，甘为人梯、奖掖后学的育人精神。必须在全社会形成尊重知识、崇尚创新、奉献科学的浓厚氛围。只有真正激发科技工作者的创新创造活力，才可能持续激励科技工作者产生重大科技创新成果，力争在"从 0 到 1"方面获得颠覆性突破，解决中国经济发展中面临的核心技术瓶颈制约，有效推

---

① 习近平：《在科学家座谈会上的讲话》，人民出版社 2020 年版，第 12—13 页。

动产业发展向中高端迈进和高质量发展。

第三节　创建崇尚创新与宽容失败的科技创新生态环境

科技创新生态系统是由法律政策体系、人力资源、金融资本、社会环境、基础研究、研发中心、新型创新综合平台等有机融合形成的科技创新系统。科技创新生态系统是政府、企业、市场、产业、金融、人才、制度和机制等创新要素紧密结合、良性互动、融合发展的一种治理状态。科技创新体系建设能够有效提升城市竞争力,促进创新型国家高质量建设。基于经济发展现实环境看,中国的科技创新生态系统建设存在一些短板和突出矛盾,必须尽快补齐,不断提升制度的有效供给能力和水平。

客观地说,创新活动绝不是仅限于科技领域,它是一个包含文化、理念、制度等在内的庞大系统工程。面对百年未有之大变局,要有效应对更为激烈的全球科技创新竞争,必须切实改革中国的教育、科研、人才等管理体制,真正解决阻碍和制约中国科技创新的诸多"卡脖子"问题,大力营造适应新时期和发展新格局需求的高端人才管理体制。世界经济发展的实践已经说明,决定科技创新能力竞争的根本就是人才特别是高端人才的拥有量和竞争力,对于我们来说就是要真正创造能够有效吸引全球高端人才来华从事教学科研工作的社会文化生态环境。

经济发展实践和科技创新过程中,出现错误并不意外,创新失败既是常态也并不可怕,因为科技创新的探索过程面临着极其复杂的受多元化因素影响的内外部环境。特别是对于关键核心技术来说,是一个在未知的领域和环境中进行研发创新的探索过程,既需要投入大量的研发资金等各类创新资源,更是一个漫长的创新思想火花长期的碰撞积淀过程,创新环节多、参与要素多,一旦不能优化配合,都会招致失败风险。

基于发达国家经济发展的实践和科技创新的演进历程看,宽松的科研环境和宽容失败的创新氛围有利于科技创新人员进行长期的基础研究和技术积累,才能取得颠覆性技术创新成果,推动关键核心技术的有效突破。习近平总书记指出："要在全社会积极营造鼓励大胆创新、勇于创新、包容创新的良好氛围，既要重视成功，更要宽容失败"①。这是对科技创新活动和创业活动规律的深刻把握和认知，也是对国际国内经济社会发展的新环境背景下创新创业生态建设的基本要求和指向。回看中国经济发展的实践和科技创新的演进历程能够发现，我们更多的政策措施在于鼓励创新和激励成功，而关注创新创业失败的政策支持微乎其微，这也给创新创业失败者带来巨大的精神压力和心理负担，大大影响其继续创新创业的积极性。

美国科技创新成功的一个重要原因就是全社会形成了宽容失败的创新氛围，比如硅谷成为全球创新的高地的缘由不仅在于鼓励创新的社会氛围，更在于宽容失败的社会氛围的创造与形成，使科技创新人员轻装上阵，专心于科技创新活动。基于中国的改革开放实践和科技发展历程看，建立社会容错机制非常有必要，一定要使科技工作者有尊严地从事基础研究和技术创新，科技工作者要弘扬大胆质疑和勇攀科学高峰的科学精神和奋进精神，持续营造大胆创新、敢于创新、善于创新、包容创新的良好的社会氛围，切实培育有利于关键技术人才成长的肥沃土壤。

整体上看，要营造并形成良好的科技创新生态是一项巨大的系统工程，必须形成中央与地方共同发力的态势，有效破除制约科技创新能力提升的体制性顽疾和障碍，解决科技创新发展面临的结构性矛盾和政策缺陷问题，加快搭建能够更好地发挥科技创新者积极性、更好地施展才华的平台，进而能够有效激发科技创新的潜能，使科技创新成果持续迸发出来。

一、科技创新环境的现状

科技创新生态环境包括硬环境和软环境，硬环境是指自然环境、基础设施环境等，软环境是指政策环境、技术创新环境、金融环境和人才环境等。

---

① 《习近平谈治国理政》第一卷，外文出版社 2018 年版，第 128 页。

从实践来看,科学研究与技术创新具有"灵感的瞬间性、方式的随意性、路径的不确定性"等主要特点。如以基因工程、细胞治疗等为代表的医药产业的新技术更是如此。颠覆性技术与突破性技术能够推动相关产业快速更新、迭代与升级,当然也就可能造成高新技术产业的高风险性。因此,政府部门就必须通过新技术准入开放、质量监管强化及科技服务改善等,降低高新技术产业创新创业的试错代价,真正为创新提供更大的空间和制度保障。

基于国际视野,中国国内的创新创业环境与发达国家相比较尚有较大差距;基于国内视角,东部发达地区、中部地区、西部地区省份间的创新创业环境也有较大差距。因此,当务之急是要在全国营造鼓励创新、勇于创新与包容创新的良好氛围,要涵养创新的精气神,在全社会形成尊重知识、崇尚创新、追求卓越的科技创新文化氛围,主要是创造形成宽容失败的社会氛围,完善人才评价机制,真正调动和充分尊重科技创新人员的积极性与创新精神。

整体上看,中国的科技创新生态体系建设面临的问题和短板体现在:

(1)科技创新政策缺乏系统性与连贯性。现实中,由于科技研发人员等科技创新主体对产业革命和科技革命交汇所形成的科技创新的重大机遇认识不到位,致使抢抓科技创新战略机遇期的意识不强。连续性和系统性的科技创新政策是科技创新的有效保障,健全的法律法规能够有效规范科技创新活动。因为对于科技创新主体来说,能否切实得到政策给予的实惠,关键在于相关法律法规的保障。从科技创新的现实看,目前中国的科技创新政策支持的精准度较差,表现为各个相关部门和机构出台的科技创新政策的整体性、统筹性不够,科技创新政策涉及的财政、金融、税收等诸多制度衔接得不够紧密,致使落实的效果大打折扣。由此,鼓励创新和包容创新的生态环境亟须完善,真正体现出科技创新政策的长效激励机制和效应。

(2)自主创新的核心技术缺乏,创新能力不高。从经济发展和科技发展的实践看,中国的产业技术创新能力整体不足。相关数据也表明研发投入的产出效率比较低下,科技创新活动与市场需求偏离较大;科技成果的市场化转化和应用较低;企业的技术创新与产品的同质化导致竞争异常激烈,消耗大量资源;科技创新基础尚不扎实,有效支撑经济社会发展能力不足等。一旦面临外部的风险和压力,就会使高新技术产业发展面临巨大技术制约。如华为公司受到美国在芯片技术上的打压和限制,公司的主导业务几乎处于停摆状态,造成巨大的经济损失和市场损失。

(3)科技创新激励机制和科技评价体系不完善。经济发展过程中,事实上大量的新技术、新产品、新工艺等要真正进入市场,必须经历诸多的审批环节,影响科技成果转移转化。科技成果转化的激励机制不健全,表现为成果的最终所有权不清晰,成果的价值评估和认定及其交易等也缺乏明确的法律法规界定。整个社会尚未形成健全的鼓励创新与宽容失败的创新氛围。

(4)科技创新体制机制改革不彻底,科技创新的高效联动机制尚未形成。伴随新一轮科技革命和产业变革的迅猛发展,"新基建"应运而生,且成为国民经济发展的重要基础设施,深刻改变人类生产生活方式。"新基建"将产生诸多新业态、新模式、新服务、新经济范式,这也给政府的服务方式带来很大挑战,需要及时建立新的服务标准和服务机制。长期以来,科研管理体制不顺畅问题仍然没有得到根本解决,科研经费使用效率低下与监管不到位等制约因素依然存在。保障科技研发人员专心于科技研发工作的激励运行机制尚不完善。整体上看,中国现有的真正具有世界一流水平的开放式国际交流平台体量太小,科技协同创新的实效性不足,科技创新要素比较分散,没有形成集聚效应,产生的溢出效应较小。因此,如何更为有效地提升协同创新效应是我们面临的一项紧迫任务。

客观地看,中国经济发展必须通过创新培育发展新动能,最关键的是构建形成良好的创新生态。必须加快解决国家创新体系整体效能偏低的问题,优化配置科技创新资源面临的分散、重复与低效问题,持续提升科技投入的效率问题,大幅提升知识产权保护的质量和效果。

二、完善科技创新环境生态系统

（一）培育创新文化

经济发展的实践表明,创新文化是创新生态环境的重要因素,要不断维护。世界经济发展与科技创新的历史充分证明了创新活动是一个艰难的过程,到处充满风险。创新文化的核心就是敢为人先与宽容失败。因此,必须大力培育具有中国特色的创新文化,要通过各类媒体平台加大宣传创新创业活动的先进事迹与典型,不断倡导崇尚创新、勇于探索、创新创业的价值取向;要宽容试错、宽容失败,大大减轻青年人才的负担,鼓励他们增加冒险精神和创新精神。要培育尊重知识、崇尚创造、追求卓越的企业家精神和创新文化。

（二）弘扬科学精神

科学不仅是一种文化,更是一种精神。科学精神的实质就是解放思想、追求真理、独立探索、勇于批判及开拓创新等。要在全国普及科学知识,弘扬科学精神和传播塑造创新价值,提高全民科学素养。要推动高等院校、科研院所和企业所拥有的科研设施面向公众开放,以传播科学思想,重塑科学公信力,在全社会形成理解创新、支持创新、服务创新以至于参与创新的良好氛围。

科学精神是科学的灵魂,以求实和创新为核心诉求。科学精神与科学新知、科学思想相伴而生、同向并行,是科学文化蕴含的价值和规范的综合。实现高水平科技自立自强,必须大力弘扬科学精神。追求真理,就要以科学的精神对待科学,专注于科研事业,不计名利,以理性态度发现客观世界的科学规律;崇尚创新,就要敢于提出新理论、开辟新领域、探索新路径,争创高水平的从"从0到1"的原创成果,不断丰富和发展科学体系;实事求是,就要不迷信学术权威,不盲从既有学说,敢于大胆质疑,认真实证,不断试验。

弘扬科学精神,必须营造讲科学、爱科学、学科学、用科学的良好"科学"氛围。要创新人才培养机制和教育方法,培养造就更多创新人才,培养更多立足国情与实践、善于把理论研究成果转化为实践成果的科技人才。

"科学成就离不开精神支撑。科学家精神是科技工作者在长期科学实践中积累的宝贵精神财富。"①坚持把创新作为引领发展的第一动力已经成为全社会的共识，长期以来通过全社会的努力特别是科学家的努力，中国的科技事业取得历史性成就和突破。但如何更好地改善科技创新生态，有效激发科技工作者创新创造活力，最大限度调动科学家的工作积极性与创造性，使科技创新成果持续涌现，需要大量的物质投入，更需要精神力量的推动和牵引。要弘扬科学家的求真精神、爱国品格，鼓励科技工作者勇于攻坚克难、追求卓越，勇于抢占科技竞争的制高点，不断向科技创新高地迈进。要在全社会大力弘扬科学精神，真正做到"尊重劳动、尊重知识、尊重人才、尊重创造，遵循科学发展规律"，形成整个社会尊重科学、热爱创新的浓厚氛围。

（三）推进制度创新

要进一步解放思想，形成一整套制度创新和制度安排，建立完善的知识产权法律保护制度。加快建立"科技创新+"体系，也就是集聚高等院校、企业、科研院所、各类人才、研发平台等诸多科技创新要素，提升创新效能。基于全球科技演进趋势和国内科技发展水平与需求，精准制定"数字+""智慧+"等国家科技发展战略。加快建立能够有效适应新技术需求的科技创新制度，以服务和保障"新基建"有序推进。为有效提升创新效率，并有效应用于高新技术产业发展，要尽快形成政策链、服务链和资金链高效联动的创新发展模式。切实从人才支撑、资金支持、创新载体建设、科技服务业发展等入手，形成全方面覆盖自主创新体系的政策链条。要切实发挥政府的战略导向、综合协调和服务功能，努力营造勇于创新、鼓励成功、宽容失败的良好创新氛围。要不断破除制约创新的制度障碍，营造良好的创新环境，为科技创新提供完善的制度保障。

对于政府部门来说，面对复杂多变的国际环境和经济波动的运行风险，必须坚守战略定力，必须始终贯彻新发展理念，按照新发展理念形成

---

① 光明日报评论员：《科学成就离不开精神支撑》，《光明日报》2020 年 9 月 14 日。

和创新相适应的系统化的政策、规则和制度，真正营造优良的适应于创新的文化氛围，以有效推进科技创新。

（四）完善创新平台建设

"十四五"时期，要提升创新资源的配置能力，促进科技人才扩大交流，高质量推进科技平台建设，引导企业积极"走出去"。要聚焦关键技术领域，加强与相关国家开展项目合作与联合研究，解决关键技术难题。

在信息技术极速发展的趋势下，"新基建"的建设速度也大大加快，这必将扩展消费空间和格局，带动适应新型消费需求的各类平台建设，以高质量推动新经济和传统产业发展。要建立企业创新驱动孵化平台，采取"平台+"产业链、创新链和资金链模式，推动科技企业进行联合技术攻关。大力培育科技创新孵化机构和孵化器，在提供资金支持、科技资源整合等方面为创新主体服务，以有效解决创新主体面临的实际难题。加速搭建和完善公共科技资源共享的科技平台、技术转移服务平台等中介载体，为创新主体提供足够的全链条服务。由 2016—2020 年众创空间运行情况的相关数据能够看出（见表 7-4），中国的众创空间有效服务了众多创业创新企业，为这些企业的发展搭建了良好的投融资平台，解决了这些企业初创期的资金需求和资金困境。但是，我们也要看到，就中国而言，众创空间的数量过少，仍需要继续大力支持众创空间发展，为企业科技创新提供有效的平台支撑。

表 7-4　2016—2020 年众创空间运行情况

年份	众创空间数量（个）	当年服务的企业团队数量（个）	当年获得投融资的团队及企业数量（个）	团队及企业当年获得投资总额（亿元）
2016	4298	154329	14997	539.6
2017	5739	237126	18410	677.6
2018	6959	238969	19045	789.8
2019	8000	233767	18739	873.1

续表

年份	众创空间数量（个）	当年服务的企业团队数量（个）	当年获得投融资的团队及企业数量（个）	团队及企业当年获得投资总额（亿元）
2020	8507	221083	17393	583.4

资料来源：2016年、2017年数据来源于国家统计局社会科技和文化产业统计司、科学技术部战略规划司：《中国科技统计年鉴2018》，中国统计出版社2018年版，第273页。

2018年、2019年、2020年数据来源于国家统计局社会科技和文化产业统计司、科学技术部战略规划司：《中国科技统计年鉴2021》，中国统计出版社2021年版，第228页。

（五）改革和完善科技创新体制机制，持续激发科技创新活力

通过不断深化科技体制改革和完善激励机制，有效释放蕴藏在科技研发人员身上的巨大创新潜能。这需要政府真正做到由管理向服务的职能转变，在完善基础条件、优化研发环境、发挥协调组织作用等方面切实为科技研发人员服务好。要把政府的主要工作和精力转向战略制定、政策制定和完善、环境创造等能够真正提升科技创新效率的服务上来，基于市场机制加速推进科研院所的体制机制改革，切实把科研活动的自主权归还于高等院校和科研院所，赋予一线的科技创新领军人才在技术路线设计调整和经费使用调整优化方面的决定权，在对科研人员和创新成果的评价中真正做到破除"唯论文、唯职称、唯学历、唯奖项、唯项目"等。优化整合财政对科技研发的投入体制，彻底解决财政科研资金部门分割、小而散的状态。要紧紧围绕科技成果转移转化、股权激励、税收等关键环节和问题，高效推进科技体制机制改革。有效调动高等院校和科研院所的创新资源，有效对接市场和产业，推动科技成果的产业化和市场化，真正解决牵制科技成果转化的关键瓶颈，在收益分配上最大化倾斜于科技创新人员，以激发其创新的积极性。从全球视野看，进行科技研发的国际合作是大趋势，是解决重大科技难题和突破技术瓶颈的重要途径，决不能搞封闭自我循环。对于中国来说，越是面临外部对中国技术的封锁与打压，我们越要调整好心态，采取更加开放的姿态，形成开放包容与互惠共享的国际科技合作战略，提升中国的科技创新能力和水平，努力把中国建

成全球科技合作的高地。

（六）政府、高等院校和科研机构、企业、金融机构等创新参与主体各司其职，发挥好各自作用，形成协同效应

（1）政府在科技创新中的作用在于通过自我革命，形成与创新相适应的系统的规则、政策、制度，为科技创新创建良好的创新文化氛围和生态环境。政府的研发经费投入主要在于保障基础研究和公益性研发活动，不能代替企业成为技术创新投入的主体，这也是发达国家工业化和技术创新发展之路的实践经验。从2016—2020年中国科技经费投入的相关数据可以看出，政府研发投入占比保持在14%左右（见表7-5）。

（2）高等院校和科研机构定位于进行知识创新和基础理论研究，也必须紧紧面向经济建设的主战场开展技术研发和科技创新活动，为企业产品创新提供更先进和更适宜的技术。要坚持开放合作，鼓励高等院校、科研机构与企业联合研发攻关，把知识创新、基础理论研究与技术研发充分结合，才会有效地取得一些"卡脖子"技术的突破和颠覆性技术的产生。

（3）企业既是市场竞争的主体，也是技术创新的主体，只有充分调动起企业的创新积极性，才会有效推进科技成果的转化和产业化。基于2016—2020年中国科技经费投入的占比看，企业研发经费投入占比为3/4以上（见表7-5）；规模以上工业企业的研发经费投入总量处于上升态势，其研发投入强度也一直处于增长态势（见表7-6）。由此可见，企业已经成为中国技术创新的主力，并且对创新活动更加重视。

表7-5 2016—2020年中国科技经费投入情况

年份	中国研发经费投入（亿元）	企业研发经费投入占比（%）	政府研发经费投入占比（%）	高等学校研发经费投入占比（%）
2016	15676.7	77.5	14.4	6.8
2017	17606.1	77.6	13.8	7.2
2018	19677.9	77.4	13.7	7.4
2019	22143.6	76.4	13.9	8.1

年份	中国研发经费投入（亿元）	企业研发经费投入占比（%）	政府研发经费投入占比（%）	高等学校研发经费投入占比（%）
2020	24393.1	76.6	14.0	7.7

注：由于除了企业、政府和高等学校投入研发经费外，还有其他组织和机构投入研发经费，故表中的数据加总低于100%。

资料来源：国家统计局、科学技术部、财政部：2016—2020年《全国科技经费投入统计公报》，见 http://www.stats.gov.cn/tjsj/tjgb/rdpcgb/qgkjjftrtjgb/。

表7-6　2016—2020年中国规模以上工业企业研发经费情况

年份	研发经费（亿元）	研发经费投入强度（%）
2016	10944.7	0.94
2017	12013.0	1.06
2018	12954.8	1.41
2019	13971.1	1.32
2020	15271.3	1.41

资料来源：2016年、2017年、2019年、2020年数据来源于国家统计局、科学技术部、财政部：2016年、2017年、2019年、2020年《全国科技经费投入统计公报》，见 http://www.stats.gov.cn/tjsj/tjgb/rdpcgb/qgkjjftrtjgb/。

2018年数据来源于国家统计局：《中国统计年鉴2018》，中国统计出版社2018年版，第634页的相关数据计算而得。

　　在技术创新过程中企业是真正的创新主体，要使技术创新的能力和水平持续提升，就必须有效激励和发挥企业的创新主体地位和作用。市场竞争中，创新是企业真正提高生产效率，并有效战胜竞争对手以抢占市场份额进而形成核心竞争力的法宝。要持续形成市场竞争优势，就必须发挥企业家的创新意识和创新积极性，不断强化企业的技术创新主体地位，发挥企业创新主体作用。实践中，就是要强化创新资源的统筹优化，切实体现企业在创新资源配置中的主导权和优先权，释放企业在技术创新决策、创新投入及科技创新成果转化方面的主导作用。

　　改革开放以来，我们在技术上一直强调引进、消化、吸收、再创新，对于中国企业的技术水平提升和中国的创新能力提升具有极为重要的作用。然而,当外部宽松的环境消失,以美国为首的发达国家对本国的技术转移和知识外溢效应进行限制时,中国企业必须将科技创新的战略基点放在自主研发上,聚焦关键核心技术和颠覆性技术,力求突破。企业必须基于全球先进技术进行深刻剖析,搞清楚自己的缺陷与短板,与相关的高等院校和科研机构合作研发,通过技术研发水平的持续提升,提高企业的产品竞争力和企业生存能力。

(4)完善金融体系的支撑作用。全球历次科技革命和产业革命的实践表明,有效的金融体系支持是科技革命和产业变革的必要前提和条件。因此,要推进科技创新和产业革命,必须加快建立和完善适应科技创新的金融体系,加快培育能够有效服务和驱动科技创新的现代金融体系和市场,将金融服务贯穿于科技创新的全过程和整个链条。

(七)营造良好的人尽其才的创新生态环境

创新发展的关键在于人的作用的有效发挥,特别是科技创新者的动能释放。政府要为各类人才发挥才智创造良好的保障条件。其一是人才的培育、引进和使用必须坚持本土化和国际化相结合。既要着眼于国际视野选才用才,也要大力培育本土化人才,为各类人才提供公平的工作机会和条件,充分释放各类人才的创新动能。其二是必须注重各类多层次的人才资源优化组合和有效配置,既要有从事基础研究的科学家、专注于科技成果转化的科技创新人才,也要有从事公益活动的高级工程师和高级工匠,并使各类人才充分发挥才能,更好地提升创新效能。其三是营造宽容的社会氛围,要持续完善激励机制,也要做好社会服务和保障服务,真正使各类创新人才能够感受到激励机制的回报效应,进而激发起创新活力。其四是加快形成与经济发展相适应,能够真正体现人才贡献的科技人才评价体系,通过企业产品、产业发展和市场应用价值对科技人才进行客观评价。其五是形成高效的人力资源配置机制。提升科技创新效能的根本在于拥有一批科技创新人才,对于科技创新人才既要培养、引进、使用和储备,也要促使人才合理高效流动,以达到人力资源的高效配置,切实释放科技创新人才的创新动能和提升创新效果。

（八）强化失败教育

发达国家的实践表明，失败教育可以使创新失败者迅速积累失败经验，能够客观理性地看待和面对失败，这也是创新反败的重要条件。现实中有大量的创新创业教育培训，但其主要目的在于培训如何成功。而真正关于创新创业失败的教育少之又少，基本处于摸索阶段。因此，加快完善创新创业失败教育极为紧迫。要将失败教育纳入高等院校和科研院所等研究机构的创新创业教育体系，培训的内容就是让创新创业失败者客观理性认清失败的真相与本质，直面问题本身，科学彻底反思自我，通过反败心智修炼和反败能力的修炼，切实获得创新创业反败的勇气和心智成长。

人类发展的历史和经济发展实践证明，失败是成功的必然经历。对于创新创业来说，失败更是走向成功的必然阶段和环节。要激发中国社会的创新创业活动，使创新成为人们的追求常态，就必须在全社会塑造良好的创新文化。要大力弘扬创新文化和创新精神，在全社会真正塑造不以成败论英雄的良好社会风尚。不仅表彰成功者，也要给创新创业者创造允许失败的宽容的社会氛围，使失败切实成为社会容纳和接受的光明正大的行为，释放失败者的精神压力和心理压力，真正使失败经历成为后来创新创业者的宝贵经验教训和实践财富。要改变教育宣传理念，让全社会尊重创新创造成为社会主流的价值理念和行为。最终要建立一个全社会包容失败且能够积极反败的创业生态，建立起能够"经得起失败"的完善的科研生态系统，以更好地激发创新者不断地进入创新无人区争取颠覆性技术的产生，开启创新创业引领的新时代。

三、创造公平竞争的科技创新环境

为了激励创新，推动创新驱动发展，就要营造激励创新的公平竞争环境。

第一，要把握需求导向。要紧盯经济社会发展的重大需求，尽力疏通科技成果转化为现实生产力的通道，有效破除科研人员、企业家、创业创新者间的壁垒，有效解决由要素驱动、投资驱动转向创新驱动发展的制约因素,突破制约产学研相结合的体制机制瓶颈,使科技成果更快推广应用、转移转化。需求是科技成果产生之原因,必须以需求为牵引,连接产学研究环节,加快科技成果转化。

第二,要秉持公平竞争。建立公平的市场准入规则,使各种所有制企业能够平等获得所需资源和进入市场的机会。要坚守法律法规和遵循市场规律,努力打破影响创新的行业垄断与市场分割;要尽快放开自然垄断行业中的竞争性业务,凸显市场竞争力;加快资源价格的形成机制改革,促使形成企业创新的市场倒逼机制。要建设鼓励创新、有序规范的市场环境。针对中国的地方保护主义,要坚决清理和废除影响中国统一市场建设的规定和做法;要加快推进行政审批制度改革,彻底消除行政垄断,坚决纠正地方政府运用行政权力限制或排除竞争的行为。为创业创新营造新的发展空间。

第三,实施更加严格的知识产权保护制度。基于中国在知识产权保护方面的问题,要加快完善知识产权的相关法律,探索和研究降低侵权行为的刑事责任追究门槛;大幅提升知识产权损害赔偿标准,探索实行惩罚性赔偿制度,完善知识产权侵权行为的查处机制;要加强行政执法与司法的有效结合,推进知识产权的维权援助体系建设。

第四,正确处理好政府与市场的关系。要建立符合创新规律的现代政府管理体制和机制,坚持在充分发挥市场对资源配置的决定性作用的基础上,更好地发挥政府的引导功能。

在经济发展中,政府的主要作用是努力营造有利于创新的市场环境。政府在体制改革和制度建设方面的作用无可替代。在经济发展中,政府要针对创新转变支持的重点和支持方式,在体现外部性和凸显社会效益的领域不断加大投入,要不断强化基础研究、前沿技术研究、共性技术研究、社会公益性研究,也要加大对关系国家安全与国民经济命脉的关键领域和重大关键技术研发的投入。而对于一般性的竞争性技术,则要充分发挥市场在资源配置中的决定性作用,政府的功能限定为普惠性政策的鼓励和支持。

要大力破除体制机制的制约障碍与瓶颈,努力构建有效的政策支持体系,主要包括创新创业资助政策、风险投资政策、公共服务政策、人才引进政策等。着力于创新驱动发展战略,完善创新创业服务体系,推进公共服务机构改革,加快科技服务业发展。在经济全球化的背景下,各种创新要素在全球范围内自由流动和配置,这就要求我们必须建立与国际规则相适应的创新政策和环境,既可以"走出去"也能够"引进来",以有效吸引和集聚全球创新要素和资源,推动创新型国家建设。

四、学习发达国家建设科技创新生态环境的基本做法

基于经济全球化发展趋势和科技革命演进历程看,国际科技合作是大趋势。对于中国来说,要持续提升科技创新能力和科技竞争力,就必须积极融入全球科技创新网络,在开放合作的国际环境中借鉴、学习、提升自身的科技创新能力。国际经济发展和科技创新的实践表明,只有坚定实施开放包容、互惠共享的全球科技创新合作战略,才能有效应对发达国家的技术封锁与打压,才能延续并提升本国的科技创新能力和水平。我们必须树立开放思维,强化国际科技合作。习近平总书记强调:"要逐步放开在我国境内设立国际科技组织、外籍科学家在我国科技学术组织任职,使我国成为全球科技开放合作的广阔舞台。"①

经济发展与科技创新的实践表明,要真正有效地推动科技创新就必须有良好的创新生态环境。现代意义上的科技创新生态环境已经大大超越了工业化时期的生态环境。

发达国家科技创新的成功之处在于具备了科技创新的良好的生态环境。如有高校和科研机构所提供的基础性研究成果和科技成果;有金融机构和投资基金公司提供的资本支持;有完善的为科技成果转化提供服务的中介机构;有高端的科技企业孵化器 PNP;有政府通过立法对知识产权提供的严格保护等科技创新所需要的完善的支持系统。

具体来看,发达国家的科技创新生态环境有四个显著特点:其一是创新创业的主体呈现出多样化和多元化共生共存。从实践看,企业、政府、

① 习近平:《在科学家座谈会上的讲话》,人民出版社 2020 年版,第 10—11 页。

大学、科研机构、中介及风险投资机构,体现出紧密的关联及有效互动。其二是具有典型性的创新创业文化氛围,最为突出和成功的就是不仅鼓励冒险和创新,更为关键的是真正形成了宽容失败的创新氛围,并且坚持合作共赢的基本原则,通过有效协同和整合生态系统中的创新资源,真正搭建起了能够有效促进科技与经济结合的平台和制度,以形成"共享共赢"的创新网络。其三是形成了各种创新资源能够顺畅联通的市场机制。创新主体的开放度都很高。资本、技术、人才等各种创新要素都可以自由地在各个创新主体之间进行充分的流动,这能够产生更多的开放性溢出效应,最终形成整个创新繁荣与活跃的局面。其四是形成了宽容失败的社会氛围。恰恰是这种对失败的包容心态和包容失败的文化氛围大大降低了人们创新创业的成本和心理负担,更为有效地激励众多的人从事于创新创业活动。重视创新失败的社会氛围建设日益成为创新型国家关注的一个热点,有的国家还设立了"国际失败日",并且也在政府的官方网站上罗列出"失败指南",给创新创业者提供参考。

第四节　金融生态体系与产业公地体系建设

一、加快推进企业"创新券"工程

(一)创新券的基本内涵

"创新券"是一种"创新货币",是欧洲国家首先创设的一种制度,也就是政府向企业发放创新券,企业用创新券向研发机构、研发人员购买科技成果或研发、设计、检测等科技服务,或者购买研发设备。科技创新券是推进科技资源开放共享,服务科技型中小微企业创新需求,激发全社会创新创业活力的一项创新投入政策。

科研服务机构和科研服务人员到政府财政部门兑现创新券。这样一来,企业就可以根据自身的研发计划来选择所需要的服务类型,高校或科研机构也可以把技术成果转化到企业,大大提高了市场对创新资源的配置效率,同时政府科技投入资金的使用效率也大大提高。

当前，创新券思维正在打破原有的研发投入定式，它是一项普惠政策，没有进入门槛，企业只要有创新需求就可以立项，技术路线的设计、创新点的定位都由企业决定完成，只是在报销时要严格达到经济标准和技术标准，才能够兑现资金。创新券的实施，目的在于建立以企业为主体的创新项目体制，也就是政府按照企业用户需求安排创新计划、配置创新资源，高等院校、科研机构及创新服务企业按照用户需求进行创新活动。创新券的实施也能够"唤醒"沉睡的科技资源，充分调动政、产、学、研、金等创新相关者和利益相关者的积极性。

（二）创新券的实践效应

截至 2016 年 9 月，北京市实施的创新券政策已经支持了全市 1498 家小微企业和 80 家创业团队。[1] 目前创新券政策在国内 1/3 的省份迅速推广。实践表明，创新券政策实施的结果是，中小企业受益率达到 50%多[2]。

浙江省启动实施创新券实践，主要是从创新券的相关项目着手，从企业的基本需求出发，实施项目资金的多元化配置，项目实施的全过程都处于公开透明状态，在实践中不断探索技术创新项目的管理体制改革。到 2017 年，浙江省各市县已经共计发放创新券 6 亿多元，支持企业创新项目 12000 项。[3] 浙江省创新券发放总量在中国的占比为 80%左右。数据显示，2016 年，为创新券项目提供的各类创新服务达 22908 次，其中仪器、设备共享类服务达 10630 次。[4] 创新券的实践效应日益显现，浙江省大型科学仪器设备的整体使用率提高了 5%、共享率提高了 5%。浙江省支持的各类创新服务合同总量为 4.8 亿元，有效带动了其他社会资金投入约 40 亿元用于创新活动。[5]

创新券实践的应用能够产生一定的外溢效应：其一，能够有效减少科

---

① 曹红艳：《科技投入应多些"创新券思维"》，《经济日报》2016 年 9 月 28 日。
② 曹红艳：《科技投入应多些"创新券思维"》，《经济日报》2016 年 9 月 28 日。
③ 郭铁成：《浙江创新券带来改革三大突破》，《科技日报》2017 年 5 月 12 日。
④ 郭铁成：《浙江创新券带来改革三大突破》，《科技日报》2017 年 5 月 12 日。
⑤ 周国辉：《推荐创新券这个管用的创新服务制度》，《科技日报》2017 年 3 月 16 日。

技型小微企业的创新创业成本。就创新券的设计目的来看,对于有需求的创新型企业都可以申请领取并获得资助,切实体现了普惠性特点和作用。其二,有效促进大型公共科研仪器的开放使用。实践表明,浙江省创新券的推行使用,大大提升了全省大型科学仪器设备的使用率和共享率。其三,更加拓宽了产学研合作的多元化渠道,增加了产学研合作的黏性。通过创新券的推广使用,大大提升了企业间的交流沟通频率,政府也能充分了解企业的所求所需。其四,能够促使政府加速推进科技管理部门的"放管服"改革。推动政府职能转变,专心于抓规划、抓战略、抓政策、抓服务等。如浙江省建立了"科技创新云服务平台",承接创新券项目和其他创新项目的申请、预约、兑付等全过程服务。真正为小微科技型企业提供服务,这将会大大减轻企业的负担,有效提升企业创新的积极性和有效性。

二、发展多元化金融生态

科学技术是推动经济社会发展的决定性力量,金融是现代经济发展的血液。在新一轮科技革命和产业变革正在孕育突破与中国经济转型升级的关键阶段,如何更好地引导金融资源流向科技创新领域,构建广覆盖和宽幅射的科技金融体系,以加快推进实施创新驱动发展战略,是中国当前面临的一个紧迫问题。伴随信息技术迅速发展,金融与信息技术的结合更为紧密,使金融介质能够信息化和虚拟化,能够有效实施跨区域和低成本融资。金融信息化和虚拟化在高科技产业中的运用,就产生了科技金融。科技金融服务的领域包括知识产权交易、技术交易、项目交易、债券融资、科技企业股权交易等。

科技创新是有效提升国家竞争力和综合实力的战略支撑,必定置于国家发展战略全局的核心位置。当金融资本与科技资源相互碰撞融合,科技创新与金融创新融合时,就必然能够有效推动产业和技术的飞跃。当前,科技创新日益依靠金融支持,金融发展也更加依赖科技创新。科技金融越来越压缩了产业生命周期和产品生命周期,更能够推动科技创新发展及其产业化步伐。

在任何一个国家的创新过程中,都必然存在"技术—资金—产业"的三位一体的产业发展支撑体系,任何一个方面的缺失都必将制约产业的成长。如果没有资金的有效投入,高新技术企业就难以发展,也不可能实现规模化和产业化。因此,政府要大力推动金融体制机制和产品创新,以有效促进科技与金融深度融合,进一步提升金融支持科技发展的能力与水平,打通由技术到产业化的"最后一公里"。只有真正将技术创新与金融体制机制改革有效结合起来,形成互动效应,有效发挥金融对技术的支持作用,才能够提高人们的创新积极性与活力,也才能够牢牢抓住新一轮科技革命和产业变革的重大机遇,推动中国经济转型升级和持续健康发展。

(一)科技与金融融合发展概况

近年来国家层面对科技金融发展十分重视,在科技与金融融合上已经做了许多有效尝试。如2014年年初,科技部会同中国人民银行、银监会、证监会、保监会和知识产权局等六部门,联合制定印发了《关于大力推进体制机制创新扎实做好科技金融服务的意见》(以下简称《意见》)[1],加快推进科技和金融融合试点工作。其内容主要包括七个方面:一是大力培育和发展服务科技创新的金融组织体系;二是加快推进科技信贷产品和服务模式创新;三是拓宽适合科技创新发展规律的多元化融资渠道;四是探索构建符合科技创新特点的保险产品和服务;五是加快建立健全促进科技创新的信用增进机制;六是进一步深化科技和金融结合试点;七是创新政策协调和组织实施机制。[2]

科技部以六部门印发的《意见》为蓝本,采取具体措施和方案大力推动科技金融工作的有序开展,切实形成中央部委、地方科技部门、国家高新技术开发区的政策共同联动,真正形成政策合力。加快完善多元化、多层次、多渠道的科技创新投融资体系,有效引导金融资本、社会资本等各

---

[1] 中国人民银行、科技部、银监会、证监会、保监会、知识产权局:《关于大力推进体制机制创新扎实做好科技金融服务的意见》,2014年1月7日,见 http://www.gov.cn/zhuanti/2015-12/14/content_5023752.htm。

[2] 科技部:《六部门联合推动科技金融服务》,《中国证券报》2014年1月23日。

类资本以多元化方式参与并支持科技创新创业活动,实现科技创新成果的产业化、资本化、市场化,有效支撑国际创新体系建设。

在中国经济发展的现实中,新的研发技术的实验过程与产业化过程中,受制于技术—资金—产业链间的断裂状况并未根本改变。第一,尽管中国的科技创新成果不断产生,然而风险资本的投入很少(见表7-7)。中国的风险投资发展极为滞后,大大制约了中国高新技术企业的成长和产业的发展。调查表明,在中国进入世界500强的企业中,没有一家是由风险投资基金培育的具有竞争力的高科技企业。[①] 从 2016—2020 年中国创业风险投资概况可以看到(见表7-7),无论是风险投资机构数量、投资的高新技术企业数量,还是投资的高新技术企业额、投资强度,无法有效支撑培育高新技术企业发展,这也是中国企业和金融发展面临的一个重要短板。

表 7-7　2016—2020 年中国创业风险投资基本概况

年份	机构数(个)	管理资本总额(亿元)	投资强度(万元/项)	累计投资高新技术企业(项目)数(项)	累计投资高新技术企业(项目)额(亿元)
2016	2045	8277.1	1842.0	8490	1566.8
2017	2296	8872.5	3145.8	8851	1627.3
2018	2800	9179.0	1924.0	9279	1757.2
2019	2994	9989.1	1232.3	10200	1944.1
2020	3290	11157.5	2326.3	11235	2160.7

资料来源:国家统计局社会科技和文化产业统计司、科学技术部战略规划司:《中国科技统计年鉴2021》,中国统计出版社 2021 年版,第 158 页。

第二,基于创新的信贷资金来源构成分析,国内银行部门并不熟悉如专利知识等高端知识资产及其所形成的市场价值,对于科技信贷的规则与程序也缺乏了解,也就难以与风险投资相互配合联动;同时,相关业务领域的人才非常匮乏,无法实现金融创新,因而仅能依照实物抵押、即期

[①]　张伯里:《落实创新驱动战略需创新科技金融体系》,《学习时报》2015 年 3 月 2 日。

市场销售等较为传统的信贷管理原则和渠道给予贷款,这样导致的结果是,真正需要金融支持的科技型中小企业难以从银行得到融资。

(二)建立支持产业技术创新的科技金融体系

科技金融是指为了促进科技创新和高新技术产业发展的金融资源综合配置与创新服务,是有效实现科技与金融紧密结合的一系列体制机制安排。科技金融对中国科技创新和成果产业化,对中国率先实现创新驱动发展具有十分重要的实践价值。

2016年8月8日,国务院发布了《"十三五"国家科技创新规划》[①],其中明确提出促进科技金融产品和服务创新,建设国家科技金融创新中心等,科技金融发展迎来重要战略机遇期。基于经济发展的实践看,科技金融体系的建设,对经济结构调整与产业升级、金融业务多元化发展都具有跨时代意义。科技与金融结合早已成为建设创新型国家的重要手段和基本保证,经济发展与社会进步越来越依赖于科技创新能力、金融市场效率,特别是科技创新链条与金融市场链条的融合创新与跨界融合。

科技金融的创新发展对于中国有效实施创新驱动发展战略,进而快速掌握新一轮全球科技竞争的战略主动权,具有极为重要的战略价值和实践价值。要加快建立"风险投资—科技信贷—创业并购"与"资本市场—互联网金融",以及租赁、担保、科技保险等科技融资方式和途径,以形成有效配套的科技金融体系,唯有如此,才能有效破解科技与金融相互对接的难题,也才能使企业的技术创新、管理创新、业态创新持续发展,真正加快推动科技创新成果的转移转化,推动中国经济的转型升级和创新发展。

《中共中央　国务院关于深化体制机制改革加快实施创新驱动发展战略的若干意见》[②](以下简称《意见》)提出,强化金融创新功能。创新型企业要解决融资难问题,一般有三个途径,即个人投资、平台融资和银

---

① 国务院:《国务院关于印发"十三五"国家科技创新规划的通知》,2016年7月28日,见 http://www.gov.cn/zhengce/content/2016-08/08/content_5098072.htm。
② 新华社:《中共中央　国务院关于深化体制机制改革加快实施创新驱动发展战略的若干意见》,2015年3月13日,见 http://www.gov.cn/xinwen/2015-03/23/content_2837629.htm。

行贷款。《意见》对此有很大突破,如鼓励天使投资发展,加速推进创业板市场改革,健全完善有利于创新型和成长型企业发展的相关制度等,基于扶持发展小微企业的目的,加快完善多层次资本市场建设,形成小微企业多层次融资平台。《意见》也提出要加快完善涉及商业银行的法律法规,选择达到基本条件的银行业金融机构,进行股权和债权相结合的融资服务方式试点,以为企业创新活动服务,形成创业投资和股权投资机构联动贷款。

创新金融服务科技的方式与途径,建立银行、证券、保险、信托、融资租赁、创业风险投资、创业投资基金等在内的多元化金融业态;要引导上述机构广泛开展适应产业技术创新战略联盟需求的金融创新,协同支持产业技术创新战略联盟开展工作,推进产业技术创新战略联盟的有效合作。要进一步完善与推动科技保险工作,通过财政风险补偿转移机制,鼓励各类担保机构加大力度以为产业技术创新战略联盟的相关参与各方主体提供担保服务,有效预防和化解产业技术创新战略联盟创新过程中的风险。要规范发展互联网金融,不断深化科技金融产品和服务创新,以更好地实现金融资源与科技资源的有效衔接。

(三)加快多层次股权市场建设

不断提升服务科技创新企业的覆盖面和能力。在机构创新方面,要不断探索发展金融专业化机构,尽快设立科技分支行,积极推动科技型企业的组织机构建设。

设置合理的中小企业进入门槛。在中国,由于民营企业过度的短期利润追求,国有大型企业的保值增值的政治责任和对企业管理者的任期考核,使他们对外部的中小型科技创新项目的关注度不高。在中国的证券市场上,又由于过高的进入门槛,使相当数量的中小科技型企业不能在主板市场、中小板市场和创业板市场上市融资,使一些项目被国外的跨国公司收购,或者使中国的科技型企业去海外资本市场上市融资,导致创新的红利流失海外。

提升财政金融的支撑作用,加快培育创业投资和资本市场,不断提升信贷支持科技创新的便利性,以形成多元化的金融工具协同支持创新发展的良好氛围。要持续强化资本市场对技术创新的支持，加快完善适合创新型与成长型企业发展的制度安排与设计，增强中国中小企业股份转让系统的融资、交易、并购等功能，有效规范服务小微企业的区域性股权市场，强化各类层次资本市场的有机联系。

（四）建立完善风险防范分担机制

在成长初期，微型企业需要天使投资，而小型企业需要风险投资。在向中型企业过渡过程中，企业最缺乏的是流动资金。科技型中小企业在发展初期时时面临着各种高风险问题。同时，科技型中小企业在融资过程中存在融资金额小、成本高与抵押难等问题，致使金融机构不愿意给予资金投入和支持，这就要求政府部门必须引导构建有效的风险防控机制。政府可以利用信息优势，帮助解决金融机构与企业间的信息不对称问题，促使形成科技型中小企业间的融资监管网络，以建立政府部门、金融机构和企业间的多元化风险防控格局和机制。要鼓励企业与保险机构、创投机构、担保机构等建立经常性的组织和联系机制，以有效降低科技金融的风险。可以借鉴商业银行成功防范风险的经验和做法，组建相关专家的咨询团队，客观评析科技金融风险评估报告，提升金融机构服务科技创新企业的积极性。

风险防范分担机制对于有效提升金融支持科技创新具有重要价值，金融机构应该始终坚持审慎金融原则，不断提升风险管理水平，以实现金融产品创新与风险防范相统一。要创新科技保险产品，形成市场化风险防范分担机制，推动保险与银行、担保、创投等形成多层次科技金融风险防范分担机制，以有效分散金融机构的市场风险与经营风险。

三、"产业公地体系"（**Industrial Commons**）建设

"产业公地"（Industrial Commons）这一概念是由哈佛商学院教授加里·皮萨诺（Gary Pisano）、威利·史（Willie Smith）在 2009 年提出的[①]，具体是指一系列能够对多个产业的创新提供支撑的技术能力与制造能力

---

① 周民良：《何以各国竞相攻取"制造业高地"》，《中国经济时报》2018 年 12 月 11 日。

的集合。产业公地最为凸显的特点就是能够促使溢出效应、网络效应和孵化效应加速释放，其最关键的就是产业与企业之间形成的互换性和相互依存性，体现为实验平台、知识平台、技术平台、基础设施平台、区域品牌等之间的互换性和相互依存性。

产业公地体系建设十分重要，它代表着制造业高端智能制造的生态系统。国家间未来产业竞争的焦点将会从传统的企业间竞争和产业链间竞争向体现创新环境的创新生态系统间的竞争转变。发达国家创新成功的一个重要因素就是基于企业生命周期和产业链创建的完善的产业公地体系。美国经济发展成功并保持强大的经济竞争力，一个很重要的原因就是长期将产业公地建设作为重要抓手，如2012年美国政府作出的《先进制造业国家战略计划》中，就把产业公地作为国家的三大战略计划进行建设。而日本政府根据本国制造业发展的特点和优势，将产业公地建设的核心定位于元器件和工匠精神培育，实践表明，通用元器件的科技研发及其不断升级成为日本产业发展的基石。

由于技术创新能力和水平的制约，智能制造在中国的起步较晚，建成的智能制造技术平台数量少、规模小、效率低。主要的缺陷体现为行政条块分割、布局分散，造成的结果就是产业技术资源分散和利用效率低下。此外，基于市场和工程需求建设的平台少，不能充分满足企业在研究开发、技术转移等各个环节的基本需求。因此，对于我们来说，要尝试建立和培育产业公地体系。具体而言：大力发展企业的实验平台；大力发展基础共性技术，这是产业共享的核心能力；基于科学、技术和工程等领域的人力资源的优势，形成产业技术共享的人力资本基础。引导和吸引企业特别是高新技术企业主动参与产业公地体系建设，通过财政投入或者股权参与方式支持面向社会开放的实验室、检测室等建设。

第八章　科技成果转化：政策演进、
　　　　　实现路径与战略选择

创新驱动发展战略已经成为中国社会共识，但是对于科技成果转移转化来说，却并没有走完"最后一公里"，而是必须要经历基础研究、应用研究过程，再到技术开发、工程化与产业化的不同阶段，在这一过程的每一个环节都存在影响和制约协同创新的诸多因素。如何有效提升科技成果的转化效率和成功率？这已经成为当前及今后产业界、科技创新者与企业家面临的一项共同而又必须解决的难题。

第一节　科技成果转化的基本内涵和主要途径

一、科技成果转化的基本内涵

改革开放以来的科技发展实践表明，"科技成果转化"在中国 40 余年的科技体制改革历程中出现的频率较高，也是中国市场化改革进程中无法忽略的一个主题。有学者研究认为，"科技成果转化"是一个中国政策语境下的提法，而西方发达国家的提法为"技术转移"（Technology Transfer）。① 其缘由在于：中国政策语境下的"成果转化"，既体现了市场经济条件下政府作为科研项目委托人和项目经费出资人与项目承担者和经费使用者之间的合同义务关系，也表征了政府作为相关机构举办者、对

---

① 梁正：《中国科技成果转化政策 40 年回顾与反思》，《学习时报》2019 年 12 月 30 日。

科研成果这类无形资产的产权归属关系。①

　　本书基于中国政策语境,界定和明晰"科技成果"和"科技成果转化"的基本内涵。《中华人民共和国促进科技成果转化法》给出的"科技成果"的界定是指"通过科学研究与技术开发所产生的具有使用价值的成果"②。《中国科技成果转化 2018 年度报告(高等院校与科研院所篇)》给出的"科技成果转化"定义是指"为提高生产力水平而对科技成果所进行的后续试验、开发、应用、推广直至形成新技术、新工艺、新材料、新产品,发展新产业等活动"③。

　　本书所界定的科技成果转化是指为提高生产力水平而对一定研发阶段的科技成果所进行的后续试验、开发、应用、推广直至形成新产品、新工艺、新材料,发展新产业等活动,也就是把科技成果转化为生产力的过程。

　　科技成果转化分为广义和狭义两种。广义的科技成果转化是指将科技成果从创造者手中转移到使用者手中,使使用者的素质、技能或知识得到增加,劳动工具得到改善,劳动效率得到提高,经济得到高质量发展。狭义的科技成果转化是将具有创新性的技术成果从研发单位转移到生产部门,使新产品增加,工艺改进,效益提高,最终经济得到进步。我们通常所说的科技成果转化大多指这种类型的转化,所讲的科技成果转化率就是指技术成果的应用数与技术成果总数的比。

二、科技成果转化的主要途径

　　科技成果的转化途径包括直接转化和间接转化两种。直接转化的途径包括:科技工作者创办企业进行转化;高等院校、科研机构与企业开展合作或合同研究进行转化;高等院校、科研机构与企业通过开展人才交流以推进成果转化;高等院校、科研院所与企业通过沟通交流的网络平台进行转化。间接转化的途径主要特点是通过各类中介机构来进行与完成,包括通过专门机构实施科技成果转化;通过科技咨询公司开展科技成果

---

① 梁正:《中国科技成果转化政策 40 年回顾与反思》,《学习时报》2019 年 12 月 30 日。
② 赵峰:《科技成果转化有关实践性问题的思考》,《科技中国》2019 年第 12 期。
③ 梁正:《中国科技成果转化政策 40 年回顾与反思》,《学习时报》2019 年 10 月 30 日。

转化活动;通过高等院校设立的相关科技成果转化机构进行转化。

从高等院校来说,科技成果的转化涉及三方的利益:所有者一方、转化者一方和应用者一方。基于科技成果转化的实践看,目前高等院校"一身兼三方"的身份,致使科技成果的转化成功率低下。伴随科技成果转化的推进,高等院校目前采取的成果转化模式是"技术+资本",也就是高等院校以技术所有方身份与技术转化、资本方合作,其成果转化率相对来说不断提升。然而,科技成果转化的实践中又出现的问题和困境是,对于技术和资本的拥有者来说,即使双方皆有合作的意愿,但是基于核心价值观的差异(高等院校所持有的是技术价值,资本方所持有的是商业价值),双方并不在一个共同的价值体系之中,其最终的交易效率并不高。在经济开放的背景下,中国不断学习发达国家在科技成果转化方面的成功经验,借鉴其基本做法,在国内也设立了许多新型技术转化机构,在某种程度上也就有效解决了高校的技术价值追求和资本方的商业价值追求间的难题,高等院校的科技成果转化模式也在不断转型升级,正由过去的"独奏"到供给方与需求方"二人转",再到供给方、中介机构与需求方的"三足鼎立"转变。

第二节　科技成果转化的政策演进

从全球经济发展与国内产业转型升级的实践来看,必须把科技创新成果有效转化为能够真正推动经济社会发展的现实动力,以有效推动中国经济的可持续发展与高质量发展,使中国制造向中高端迈进。

基于中国科技创新的实践看,中国科技创新成果要想真正转化为现实的生产力仍然面临很多制约因素,其根本的缘由在于体制机制的不顺畅梗阻了科技创新的转化途径,使科技成果转化的各个环节无法有效对接。要彻底疏通和打通科技创新与经济发展间的通道,彻底消除科技创新中的"孤岛现象",唯有加快推动科技创新的体制机制改革,以切实破除制约科技成果转化的各种显性障碍。中央政府不断出台有关促进科技成果转化的相关法规,其根本目的就在于真正破除科技成果转化面临的

"肠梗阻"。

基于不同时期需要解决的现实技术问题的需要,自改革开放以来中国关于科技成果转化的政策演进历程可以划分为四个阶段:(1)起步阶段(1978—1988年),这一阶段的标志性事件是全国科学大会的召开,党的十二大提出"经济建设必须依靠科学技术,科学技术工作必须面向经济建设"的科技发展指导方针,发布《中共中央关于科学技术体制改革的决定》(1985年),出台的相关支持政策措施包括建立科技成果管理体系,支持科技人员合理流动,加快发展技术市场;对技术转让也给出了相关的税收优惠政策。其政策措施的根本目的在于有效解决科技发展与经济发展相互分离的"两张皮"问题。实践中,也出现了像中关村"电子一条街"等科技型企业集聚地。(2)全面推进阶段(1988—1998年),这一阶段的标志性事件是《中华人民共和国科学技术进步法》(1993年)颁布实施,《关于加速科学技术进步的决定》(1995年)中提出"科教兴国"战略,《中华人民共和国促进科技成果转化法》(1996年)颁布实施。其具体的政策措施是建立科技中介机构包括科技孵化器、生产力中心等。实践中,中国高科技园区(高新区、大学科技园区)开始成立。同时,中国的技术市场交易规模持续扩大。(3)高速发展阶段(1998—2008年),这一阶段的标志性事件是中央发布《关于加强技术创新,发展高新技术,实现产业化的决定》(1999年),全国科学技术大会召开(2006年),《国家中长期科学和技术发展规划纲要》及配套政策颁布。其具体的政策措施为通过财政、金融政策支持科技产业化项目实施,通过税收优惠大力支持高新技术企业发展,基于专项政策支持加速推进科研院所企业化转制工作等。其取得的成效体现在企业的技术创新主体地位日益显现,技术转让、许可、投资等更加通过市场化方式进行。(4)高端突破阶段(2008年至今),党的十八大将创新驱动发展战略居于国家发展战略的核心位置,党的十九大以来持续强化科技体制改革。其标志性的事件是修订《中华人民共和国促进科技成果转化法》(2015年),《实施〈中华人民共和国促进科技成果转化法〉若干规定》(2016年)、《促进科技成果转移转化行动方案》(2016年)颁布,从行动方案和实践看,完成了科技成果转化链条的"三部曲"。

其具体措施是推进科技成果的使用权、处置权和收益权市场化,明确了提高科技成果转化的个人奖励比例,推进技术转移示范机构建设等,目的在于为科技成果转化提供良好的制度环境。①

一、《实施〈中华人民共和国促进科技成果转化法〉若干规定》

2016 年 2 月,国务院印发了《实施〈中华人民共和国促进科技成果转化法〉若干规定》②(以下简称《规定》),其目的就是加快实施创新驱动发展战略,使科技与经济有效紧密结合的通道被疏通,激励高等院校、研发机构、企业等相关的创新主体与科技研发人员积极转化科技创新成果,有效推动中国经济提质增效。其突破点和创新点在于成果定价、落实科技人员奖励和成果转化收益及鼓励科技人员创业等关键问题,明晰界定了一系列重要政策规定和可操作性措施,有利于推动新修订的《促进科技成果转化法》真正落到实处和有效实施。

二、《促进科技成果转移转化行动方案》

2016 年 4 月,为贯彻落实《中华人民共和国促进科技成果转化法》,有效推动科技成果向现实生产力的转移转化,依靠科技创新支撑经济增长和产业结构调整,国务院办公厅印发了《促进科技成果转移转化行动方案》(以下简称《方案》)。③《方案》主要面向"十三五"时期部署了 8 个方面 26 项重点工作,主要内容包括:开展科技成果信息汇交与发布;产学研协同开展科技成果转移转化;建设科技成果中试与产业化载体;强化科技成果转移转化市场化服务;大力推动科技型创新创业;建设科技成果转移转化人才队伍;大力推动地方科技成果转移转化;强化科技成果转移转化的多元化资金投入。

---

① 梁正:《中国科技成果转化政策 40 年回顾与反思》,《学习时报》2019 年 10 月 30 日。
② 《国务院关于印发实施〈中华人民共和国促进科技成果转化法〉若干规定的通知》,《人民日报》2016 年 3 月 3 日。
③ 国陈瑜:《〈促进科技成果转移转化行动方案〉解读》,《人民日报》2016 年 5 月 12 日。

《方案》的主要目标是在"十三五"期间,形成并推动一批能够有效带动和促进产业结构优化升级的重大科技成果转化应用,高等院校、科研院所和企业间的科技成果转移转化能力明显提高,进一步健全完善市场化的技术交易服务体系,优化科技成果转移转化的制度环境,形成功能更加完善、运行更加高效的市场化科技成果转移转化体系等。

由此可见,基于中国经济发展实际和科技创新成果转化的现实,立足于整体性构建和系统性部署,国家开始修订完善了《促进科技成果转化法》,出台了《实施〈促进科技成果转化法〉若干规定》,在法律条款修订、配套细则制定、具体任务部署等环节形成了比较完善的科技成果转化程序和链条,以能够促进推动科技成果有效转化。

三、《关于实行以增加知识价值为导向分配政策的若干意见》

2016 年 11 月,中共中央办公厅、国务院办公厅发布了《关于实行以增加知识价值为导向分配政策的若干意见》①(以下简称《意见》),其目的是有效激发科研人员创新创业的积极性,在全社会形成切实尊重劳动、尊重知识、尊重人才、尊重创造的良好氛围。《意见》提出要统筹基础研究、应用研究、技术开发与成果转化全创新链条,不断加强系统设计和分类管理。为落实科技成果转化奖励等激励措施,应当持续提高基本工资,加大绩效工资分配激励力度,以构建体现增加知识价值的收入分配机制。《意见》主要内容包括:推动形成体现增加知识价值的收入分配机制;扩大科研机构、高等院校收入分配自主权;进一步发挥科研项目资金的激励引导作用;加强科技成果产权对科研人员的长期激励;允许科研人员和教师依法依规适度兼职兼薪。

《实施〈中华人民共和国促进科技成果转化法〉若干规定》《促进科技成果转移转化行动方案》《关于实行以增加知识价值为导向分配政策的

---

① 刘垠:《〈关于实行以增加知识价值为导向的分配政策若干意见〉发布》,《科技日报》2016 年 11 月 8 日。

若干意见》三个文件的出台，其目的在于加快破除科技成果转化过程中所存在的体制机制障碍，以有效推动科技成果更好地向现实生产力的转化。

从科技创新的实践看，资金不足问题仍然是当前科技成果转化面临的重要制约因素。全国人大常委会促进科技成果转化法执法检查报告提出：在利用政府资金带动社会投入与落实国家政策引导企业增加投入等方面，需要不断强化。同时，金融资本对科技创新的有效支撑作用并没有充分发挥出来，社会化科技投资机构的建设没有跟上，科技风险投资机制需要继续完善。概言之，"融资难""融资贵""融资累"的现实还是制约科技成果转化的重要因素。

四、《国家技术转移体系建设方案》

2017年9月26日，国务院正式印发了《国家技术转移体系建设方案》（以下简称《方案》）①，《方案》第一次明晰界定了国家技术转移体系的基本内涵，其目的在于有效构建符合科技创新规律、技术转移规律和产业发展规律的技术转移体系，切实推动科技成果加快转化为经济社会发展的现实动力。

《方案》坚持的基本原则体现在：市场主导，政府推动；改革牵引，创新机制；问题导向，聚焦关键；纵横联动，强化协同。《方案》提出的技术转移体系建设的战略重点体现在：立足于中国发展全局，加快推动科技成果向现实生产力转化，以有效促进产业和产品向全球价值链中高端跃升；形成纵横联动的技术转移网络；努力构建技术转移的良好生态环境，使企业真正成为科技成果产业化和先进技术扩散应用的主体。

其具体的建设目标为：到2020年，基本建成适应新形势的国家技术转移体系，初步形成互联互通的技术市场；到2025年，全面建成结构合理、功能完善、体制健全、运行高效的国家技术转移体系。《方案》从基础构架、转移通道、支撑保障等方面对技术转移工作进行了全面布局，提出

---

① 唐婷、陈瑜：《〈国家技术转移体系建设方案〉发布》，《科技日报》2017年9月27日。

了构建互联互通的中国技术交易网络,加快培育若干全国性的技术交易市场,构建技术转移体系的四梁八柱。

基于发达国家技术转移的成功实践看,在技术转移的过程中必须明晰界定政府与市场的边界,必须坚持"市场主导,政府推动"这一基本原则。从国内外经济发展的实践看,技术转移基本上体现的是市场行为,因而我们不能人为地决定技术的价值或者技术转移的方式。但是也要看到,在维护市场公平合理的竞争秩序,搭建技术转移平台等方面,政府能够发挥极其有效的作用。

五、《关于进一步加大授权力度　促进科技成果转化的通知》

为贯彻"放管服"改革的基本要求,进一步加大国家设立的中央级研究开发机构、高等院校科技成果转化有关国有资产管理授权力度,落实创新驱动发展战略,促进科技成果转移转化,支持科技创新,财政部出台了《关于进一步加大授权力度　促进科技成果转化的通知》(以下简称《通知》)①,为科技成果转化"松绑"。

《通知》在原已下放科技成果使用权、处置权、收益权的基础上,有两个新变化。一是加大授权力度。按原规定,中央级研究开发机构、高等院校科技成果作价投资形成国有股权的转让、无偿划转或者对外投资等事项,需要按权限逐级报主管部门和财政部审批或者备案;科技成果作价投资成立企业的国有资产产权登记事项,需要逐级报财政部办理。《通知》将原由财政部管理的上述事项,授权中央级研究开发机构、高等院校的主管部门办理。

二是整合现行规定。《通知》整合了科技成果转化涉及的国有资产使用、处置、评估、收益等管理规定。在资产使用和处置方面,中央级研究开发机构、高等院校自主决定科技成果转让、许可或者作价投资,不需报主管部门和财政部审批或备案;在资产评估方面,科技成果转让、许可或者作价投资,由单位自主决定是否进行资产评估;在收益管理方面,科技

---

① 曲哲涵:《科技成果转化再"松绑"(政策解读)》,《人民日报》2019 年 10 月 17 日。

成果转化获得的收入全部留归单位,纳入单位预算,不上缴国库。

第三节 科技成果转移转化的实践探索与效果

整体上看,我国已经通过一系列政策文件的设计与出台,形成了比较完善的科技成果转化的顶层设计。而科技成果转移转化示范区的建设与发展能够比较有效地完善区域政策环境,也将会使科技成果转移转化的示范效应和扩散效应最大化地展现出来。

一、转移转化的实践探索

(一)科技成果转移转化示范区

从经济发展的实践看,科技成果只有与地方的企业和产业紧密融合才能够真正"落地生花",也才能够转化为现实的生产力,推动经济高质量发展。

2016年10月,科技部决定在河北省和浙江省宁波市开始建设首批国家科技成果转移转化示范区。其目的在于:第一,加快有效落实国家科技成果转化的相关政策法规,不断优化科技成果转化及创业创新的环境氛围,切实推动地方经济创新驱动发展。第二,通过结合地方经济发展实际,开展各具特色的科技成果转化试点示范任务,以形成能够复制与可推广的成功经验与发展模式,为顶层设计提供实践支撑。

(1)河北·京南国家科技成果转移转化示范区

2016年9月,根据国务院办公厅《促进科技成果转移转化行动方案》部署,科技部同意河北省建设河北·京南国家科技成果转移转化示范区①(以下简称"河北·京南示范区")。

建设国家科技成果转移转化示范区,是实施创新驱动发展战略、深化科技体制改革、促进科技成果转化为现实生产力的重要举措。大力培育

---

① 科技部:《科技部关于建设河北·京南国家科技成果转移转化示范区的函》,2016年9月19日,见 http://www.most.gov.cn/xxgk/xinxifenlei/fdzdgknr/。

良好的科技成果转化与创新创业环境,使创新主体的活力持续释放,形成完善的科技成果转化支撑服务体系,更好地探索体现地方特色的科技成果转化机制和模式,努力把河北·京南示范区打造成为创新要素集聚区、科技金融示范区、体制改革先行区、成果转化样板区,带动形成全社会开展科技成果转化与创新创业的热潮。

河北·京南示范区建设以落实京津冀协同发展战略为核心,努力打造京津冀协同创新重要载体,充分发挥跨区域辐射带动作用。通过完善京津冀三地合作共建机制,加强科技创新成果、人才、平台、资本等资源开放共享,努力探索如何更好地承接京津创新要素的外溢转移效应,以形成与河北产业创新需求高效对接的科技创新成果转化新模式。要加强体制机制创新,在示范区市场化建设模式、科技成果产业化路径、中介机构专业化发展、一区多园协同创新等方面取得突破,建设京津冀科技成果转移转化共同体。

河北·京南示范区是中国首批科技成果转移转化示范区。基于国家战略视角看,建设河北·京南示范区的战略定位体现在:深化科技体制机制改革、打造京津冀协同创新共同体、促进科技成果加快向现实生产力转化。示范区将重点推进管理模式、体制机制、转化路径等创新,搭建技术交易平台、孵化转化平台、公共服务平台、众创空间平台等。

河北·京南示范区的建设目标是,到 2020 年,示范区内"京津研发、河北转化"的成果转化模式基本形成,力争区域内用于研发的投入占GDP 的比重达到 3.5%以上,培育一批十亿级创新型企业、百亿级产业集群、千亿级科技园区,不断提升园区内技术进步对经济增长的贡献率,争取达到 60%以上。①

(2)宁波国家科技成果转移转化示范区

2016 年 10 月,科技部同意宁波市建设"国家科技成果转移转化示范区"(以下简称"宁波示范区")。② "宁波示范区"建设立足于如何能够更

---

① 张怀琛、陈剑楠:《"八个着力"打造京津冀成果转化共同体》,《河北日报》2017 年 8 月 25 日。

② 谢晔、翁云骞、王虎羽、张敏明:《宁波获批国家科技成果转移转化示范区》,《浙江日报》2016 年 10 月 15 日。

好地激发民营经济活力,有效发挥科技成果转化对产业和企业创新发展的有效支撑和带动作用。立足于市场需求,依据宁波民营经济基础雄厚活、产业技术需求持续上升但创新资源短缺等特点,持续探索在科技创新资源短缺约束条件限制下,科技成果高效转化的实现路径与实践模式。不断强化体制机制创新,争取在企业主体推动科技成果转化、民间资本有效介入科技成果转化、科技成果转化有效推动新兴产业培育等方面取得突破性发展。

宁波市以国家科技成果转移转化示范区成功创建为开端,推进探索以企业为主体的全球创新资源优化配置、加快推进新型产业技术研究院及研发组织培育、市场化技术转移机构培育等改革,不断强化国际技术转移中心、技术转移服务平台、"互联网+"检验检测平台等科技中介服务平台建设,以有效推动科技成果转移转化。

宁波市立足于国际视野优化配置科技创新资源,依靠企业集团成功实践了"跨国并购+政产学研金+产业化"的科技成果转移转化方式,持续推进技术创新与金融创新的紧密融合。宁波市不断推进跨国技术并购,加大跨区域合作与政产学研金合作,全力推进新技术新产品的产业化及其推广应用,成功探索了一条开放式的科技成果转化新路子和新途径。对国内其他同类城市具有一定的借鉴示范效应。宁波市以制造业企业为主体的产学研协同创新模式取得了很大成功,极为符合科技成果转移转化示范区所要建设的实践模式和基本要求。

2016 年,通过加快国家科技成果转移转化示范区建设及创新型企业培育,宁波市高新技术产业保持强劲发展势头。2016 年前三季度实现高新技术产业产值与增加值分别为 4100 亿元与 740 亿元,共吸纳输出技术超过 2500 项,实现技术市场交易额近 30 亿元。[①] 2019 年,宁波市共计完成技术交易额 216.4 亿元,增速超过 57%。[②] 2020 年 1—4 月,宁波市共

---

① 郁进东、邬明:《宁波:促科技成果转化　助产业转型升级》,《经济日报》2016 年 10 月 31 日。

② 翁云骞、高晓静、卓松磊、刘健:《看宁波如何让科技创新"落地开花"》,《浙江日报》2020 年 6 月 11 日。

完成技术交易 781 笔,总额 83.23 亿元,相比 2019 年同期增长逾 3 倍,技术交易总额占全省的 1/3 强。

(3)安徽省合肥市:"前店后坊"打造科技成果转化示范基地

合肥市在科技成果转化方面的功能定位是:以创新为"资本",构建长三角创新生态,促进科技成果转化,打造长三角区域重要的科技成果转化中心,技术熟化、产业孵化、企业对接、成果落地机制,着力体现"展示窗口、实用平台、先行示范"三大功能定位,形成"聚集展示、捕捉寻找、研发转化"的环形功能链,加速推进长三角一体化的融合进程。

其采用的平台为"前店后坊",通过安徽创新馆的创新引领性工程有效集聚各种创新要素,持续凸显服务功能,形成科技成果转化交易的有效机制,通过创新驱动安徽省经济高质量发展。

关键问题是,如何能够更好和更快地将科技成果转化为应用性的成果并迅速投入市场,这就需要形成完整的科技成果转化转移链条,也就是形成"源头创新—技术开发—成果转化—企业孵化—新兴产业"全链条竞争优势,更好地服务于经济社会发展。

安徽创新馆的核心任务是进行科技成果转化,努力建成科技成果转化平台。推进科技成果转化的有效措施为:持续强化创新政策的引领作用;加速打造科技成果推广平台、交易平台、项目孵化平台和科技金融平台;引进科技中介服务机构以促进科技成果转化;推进科研院所的技术创新中心、研发中心等与企业进行技术和产业合作,真正推动科技成果落地应用。同时,通过举办科技成果交易活动,初步形成了科技磁场效应,成为安徽省创新能力的重要展示窗口。

(二)设立新型开放式创新中心

2016 年 6 月 16 日,北京大学—神州控股协同创新中心在京成立,此次协同创新中心的成立,神州数码累计出资 2.38 亿元,包括:支付北京大学在网构软件和云计算方面的核心专利普通许可权 8000 万元;出资 1.08 亿元控股北京因特睿软件有限公司,进一步加强北大系统软件技术转化基地产品化和市场化的能力与水平;出资 5000 万元支持协同创新中心的建设与运营,支持北大新型软件技术的基础前沿研究、核心技术攻关与系统原型研制。

双方在产学研方面强强联手,构建协同体系,在智慧城市、大数据、云计算、机器人、区块链等领域展开深度合作。北京大学—神州控股协同创新中心将开展新一代IT技术攻关、原型研发和项目孵化,探索和创新高校前沿技术成果的产业化模式,其定位是打造"政、产、学、研"核心权威机构,打造"互联网+城市""互联网+数据"等方向的行业生态圈,提升中国龙头企业的产业核心竞争力。

神州数码和北大近十年来一直有着紧密的产学研合作,形成基于相互信任和依靠的良性合作模式,北京大学与神州控股公司期望经过5—10年的时间,不断探索和实践新型产学研协同创新模式,推动协同创新中心良好发展,以实现双方预期的发展目标。双方将携手创造新的模式,积累新的经验,有利于技术发展和产业进步,更有利于探索新的未知和更重要的智慧创新,为产业和技术寻找更有效的机会。

基于实践分析,在传统的校企合作中,高校的科学研究和企业的市场需求往往存在相当的距离,没有形成紧密型的需求关系,科技成果转化也面临体制机制上的诸多障碍。创设的新型开放式的创新中心专注于前瞻性的科技领域,由高校和企业共同定位研究方向,形成紧密型的共性需求关系,将更有利于扫清科技创新成果转化的障碍。

二、科技成果转移转化的实践效果

科技成果的转移转化效果真正体现技术转移能力。2016年中国科学院启动实施了"中国科学院促进科技成果转移转化专项行动"。数据显示,2016年中国科学院的科技成果转移转化项目为11281个,其中新增的转移转化项目为1499个;为社会企业当年新增销售收入3831.43亿元,相比上年度增长了7.68%;为社会企业当年新增利税472.44亿元,比上年增长了6.83%。[1] 党的十八大以来,中国科学院进行的科技成果转化活动,已经使整个社会企业的销售收入增加了1.7万亿元,利税达到了

---

[1] 陈海波、齐芳:《中科院回应社会科技需求》,《光明日报》2017年3月30日。

2289 亿元。①

"十三五"时期,中国科学院部署了促进经济社会发展的重大项目,其目的在于通过重大项目带领更多的科技成果转移转化。中国科学院集聚全院的科研力量,强化与中国各地的科技合作,有效推动科技成果转移转化,以能够产出更多的中高端科技供给,最大化地满足地方经济社会发展。

2017 年 9 月 14 日,中国科学院科技成果转移转化基金启动大会在京召开。其目的是有效化解由于科技成果转化周期长、风险高导致的社会资本不敢投资于科技成果转化项目的难题。中国科学院将直接出资,联合中央和地方政府引导基金、金融资本及社会资本,共同设立中国科学院科技成果转移转化基金,该基金以母基金与直接投资相结合的方式,将直接投资具有市场潜力的前沿科技产业化项目,首期基金(母基金)的规模将为 30 亿—50 亿元。此外,还将依托战略性新兴产业,并结合区域产业布局,共设立 20—30 只子基金,其基金规模约为 20 亿元。②

从全国看,在科技成果转移转化方面,到 2016 年年底,全国共签订登记技术合同为 320437 项,成交金额达到了 11407 亿元,首次突破 1 万亿元,相比于上年增长了 15.97%。③

随着中国科技创新政策和科技成果转化政策的不断完善,科技成果转化的政策思路和实践操作更加体现为由"重点突破"转向"体系施策",在经济实践中已经取得明显成效。中国科技成果转化年度报告的数据显示:2017 年科技成果转化交易超过 1 亿元的单位有 31 家,增长了 55.0%。技术转让、咨询、服务等合同数量达到了 353986 项,增长了 59.9%;签订的合同金额为 751.8 亿元,增长了 27.5%。④ 基于 2016—2020 年中国技术市场成交合同数和 2016—2020 年技术市场成交金额数来看(见表 8-1、表 8-2),年度成交合同数和成交额基本保持增长态势,

①　陈莹莹:《中科院:聚焦前沿科技　力推成果转化》,《经济日报》2018 年 2 月 22 日。
②　沈慧:《中科院设立科技成果转移转化基金》,《经济日报》2017 年 9 月 15 日。
③　佘惠敏:《打造创新驱动新引擎》,《经济日报》2017 年 9 月 24 日。
④　梁正:《中国科技成果转化政策 40 年回顾与反思》,《学习时报》2019 年 10 月 30 日。

相对反映了科技成果转化能力和水平的不断提升。

表 8-1　2016—2020 年按技术合同构成分中国技术市场成交合同数

（单位：项）

年份	合同总数	技术转让合同数
2016	320437	12556
2017	367586	16698
2018	411985	15381
2019	484077	16953
2020	549353	23243

资料来源：国家统计局社会科技和文化产业统计司、科学技术部战略规划司：《中国科技统计年鉴2021》，中国统计出版社 2021 年版，第 194 页。

表 8-2　2016—2020 年按技术合同构成分中国技术市场成交合同金额

（单位：万元）

年份	成交合同总额	技术转让成交金额
2016	114069816	16078867
2017	134242245	14002811
2018	176974213	16096954
2019	223983882	21888778
2020	282515092	23976580

资料来源：国家统计局社会科技和文化产业统计司、科学技术部战略规划司：《中国科技统计年鉴2021》，中国统计出版社 2021 年版，第 196 页。

　　数据显示，对科技成果转化相关人员的激励政策和措施不断完善的效果明显，2017 年科研人员获得的各种奖励金额为 47.2 亿元，增长了 24.2%[①]，也出现了交易金额超过亿元的重大科技成果。2021 年 4 月 14 日《中国科技成果转化 2020 年度报告（高等院校与科研院所篇）》数据显示，2019 年，3450 家高校院所以转让、许可、作价投资方式转化科技成果的合同项数呈增长趋势。个人获得的现金和股权奖励金额达 53.1 亿元，其中现金奖励金额为 30.9 亿元，比上一年增长 17.9%；股权奖励为

---

　　① 梁正：《中国科技成果转化政策 40 年回顾与反思》，《学习时报》2019 年 10 月 30 日。

22.2 亿元。[①]

三、科技成果转化面临的障碍

尽管国家层面已经出台了许多有关科技成果转移转化的法律法规、政策措施,有效地推动了科技成果转化,提高了科技成果转化率。但是,基于科技成果转化的调查报告显示,长期以来影响和制约科技成果转化的因素和障碍依然存在,甚至较为突出,如专业性的科技成果转化的服务机构和服务人才短缺,科技成果转化的评价机制不够科学,整体上科技成果的社会价值和经济价值较低且与市场需求联系不紧密。

客观地看,中国在科技成果转化方面已经给出了诸多的激励措施和激励机制,激发了科研人员投身于科研工作的动力和积极性。但也有科研人员缺乏科技成果转化的主动性和创造性,其缘由在于政府设立的高等院校和科研机构对于科研人员的工作绩效考核重视科研产出而淡化科技成果的转化和应用,注重于科研论文的考核与评价。此外,由于高新技术产业化与市场化牵扯到诸多科研活动以外的因素,在科技成果的工程化开发与规模化生产的过程中面临许多不确定性,对于长期从事理论研究的科研人员来说,其面临更大的市场化短板和实践短板,以致科技成果的转化率低下。

2019 年 11 月 27 日,北京市第十五届人民代表大会常务委员会第十六次会议通过了《促进科技成果转化条例》,科技成果产权由过去的国家单位拥有转化为科技人员可以个人拥有。而从前述分析可以看出,从"供给侧"角度出发,通过产权关系调整与加强经济激励只能部分解决问题,无论科技成果转化,还是技术转移,其最终目标在于经济价值的实现,需要更多地从需求侧,特别是企业实际需求的角度出发,由企业主动提出和承接。在企业研发投入已占到全社会研发投入 70%以上,一大批企业走到技术创新前沿,甚至投入巨资开展基础研究的今天,企业必然会在技

---

① 冯华:《中国科技成果转化 2020 年度报告发布 科技成果转化活动持续活跃》,《人民日报》2021 年 4 月 15 日。

术转移转化中日益发挥更加重要的作用，与其从供给侧角度去"推动"科研人员转化成果，不如从需求侧角度，通过鼓励企业投资研发与创新来间接"拉动"对科技成果转化的需求。

与此同时，将科技成果与产业需求对接，本身就是一项专业化的活动，需要对科研规律、产业化规律、市场规律均非常熟悉，具备技术、管理、法律等跨学科背景、经验丰富的专门人才。从国际经验来看，知名大学如斯坦福、科研机构如马普学会，普遍建立了技术转移专门机构或专门的知识产权许可运营公司。因此，在供给侧、需求侧双向着力的同时，还要特别重视技术转移转化环境和平台的建设，"让专业的人做专业的事"。

随着国家创新体系建设的不断完善、市场化改革的不断深入，当我们能够建立起一个企业、高校、科研院所、中介机构、政府部门各归其位、各司其职，促进科研活动、创新活动、商业活动各项制度体系和激励约束机制相对完善的生态体系之日，包括知识在内的各种创新要素能够顺畅流动和优化配置，也许就不再需要面对"科技成果转化难"的苦恼。

第四节　提升科技成果转化率和成功率的战略选择

从国际视野看，科技成果转化与商业化一直是世界性难题，这种现象被日本科学家称为"死亡之谷"。改革开放以来，中国的科技成果商业化也面临同样的问题，科技成果商业化的鸿沟日益凸显。到目前，中国已经成为拥有全球最多科技人员的国家，在国际上发表的学术论文也已经排在世界前三位，专利拥有总量也已经跃居世界第一，然而经济发展实践中企业在需要推进产品转型升级时，却不知道哪里有适宜的产品，也没有明晰的技术升级的实现路径。

实践表明，科技成果转化通道阻滞已经严重制约了技术创新的效能提升。作为科技成果主要供给方的高等院校和科研机构来说，其真正拥有的具有转化价值和应用价值的科技成果并不多，科技成果转移转化率也不高。对于技术需求方的企业来说，其所具有的科技成果的转化能力不强。为了提升技术创新能力和科技成果转化能力，高等院校、科研院所与企业开始联合创建新型研发机构、协同创新中心、产业技术研究院等形式各异的协同创新平台，然而由于科研体制机制的不顺畅，实际的合作效果有限。此外，企业与高等院校之间虽然签订了各种合作协议，建立了多种合作关系，但更多的是纸面上的协议与合作，并没有真正深入开展科研合作工作，致使科技成果与产业化应用仍然处于实质性的相互脱离状态，高等院校的基础研发成果无法有效转化，企业所需的产业化技术无法有效获取。

《中国科技成果转化 2018 年度报告（高等院校与科研院所篇）》显示，长期影响和制约科技成果转化的共性因素依然存在，并未真正解决。如为科技成果转化的服务机构和相关人才缺乏，2017 年中国 2766 家机构中，仅 9.5%（264 家）的单位设立了专门的技术转移机构。① 科技成果的应用价值与市场的真正需求偏离较远，科技成果的市场化导向评价机制尚未完全建立。

同时，针对公益性的科技成果转化的激励机制和激励体系也未形成。长久以来，中国的高等院校和科研机构的评价指标和考核指标的设置更为直接地体现为对科研成果的硬性要求，也就是过于强调科研成果的产出而大大弱化了科研成果的应用性，导致的结果就是虽然有关科技创新和科技成果转化的激励机制和激励措施不断完善，但真正有效调动科研人员的积极性仍显不足，也造成中国的科技成果转化率低下。

因此，我们仍然需要深化科技体制改革，建立有效的激励机制，通过新型科研平台和新型科技合作方式的质量提升，顺畅科技成果转化的渠道，提升科技成果转化率，以创新驱动企业高质量发展。

深入剖析，多元化的因素导致了中国的科技成果转化率低，虽然政府部门在不遗余力地强力推进科技成果转化，但是现实的效果并不理想。面对全球互联互通、开放合作、互利共赢的科技创新新时代，我们必须要真正认清规律贯通整个产业链，以有效突破科技成果转化商业化的"死

---

① 佘惠敏：《〈中国科技成果转化 2018 年度报告（高等院校与科研院所篇）〉发布——让更多科研种子"开花结果"》，《经济日报》2019 年 3 月 19 日。

亡之谷"的束缚和羁绊，为科技成果转化创造良好的顺畅的生态环境，真正体现科技对未来的引领作用。

一、打通高等院校、科研院所与企业的专利转化通道

要加快打通高等院校、科研院所的专利转化通道，落实已经颁布的《科技成果转化促进法》。打通民营部门和单位使用政府资助的科研成果专利的通道，有效形成促进科技成果转化的有效动力。

要加快培育一批专门从事应用技术研究和工程转化的机构。中国持续进行科技体制改革，前端的基础研究和末端的企业技术需求都做得卓有成效，但中间环节的科技成果转化和推广成效较差，发展滞后，因此，企业进行科技成果转化的动力不足。

必须加快推动应用研究和科技成果转化与推广，把前端环节、中间环节和末端环节紧密相连，整合为一体。要科学有效地整合并盘活国家重点实验室和各种研究资源，有效发挥行业龙头企业的作用，加快构建网络化的国家基础研究体系。要在高等院校与科研院所内部建立技术转移办公室，以专门负责科技成果转移，不断强化技术转移的专业分工，并加紧完善技术转移机制，以有效促进高等院校与科研院所内的科技成果转化。要将技术转移转化的人才纳入人才管理目录与名单，完善覆盖技术、金融、法律等方面的人才队伍建设，有效提升技术转移机构的专业化水平。

要切实重视企业和企业家作用的发挥。当前，中国企业自身的实力已经大大提升，中国企业目前拥有的研发人员数量比较庞大，投入的研发经费总量不断提升，应该调动企业的工程技术人员积极性，以使其有效发挥自身的能量。只有使企业和企业家的积极性和有效性发挥出来，才能够有效实现科技与资本、成果与产业的有效结合，中国科技成果的转化率才会大大提升。

二、推动中国的创业孵化器产业发展

中国的创业孵化器在促进创业创新方面发挥了积极有效的作用，其运行机理体现在孵化器能够通过创造一个良好的发展环境，可以使有创

意的人将其持有的创意思想和理念转化成样机和产品,进而形成商品,并最终产业化,以有效推动区域经济发展和科技创新。改革开放以来,中国的创业孵化器经历了从无到有、由小变大的演进历程,已经建立较为完善的具有中国自身特色的科技创业孵化体系,吸纳和服务了40多万家初创企业,并且带动了200多万人就业。① 从2016—2020年中国科技企业孵化器的相关数据可以看出(见表8-3),近年来中国的在统孵化器数量持续增加,带动的孵化器内的企业数量、在孵企业、毕业企业、发明专利等数量不断上升,在孵企业的收入也大幅增加,说明中国科技企业的孵化器成长良好,能够有效推动高科技企业的快速成长,进而引领中国经济的高质量发展。

表8-3　2016—2020年中国科技企业孵化器基本情况

年份	在统孵化器数量（个）	孵化器内企业总数（个）	在孵企业（个）	累计毕业企业（个）	在孵企业收入（亿元）	知识产权申请数（个）	发明专利（项）
2016	3255	173779	133286	89694	4792.7	139999	51594
2017	4063	223046	177542	110701	6335.7	191450	69769
2018	4849	260521	206024	139396	8343.0	268242	85180
2019	5206	275910	216828	160850	8219.9	270390	98182
2020	5971	307737	233776	193935	10267.7	304102	114371

资料来源:2016年数据来源于国家统计局社会科技和文化产业统计司、科学技术部战略规划司:《中国科技统计年鉴2018》,中国统计出版社2018年版,第271页。

2017—2020年数据来源于国家统计局社会科技和文化产业统计司、科学技术部战略规划司:《中国科技统计年鉴2021》,中国统计出版社2021年版,第226页。

中国的孵化器发展已经从追求数量上的大规模,转向不断追求质量上的精细化发展;从曾经的单打独斗创业方式,转向目前的创立孵化器并成功孵化出优质企业。在实践中,已经达成了建设低成本、便利化、全要素、开放式孵化器的基本共识。孵化器的类型诸多,有政府支持的、纯公益性质的,也有纯市场化运作的,但其基本的共同点就是为企业提供更为

---

① 刘坤:《让创新源泉充分涌现》,《光明日报》2017年5月22日。

优质的服务、对接更为优质的企业。从发展实践来看，当前孵化器正在进入转型阶段，但不论如何发展和演变，一个优质的孵化器必须具备资源整合度高、服务专业化和对接优质资本的基本能力。

要有效推动中国的孵化器产业发展，必须在创新创业孵化的生态体系和服务体系建设方面深入推进，大力破除影响和阻碍科技创新的思想藩篱和制度障碍，使科技与经济更紧密地深度融合，彻底打通由科技强到经济强再到国家强的演进通道，使各种创新思想能够有效迸发出来。对于孵化器产业发展来说，一定要使政府与市场、科技互联网与实体经济有效衔接，以实现创新链、产业链与资金链的有机融合与连通，促进科技成果转移转化，加快科技成果向现实生产力的有效转化，使孵化器真正成为培育新业态、释放新动能和打造新引擎的服务器。在经济全球化的大背景下，使中国的孵化器产业发展能够更好地融入国际创新创业的生态循环系统中，以有效吸纳国际创新创业人才，推动中国的科技创新工作全面发展。

三、改革创新收益分配机制

长期以来，我们比较注重精神层面的鼓励与激励，在现实市场化的创新发展实践中，我们也要尊重智力劳动的价值、强化必要的物质激励。目前，影响中国创新积极性的因素多元化，但"利益分配"问题是一个主要影响因素。过去在科技创新成果收益的分配上，科研院所往往将其归于"公家"所有，而真正从事技术研发的人员并未得到实实在在的实惠与收益报酬。同时，基于激发研发团队的目的而进行科技创新成果收益的分配改革，可能会面临巨大的政策风险与贪污受贿风险，这已经大大影响了科技研发人员的创新积极性。在一定程度上，也使许多研发人员仅仅专注于自己的课题研究，而不愿意在自主创新和产业化方面付出精力。

在中国不断强化"大众创业、万众创新"的背景下，要激发创新创业者的积极性，就必须改革与完善科技创新成果收益分配制度与机制，必须尊重智力劳动的价值，提供必要的物质激励。健全创新激励和保障机制，构建充分体现知识、技术等创新要素价值收益分配机制。2015年3月发布的《中共中央　国务院关于深化体制机制改革加快实施创新驱动发展战略的若干意见》提出，要加快下放科技成果使用、处置和收益权，奖励创新人员的收益比例可以由现行的不低于20%提高到不低于50%。[1] 这种新的利益分配机制改革能够较好地起到带动创新者积极性的作用。

赋予科研人员科技成果所有权或长期使用权，是党中央推动市场机制在配置创新资源中充分发挥决定性作用的关键性改革探索。科技研发是重要的智力劳动，可以创造巨大的财富，科研人员收入理应体现其价值。把尊重知识、尊重人才落到实处，要让科研人员智力、体力付出得到回报。经济发展实践中，许多地方也在改革科技成果的产权归属问题，如北京市出台了《促进科技成果转化条例》，一个亮点就是改革科技成果产权过去由国家单位拥有转化为可以由科技人员个人拥有。

针对经济发展实践，加速打通科技成果转移转化的多元通道。探索赋予科研人员职务科技成果所有权或长期使用权，这样才能够有效激发科技研发人员积极促进科技成果的高效转化。持续疏通科技研发人才自由流动的渠道，基于市场经济体制建设和市场经济发展的现实需求，加速形成人力资源自由顺畅流动的统一大市场，尽力使人才资源配置最优化和高效化。释放和激发人才创新活力，使创新者获得应有的创新回报。

实践中，武汉市的东湖高新区（中国光谷）是国内较早进行科技创新成果收益分配改革的地区，在2013年出台了"科技成果转化暂行办法"，规定科技成果转化收益可以"七三分成"，研发人员能够得到70%收益。2010年四川省开始实施"以产权分享促进科技成果转化"的基本做法值得借鉴。

2017年四川省下发了《四川省职务科技成果权属混合所有制改革试点实施方案》，选择了四川大学、西南交通大学等20所高等院校与科研机构进行试点改革。经过几年的实践，四川省实施的"以产权分享促进科技成果转化"取得了明显效果，四川大学华西医院自2018年起开始建立

---

① 《中共中央　国务院关于深化体制机制改革加快实施创新驱动发展战略的若干意见》，《人民日报》2015年3月24日。

完善科技成果转化考核评价体系,推行将非专利技术的成果作价入股的改革尝试,2018 年以系列科技成果作价 8.23 亿元新成立 8 家公司,科研人员均获得 90% 股权奖励。① 这证实了"产权越清晰,效率越高"的理论判断,其试点实践就是要把科技成果转化与科研人员联结在一起,形成"一荣俱荣、一损俱损"的效应。

实践中,上海交通大学在课题组原有公司的基础上,将知识产权转让给课题组,由课题组采用知识产权增资方式将知识产权注入公司。如2019 年 2 月,"腔镜手术机器人"项目成功获得 A 轮资金 6000 万元,实现了科技创业的初级目标。清华大学落实国家相关政策,不断完善科技成果转化的相关文件,科技成果转化量质齐升。2015 年至 2018 年,清华大学共审议通过科技成果处置项目 278 项,涉及知识产权 1836 项,投资衍生企业 113 家。②

四、改革与完善知识产权管理体制

完善国家知识产权综合管理体制建设,可以考虑筹建统一行使管理专利、商标、版权、地理标志、集成电路布图设计、植物新品种等各类知识产权的职能的机构,统一负责知识产权制度建设、确权认证、公共服务、政策引导及市场监管等工作。可以采取国家知识产权战略委员会或者知识产权战略领导小组方式,以部门级别"高配"方式有效推进部门统筹运作。

在以知识产权引领和推动经济创新发展的背景下,必须深化知识产权综合改革,要加快形成权界明晰、分工合理、权责一致、运转高效、法制保障的知识产权体制机制,要加快完善知识产权公共服务和政策体系,以有效促进大众创业、万众创新局面的形成。要切实推进有关知识产权的严格保护、快速保护的相关工作,真正解决知识产权保护过程中的启动

---

① 佘惠敏:《〈中国科技成果转化 2018 年度报告(高等院校与科研院所篇)〉发布——让更多科研种子"开花结果"》,《经济日报》2019 年 3 月 19 日。
② 佘惠敏:《〈中国科技成果转化 2018 年度报告(高等院校与科研院所篇)〉发布——让更多科研种子"开花结果"》,《经济日报》2019 年 3 月 19 日。

难、周期长、成本高、效果差等诸多问题，为科技成果转化创造良好的产权保护环境。

五、提升科技服务业的服务质量

要不断加大对科技服务业的扶持力度，逐渐提升科技服务业的质量。要切实重视科技成果转移转化过程中非技术因素的作用及其贡献，激发科技服务业企业对科技成果转化的促进作用，以形成科技服务业与体制内的科技成果转化的良性互动。其一，要采取第三方认定的方式，不断扩大科技型企业和高新技术企业的认定范围和数量，降低科技服务业企业的研发费用要求门槛。其二，要不断加大对科技服务业的财政税收支持力度，使科技服务业切实享受到科技成果转化基金的普惠效应，更为具体地在研发费用加计扣除及企业和科技人员所得税方面得到政策支持。其三，为了更好地具体实施，必须研究制定专门针对科技服务业企业的认定办法，加速打造一批服务好、业务精与品牌知名度高的科技服务业企业队伍。

六、完善科技成果评价体系

建立完善的科技成果转移转化评价标准体系对于有效促进科技成果转移转化具有重要的推动作用。2016年，科技部正式取消了科技成果鉴定，今后科技成果评价工作由委托方委托专业评价机构进行，也就是由第三方专业机构进行评价。

第三方专业评价机构主要是基于科学价值、技术价值、经济价值和社会价值对科技成果进行客观、公正的评价。政府部门要鼓励和促进科技成果评价服务机构的健康成长，让市场决定成果评价体系的价值和未来发展，真正做到为科技成果转化保驾护航。基于国内外发展的实践和经验看，科技成果评价是对科研成果的质量、学术水平、实际应用以及成熟度等给予客观的、准确的评价。必须建立一套评价机构的准入条件和监管机制，以防止第三方机构滥用权力。同时，也需要立足于国家层面出台成果评估的指导意见和有关标准，明确共性的基础性要求和条件，科学引导评估行业的健康发展。

实践中，中国采取的由市场"唱主角"的科技成果评价体系，也带来了市场中的种种乱象，致使评价结果不规范，往往不被市场和金融机构认可；也导致了许多银行不愿意与中小科技型企业特别是科创孵化企业合作，使许多具有科技含量的中小微企业无法得到金融机构的有效支持。因此，急需建立完善的统一的科技成果评价体系。2019 年 9 月，全国科技评估标准化技术委员会（SAC/TC 580，简称科技评估标委会）正式成立。科技评估标委会归口管理全国科技评估标准化的相关工作，涵盖科技政策评估、计划评估、项目评估、成果评估、区域科技创新评估、机构与基地评估、人才评估、经费评估，以及科技绩效与影响评估等。科技评估和标准化工作是国家创新驱动发展战略与标准化战略的重要内容。科技评估标委会将汇聚全国各方力量，全面推进科技评估标准化建设，为提升我国科技创新能力、加快建设创新型国家和世界科技强国提供有力保障。

七、强化科技成果转化的制度基础建设

要下大力气切实解决有效提升科技成果转化质量与促进科技成果转化的制度基础建设。不断畅通科技成果转化的多元化途径，从源头上完善现代科研院所的管理制度和运行机制，目的是营造有利于高新技术水平和高经济价值产生的体制机制。具体措施为：其一，加快推进社会公益类科研机构分类改革，强化支持从事基础研究、前沿高新技术研究和社会公益研究的科研机构，切实推动薪酬制度和职称评聘制度改革，真正建立起能够有效促进人才充分流动的机制与制度。其二，推进建立公益性的科技成果转化服务平台，加快建立并完善有效支撑科技成果转化的专业服务机构，强化应用导向引领。通过开展试点示范、加快园区建设等方式，尽快形成一批可复制与有效推广的成功实践案例和经验。其三，有效推动校地企协同升级，加快构建激励相容与权责对等的协同治理体系。要创建由企业牵头、高等院校参与和地方服务的新型合作模式与新型科研机构，以使科研机构的科研活动自开始就"紧紧围绕需求、贴近市场与

服务产业"。同时,也要科学尊重科研规律,持续深化科技管理体制改革,激活科研人员的积极性;要持续进行科研经费的管理体制改革,既有原则性也有灵活性,使科研经费能够有效调动科研人员的科技创新积极性。

第九章　知识产权保护与科技体制改革

第一节　知识产权保护的作用与现状

伴随中国经济发展进入新常态和有效应对百年未有之大变局,创新在经济社会发展中的作用更为凸显。对于创新具有重要保护与支撑作用的知识产权制度的不断完善、知识产权领域改革的不断深化就成为中国相当长时期的一项重要任务。

2015年3月,《中共中央　国务院关于深化体制机制改革加快实施创新驱动发展战略的若干意见》出台,其基本精神就是完善知识产权制度,使其成为激励创新活动的基本保障,更进一步明晰知识产权在创新发展中的核心地位和作用。知识产权的基本功能就是创新成果的所有权赋予创新者,创新者拥有创新成果的支配权、所有权、收益权。通过对创新者合法权益的有效保护,更好地激励创新者的积极性和创造性。知识产权制度将在激发创新创造活力,有效驱动中国经济高质量发展方面提供基本的制度保障。

一、知识产权保护对科技创新的影响

知识产权是创新创业活动的重要组成部分,既可以保护创新行为避免受到侵权伤害,还可以获取丰厚的收益,能够有效弥补市场失灵。知识产权的高效保护会大大增加社会财富,知识产权也是形成一个国家竞争力的核心战略资源。知识产权战略和创新驱动发展战略的融合,为知识产权战略深入推进提供了良好机遇。知识产权制度是激励创新创业的重

要制度安排,给予创新创业者一定的市场垄断地位,能够增加知识产权所有人在社会回报中所占的份额,弥补了市场失灵,使创新者能够获得与风险相匹配的高额利润,给创新行为带来正向激励。要更为有效地推动知识产权战略的重心调整,也就是从知识产权保护向知识产权的转移转化转变,其目的在于更高效地释放创新的活力,把中国真正建设成为在全球有影响力的知识产权强国。

从全球经济领域的竞争看,各国企业特别是发达国家企业已经把知识产权作为在国际市场竞争的重要筹码和工具。第二次世界大战后,为保护本国经济安全和提升竞争力,发达国家都开始重视知识产权战略,把知识产权作为提升国家竞争力的关键要素。基于中国经济社会发展实践来看,无论是政府驱动型创新,还是市场驱动型创新,都必定依靠其拥有的自主知识产权。知识产权已经成为创新活动的原始动力,也是有效激励创新的根本保障。

知识产权是创新和市场间的桥梁与纽带,这体现在知识产权制度的机制特点:其一,从产权视角看,知识产权是一种新的制度安排,体现为赋予创新成果的财产权,清晰界定了创新成果的合法支配权和使用权,合法界定了创新主体对创新成果转化的收益占有权;其二,从激励机制视角看,知识产权是一种有效的创新激励机制,其途径是依法保护创新者的合法收益,并由此激发和保护创新者的创新积极性;其三,从市场机制视角看,知识产权是一种有效的市场机制,主要是通过知识产权所具有的无形性特质来制定产权的许可转让规则,进而使知识产权通过市场机制进行转移转化,并使产权效益最大化。

只有切实有效保护创新者的知识产权,才能够有序推进中国的知识产权强国战略,才能顺利推进实施创新驱动发展战略。作为中国通信设备领域的领军企业,华为公司在国际市场上的成功就是得益于其对知识产权的重视。建立完备的知识产权体系,既充分鼓励内部创新,又注重外部保护。2019年4月7日世界知识产权组织发布的公报显示,中国华为公司在世界知识产权组织《专利合作条约》框架下提交专利申请4411件,申请量连续第三年占据企业申请人第一名。排在第二—五位的依次是日本三菱电机株式会社（2661 件）、韩国三星电子（2334 件）、美国高通公司（2127 件）和中国广东欧珀移动通信有限公司（1927 件）。① 持续的创新投入使华为成为全球最大的专利持有企业之一。截至 2021 年年底，华为全球共持有有效授权专利 4.5 万余组（超 11 万件），90% 以上专利为发明专利。欧洲专利厅（EPO）在当地时间 2022 年 4 月 5 日发布的《2021 专利指数》报告显示，华为 2021 年共向欧洲专利厅申请专利 3544 项，位居排行榜榜首。②

知识产权已经成为中国企业在国际市场与他国企业竞争的法宝，但是怎样使知识产权价值最大化成为中国企业面临的一个新的考验。近年来，世界范围内的科技竞争和科技领域的保护主义，使中国企业面对着极为复杂和严峻的知识产权保护环境，给中国企业带来巨大挑战和压力。由于全球不同国家对知识产权管辖的司法差异，知识产权在不同国家的申请、维护等千差万别。比如专利费用缴纳，不同的国家所规定的缴费日期、缴费额度、缴纳币种选择要求等皆有所不同。

专利制度作为保护创新成果的产权制度，对于有效激发创新动力具有一定的保障作用。在技术专利化、专利标准化、标准产业化的市场竞争规则面前，尊重知识产权与保护知识产权日显重要。建立在市场规则之上的专利制度，就是要用法律的和经济的手段确认发明人对其发明享受专有权。中国的经济发展正由数量发展时代向质量发展时代转变，必须让标准成为质量的"硬约束"。质量时代依靠专利力量，以专利为核心的科技创新成果已经成为企业和国家的核心竞争力。基于全球经济发展的技术需求，中国必须围绕自主创新能力建设，解决强化技术创新与专利申请及标准制定间的紧密融合问题，有效推进专利与标准的深度融合。

近年来战略性新兴产业发明专利申请量、授权量总体呈增长态势，国内本土优势明显增强。知识产权愈益受到重视，企业的创新能力也得到明显提升。《企业专利管理办法》使专利机制成为促进公司技术创新、为

---

① 刘曲：《2019 年中国国际专利申请量全球第一》，《经济日报》2020 年 4 月 9 日。
② 周雨萌：《华为：专利将"合理收费"》，《深圳特区报》2022 年 4 月 8 日。

公司技术创新以及生产经营全过程服务的一个主要动力机制和保护机制。一方面保护重点产品和新技术,及时进行专利申请;另一方面奖励发明人,鼓励其继续创新,形成独具特色的管理方式。

二、"十二五"以来中国知识产权发展概况

"十二五"时期,中国受理的发明专利申请403.4万件,位居世界第一,并保持领先。《专利合作条约》国际专利受理申请11.7万件,相比于"十一五"时期增长了2.2倍;发明专利授权量为118.9万件,较"十一五"时期增长了1.5倍;每万人中发明专利的拥有量为6.3件,圆满地完成了国家"十二五"规划目标。①

"十二五"时期,中国的知识产权保护力度持续加大,中国知识产权系统共查出专利侵权案件8.7万起,是"十一五"时期的近10倍。知识产权的运用效益持续上升。专利质押的融资额度达到了1533亿元,年均增长58%,使5000余家企业受益;120项专利金奖项目新增销售额为6221亿元,新增利润达到1317亿元;专利许可备案量达到近4万项,许可金额为257亿元,知识产权对中国经济社会发展的贡献度显著上升。②

根据世界知识产权组织2019年4月7日发布的数据,2019年中国向世界知识产权组织共提交了58990件《专利合作条约》国际专利申请,美国共提交了57840件,中国已经成为《专利合作条约》最大用户。相关数据也显示,1999年世界知识产权组织收到中国提交的专利申请为276件,2019年这一数字飙升至58990件,20年间增长了200倍。③

伴随中国科技创新能力的持续提升,国内的有效专利数不断增加。2015年中国的国内有效专利数为4792356件,到2020年增加到11236868件(见图9-1),增加了134.5%。同时,国内外三种专利授权数量持续上升,由2015年的1718192件增加到2020年的3639268件,增长了111.81%(见图9-2)。

---

① 韩霁:《"十二五"我国专利发明申请量保持世界首位》,《经济日报》2016年1月8日。
② 韩霁:《"十二五"我国专利发明申请量保持世界首位》,《经济日报》2016年1月8日。
③ 刘曲:《2019年中国国际专利申请量全球第一》,《经济日报》2020年4月9日。

（单位：件）

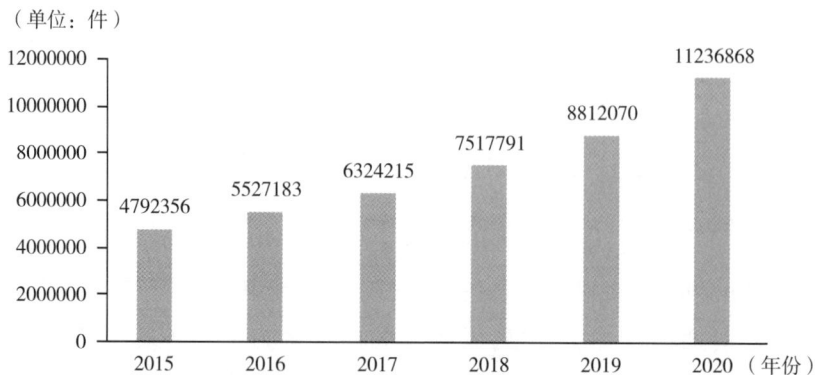

图 9-1 2015—2020 年中国有效专利数情况

资料来源：国家统计局社会科技和文化产业统计司、科学技术部战略规划司：《中国科技统计年鉴2021》，中国统计出版社 2021 年版，第 163 页。

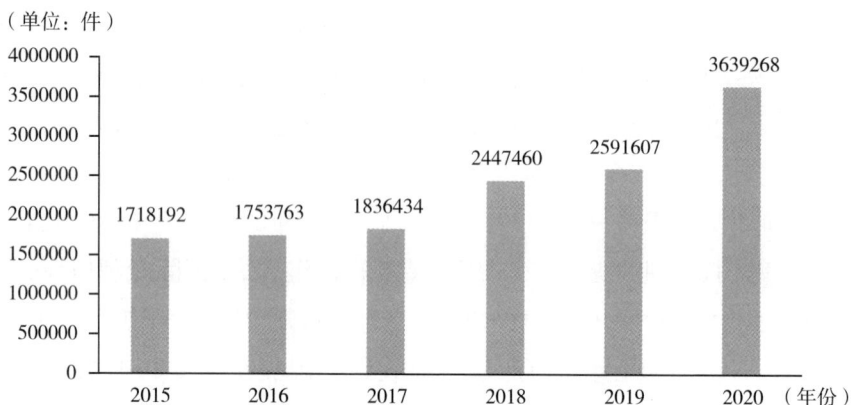

（单位：件）

图 9-2 2015—2020 年国内、外三种专利授权数情况

资料来源：2015—2019 年数据来源于国家统计局社会科技和文化产业统计司、科学技术部战略规划司：《中国科技统计年鉴2020》，中国统计出版社 2020 年版，第 193 页。
　　2020 年数据来源于国家统计局：《中国统计年鉴2021》，中国统计出版社 2021 年版，第 658 页。

　　2020 年，我国发明专利授权 53.0 万件，同比增长 17.1%；受理《专利合作条约》国际专利申请 7.2 万件，其中国内申请人提交 6.7 万件；实用新型专利授权 237.7 万件，外观设计专利授权 73.2 万件；集成电路布图设计登记申请 14375 件，同比增长 72.8%。截至 2020 年年底，我国国内有效发明专利中，维持年限超过 10 年的达到 28.1 万件，占总量的

12.3%,较上年提升 1 个百分点。企业创新主体地位进一步巩固,国内拥有有效发明专利的企业共 24.6 万家,较 2019 年增加 3.3 万家。其中,高新技术企业 10.5 万家,拥有有效发明专利 92.2 万件,占国内企业有效发明专利拥有量的近六成。① 上述数字表明,中国的知识产权申请根基于国内市场,但持续拓展国际市场且发展态势良好,这对于支撑创新驱动中国经济的高质量发展,不断提升外向型经济发展水平和层次极为有利。

同时,中国知识产权运用的效益不断提升。2020 年,中国专利商标质押融资总额达 2180 亿元,同比增长 43.9%,质押项目数超过 1.2 万项,同比增长 43.8%。知识产权保险的保障金额突破 200 亿元,惠及 4295 家企业。中国新增发行 12 单知识产权证券化产品,实际募资超过 33 亿元。② 数据显示,2020 年我国知识产权使用费进出口额为 3194.4 亿元,呈现"出口进口同步增长、出口增速更胜一筹"的局面③,这也反映了中国知识产权贸易的增长态势。从经济发展的实践看,知识产权已经由过去人们认知的无形资产,演化为企业发展的有形资本,能够大大提升企业的竞争力。

近年来中国的专利申请量和授权量得到大幅度提升,特别是专利申请量已经连续五年成为世界第一,这可以从近年来世界知识产权组织发布的《世界知识产权指标》中的相关数据得到佐证。中国专利申请是推动全球专利强劲增长的重要推动因素。中国知识产权申请量和授权量的持续上升,推动中国在国际上知识产权地位不断提升,这些成绩的取得主要受益于近年来中国政府坚定将科技创新置于国家发展全局的核心位置,持续实施创新驱动发展战略,强化实施知识产权战略,持续发力推动科技创新,下大力气加大知识产权保护力度和不断提升对侵犯知识产权行为的惩罚力度,使整个社会的创新能力持续提升、知识产权保护意识明显增强。

《2020 年中国知识产权发展状况评价报告》显示,中国知识产权综合

① 佘颖:《2020 年我国发明专利授权量增长 17.1%》,《经济日报》2021 年 1 月 23 日。
② 佘颖:《2020 年我国发明专利授权量增长 17.1%》,《经济日报》2021 年 1 月 23 日。
③ 佘颖:《世界水平的知识产权强国怎么建》,《经济日报》2021 年 10 月 1 日。

发展指数从 2010 年的基期值 100 提升至 2020 年的 304.7,年均增速 11.8%;中国知识产权创造指数从 2010 年基期值 100 增至 2020 年 296.5,年均增速达到 11.5%;中国知识产权运用指数从 2010 年基期值 100 增至 2020 年的 267.4,年均增速达到 10.3%;中国知识产权保护指数 从 2010 年基期值 100 增至 2020 年的 339.9,年均增速达到 13%。[①]

但是,客观地看,中国专利在质量上却与发达国家有很大差距。如从 有效发明专利的平均维持年限来看,中国的国内专利平均为 6 年,而国外 的来华专利则为 9 年;从有效发明专利的说明书页数和权利要求项数看, 中国的国内专利平均页数为 7.3、权利要求项数为 7.8,而国外的来华专 利页数平均为 18.5、权利要求项数为 17.4。[②] 实践中,某种程度上也反映 了国内的企业或高校为了追求业绩而放松专利申请标准,企业的目的在 于获得政策优惠,而高校主要在于完成科研项目的结题需要。从实践来 看,这样的专利既不能够阻挡和抵挡竞争对手,也不能够有效提升自己的 产品实力,没有真正意义上的竞争力,但是却实实在在消耗了中国大量的 创新资源和管理成本。专利制度是市场经济中的一种竞争政策,如果没 有实实在在进入市场环节中,仅仅是为了提升业绩而申请专利,采取先得 到授权然后再放弃,那就是自欺欺人且造成巨大的资源浪费。应该真正 回归到专利制度的本质,积极鼓励具有市场竞争力的专利申请,以防止专 利申请演化为"花瓶"。

三、中国省域知识产权申请量和授权量概况

2015 年,根据中国发明专利申请量和授权量排名省域统计,江苏省 首次上升到中国第一,而且实现了授权量和申请量的双冠军。[③] 截至 2015 年年底,广东省、北京市与江苏省继续保持中国发明专利拥有量的

---

① 张维:《〈2020 年中国知识产权发展状况评价报告〉发布》,《法制日报》2021 年 10 月 20 日。

② 佘慧敏:《别让专利变成"花瓶"》,《经济日报》2016 年 1 月 15 日。

③ 国家统计局社会科技和文化产业统计司、科学技术部战略规划司:《中国科技统计年 鉴 2020》,中国统计出版社 2020 年版,第 189—190 页。

前三名;同时发布的 2015 年发明专利申请量排名显示,中西部地区专利活跃度更胜往年。[①] 2019 年,广东省的国内专利申请数、授权数分别为807700 件和 527390 件,均超过江苏省的 594249 件和 314395 件,位居中国第一。[②]

　　一般来说,发明专利申请量与授权量排名从不同侧面反映了区域创新能力、创新主体的创新水平。江苏省发明专利申请量与授权量同时领先,体现了江苏省全面推动知识产权发展的结果与成绩。江苏省率先印发了《关于加快建设知识产权强省的意见》,主要是把大力培育知识产权密集型企业和产业作为强省建设的重要目标,持续引导创新资源集聚于企业。江苏省将知识产权战略纳入企业经营发展战略,坚持"数量布局、质量取胜"的基本理念,最大化地激发企业的创新优势。

　　广东省实施了战略性新兴产业专利信息资源开发利用项目,同时启动了"珠江西岸先进装备制造产业带专利导航工程"和"广东省重点出口产品专利预警分析计划",前沿性探索专利导航产业发展的新模式。2012—2014 年广东省连续三年知识产权综合发展指数位居中国第一。2020 年,广东省专利和发明专利授权量分别为 70.97 万件和 7.07 万件,同比增长 34.57%和 18.33%;《专利合作条约》国际专利申请量 2.81 万件,同比增长 13.64%,占中国总量的 41.79%。[③] 截至 2020 年年底,全省有效发明专利量 35.05 万件,其中高价值发明专利量 17.24 万件,占中国总量的 19.40%,均居中国首位。[④]

　　数据显示,2016 年,深圳市国内发明专利申请量、国内发明专利授权量、有效发明专利、《专利合作条约》国际专利申请、专利金奖数量都位居

[①]　国家统计局社会科技和文化产业统计司、科学技术部战略规划司:《中国科技统计年鉴 2020》,中国统计出版社 2020 年版,第 189—190 页。

[②]　国家统计局社会科技和文化产业统计司、科学技术部战略规划司:《中国科技统计年鉴 2020》,中国统计出版社 2020 年版,第 189—190 页。

[③]　何颖思:《广东知识产权综合发展指数连续 8 年位居全国第一》,《广州日报》2021 年 4月 27 日。

[④]　何颖思:《广东知识产权综合发展指数连续 8 年位居全国第一》,《广州日报》2021 年 4月 27 日。

中国前列。特别是《专利合作条约》国际专利申请达到 19648 件，同比增长了 47.6%，占中国总申请量的 46.6%，已经连续 13 年排名中国大中城市首位；国内有效发明专利总量为 96369 件，发明专利的密度已经达到了 80.1 件/万人，大大高于中国的平均水平。① 深圳市《专利合作条约》国际专利申请中，50% 左右来自华为、中兴、腾讯、比亚迪等大型企业。截至 2016 年，深圳有效发明专利中维持年限超过 6 年的专利占比 73.84%，位居中国第一。

2020 年深圳市国内专利授权 222412 件，居中国首位，同比增长 33.49%；每万人口发明专利拥有量达 119.1 件，约为中国平均水平的 8 倍，有效发明专利五年以上维持率达 83.77%；《专利合作条约》国际专利申请量 20209 件，连续 17 年居中国首位。商标申请量和注册量等指标均居中国首位。② 深圳市国内有效发明的整体质量位居各大城市前列，这在一定程度上使"深圳质量"的内涵进一步提升，这也显示了深圳市作为国家自主创新示范区、国家知识产权示范城市的示范引领作用，必将更好地为深圳市建设国际科技和产业创新中心奠定坚实基础。

浙江省深入推进区域和重点领域知识产权工作。充分发挥科技创新引领产业转型的积极作用，不断强化企业的技术创新主体地位。2015 年浙江省实现了 5 家企业入选国家知识产权示范企业，40 家企业入围国家知识产权优势企业。2020 年浙江省专利申请达 53.1 万件，专利授权 39.2 万件，同比分别增长 21.7%、37.3%。截至 2020 年年底，全省发明专利有效量同比增长 24.3%，其中发明专利授权同比增长接近 50%，居中国第三位。《专利合作条约》国际专利申请 4307 件，同比增长超过 70%，增速连续四年居中国第一位。每万人有效发明专利 34.1 件，同比增长 21.8%，居中国第四位。③ 2021 年 6 月 28 日，《浙江省知识产权发展"十四五"规划》正式发布，其目标是到 2025 年，浙江省成为数字化改革引领

---

① 喻剑：《靠创新添动力聚合力》，《经济日报》2017 年 3 月 21 日。
② 《深圳市 2020 年知识产权白皮书》，《深圳特区报》2021 年 4 月 24 日。
③ 张律、曹吉根：《浙江 2020 年专利发展指标成绩超预期》，《中国质量报》2021 年 3 月 5 日。

知识产权强国建设先行省。①

北京市结合区位优势和人力资源优势，按照"政府引导、市场运作、循环使用、提高绩效"的基本原则，专门设立3亿元重点产业知识产权运营基金，通过市场化的方式开展知识产权服务。于2015年10月启动了北京市知识产权一条街，诸多国际领先的知识产权创新机构在中关村知识产权大厦、国际技术转移中心和致真大厦周围集聚，有效带动了上百家各类知识产权服务机构进入。2019年北京市专利申请量为226113件、授权量为131716件，都位居中国第五。② 2020年，北京市专利申请量超25万件，专利授权量超16万件，每万人发明专利拥有量155.8件，居中国首位。

拥有专利的数量多少成为衡量区域原始创新能力的重要指标，也是一个地区市场发展潜力的评价指标之一。如何更为有效地释放市场潜能，构建完善的知识产权运营平台，以更好地服务于技术创新，是各地面临的紧迫问题。

2016年11月1日，《中国知识产权指数报告2016》（以下简称《报告》）发布，研究表明，2016年中国的区域知识产权指数从高到低前10位分别为：北京市、江苏省、上海市、广东省、浙江省、山东省、天津市、重庆市、福建省、安徽省，北京市连续7年保持中国第一位。③ 相比于2015年，位居前10的省份完全一致，体现出知识产权指数的显著区域性特征。依据《报告》，中国知识产权指数在地理上呈现出"东高西低"的基本态势，也就是由"东部沿海地区"到"中部地区"再到"西部边远地区"，指数逐步下降，表现为"波浪式"态势。这种地理区位分布特征本质上与地区经济发展和创新发展的阶段和特征相关联。表9-1、表9-2反映了2015年省（自治区、直辖市）间的专利授权量与申请量的差距。

---

① 全琳珉：《打造引领型知识产权强国》，《浙江日报》2021年6月29日。
② 国家统计局社会科技和文化产业统计司、科学技术部战略规划司：《中国科技统计年鉴2020》，中国统计出版社2020年版，第189—190页。
③ 沈慧：《我国知识产权发展水平"东高西低"》，《经济日报》2016年11月2日。

表 9-1　2015 年中国省域发明专利申请量排名

排名	省（自治区、直辖市）	数量（件）
1	江苏省	154608
2	广东省	103941
3	山东省	93475
4	北京市	88930
5	安徽省	68314
6	浙江省	67674
7	上海市	46976
8	四川省	40437
9	重庆市	35086
10	广西壮族自治区	30815

资料来源：曾红艳、郭静原：《大格局下涌现新活力》，《光明日报》2016 年 1 月 15 日。

表 9-2　2015 年中国省域发明专利授权量排名

排名	省（自治区、直辖市）	数量（件）
1	江苏省	36015
2	北京市	35308
3	广东省	33477
4	浙江省	23345
5	上海市	17601
6	山东省	16881
7	安徽省	11180
8	四川省	9105
9	湖北省	7766
10	陕西省	6812

资料来源：曾红艳、郭静原：《大格局下涌现新活力》，《光明日报》2016 年 1 月 15 日。

　　表 9-3、表 9-4 反映了 2020 年省（自治区、直辖市）间的专利申请量与授权量的差距。由表格中的数据可知，2020 年我国省（自治区、直辖市）发明专利申请量的前 6 名与授权量的前 6 名保持一致，但申请量的第 7 名的安徽省与第 9 名的福建省在授权数上的排位互换，反映了不同省

份专利质量的差异。

表9-3　2020年中国省域发明专利申请量排名

排名	省（自治区、直辖市）	数量（件）
1	广东省	967204
2	江苏省	719452
3	浙江省	4507050
4	山东省	337280
5	北京市	254165
6	上海市	210293
7	安徽省	202298
8	河南省	174869
9	福建省	178585
10	湖北省	163613

资料来源:国家统计局:《中国统计年鉴2021》,中国统计出版社2021年版,第659页。

表9-4　2020年中国省域发明专利授权量排名

排名	省（自治区、直辖市）	数量（件）
1	广东省	709725
2	江苏省	499167
3	浙江省	391700
4	山东省	238778
5	北京市	162824
6	上海市	139780
7	福建省	145928
8	河南省	122809
9	安徽省	119696
10	湖北省	110102

资料来源:国家统计局:《中国统计年鉴2021》,中国统计出版社2021年版,第659页。

四、中国知识产权保护的现状

伴随全球经济发展呈现出的科技化特征日益显现,经济社会发展领域的创新活力持续迸发，创新人才不断涌现，创新成为经济社会发展质量的决定性因素，由此更加彰显知识产权对创新保护的极端重要性。习近平总书记在中央政治局第二十五次集体学习时指出，"总的看，我国知识产权事业不断发展，走出了一条中国特色知识产权发展之路，知识产权保护工作取得了历史性成就……全社会尊重和保护知识产权意识明显提升"①。

从我国知识产权保护的整体状况看，仍然存在知识产权保护缺失等问题，严重影响创新者的创新积极性和创新活力。因此，2020年12月召开的中央经济工作会议强调，"要放宽市场准入，促进公平竞争，保护知识产权，建设统一大市场，营造市场化、法治化、国际化营商环境"。要加快完善知识产权保护制度，健全知识产权保护体系。

（一）知识产权保护的现状

从中国经济发展的实践和知识产权战略实施的效果看，中国的发明专利申请量连续9年排名全球第一，体现高价值高质量的核心专利不断涌现，数量大幅增加，人们保护版权的意识、守护品牌的理念、坚守专利所有权的思维持续提升。特别是党的十八大以来，中国的知识产权保护工作上了新台阶，社会整体上尊重和保护知识产权的意识显著上升，这有效激发了全社会的创新动能。

1. 知识产权保护的概况

基于中国的经济发展实践和科技创新现状看，中国的知识产权整体上存在多而不强、多而不优的困境，知识产权的创新水平处于底端，急需创造更多的核心专利、知名商标和版权精品；知识产权密集型的产业发展没有显现出对中国经济发展的应有贡献度，相较于欧美等发达国家处于底端；知识产权对创新者和产业发展的保护力度不够，其产生的效果与社会预期有差距；整体上中国在国家知识产权规则的制定权上仍处于遵循和跟随阶段，缺乏规则制定的话语权和影响力；知识产权的国际化程度

---

① 习近平：《全面加强知识产权保护工作　激发创新活力推动构建新发展格局》，《求是》2021年第3期。

低,在知识产权的损害赔偿领域,知识产权侵权行为的无过错责任归责原则并未建立起来;维权举证难、成本高、赔偿低现象大量存在,现实中知识产权侵权行为的发生可能是瞬间完成的事,但要真正进行知识产权的维权行动可能是漫长的艰难的诉讼之路。基于已有的实践案例看,对知识产权侵权行为的调查取证、起诉、应诉再到申请执行,任何一个环节都不能缺少,这必然造成知识产权维权人付出了大量的人力、物力时间成本消耗,即使官司取胜,但其曾经拥有的市场已经流失。此外,知识产权与经济发展融合尚不紧密,转移转化的效益也不高,影响了企业知识产权的竞争力提升。

由于中国的知识产权制度起步较晚,知识产权意识淡薄的现象普遍存在,创业企业的调查显示,即使在高新技术行业,创业企业仍然没有认识到知识产权的极端重要性,其体现为超过六成以上的创业者并未认识到知识产权在创业过程中的关键地位和作用,绝大多数企业创始人和合伙人既不是知识产权的发明人或创造者,也并不是知识产权的所有者。这在某种程度上反映了中国的知识产权氛围尚未形成,企业的知识产权观念急需提升。

从国际比较看,中国还不是知识产权强国。从评价标准看,一个国家是否为知识产权强国,主要是看其拥有的知识产权的整体质量,特别是知识产权的运用和转化能力,也就是科技成果的实际转化率和产业化率,能够产生的直接和间接经济效益,以及对企业核心竞争力形成的影响力。从现实看,中国的知识产权总体运用水平低,真正具有战略性价值的开创性专利成果缺乏,特别是中国的知识产权在应用方面短板明显,这是我们必须加快解决的一个紧迫问题。

2. 加大知识产权侵权行为打击力度

现实中中国的知识产权保护工作做得很不到位,经常发生知识产权侵权的事例,给真正的创新者造成巨大的伤害,使他们的艰辛付出付之东流,其利益受到巨大损失,这大大影响了他们再次创新创业的积极性。2014年,中国的知识产权行政执法和司法保护继续强化。中国的专利行政执法办案总量达到24479件,同比增长了50.9%。中国工商系统共查处侵权假冒案件 6.74 万件,案值 9.98 亿元。中国版权系统立案查处侵权盗版案件 2600 余件,收缴侵权盗版制品 1200 余万件。中国海关共扣留侵权货物 2.3 万批,新核准知识产权海关备案 5306 件,同比增长 11%。①

根据国家知识产权局局长申长雨介绍,“十二五”时期,中国知识产权系统总共查处专利侵权假冒案件 8.7 万件,是“十一五”时期的近 10 倍。2015 年中国专利行政执法办案量总计 35844 件,同比增长 46.4%。其中,专利纠纷案同比增长了 77.7%;查处的假冒专利案件同比增长了 30.6%。②“十二五”时期,中国国内商标权、商业秘密和其他销售假冒伪劣等侵权假冒案件 32.2 万件,侵权盗版案件共 3.5 万件。

2017 年中国专利行政执法办案总量 6.6649 万件,同比增长 36.3%;其中专利纠纷办案 2.8157 万件(包括专利侵权纠纷办案 2.7305 万件),同比增长 35.0%;发明专利案件占专利纠纷办案量比重达 17.1%,提高 5.8 个百分点;查处假冒专利案件 3.8492 万件,同比增长 37.2%③。2020 年,中国市场监管部门组织开展知识产权执法等专项行动,切实保护权利人和消费者合法权益。2020 年全年,各类专项行动共查处案件 31.6 万余件。其中,商标侵权案件 3.1 万余件;针对侵权假冒高发多发的重点实体市场开展执法行动 12 万余次。④ 这说明,一方面,我们不断强化对知识产权的保护力度,为各类市场主体和创新主体提供优良的市场环境,激发市场主体的创新积极性;另一方面,也反映了市场的侵权行为大量存在,仍然在侵蚀和破坏市场竞争环境,影响市场主体的创新积极性和创新动力。

3. 知识产权法院设立

2014 年 8 月 31 日,第十二届全国人民代表大会常务委员会第十次

---

① 李哲:《我国发明专利申请量连续 4 年世界第一》,《经济日报》2015 年 4 月 17 日。

② 韩霁:《我国知识产权创造实现五连冠》,《经济日报》2016 年 1 月 15 日。

③ 孙迪:《我国知识产权保护各项工作取得积极进展》,《中国知识产权报》2018 年 7 月 9 日。

④ 林丽鹏:《去年知识产权执法等专项行动共查处案件 31.6 万余件》,《人民日报》2021 年 3 月 18 日。

会议通过决定,在北京市、上海市、广州市设立知识产权法院,其目的是为有效推动创新驱动发展战略保驾护航,通过切实强化知识产权的司法保护,依法维护知识产权所有权人的合法权益,维护社会的公共利益。2014年11月北京知识产权法院成立,同年12月,广州知识产权法院、上海知识产权法院先后揭牌。① 截至 2017 年 2 月 28 日,北京知识产权法院共受理专利案件 3693 件,占全部收案数的 16.8%。同期,该院已经审结各类知识产权案件 14317 件,其中专利案件占比为 12.3%。与 2015 年比较,2016 年专利案件审结数量增长率达到 70.5%。②

2022 年 4 月 24 日,广州知识产权法院发布了《广州知识产权司法保护状况(2021 年)》白皮书,2021 年广州知识产权法院审判质效显著提高,新收案件 15244 件,审结案件 14297 件,法官人均结案 530 件,同比分别增长了 10.95%、17.51% 和 4.5%,均创历史新高。此外,诉前成功调解案件 1988 件,同比增长 97.81%,调解成功率 36.15%,快速化解了一大批知识产权纠纷③。

2020 年 4 月 23 日,《上海法院专利审判白皮书》发布,白皮书显示,2019 年上海市法院受理的相关知识产权案件为 23580 件,受理的一审专利权纠纷案件的数量同比上升了 91.14%。④上海知识产权法院创新方法升级多元解纷机制,促进双方当事人在现有状况下达成和解;探索在技术类案件中邀请技术调查官参与调节,为调节工作的开展创造空间。上海法院以知识产权司法现代化、国际化、专业化、精细化发展为工作目标,不断完善知识产权保护制度,加大知识产权执法力度,尽力为上海建设具有全球影响力的科创中心提供更为优质高效的知识产权司法服务和保障,创造更为优良的发展环境。

实践中,在中国知识产权被侵权的现象严重,很重要的一个原因就是

---

① 宿迟:《这一案,让国际看到中国保护知识产权的决心》,《光明日报》2020 年 12 月 24 日。

② 李万祥:《从专利纠纷案例看保护创新艰巨性》,《经济日报》2017 年 3 月 27 日。

③ 《广州知识产权法院发布 2021 年度知识产权司法保护状况白皮书》,见 http://www.gd-copyright.cn/gdcrsp/article/content/202205/1600/1.html。

④ 黄浩栋:《上海法院去年受理知产案件 2.3 万余件》,《法制日报》2020 年 4 月 30 日。

中国过去秉持贴牌经济发展模式，以及社会整体诚信机制没有完全建立起来。当企业仅仅追求短期利益，没有坚持品牌理念时，是不可能培养出良好的知识产权保护意识的。同时，中国法律对于知识产权侵权行为的惩罚力度过小，起不到警示作用。调查显示，中国专利侵权案件平均判赔额仅为 8 万元左右，而在美国平均为 500 万美元。① 此外，在专利案件中，往往出现"赢了案件输了市场"的现象，没有实现专利权的市场价值。于 2014 年 11 月成立的北京知识产权法院，持续加大和提高对专利权人的损害赔偿额。比较有代表性的侵权案例是北京握奇数据系统公司诉讼恒宝公司专利侵权，北京知识产权法院的最终判决结果是要求被告赔偿 4900 万元损失及其律师费用，无论是赔偿额之高还是律师费的支付都是首次。数据显示，2015 年北京知识产权法院判决的侵权案件平均赔偿额为 45 万元，为了打击和震慑知识产权侵权行为的频发，2016 年知识产权侵权案件的判决赔偿额提升到 138 万元。② 对于中国来说，更应该注重专利所产生与带来的真正市场竞争力，更为关注专利产品对整个市场的贡献率。所以，中国的知识产权创造必须完成由多向优、由大向强的根本转变。

总体来看，中国的知识产权保护和运用是两个"短板"。《"十三五"国家知识产权保护和运用规划》提出了以知识产权的保护和运用为主线，实行严格的知识产权保护，强化知识产权运用，这适应了目前国际国内经济发展态势对知识产权发展的需求，也反映了各个创新主体的基本诉求，更有效地体现了弥补短板的要求。

（二）知识产权管理的现存问题

伴随改革开放的日益深化和各项体制改革的更加完善，中国知识产权保护的实践效果日益显现，在全球的影响力不断提升。国家知识产权制度日益完善，但从全球看，知识产权学术话语权和主导权呈现出"西强我弱"的格局，短时期内难以根本改变。

---

① 韩霁：《我国知识产权创造实现五连冠》，《经济日报》2016 年 1 月 15 日。
② 李万祥：《从专利纠纷案例看保护创新艰巨性》，《经济日报》2017 年 3 月 27 日。

　　目前,中国的知识产权管理和保护水平大大影响了科技创新生态,表现为市场主体在实际经济发展中运用知识产权的能力和水平低下,大量的授权专利处于沉睡状态,为了专利数量而申请的短命专利比比皆是。经济发展实践中遇到知识产权纠纷时,市场主体的保护意识和采取的应对措施不到位,应对知识产权纠纷的能力和有效抵御知识产权滥用的能力严重不足。伴随经济发展的新模式和技术创新的新模式、新形态的出现,对新技术、新模式的知识产权保护往往存在滞后。随着互联网技术的迅速发展和普遍应用,网络侵权和网络制售假冒伪劣产品行为随之出现,一些电商平台频频出现售假和侵权行为,已经在国际上产生诸多负面影响。

　　长期以来,中国的知识产权管理存在多头管理与各自为政的问题。如国家知识产权局负责组织协调中国保护知识产权工作和专利工作;国家工商行政管理总局在其内部设立了商标局和商标评审委员会,具体负责商标工作;国家新闻出版署(国家版权局)负责著作权工作;农业农村部和林业局负责植物新品种工作;农业农村部、国家市场监督管理总局负责地理标志工作;海关总署、商务部、文化和旅游部等部门也分别承担了相关工作。这种多头管理格局大大制约了对知识产权的有效管理,甚至在面对和处理知识产权侵权行为时,互相牵制和制约,处理结果大打折扣,不能有力打击知识产权领域的侵权行为,也影响了创新者的积极性。

　　相关数据表明,全球有 196 个国家建立了知识产权制度,其中实施专利与商标"二合一"模式的国家占比为 55%,实施专利、商标与版权"三合一"模式的国家占比为 40%,仅有包括中国在内的不到 10 个国家实行专利、商标与版权分离管理的模式。① 因此,急需对中国的知识产权管理体制进行有效改革,以体现知识产权对技术创新的有效保护和推动作用。

　　在强调各司其职、各负其责、多头管理、分散管理的体制下,每个部门所掌握的相关数据都有自己的来源渠道,各部门出于自身利益的考量,对

----

　　① 王峰:《知识产权综合改革试点启动或改变行政管理"九龙治水"格局》,《21 世纪经济报道》2017 年 1 月 13 日。

数据的选择设置有自己的标准,这就会导致在数据的共享方面缺乏积极性,结果就是各个部门间的数据资源处于分割状态,无法有效整合和共享。在大数据需求日益凸显的时代,必然造成各部门在实践中面临诸多冲突和矛盾,大大降低了工作效能。如果要进行知识产权综合管理改革,就必然涉及部门间的利益调整与分割,使知识产权改革遇到很大阻力。

第二节　强化知识产权保护与运用

成熟市场经济国家的发展实践表明,产权制度是市场经济健康发展的压舱石,推动着创业创新活动的持续进行。近年来,党中央不断强调加强产权保护,有效保护产权所有人的基本利益,并且已经取得了显著成效。

知识产权一头连接创新,另一头连接市场,是创新与运用良性循环的"动脉"。只有通过知识产权这一法律框架保护,科技创新的成果才能最终实现资本化,也才能使无形资产转化为有形资产。

保护知识产权就是保护创新,就是真正有效推动创新,这已经被经济发达国家的实践和中国改革开放以来的经济成绩与科技创新成绩所证明。中国自提出建立社会主义市场经济体制和加入世界贸易组织以来,大量引进了国外特别是发达国家的知识产权,有效推动中国的科技创新能力提升和产品的高质量提升。目前,中国正从知识产权的引进大国向知识产权创造大国迈进,知识产权的战略定位由追求数量转向提升质量。在经济发展中,只有持续强化知识产权的全链条保护,坚持法律、行政、经济、技术、社会治理等多种方式的综合并用,才能切实构建起严密高效的知识产权保护体系,才能真正推动经济的高质量发展。

党的十八大以来,中央持续提升对知识产权相关问题的认识,不断强化知识产权保护工作。党的十八届三中全会通过的《中共中央关于全面深化改革若干重大问题的决定》明确指出,加强知识产权运用和保护,健全技术创新激励机制,探索建立知识产权法院。党的十八届四中全会通过的《中共中央关于全面推进依法治国若干重大问题的决定》又提出,完善激励创新的产权制度、知识产权保护制度和促进科技成果转化的体制机制。

《国务院关于新形势下加快知识产权强国建设的若干意见》提出，要加快实施国家知识产权战略，不断推进知识产权重点和关键领域的改革，形成更加严格的知识产权保护氛围，以更好地促进新产业、新技术、新业态健康发展，有效激励和调动大众创业、万众创新的积极性。

2016 年 12 月 5 日，中央全面深化改革领导小组第三十次会议审议通过了《关于开展知识产权综合管理改革试点总体方案》①，提出了要在中国进行知识产权综合管理试点改革，紧紧围绕创新发展的基本需求，有效发挥专利、商标、版权等知识产权的引领和导向作用，切实打通知识产权创造、运用、保护、管理、服务等环节的堵点，形成完整的全链条体系。加快形成高效的知识产权综合管理体制，以形成更好地服务于民的知识产权公共服务体系。

2016 年 12 月 30 日，国务院发布了《"十三五"国家知识产权保护和运用规划》（以下简称《规划》），首次将知识产权工作纳入国家层面的重点专项规划。《规划》提出要全面推进知识产权战略的有效实施，不断深化知识产权领域的各项改革，对知识产权实施更加严格的保护，经济发展中强化知识产权的运用，持续提升知识产权的经济效益和社会效益，进一步增强中国的知识产权的国际影响力，把中国建设成在全球有影响力的高水平知识产权强国。《规划》提出到 2020 年，知识产权领域的关键环节和领域进行的改革要取得突破性的成果，在中国建成一批知识产权强省、强市，保护知识产权的软硬环境显著优化和好转，知识产权对经济社会发展的作用及效应日益显现，知识产权功能发挥的综合能力有效提升。《规划》还给出了具体的实现目标，每万人口发明专利拥有量从 2015 年的 6.3 件增加到 12 件，国际专利申请量从 2015 年的 3 万件增加到 6 万件，知识产权使用费出口额从 2015 年的 44.4 亿美元提高到 100 亿美元（见表 9–5）。②

---

① 苗文新：《推进综合管理改革 释放知识产权活力》，《人民日报》2017 年 2 月 6 日。

② 新华社：《到 2020 年每万人口发明专利拥有量增至 12 件》，《经济日报》2017 年 1 月 14 日。

表 9-5 "十三五"时期知识产权保护和运用主要指标

指标	2015 年	2020 年	累计增加值	属性
每万人口发明专利拥有量(件)	6.3	12.0	5.7	预期性
《专利合作条约》专利申请量(万件)	3	6	3	预期性
植物新品种申请总量(万件)	1.7	2.5	0.8	预期性
中国作品登记数量(万件)	135	220	85	预期性
年度知识产权质押融资金额(亿元)	750	1800	1050	预期性
计算机软件著作权登记数量(万件)	29	44	15	预期性
规模以上制造业每亿元主营业务收入有效发明专利数(件)	0.56	0.70	0.14	预期性
知识产权使用费出口额(亿美元)	44.4	100.0	55.6	预期性
知识产权服务业营业收入年均增长(%)	20	20	——	预期性
知识产权保护社会满意度(分)	70	80	10	预期性

注：知识产权使用费出口额为五年累计值。
资料来源：《国务院关于印发"十三五"国家知识产权保护和运用规划的通知》,2016 年 12 月 30 日,
　　　　见 http://www.gov.cn/zhengce/content/2017-01/13/content_5159483.htm。

　　2017 年是深入实施国家知识产权战略、加快建设知识产权强国的关键之年。党的十九大提出要倡导创新文化,强化知识产权创造、保护、运用。习近平总书记在十九届中央全面深化改革领导小组第一次会议强调,要树立保护知识产权就是保护创新的理念,优化科技创新法治环境。李克强总理在 2017 年 11 月 22 日国务院常务会议上指出,要着力解决知识产权侵权成本低、维权成本高的问题。各地区各部门认真落实党中央、国务院部署,知识产权保护各项工作取得积极进展。

　　2018 年博鳌亚洲论坛开幕式上,习近平总书记提出加强知识产权保护是完善产权保护制度最重要的内容,也是提高中国经济竞争力最大的激励。这为我国知识产权保护工作指明了新的方向、提供了根本遵循。关于知识产权保护的"两个最"的提出,将知识产权保护提升到了新的高度。

　　2019 年党的十九届四中全会提出,要加强中央在知识产权保护方面的事权。在 2019 年 7 月 24 日召开的中央全面深化改革委员会第九次会议上,审议通过了《关于强化知识产权保护的意见》,强调要着眼于统筹推进知识产权保护,从审查授权、行政执法、司法保护、仲裁调解、行业自律等环节,改革完善保护工作体系。李克强总理在 2019 年 7 月 17 日召开的国务院常务会议提出,进一步强化知识产权保护,优化营商环境,促进科技创新,深化国际合作,对进一步加强知识产权执法、完善知识产权相关法律法规、压缩专利和商标审查周期等提出明确要求。

2020 年 1 月 6 日召开的全国知识产权局局长会议提出,要强化知识产权保护,大力促进知识产权价值实现。会议提出了七项任务:加强知识产权顶层设计,强化知识产权保护,持续推进知识产权审查提质增效,大力促进知识产权价值实现,提升知识产权公共服务能力,更大力度加强知识产权保护国际合作,加强知识产权文化建设和人才培养。4 月 20 日,《国家知识产权局关于印发〈推动知识产权高质量发展年度工作指引(2020)〉的通知》①中提出,到 2020 年年底知识产权创造质量、保护效果、运用效益、管理水平、服务能力和国际影响力进一步提升,知识产权高质量发展的指标体系、政策体系和统计体系进一步完善,知识产权领域"放管服"改革进一步深化,知识产权在推进国家治理体系和治理能力现代化中的作用进一步凸显。

2021 年 10 月,国务院印发了《"十四五"国家知识产权保护和运用规划》(以下简称《规划》),数据显示,"十三五"时期,国内每万人口发明专利拥有量从"十二五"末的 6.3 件增加到 15.8 件,专利密集型产业增加值占国内生产总值(GDP)比重超过 11.6%,版权产业增加值占 GDP 比重超过 7.39%。《规划》设立了八个主要预期性指标,包括 2025 年每万人口高价值发明专利拥有量达 12 件、专利密集型产业增加值占 GDP 比重达到 13%等。②

---

① 《国家知识产权局关于印发〈推动知识产权高质量发展年度工作指引(2020)的通知〉》,2020 年 4 月 20 日,见 http://www.gov.cn/zhengce/zhengceku/2020 - 04/22/content_5505032.htm。

② 汪子旭:《"十四五"国家知识产权保护和运用规划出炉》,《经济参考报》2021 年 10 月 29 日。

在依法治国的背景下，完善知识产权法律制度，具有重要的现实意义。从个人、企业到国家、民族的兴旺发达都与知识产权事业的发展息息相关。知识产权领域中的每个人都关心知识产权保护：发明人关心保护的目的在于保护创新，投资人关心保护的目的在于回报，企业关心保护的目的在于防止盗版。中国要实现创新发展，向世界技术前沿迈进，知识产权制度就必须在打击侵权和保护创新资本的投入上保持连续性和稳定性，就必须使违法者付出巨大成本和代价，使创新成果得到有效保护。只有如此，才能够有效激励和保护创新。

实践表明，对知识创新的保护和尊重，就是对人才的真正保护和尊重，会更加激励创新者的创新积极性和热情。从实践看，中国法院大幅提升了知识产权侵权行为的赔偿金额，体现了对创新精神的保护和尊重。伴随知识产权惩罚性赔偿制度完善和在社会各领域的应用，中国知识产权的司法保护水平将会持续提升到一个新的高度。

基于中国经济发展的实际和知识产权制度的演进历程看，改革开放初期，中国的知识产权保护行为及其制度建设主要是基于应对外部压力；伴随中国市场经济体制建设的日益完善和成熟，中国对于知识产权保护的动力则来源于经济发展的内在要求，主要是适应中国科技的迅速发展需要，必须加快完善知识产权制度和严格知识产权保护。发达国家的经济社会发展经验表明，随着市场经济发展水平的持续提升，知识产权保护的重要性也更加凸显。党的十九届五中全会提出了加快构建新发展格局的基本任务和目标，对于我们来说要加快形成更为有效的知识产权保护制度，要严格遵循知识产权国际规则，更为深入地推进中国的制度型对外开放。

因此，我们必须深化知识产权领域改革，加强知识产权保护，建立知识产权评议和预警机制，为科技创新提供安全保护屏障。要实行严格的知识产权保护制度，完善行政执法和司法保护两条途径优势互补、有机衔接的知识产权保护模式，加大知识产权侵权行为惩治力度。

一、完善知识产权援助和维权体系

(一)知识产权援助和维权体系建设

要加快完善知识产权的维权体系。实践表明,知识产权维权援助体系的不断完善,不仅可以保障权利人和社会大众通过合法途径维护自身权益,还能够将知识产权的确权行为与维权行动更好地结合起来,确保专利工作的高效开展。2020 年 8 月,国家知识产权局印发《关于进一步加强知识产权快速维权中心建设工作的通知》,提出到 2023 年,形成以保护中心为基础、快速维权中心为延伸,国家、省、市、县协调发展的知识产权快速协同保护体系。我国共有维权援助机构 1000 余家,覆盖中国大部分地区,2020 年共办理维权援助申请 3.3 万余件,提供咨询指导服务 4.3 万余次,提供知识产权侵权判定参考意见 9384 件;中国参与维权援助服务的高校达到 194 个、社会组织 386 个,中国知识产权保护志愿者达 5200 余人,有维权援助专家 5100 余人,维权援助社会共治力量日渐充实。①

快速维权中心就是集快速授权、快速维权于一体的机构,快速维权中心将审查授权、维权援助、行政执法的一些权限进行集成,包括快速授权。通过这种方式,建立一套集授权、确权、维权包括专利分析预警等于一体的机制。还要拓宽专利保护的公益服务渠道,以共建专利保护的社会治理机制。积极探索知识产权法院建设,积极有效发挥司法对知识产权保护的主导作用。要加快推进知识产权法修订工作,不断强化知识产权行政执法工作,深入开展知识产权维权行动,有效打击网络侵权盗版等行为。

完善并实施严格的知识产权保护制度,以更好地建设好创新的"保护特区"。要采取有效措施彻底解决市场准入障碍和壁垒,运用法律手段和政策措施切实保护好创新活动。《中共中央　国务院关于深化体制机制改革加快实施创新驱动发展战略的若干意见》(以下简称《意见》)提出,实施严格的知识产权保护制度,这也是中国实施创新驱动发展战略的

---

① 杜鑫:《我国知识产权维权援助机构已超千家》,《工人日报》2021 年 1 月 27 日。

必然要求。知识产权制度本身是激励创新的制度，知识产权的保护精神贯穿于《意见》始终。

要通过知识产权法律体系的不断完善，逐步提升创新者的知识产权意识和认识水平；持续提升知识产权的立法标准和执法水平，大幅提高对知识产权侵权违法者与不正当竞争行为的惩罚力度，大大增加其违法成本，以有效遏制知识产权违法行为。

加快完善知识产权侵权惩罚性赔偿制度，真正有效保障知识产权人的合法权益。要研究知识产权市场价值的科学的司法认定办法，提高对知识产权侵权行为的经济惩治力度和名誉惩罚，遏制实践中知识产权权利人赢了官司却丢了市场的尴尬境况。因此，一方面要强化产权保护的力度，切实加大对侵权行为的经济惩罚力度；另一方面要提高知识产权执法司法保护的便利度和及时性，达到知识产权侵权行为付出成本高而知识产权的所有者维权成本低的社会效果。

（二）国家层面关于保护知识产权，打击知识产权侵权行为的相关措施

为了保护知识产权，防止侵权泛滥，国家层面对于知识产权保护的力度在加大。《中共中央　国务院关于完善产权保护制度依法保护产权的意见》①于2016年11月公布，其明确提出要提高知识产权侵权法定赔偿上限，探索建立对专利、著作权等知识产权侵权的惩罚性赔偿制度，对情节严重的恶意侵权行为实施惩罚性赔偿制度，并由侵权人承担权利人为阻止侵权行为所支付的合理开支。

2016年12月30日，国务院发布了《"十三五"国家知识产权保护和运用规划》②，第一次把知识产权发展规划纳入国家重点专项规划之中，主要目的在于加速完善知识产权制度，不断提升知识产权的保护水平和能力。提出了具体目标：也就是到2020年，知识产权改革要在重要领域

---

① 《中共中央　国务院关于完善产权保护制度依法保护产权的意见》，2016年11月4日，见 http://www.gov.cn/zhengce/2016-11/27/content_5138533.htm。

② 《国务院关于印发"十三五"国家知识产权保护和运用规划的通知》，2016年12月30日，见 http://www.gov.cn/zhengce/content/2017-01/13/content_5159483.htm。

和关键环节上取得突破性和决定性成果,在中国一些省(自治区、直辖市)建成知识产权强省、强市,知识产权在经济发展中的应用效益和综合能力大幅提升。

2017 年 3 月 22 日,国务院印发了《关于新形势下加强打击侵犯知识产权和制售假冒伪劣商品工作的意见》①(以下简称《意见》),全面部署进一步打击侵权假冒工作,保障国家知识产权战略深入实施,维护公平竞争的市场秩序,完善法制化、国际化、便利化的营商环境。

《意见》提出了要坚持依法治理、打建结合、统筹协作、社会共治等原则,对侵权假冒商品的生产、流通、销售形成全链条打击:其一是要部门间的执法协作,健全行政执法与刑事司法衔接机制,明确权力清单,堵塞监管漏洞。其二是要加快推进区域之间的执法活动,不断探索建立跨区域联席会议、有关线索互通、相关证据转移、有关案件的查办以及有关的检验鉴定结果相互承认等制度。其三是加大执法办案的国际交流合作。积极开展知识产权海外维权。伴随中国企业"走出去"的规模愈益扩大,中国企业在海外遭遇的涉外知识产权纠纷案件不断增加。这给中国企业造成很大的经济损失和声誉损失,因此,要加强国际合作与交流,以保护海外中国企业的知识产权,既可以采取与其他国家签订合作条约或者协定,形成互助体制,也可以主动积极地参与到国际知识产权规则的制定中,以争取更多的权利。

二、不断推进知识产权运营平台建设

要加快中国的知识产权强国战略推进,就必须提升科技成果的转化率和产业化率,而这又需要将知识产权战略重心由注重保护转向保护运用并重。基于经济发展和科技创新视角,获取知识产权与保护知识产权并不是科技创新的真正目的所在,其最根本的是要让知识产权转化为企业在市场上所拥有的竞争力,转化为一个国家的核心竞争力,以推进国家

---

① 《国务院关于新形势下加强打击侵犯知识产权和制售假冒伪劣商品工作的意见》,2017 年 3 月 9 日,见 http://www.gov.cn/zhengce/content/2017-03/22/content_5179592.htm。

经济的持续发展。知识产权的真正价值体现在运用方面。知识产权只有通过在市场和生产中的运用，才能够真正实现其与经济社会发展的有效对接，也才能够激发创新创业者的积极性，进而推动创新发展。

建立健全更为完善的知识产权运用服务体系，使专利能够真正体现市场的价值。中国已经基本建成了"1+2+20+N"的知识产权运营平台体系，为企业的专利转移转化、收购托管、交易流转及质押融资等活动提供了有效的平台支撑。我们还要进一步加快推进知识产权运行平台建设，充分发挥知识产权在经济转型升级发展中的推动作用。

要加快解决知识产权管理部门条块分割的现状，改变低效管理局面。充分利用现代信息技术，依托云计算技术搭建知识产权综合管理云平台，能够比较好地实现资源的有效整合和高效利用。要建设综合管理平台，首先，坚持要素整合的原则，重新架构涉及知识产权创造、运用、保护与管理的所有环节，以达到知识产权确权、运用、维护和管理的程序与相关信息的协同效应。其主要的信息与程序包括：知识产权的申请、注册与登记的确权程序与信息，知识产权交易、许可等程序及信息，知识产权维权的程序与信息以及知识产权管理的程序等。其次，要坚持标准统一的原则，也就是要整合统一现有专利、商标、著作权管理部门的标准与数据，打破有关管理部门独自建立的相关平台，建立统一的"监管和执法统一、保护和促进统一、交易和运用统一"的知识产权管理云平台。知识产权管理云平台建设目的在于：通过数据和标准的有效统一，以达到基础数据平台的集成共享，使知识产权管理与执法能够实现协同办理和全流程协调配合。要加快建设知识产权普法的信息化平台，有效提升全民保护知识产权的法制观念，持续营造知识产权法治文化环境和氛围。

三、不断完善与提升知识产权的公共服务水平

知识产权服务是创新发展的关键环节。随着创新驱动发展战略的深入推进和大众创业、万众创新的持续发展，需要不断提升知识产权的服务水平。因为一项创新成果被设计或研发人员创造出来，可能仅仅是技术或是作品或是创意，在此阶段下现有的成果容易被他人随意采用。只有

通过知识产权服务人员的工作,才能够为这些创新成果套上知识产权的外衣,也才能够使这些创新成果获得较为稳定的财产性法律权利,才能使创新者的成果得到更好的保护。

要深入推进知识产权领域的"放管服"改革。争取用较短时间,实现专利、商标、版权等各类知识产权基础信息的有序流动和聚合发展。同时,要加快发展知识产权相关的服务业,特别是要大力培育多层次、市场化的知识产权服务业从业人员。这不仅是知识产权事业发展的基本要求,更是推动知识产权向现实生产力转化的重要力量。要积极参与国际知识产权规则的制定,促使中国从规则的跟随者和遵循着向参与者和引领者转变,推动实现"知识产权强国"目标。

充分利用移动互联网技术,加强知识产权执法与公共服务。通过宽带、无线、移动通信技术等实现互联互通、跟踪、监控与管理,这样能够有效提升知识产权现场执法的效率和提高公共服务水平。其具体的运行体系包括:一是加快建立统一的涵盖专利、商标与著作权行政执法的知识产权执法数据库,通过有关数据为知识产权执法提供有效支撑。二是研发设计运用移动互联网技术,大力提升知识产权现场执法水平。三是建立和完善知识产权信息库,包括所有登记注册的知识产权权利信息、权利人信息、正在调查的知识产权行政保护案件与司法保护案件、已经审结的知识产权案件、海关总署查获的案件等,知识产权相关数据库的运行,能够有效帮助知识产权执法人员与司法人员随时查阅信息,也可同步进行知识产权案件的风险评估,大大提升知识产权侵权案件的处理效率。也可以开发基于云平台与大数据的应用 APP,其目的是为公众、企业、知识产权中介服务机构提供综合服务,优点是用户能够提供有效信息,形成知识产权运营所必需的技术、市场、金融、担保、服务等支撑体系,创造知识产权事业发展所需的商业化与法制化的良好环境。

四、加快培育精通知识产权知识的"明白人"

产业技术创新战略联盟起步阶段,由于合作者知识能力所限,在知识产权工作上并不熟悉与专业,这就需要获得更多的政策支持。因此,要落实企业知识产权政策措施,培养精通企业知识产权的"明白人",不断扩大专利基础数据的开放范围,强化对产业技术创新战略联盟的专利信息推送服务,加快创新成果向现实生产力和企业竞争力的转化。

知识产权高端人才培养是一项系统工程,要走出符合中国特色的知识产权人才培养道路。一是要创新知识产权高端人才培养模式,采取"长线教育+短线培训"的新模式,注重人才培养目标的应用性和实务性。二是完善知识产权高端人才提升机制,打通人才开发通道,打造全周期的知识产权高端人才孵化器,依据不同群体的能力需求特征而设计人才培养项目。真正培养理论和实践相结合的知识产权高端人才。

五、建立知识产权投融资体系

根据经济发展实践,有效推进知识产权与金融的有机结合。不断扩大知识产权质押规模和保险规模,积极探索知识产权证券交易等资本化新模式。

中小企业在发展的实践中,往往面临着巨大的科技创新高风险性,这也导致其面临着信贷融资难问题。由于资本市场的高门槛,使中小企业融资经常陷入困境。这已经大大制约了中小企业的健康成长。从经济发展实践看,知识产权投融资能够成为中小企业融资的一条有效途径。知识产权投融资的商业化和常态化将是发展的必然趋势。当前,国家相关部门已经启动在中国范围内搭建知识产权投融资平台,创新知识产权质押融资风险评估与流转的有效管理机制,激励和引导商业银行等相关金融机构以及各类担保机构进行多种模式的知识产权质押融资业务。

为了加快推进创新驱动发展战略,推动中国经济高质量发展,国家层面持续出台新的政策,目的在于有效推动知识产权质押融资。地方政府也加速开展此项工作,以鼓励金融机构能够为科技型企业授信,真正解决其融资难的核心问题。《国务院关于强化实施创新驱动发展战略进一步推进大众创业万众创新深入发展的意见》《国务院办公厅关于推广支持创新相关改革举措的通知》文件中,对知识产权质押融资工作提出了明确要求。2017年10月,国家知识产权局又提出要加快扩展专利质押融资的覆盖面;要求以年均增长 20%以上的增长目标制定全国推进专利质押融资工作方案(2018—2020 年)。2018 年 6 月底前,辖区内 70%以上的地市建立完善专利质押融资服务和促进机制;50%以上的地市专利质押融资工作有政策保障、有专人负责、有经费支持、有平台服务。①

从地方的实践看,中国诸多省份已经开始推动质押融资工作。如山西省鼓励金融机构为科技型企业提供知识产权质押融资、股权融资等金融服务,鼓励保险公司加快开发有关科技保险产品,推动设立科技创新融资担保机构。安徽省多家银行已经逐步开展知识产权质押融资工作。数据显示,到 2017 年 9 月末,安徽省从事知识产权质押融资业务的主要是农商银行,总共有 36 家,其扶持的小微企业数量达到 96 家,其开展的各类知识产权质押融资累计达到了 8.86 亿元左右。广州开发区确定的第一批 18 家知识产权质押融资企业总共签约了 6 家银行,获得的授信总额为 1.2 亿元。② 2020 年,中国的专利、商标质押融资额达到了 2180 亿元,同比增长了 43.9%。"十三五"期间,我国知识产权质押融资总金额比"十二五"时期翻了一番。③ 知识产权质押融资工作的有序推进不仅可以完善知识产权保护和运用的相关功能,而且能够推动科技创新型企业的快速发展。

六、完善知识产权管理体制

2016 年 12 月 30 日,国务院办公厅印发了《知识产权综合管理改革试点总体方案》④(以下简称《方案》),要求以实施知识产权综合管理、实行严格的知识产权保护、提升知识产权管理水平为导向进行地方试点。《方案》基于三个方面提出了试点任务:

一是建立高效的知识产权综合管理体制。鼓励多种类型、多种模式

① 《知识产权局办公室关于抓紧落实专利质押融资有关工作的通知》,2017 年 10 月 19 日,见 http://www.gov.cn/xinwen/2017-10/25/content_5234263.htm。
② 班娟娟:《知识产权质押融资全面提速扩围》,《经济参考报》2017 年 11 月 8 日。
③ 屈信明:《金融"活水"流向创新高地》,《人民日报》2021 年 2 月 22 日。
④ 《国务院办公厅关于印发知识产权综合管理改革试点总体方案的通知》,2016 年 12 月 30 日,见 http://www.gov.cn/zhengce/content/2017-01/12/content_5159083.htm。

的改革探索。科学划分知识产权部门政策引导、公共服务、市场监管职责，探索有效可行的知识产权管理体制机制。按照推进综合执法的要求，减少层次，提高效率，有效避免多层次多头执法。按照实行严格的知识产权保护的要求，结合综合行政执法体制改革，整合优化执法资源，统筹知识产权综合行政执法，避免出现版权执法的重复交叉。加强知识产权工作领导协调机制以及商标战略实施、软件正版化等工作机制建设，做好与知识产权司法工作特别是知识产权法院的衔接。

二是构建便民利民的知识产权公共服务体系。坚持法定职责必须为、法无授权不可为的原则，大力推行知识产权权力清单、责任清单、负面清单制度，并实行动态管理。加大知识产权领域简政放权力度，强化依法行政，坚持放管结合，合理减少审批和管理事项。放宽专利代理机构准入条件限制，加强知识产权服务机构事中事后监管，完善执业信息披露制度。整合知识产权公共服务资源，优化知识产权公共服务供给，实现知识产权信息等各类服务的便利化、集约化、高效化。加强统筹规划和行业管理，完善知识产权交易市场。加强知识产权维权援助服务，完善知识产权维权援助机制，构建体系完备、运转高效的知识产权维权援助网络。

三是提升综合运用知识产权促进创新驱动发展的能力。探索支撑创新发展的知识产权运行机制，构建促进市场主体创新发展的知识产权服务体系。建立健全知识产权评议、专利导航机制，完善知识产权风险预警体系，提升区域创新发展决策水平。统筹制定实施知识产权密集型产业促进政策，培育知识产权密集型产业成为新的经济增长点。指导市场主体综合运用专利、商标和版权组合策略，全方位、立体化地保护产品、技术、工业设计等的知识产权。引导市场主体综合运营知识产权，促进知识产权领域军民融合发展，加快药品等领域过期专利技术的有效应用，提升知识产权价值，加速知识产权转化运用。

《方案》也要求不断加大知识产权领域简政放权的力度，提出"科学划分知识产权部门政策引导、公共服务、市场监管职责，探索有效可行的知识产权管理体制机制"。为了加速推进知识产权管理体制改革，《中央全面深化改革领导小组2016年工作要点》将知识产权综合管理改革试点纳入重点改革任务。

同时,要加大简政放权的力度。从国际惯例看,知识产权更多地被视为私权,故此就必须大幅度减少知识产权领域的行政审批,转向强化行政执法过程中的事中事后监督。也要按照中央的基本精神,加快推进知识产权权力清单、责任清单、负面清单管理制度,并实行动态的管理。

七、加快构建和完善具有中国特色的知识产权学科体系、学术体系和话语体系

学科体系、学术体系和话语体系建设质量与水平体现一个国家在国际上的软实力水平和主导权。在学科体系方面:中国加入世界贸易组织后,为适应对外开放的经济发展需要,应运而生了一批从事知识产权法研究的学者。但是,学科体系内容表现为以法学、公共管理、应用经济学等学科知识为主,虽然学科间知识的交流有利于强化学科的综合竞争力,但也面临着知识产权学科战略定位模糊的问题,必将直接影响知识产权人才的培养质量,因此,必须补齐知识产权学科体系的短板,以更好地服务于创新实践。在学术体系方面:中国的知识产权学术体系在思想形成、观点表达、理念言说、学说建立等方面尚存不足,体现为某些研究过于宏观和抽象,基于实践和国情的分析与表达不精准。知识产权的学习与运用过于依赖外部知识,更多地表现为跟随西方国家的粗放式学习。在中国经济发展进入高质量阶段后,我们更需要知识产权的研究以中国的实践问题为中心,针对企业、产业、区域层面的问题进行学术表达,加快完善中国的知识产权学术体系。在知识产权话语体系方面:要改变在国际上的知识产权弱话语权和主导权,要注重凝聚和提炼中国经验的国际化表达,加强与西方国家在知识产权上对话交流,提升中国在知识产权领域的议题设置能力,持续提升中国的知识产权话语权和主导权,提升中国产品的国际竞争力和国家竞争力。

八、完善知识产权的国内法治和涉外法治体系建设

中国经济进入高质量发展阶段,在"十四五"甚至更长时期,必须加

快具有中国特色的知识产权法治体系建设,形成全链条的知识产权保护体系。(1)在涉及国家安全的重点领域、新兴产业领域完善知识产权立法,要形成包括知识产权效力、范围、使用、转让、侵权救济等全方位全链条的知识产权保护制度,完善知识产权的政策咨询、成果孵化、质押融资、交易流转等相关的法律服务制度。(2)切实严格知识产权执法,提升知识产权执法效率和执法的公信力。要形成规范高效的全链条知识产权执法程序,涵盖民事、行政、刑事等相关事项。

同时,要完善知识产权涉外法治体系建设,维护涉外知识产权安全。要基于中国制度型对外开放的不断推进和自贸实验区、自由贸易港建设加速推进的高水平开放背景,加速完善涉及对外贸易和投资领域的知识产权法律制度。要与国外的知识产权保护的相关法律对接,形成域外适用的知识产权法律体系标准和程序。要持续提升中国的知识产权涉外服务水平,有效提升中国企业或个人涉外知识产权纠纷的应对能力和水平。对于中国来说,也要强化国际合作,不断推动全球知识产权治理体系变革,大力加强与世界贸易组织的联系,大力维护世界贸易组织《与贸易有关的知识产权协定》已经形成的相关各方的利益均衡机制,积极参与全球知识产权治理。持续深化与国际知识产权执法机构的全面合作,有效解决相关领域的知识产权争端和纠纷。

第三节 加快推进科技体制改革与创新

人是科技创新活动中最为活跃和最为重要的因素,凡是科技创新活动取得成功的地方,都必然十分重视调动和激发人才的积极性。科技体制改革的实质就是要坚持"人才资源是第一资源"的基本理念,创造能够有效激发创新者活力的环境氛围,使研发人员的积极性能够得到充分释放。

改革开放以来,中国的科技体制改革,不断释放了科技人员的创新活力和积极性,使我国的科技实力日益提升,科技力量的布局结构不断优化,科技管理与运行机制逐步完善;也使国家创新体系建设得到迅速发展,科技创新在中国经济发展中的地位和作用愈益重要。正是由于中国坚持政府推动、开放驱动、市场牵动和人才能动"四轮驱动"的协同作用,持续改革科技体制,才使中国从"自我封闭主义"转向"技术开放主义",从"技术民族主义"转向"技术全球主义",因而也使中国由"科技边缘化者"成长为"世界科技大国"。①

一、中国科技体制机制存在的问题

习近平总书记指出:"创新是一个系统工程","科技创新、制度创新要协同发挥作用"②。科技体制改革的目标在于:建立与社会主义市场经济体制相适应,并符合科技发展规律的现代科技体制。以有效消除各种有形与无形的障碍,打破各种围墙,真正使人才、资金充分流动起来,形成推进科技创新活动高效运行和发展的体制机制,以使科技更好地服务于经济社会发展。

近年来,中国的科技体制改革虽然取得了一定成绩,但是与创新所需要的新要求和形势的新变化仍然有较大差距,一定程度上制约了创新的效率。中国长期以来面临的科技成果向现实生产力的转化问题没有根本解决,其根本性的原因在于:产业链、资金链与政策链间的链条通道没有真正打通,仍然存在大量关卡,造成创新环节和转化环节的连接有缝隙。

从科技创新活动的决策层面来看,宏观决策缺陷导致微观操作受限。科研经费部门管理与科研活动分割封闭,造成很多领域的重复性投资与分散投资,影响了投资效率和科研创新效率,大大削弱了国家科技组织的动员能力以及协同集成能力,导致在一些战略方向性和关键共性领域,不能够集中力量进行重点突破。同样的问题存在于科技管理体制,由于宏观管理体制不顺畅,推动创新驱动发展的高效管理方式没有形成,导致科技管理中存在明显的重物轻人的倾向与缺陷,科技成果转化的政策支持依然较弱。由于科技管理体制和评价机制的不科学性,造成大量科研人

---

① 胡鞍钢、鄢一龙:《从科技空白国到世界创新强国》,《当代贵州》2017 年第 12 期。
② 中共中央文献研究室编:《习近平关于社会主义经济建设论述摘编》,中央文献出版社2017 年版,第 150 页。

员仅追求论文、课题、职称等，而并没有真正关心科技创新的有效性和适应性；科技人员的积极性也没有被充分调动起来，高端人才也就难以培养出来，大大影响了科技创新效果。

总体来看，目前我国科技体制改革仍有三方面问题亟待加快解决。（1）体系化能力还需要加快提升，以更好地满足国家战略需求。例如，各类战略科技力量的建设和组织机制还不完善，特别是"招之能战、战之能胜"的机构和人才团队还不够；创新链结构化问题比较突出，基础研究投入不足且渠道相对单一。（2）企业在国家创新体系中的作用发挥还不够。在一些战略性、高新技术领域缺乏创新型领军企业，企业参与科技决策、承担国家重大任务的力度、深度还不够。（3）各类创新主体的深层次激励问题还没有有效解决。国有企业创新内在动力不够，科研院所的自主权问题需要加快落实，对企业特别是中小企业精准支持还需加强，科研人员收入结构中基本工资收入还偏低，很大程度上导致科研人员时间和资源错配。这些老问题、"硬骨头"需要下决心、下大力气去解决。①

二、推进科技管理体制机制改革

中国经济发展已经由数量发展阶段转向了高质量发展阶段，人们对美好生活的追求也上升到一个新阶段，然而经济社会发展中依然存在和面临着发展不平衡不充分的问题与矛盾。从中国经济社会实践看，不管是建立现代化经济体系、实现内涵式发展，或是加快构建和形成以国内大循环为主体、国内国际双循环相互促进的新发展格局，还是持续提升供给体系的质量和水平，都必须建立在强大的科技支撑基础上。党的十九届五中全会提出了把科技自立自强作为国家发展的战略支撑，努力走出一条切实适合中国国情的创新发展之路，更加凸显原始创新的基础和引领作用，真正实现更多的"从0到1"的体系突破，将更多的关键核心技术和颠覆性技术牢牢掌握在自己手上。唯有如此，中国才能真正掌握科技竞

---

① 李晓红：《精准发力　打赢科技体制改革攻坚战》，《中国经济时报》2021年11月29日。

争和经济竞争的主导权,才能更好地实现百年奋斗目标,全面建成社会主义现代化国家。

(一)科技体制改革的基本定位与任务

科技体制改革的进展与取得的实效,关乎创新驱动发展战略实施的效果。必须通过深化科技体制改革解决上述科技创新面临的问题与制约,必须抓住"主线"和"硬骨头",切实破除制约科技创新的体制机制障碍,攻克思想障碍与制度藩篱,彻底疏通由科技强到产业强再到经济强和国家强的连接通道。习近平总书记在中国科学院第二十次院士大会、中国工程院第十五次院士大会、中国科协第十次全国代表大会上的讲话中重点强调了科技决策机制、科技支持方式、科技评价体系等方面的改革;对鼓励企业创新、加快科研院所改革等方面改革给出明确要求。这些充分体现了中央加快推进科技创新的新理念、新设计、新战略。当然,最根本的仍然是让市场在资源配置中真正起决定性作用,同时更好发挥政府的作用,加强统筹协调,强化协同创新,建立健全各主体、各方面及各环节有机协同高效的创新体系,形成有效推进自主创新的强大合力。

2014年12月25日,国务院印发了《关于深化中央财政科技计划(专项、基金等)管理改革的方案》①,明确提出了科技管理体制改革要在三年内完成的主要任务:一是建立公开统一的国家科技管理平台,解决条块分割、资源配置"碎片化"问题;二是要把近百项科技计划(专项、基金等)优化整合为新五类科技计划,解决分散重复、封闭低效问题。这次科技体制改革主要基于两个视角进行:一是在管理层面上,要打破传统的各自为政的分散局面;二是在支持渠道层面上,要对原有的多元化支持渠道和计划进行整合。

实践中,国家层面对国家科技计划项目和经费管理进行了重大改革,主要按照"全链条设计、一体化实施"的基本思路,搭建"一个平台、三根支柱、一套系统",以解决科技资源由多个部门配置的局面,国家重点研

---

① 《国务院印发关于深化中央财政科技计划(专项、基金等)管理改革方案的通知》,2014年12月3日,见 http://www.gov.cn/zhengce/content/2015-01/12/content_9383.htm。

发计划新的项目形成机制已经基本建立,由 31 个部门共同参与的国家科技管理平台基本形成,基本完成了部际联席会议制度建设,正在逐步完善监督评估体系和科研诚信体系建设。通过修订《促进科技成果转化法》,出台《实施〈促进科技成果转化法〉若干规定》,开始启动了成果转移转化行动,在下放成果处置收益权、强化激励创新者、完善科技创新考核评价体系、强化技术交易服务等方面皆取得重大突破。

《"十三五"国家科技创新规划》①(以下简称《规划》)提出加快科技体制机制改革步伐,充分调动科技人员积极性。《规划》提出的科技创新任务和目标,从根本上改变了中国在科技领域被动应对的战略格局,在充分运用市场机制的基础上,中国坚持开放创新、合作创新,积极融入全球创新网络。实践表明,近年来中国科技创新实力的持续上升正在渐进改变和颠覆全球创新版图和经济格局,也深深影响了全球产业分工。

2017 年 5 月 31 日,国务院办公厅印发了《关于深化科技奖励制度改革的方案》②(以下简称《方案》),提出将重点改革和完善国家科技奖励制度,引导省部级科学技术奖高质量发展,鼓励社会力量设立的科学技术奖科学发展。

《方案》指出,科技奖励制度是我国长期坚持的一项重要制度,是党和国家激励自主创新、激发人才活力、营造良好创新环境的一项重要举措,对于促进科技支撑引领经济社会发展、加快建设创新型国家和世界科技强国具有重要意义。

深化科技奖励制度要坚持"服务国家发展、激励自主创新、突出价值导向、公开公平公正"的基本原则。要坚持公开提名、科学评议、公正透明、诚实守信、质量优先、突出功绩、宁缺毋滥,改革完善国家科技奖励制度,进一步增强学术性、突出导向性、提升权威性、提高公信力、彰显荣誉性。持续加强科研道德和学风建设,不断健全科技奖励信用制度,鼓励科

---

① 《国务院关于印发"十三五"国家科技创新规划的通知》,2016 年 7 月 28 日,见 http://www.gov.cn/gongbao/content/2016/content_5103134.htm。

② 《国务院办公厅印发关于深化科技奖励制度改革方案的通知》,2017 年 5 月 31 日,见 http://www.gov.cn/zhengce/content/2017-06/09/content_5201043.htm。

技人员争做践行社会诚信、严守学术道德的模范和表率。改革的重点在于实行提名制、调整奖励对象基本要求、建立定标定额的评审制度、明细专家评审委员会和政府部门的职责、强化奖励获得的公开透明度、完善科技诚信奖励制度等。

科技奖励工作是科技发展的一面镜子,相当程度上是对科技发展水平、科技发展方针及科技发展政策的集中反映,也是有效激励科技工作者更好地进行科学研究和进行科技成果转化的催化剂。这次改革方案在一定程度上真正抓住了科技人才培育和成长的客观规律,能够为科技人才的发展提供良好的发展环境和氛围。

(二)科技体制改革的实践

经过 2014 年至 2017 年的科技体制改革过渡期,中国的科技体制顶层设计已经取得决定性进展。自 2014 年中央财政科技计划管理改革正式启动以来,各项任务都在按计划依次推进,在改革过程中实现了"五新",也就是"新的计划体系""新的项目形成机制""新的管理流程""新的制度环境"和"新的创新氛围"。由"一个制度、三根支柱、一套系统"为框架的国家科技管理体制基本形成。

各部门按照国发〔2014〕64 号文件①的基本精神和总体要求对各类计划项目进行整合,要达到总体布局合理和功能定位清晰,整合形成五类科技计划,包括国家自然科学基金、国家科技重大专项、国家重点研发计划、技术创新引导专项(基金)与基地人才专项。变化较大的是国家科技重大专项,其主要整合了原有的 973 计划、863 计划,国家科技支撑计划、国际合作专项及 13 个部门的公益性科技研究专项,发改委、工信部管理的产业技术研究与开发专项。从效果看,科技计划虽然"瘦身"了,但是其效能并没有降低。相比较于科技体制改革前,国家目标导向的科技计划更加有效地瞄准重点领域和聚焦重大任务,体现了全链条式的创新设计与一体化的组织实施。立项的门槛明显提升(体现科技对未来发展的

---

① 《国务院印发关于深化中央财政科技计划(专项、基金等)管理改革方案的通知》,2014年 12 月 3 日,见 http://www.gov.cn/zhengce/content/2015-01/12/content_9383.htm。

巨大牵引作用)，立项数量大幅度下降(主要是减少小项目)，但资助的力度大幅增加。

从实践看，科技体制改革初步完成，效果逐步显现，改革成果也得到中国科技界的基本认可。如组建项目管理专业机构，研究通过市场化方式、竞争择优方式遴选出了科技部、工信部、卫计委和农业农村部等七家科研管理类事业单位改造组建的七家科研项目管理专业机构，全面承接了具体项目管理工作。未来政府部门专注于战略规划、政策制定、过程服务等。从整体上看，中央财政科技计划管理体制改革成效显现，在科研项目的分类上更为科学完善，基础研究、重点研发和技术创新产业项目形成了一个完整的科技创新链条，能够有效引导科研人员选择在自身擅长和优势的领域进行研究，也避免了科技资源的浪费和低效使用。

当然，面对复杂的社会环境和市场环境，改革也对政府的宏观科技管理提出许多新的要求和条件，最为关键的是在基础研究、科学前沿、产业核心技术及科技产业化等方面，必须进行科学部署和推进，因为这对于实现科技创新强国目标具有重要的实践意义。尽管科技管理体制的基本框架已经形成，但要真正取得良好效果，取决于政策的细化和真正落实。科技部要把改革的重心工作转到引领发展上来，主要是抓落实与求实效，最大化释放改革动力和激发创新的活力，以多出成果和出好成果，持续培育创新的新动能，不断提升科技创新供给的质量和效率。其主要职能就是不断丰富与完善五类科技计划体系，更好地解决"放管服"问题，关注与回应科技界的主要诉求，以使科技研发人员理解改革、认同改革和支持改革，不断享受改革的红利，激励其从事科技研发的积极性和提升科技研发的有效性。

三、完善科技评估体系建设

伴随创新活动的日益复杂化与多元化，人们对于创新绩效的关注度持续上升，涉及的创新成果的价值评估也不断增加，这就对创新评价提出了更高的要求与标准。在《"十三五"国家科技创新规划》中，已经明确提出了要"建立创新政策调查和评价制度""把监测和评估结果作为改进政府科技管理工作的重要依据"。基于全社会科技创新成果产出的大幅增加,以及大量创新型企业的涌现,涉及对技术转移和成果转化的专业化评估和服务需求愈益增长,社会化与市场化的科技评估机构也就不断出现。

目前,中国的创新评价面临诸多挑战。如传统的科技活动转向创新活动,如何有效评价科技创新活动对经济社会发展的贡献度;科技体制改革不断深化所形成的"第三方评估"等。必须结合中国科技创新发展的新形势与新趋势,改革与形成符合中国国情的科技评价体系,以更为有效地推动和激励创新活动。

近年来,中央层面在持续推进部署深化科技体制改革,更好地优化整合各类科技计划设置,加大科技领域的"放管服"改革,切实完善实行以增加知识价值为导向的分配政策;不断深化院士制度改革,实施"退出制度";有效推进科技项目评审、人才评价和机构评估的方式方法改革,提高评审效果;切实清理和破除唯论文、唯职称、唯学历、唯奖项的评价导向;开展职务科技成果所有权或长期使用权试点,真正带动科技创新者的积极性;高度重视、强力推进作风学风建设,建立科研领域失信联合惩戒机制,并对科研失信者进行严厉惩罚,等等。通过完善科技评估体系,不断推进科技创新治理体系和治理能力的现代化水平,为经济发展提供科技支撑。

习近平总书记在科学家座谈会上指出,坚决破除"唯论文、唯职称、唯学历、唯奖项"。同时,相关部门出台了《关于深化项目评审、人才评价、机构评估改革的意见》《关于进一步弘扬科学家精神加强作风和学风建设的意见》等指导性文件,加速构建多元化的学术成果评价体系,最大化地激励科技工作者的创新积极性和创新动力。实际上,只有真正破除"四唯",持续深化改革,下大力气营造风清气正的科技工作环境,才能使科技工作者轻装上阵、心无旁骛,全身心投入于科学研究中。

实践中,科技创新的发展模式不断变化,我们也应当建立健全相关的法律法规和政策体系,把科技评估进一步制度化并融入管理的全链条。基于中国的科技创新发展现状与趋势,学习发达国家和国际组织的评估理论、方法与案例,尽快开发出适合中国国情的理论、方法与体系,演化出科技评估的"中国模式"。要构建好中国科技评估的基本制度与标准，制定统一的评估规则和行为准则。科技评估一定要保证质量和效益，必须避免恶性竞争与无序发展，这是政府部门强化创新服务的基本要求。同时要加快完善科技成果评价奖励制度等创新导向机制。

四、构建新型科研攻关体制

为了有效应对百年未有之大变局，形成自主、安全与可控的面向国际的产业链和供应链，摆脱某些国外高科技产品和关键核心技术给我们带来的钳制与断供风险，是中国制定经济安全战略必须考虑与评估的重要因素。解决我国的关键核心技术"卡脖子"问题，提升产业基础能力和产业链水平，必须立足于国际科技发展趋势和国家间经济竞争态势，加速构建新型科技攻关体制，持续强化基础研究和注重原始创新，不断优化学科布局和研发布局，制定实施切实可行的战略性科学计划和科学工程，推进多领域的科研力量优化配置和资源共享。要加快制定符合国情和全球科技发展趋势的科技强国行动纲要，不断完善社会主义市场经济条件下新型举国体制，聚焦攻坚关键核心技术，整体提升创新链效能。要立足于中国科技面向 2030 年长远战略目标，紧盯量子信息、人工智能、生命健康、集成电路等前沿科技领域，大力实施一批体现前瞻性和战略性的国家重大科技项目，以有效突破关键核心技术和颠覆性技术。

其一，基于国家技术安全和经济安全战略高度，集聚相关科技人才和研发设施，形成关键核心技术和颠覆性技术攻关的新型举国体制。基于中国的国情，要形成新型科技攻关体制，单靠市场的力量无法完成。必须依靠政府的强大动员力量，集中统筹优化、高效配置各个学科和各个领域的研发资源，从全球科技演进趋势仔细梳理制约中国科技发展和经济发展的"卡脖子"技术清单，依据清单进行研发资源优化。同时必须强化创新人才的教育培养，切实尊重人才成长规律和科研活动运行规律，大力培养一批掌握国际先进技术的战略科技人才、科技领军人才和创新团队，以尽快取得关键核心技术和颠覆性技术的突破。当然，技术研发过程应当既注重目标建设更考虑经济效益，既研判技术发展前景也分析技术应用价值,最优化地形成技术、研发、市场与产业之间的平衡。

其二,完善激励机制,激发企业投入基础研究和基础应用研究的动力和积极性。企业直接面对市场和消费者,对于技术应用研究具有相当的兴趣和动力,企业必须考虑技术的经济性和应用性,而对投入于基础研究并不感兴趣,因为基础研究需要大量的经费投入且短期难以见效,不能直接带来经济效益且存在极大的不确定性。因此,必须设计激励机制,以充分调动企业的积极性和挖掘企业的潜力,激发更多的社会资本投资于重大技术攻关项目,解决企业发展面临的核心技术短板。要积极推动各种创新要素向企业聚集,持续提升企业的技术创新能力,不断促进产学研用的深度融合。

其三,基于高水平开放的国际背景推进自主研发。尽管面临着逆全球化、贸易保护主义等阻力,但经济全球化趋势无法改变,全球产业链供应链的完整链接难以彻底割断。科技研发必须在开放的环境和体系中进行,必须基于全球配置科技资源和创新要素。要有效实现自主创新、协同创新与开放创新的统一,立足于中国技术需求短板,有重点地参与国际大科学计划和大科学工程,形成更为广泛的创新共同体,在开放的国际创新环境中培育中国的核心技术。

其四,通过改革持续提升科技创新人员活力。面对百年未有之大变局和中国处于经济社会发展的新时代,科学把握全球新一轮科技革命和产业变革的新特点和新趋势,基于科技创新的引领突破作用,高等院校必须深化科技体制改革,通过梳理科技创新资源、优化配置科技资源,推动跨高校、跨学科、跨领域、跨国界的协同创新,形成产学研协同攻关、协同创新的强大合力。切实形成富有活力的科技管理和服务体制机制,真正把科技创新和资源配置的自主权赋予高等院校和科研机构,更好地调动和有效释放高等院校科技创新人员的创新动能和潜能,以更好地实现多方面多领域的"从 0 到 1"有效突破。同时,高等院校必须紧密结合国家的重大战略需求,基于自身的办学特色和优势,既要持续推进基础研究和学科交叉融合,也应当努力探索学科间、科学和技术之间、人文科学与自然科学之间的交叉融合,立足于基础学科和基础研究培养拔尖创新人才。

要培养青年学生爱国情怀和创新报国的使命担当，不断提升学生的创新意识和创新能力，在把中国建设成为创新型国家和全球科技强国的征程中贡献科技智慧和创新智慧。

其五，持续改善和优化科技创新生态。党的十九届五中全会提出，要把科技自立自强作为国家发展的战略支撑。而要通过科技自立自强提升中国的科技创新能力，必须要持续改善和优化科技创新生态，加快政府职能转变，切实为科技创新者提供良好的科研环境，搞好基础的科研服务工作；紧密结合中国经济发展实际和科技创新实际，不断创新和完善科技成果转化机制，力争解决基础研究的"最先一公里"和科技成果转化及应用的"最后一公里"紧密衔接问题①，彻底打通产学研用创新链、价值链。

---

① 经济日报评论员：《提升创新能力 实现科技自立自强》，《经济日报》2020 年 11 月 2 日。

第十章 中国产业技术创新战略联盟
发展:现状与政策选择

在深化改革、扩大开放和创新驱动战略不断深入实施的背景下,产业技术创新战略联盟已经成为国家和地区极为有效增强产业核心竞争力的方式之一。有关产业技术创新战略联盟的基本内涵,2008 年科技部等六部门出台的《关于推动产业技术创新战略联盟构建的指导意见》给出了明晰的界定,也就是产业技术创新战略联盟是由企业、大学、科研机构或其他组织机构,以企业的发展需求和各方的共同利益为基础,以提升产业技术创新能力为目标,以具有法律约束力的契约为保障,形成的联合开发、优势互补、利益共享、风险共担的技术创新合作组织。① 实践中,中央政府和地方政府基于有效提升产业技术创新能力的需求,都非常重视产业技术创新战略联盟的建设与发展。通过不断探索和完善产业技术创新战略联盟的发展运行机制,将会有利于实现产业、科技、人才的集聚,加速产业科技成果的转化和应用,实现产业技术的持续升级,促进产业经济的高质量发展。

第一节 国内外产业技术创新战略
联盟研究现状与进展

对产业技术创新战略联盟的研究最早始于战略联盟(Strategic Alliance,SA)。莫克勒(Mockler,2001)、科林·巴特勒(Colin Butler,

---

① 《关于推动产业技术创新战略联盟构建的指导意见》,2008 年 12 月 30 日,见 http://www.gov.cn/gzdt/2009-02/22/content_1238576.htm。

2008）研究认为战略联盟在全球范围被认为是一种重要的企业合作形式。战略联盟是指由两个或两个以上有着共同战略利益和对等经营实力的企业，为达到共同拥有市场、共同使用资源等战略目标，通过各种协议、契约而结成的优势互补或优势相长、风险共担、生产要素水平式双向或多向流动的一种松散的合作模式。产业技术创新战略联盟最早出现于欧洲，英国首先成立了研究联合体，并很快被日本、美国等国家重视和借鉴。日本的产业技术创新战略联盟起源于 20 世纪 60 年代，主要由政府主导，表现在政府从宏观上指导联盟的构建和发展，实现整体的产业技术创新。美国的产业技术创新战略联盟开始于 20 世纪 80 年代，市场起主导作用，政府则扮演支持角色。

中国产业技术创新战略联盟起步较晚，2007 年国家在钢铁、能源等领域成立了国家首批产业技术创新战略联盟，随即试点工作在各个领域展开。依据科技部的界定，产业技术创新战略联盟是指企业、大学、科研机构或其他组织机构，以企业的发展需求和各方的共同利益为基础，以提升产业技术创新能力为目标，以具有法律约束力的契约为保障，形成的技术创新合作组织，是以企业为主体、市场为导向、产学研相结合的技术创新体系。与以往单纯研究产学研、战略联盟、技术联盟等研究领域不同，学者们对产业技术创新战略联盟的研究视角从参与企业个体转移到产业界，开始从宏观产业的角度进行解析。

一、产业技术创新战略联盟的内涵与特征

威廉姆森（Williamson，1991）①从交易费用角度定义战略联盟，认为它作为一种组织关系，是相对于市场或层级组织的另一种选择，联盟有助于避免市场或层级组织产生的问题。纳鲁拉和哈格多恩（Narula 和 Hagedoorn，1999）②将技术联盟看成一种独立的组织形式，它既不同于市

---

① Williamson，O.E.，"Comparative Economic Organization：The Analysis of Discrte Structural Alternatives"，*Administrative Science Quarterly*，1991，p.36.

② Narula，R. and Hagedoorn，"Innovation Through Strategic Alliances：Moving towards International Partnerships and Contractual Agreements"，*Technovation* 1，Vol.19，1999，pp.283-294.

场安排,也不同于内部一体化公司。比米什(Beamish,1997)①等基于企业能力角度,认为战略联盟是对企业交易时契约不完备性的一种治理结构,是管理企业能力结构的一种特殊系统。李学勇(2010)②认为,产业技术创新战略联盟是技术创新实践中涌现出的新型组织形式,作为实施国家技术创新工程的一个重要载体,可以增强企业在科技创新中的主体地位,促进产业核心竞争力的提升,推动产学研在战略层面的紧密合作,促进创新要素的合理流动和优化配置。凯迪亚(Kedia,2013)③等认为,产业技术联盟是一种基于信任机制,由大中小企业、大学、研究机构及非营利组织等组成的网络组织。黄少卿、从佳佳、巢宏(2016)④认为,研发联盟是企业在不断变化的产业组织环境下进行研发合作的一种制度安排和组织形式。陈国鹰、孙进书、张爱国、张义明(2021)⑤认为,技术联盟是企业间在自愿基础上建立的以技术研发为主导的正式合作关系,企业通过技术联盟合作开展技术研发,实现协同创新。

依据科技部的界定,产业技术创新战略联盟是指企业、大学、科研机构或其他组织机构,以企业的发展需求和各方的共同利益为基础,以提升产业技术创新能力为目标,以具有法律约束力的契约为保障,形成的技术创新合作组织,是以企业为主体、市场为导向、产学研相结合的技术创新体系。基于已有研究和政府界定的内涵,产业技术创新战略联盟体现的特征为:目标的产业导向,政府的特殊推动,企业的主体地位,合作的平等自愿等。

---

① Inkpen, A. C. and Beamish, P. W., "Knowledge, Bargaining Power and the Instability of International Joint Ventures", *Academy of Management Review*, Vol. 22, No. 1, 1997, pp. 177-202.

② 李学勇:《全面实施国家技术创新工程　深入推动产业技术创新战略联盟发展》,《科技日报》2010 年 11 月 12 日。

③ Kedia B. L., Mooty S. E., *Learning and Innovation in Collab-orative Innovation Networks*, Restoring America's Global Competitiveness through Innovation, Cheltenham: Ed-ward Elgar Publishing, 2013.

④ 黄少卿、从佳佳、巢宏:《研发联盟组织治理研究述评及未来展望》,《外国经济与管理》2016 年第 6 期。

⑤ 陈国鹰、孙进书、张爱国、张义明:《技术联盟企业间联合行动对企业创新绩效的影响》,《科技进步与对策》2021 年第 22 期。

二、政府推动产业技术创新战略联盟构建的动因

吴文华(1999)[①]认为,国内外学者大多从效益层面分析政府的动因:一是促进国家的经济建设,解决企业、科研院所、高等学校的生存与发展问题;二是通过发展高附加值的技术型企业增加税收收入。孙彩虹(2009)[②]认为,伴随经济全球化与一体化的演进,各国企业的竞争上升到国家核心竞争力的比拼层面,企业利益之争已经升级到国家层面的利益之争。有学者研究发现政府对基础技术研发联盟的支持能够促进企业积极参与产业技术创新战略联盟,有效提升社会福利(Yi 和 Shin,2000)[③]。胡冬云(2010)[④]认为,联盟成立初期,合作伙伴间信任度较低,存在种种担忧,例如担心自身专有信息会被其他成员滥用等。政府可以利用自身的公信力协助处理相关事宜,推动合作伙伴间的沟通,协调相互之间的分歧,从而达成共识,提高互信度。范·比尔斯(Van Beers C.Z.F,2014)[⑤]分析认为资源的互补促进了研发创新,而具体联盟则可以根据其目的选择不同的参与者,如客户、供应商、竞争对手等。因此,政府在引入联盟时会考虑两个问题:一是引入的联盟计划能否吸引技术型企业参与;二是能否给参与企业带来收益。黄少卿、从佳佳、巢宏(2016)[⑥]等研究认为,研发组织能够产生内向型技术溢出和具有较强技术吸收能力的企业,有更强的愿意参与研发联盟;如果政府能有效地降低研发成本、有效控制交易成本时,研发联盟也就更有可能被切实组建。

---

① 吴文华:《产学研合作中的政府行为》,《科技管理研究》1999 年第 2 期。

② 孙彩虹:《不对称双寡头企业半合作创新模式研究》,《系统工程理论与实践》2009 年第 3 期。

③ Yi. S. S., Shin. H., " Endogenous Formation of Research Coalitions with Spillovers ", *International Journal of Industrial Organization*, Vol. 18, No.2, 2000, pp. 229-256.

④ 胡冬云:《产业技术创新联盟中的政府行为研究:以美国 SEMATECH 为例》,《科技管理研究》2010 年第 17 期。

⑤ Van Beers C.Z.F, " R&D Cooperation, Partner Diversity, and Innovation Performance: An Empirical Analysis ", *Journal of Product Innovation Management*, Vol. 31, No. 2, 2014, pp. 292-312.

⑥ 黄少卿、从佳佳、巢宏:《研发联盟组织治理研究述评及未来展望》,《外国经济与管理》2016 年第 6 期。

三、产业技术创新战略联盟的收益与风险分担机制

产业技术创新战略联盟所产生的利益和风险分担机制是否合理,是影响产学研战略联盟之间能否实现有效合作的关键。格罗斯曼(Grossman,2001)认为,非正式的联盟已经成为技术溢出的关键来源。榊原(Sakakibara,2001)[①]则认为,合作创新的主要目的和动机并非仅仅是创新项目的成功,知识在组织间的转移也是企业参与合作的重要动机之一。

陈菊红等(2002)[②]引入贡献系数因子以衡量成员相异的核心能力,认为对于动态联盟的成员,当其核心能力越独特、越重要,贡献系数越大时,则其相应的分配系数应该越大。达斯和邓(Das and Teng,2007)[③]分析了联盟中的风险问题,一方面企业追求自身利益最大化,另一方面又要限制联盟中其他主体对利益的过度追求,这使联盟的风险要比独立公司大得多。王文俊、寇小萱(2004)[④]认为,公平分配是维持技术联盟稳定发展的基础;企业技术联盟的风险分配,包括风险期前分配和风险期后分配。黄少卿、从佳佳、巢宏(2016)[⑤]认为,研发联盟作为技术研发组织,各方参与者的目标是实现组织租金的最大化。赵璐、赵作权(2018)[⑥]研究认为,产业技术联盟与政府及其政策息息相关,政府在产业技术联盟发展中常常扮演推动者和协调者的角色,为多主体网络的构建提供资金支持和制度保障。

[①]　Mariko Sakakibara, "The Diversity of R&D Consortia and Firm Behavior: Evidence From Japanese Data", *The Journal of Industrial Economics*, Vol XLIX, No.2, 2001, pp.18–19.

[②]　陈菊红、汪应洛、孙林岩:《虚拟企业收益分配问题博弈研究》,《运筹与管理》2002年第1期。

[③]　Das and Teng, "Trust, Control and Risk in Strategic Alliance: an Integrated Framework", *Organization Studies*, Vol.22, No.2, 2001, pp.251–283.

[④]　王文俊、寇小萱:《论技术联盟的利益分配机制》,《天津商学院学报》2004年第1期。

[⑤]　黄少卿、从佳佳、巢宏:《研发联盟组织治理研究述评及未来展望》,《外国经济与管理》2016年第6期。

[⑥]　赵璐、赵作权:《培育世界级先进制造业集群要以组织变革为核心》,《国家治理》2018年第25期。

四、产业技术创新战略联盟稳定性

英克彭（Inkpen，1997）①研究认为，产业技术创新战略联盟中的不稳定性是指"联盟过程中非计划内的联盟目标、联盟契约和联盟控制方式等方面的变动以及联盟的解体或者兼并"。因此，龚红、李燕萍（2010）②认为，成功的产学研合作必须提高各联盟主体自身的核心能力，如灵活性、快速及时满足对方要求的反应能力。国内部分学者关注了联盟主体中的高校和企业对成果认识的矛盾。袁淑兰、吕伊娜、杨帆、敬静（2008）③研究了影响高校参与联盟的障碍，认为高校更多地定位于科学研究、追求论文、专利等科研成果，而企业对研发活动的要求则是以市场需求为导向，以产生尽可能好的经济效益为目标。这种产业界与学研界的制度性差异使联盟主体之间的合作存在鸿沟，最终影响联盟的稳定性。周玲、张红波（2008）④认为，由于等待行为存在于联盟成员之间，这一现象提高了收益的风险，有利于联盟稳定；此外，成员间不完整的契约会引起较低的专用投资，进而降低联盟的稳定。纳达夫利维（Levy Nadav）等（2012）⑤研究认为，企业间的研发合作和技术分享会造成企业在产品市场上形成共谋行为，只有政府对产品市场的合谋行为进行有效的规制，才能保证研发企业间的有效合作，维持企业合作的稳定性。余维新等（2020）⑥通过实证研究发现，关系认同和关系治理可以强化联盟网络企

---

① Inkpen A.C.Knowledge Bargaining Power and the Instability of International Joint Vertures, *Academy of Management Review*, Vol.22, No.1, 1997, pp.177-202.

② 龚红、李燕萍：《产业技术创新战略联盟研究综述及其最新进展》，《中国科技产业》2010 年第 7 期。

③ 袁淑兰、吕伊娜、杨帆、敬静：《创新产学研结合模式的经验与对策》，《科技管理研究》2008 年第 3 期。

④ 周玲、张红波：《基于成员决策柔性的知识联盟不稳定性研究》，《科技与管理》2008 年第 2 期。

⑤ Levy Nadav., "Technology Sharing and Tacit Collusion", *International Journal of Industrial Organization*, Vol. 30, No. 2, 2012, pp.204-216.

⑥ 余维新、熊文明、黄卫东等：《创新网络关系治理对知识流动的影响机理研究》，《科学学研究》2020 年第 2 期。

业间的社会化认知,有效促进知识的整合、共享和转移,通过设置有效监督机制,能够降低合作伙伴的机会主义行为,维护联盟的稳定运行。赵作权、郝赟聪(2021)①研究认为,只有加强产业技术联盟中研发网络、治理网络的构建,才能最大化促进技术研发,有效维持联盟的稳定运行。

五、产业技术创新战略联盟绩效评价

联盟的绩效评价一直是产业技术创新战略联盟关注的焦点问题,学术界对联盟绩效的研究集中于两个方面:一是塞尔特和古德曼(Cyert 和 Goodman,1997)②主张通过"投入—产出"模型来评价产学研联盟的绩效。二是联盟伙伴关系对绩效的影响。布兰施泰特和榊原(Branstetter 和 Sakakibara,2002)③的实证研究发现,研发联盟进行基础性的技术研究会比进行应用性的技术研究更加有效。莫尔(mohr,2006)提出了技术联盟绩效应包含技术知识获取、联盟收益、成员企业成长、联盟市场份额以及联盟稳定性 5 个维度。④ 张坚(2006)⑤认为,技术联盟绩效评价的特点包括投入产出的无形化,评价指标的非财务化,评价过程的动态化,评价标准的多样化以及定量与定性相结合。戴彬、舒畅(2014)⑥和刘学等(2008)⑦深入分析影响联盟绩效的因素,通过对我国制约产业技术联盟的研究发现,持续性预期、信息共享有助于增进互信,进而提高联盟绩效;

---

① 赵作权、郝赟聪:《基于网络组织机制的美国先进制造技术联盟计划与案例研究》,《科技导报》2021 年第 7 期。

② Cyert, R. M., Goodman, P. S., " Creating Effective University industry Alliances: an Organizational Learning Perspective", *Organizational Dynamics*, Vol. 25, No. 4, 1997, pp. 45-57.

③ Branstetter L. G., Sakakibara M., "When do Research Consortia Work Well and Why? Evidence from Japanese Panel Data", *American Economics Review*, Vol. 92, No. 1, 2002, pp. 143-159.

④ Mohr, A.T.A Multiple Constituency Approach to IJV Performance Measurement, *Journal of World Business*, Vol.141, No.3, 2006, pp.247-260.

⑤ 张坚:《企业技术联盟绩效评价体系的比较和发展趋势分析》,《科研管理》2006 年第 1 期。

⑥ 戴斌、舒畅:《基于政府角度的产业技术创新战略联盟绩效评价研究综述》,《科技管理研究》2014 年第 18 期。

⑦ 刘学、王兴猛、江岚、林耕:《信任、关系、控制与研发联盟绩效——基于中国制药产业的研究》,《南开管理评论》2008 年第 3 期。

技术的不确定性越高,信任对联盟绩效的促进作用越显著,但过程控制会降低信任与联盟绩效。张妍、魏江(2015)[1]认为,合作伙伴的多样性提高了创新绩效。赵作权、郝赟聪(2021)[2]分析指出,作为一种网络组织形式,产业技术联盟能够促进各成员合作研发,充分发挥知识溢出效应,促进产业技术难题的解决,加快技术进步的进程。总体上,国内外学者对联盟绩效的评价指标体系分为:财务指标、非财务指标、融合财务与非财务指标。

国内外学者对产业技术创新战略联盟的价值给予了充分肯定。认为在产学研联盟合作模式下,联盟各方往往在各自领域具有明显优势,因而对其他合作方式产生强大的吸引力,这种方式实际上是一种强强联合。联盟成员可以获得包括接触技术前沿、获取更多创新资源、提高企业对技术的预知能力等。

对产业技术创新战略联盟已有研究主要基于交易成本、资源依赖以及社会网络等理论基础之上,并从联盟治理的影响因素、模式选择、治理机制以及目标绩效等方面进行了研究。但学术界研究多停留于理论层面,而对于实践层面研究较为匮乏,使相关研究成果缺乏解释力,也难以产生实践价值。同时,对相关治理机制的研究过于宏观抽象,缺乏案例支撑,对实践的指导性较差。对绩效评价等事后研究上关注度不够,对创新绩效评价过度强调财务性指标。相当部分研究尚未摆脱产学研联盟、技术联盟等已有模式的固定思维,产业化特性不明显。

第二节　中国产业技术创新战略联盟发展的成就与经验

近年来,中国的产业技术创新战略联盟发展迅猛,形成了比较完善

---

① 张妍、魏江:《研发伙伴多样性与创新绩效——研发合作经验的调节效应》,《科学学与科学技术管理》2015 年第 11 期。
② 赵作权、郝赟聪:《基于网络组织机制的美国先进制造技术联盟计划与案例研究》,《科技导报》2021 年第 7 期。

的产学研协同创新组织模式,创新平台的建立为中国高效实施创新驱动发展战略,加速推进国家创新工程建设,大力提升企业技术创新能力和水平提供了重要载体。产业技术创新战略联盟的发展得到国家及地方政府的高度重视,随着科技部等六部门于 2008 年 12 月联合发布的《关于推动产业技术创新战略联盟构建的指导意见》出台,各省(自治区、直辖市)政府纷纷出台相关政策,鼓励和引导产业技术创新战略联盟的建立和发展,产业技术创新联盟已经成为我国产业技术创新体系建设的重要平台。

一、中国产业技术创新战略联盟的发展现状

(一)国家与地方政府不断加强产业技术创新战略联盟的政策支持

产业技术创新战略联盟作为促进产业技术创新的产学研合作型组织,其发展得到各级政府的高度重视,中央政府和各省(自治区、直辖市)政府陆续出台产业技术创新战略联盟建设和发展的相关政策,探索联盟的构建和运行机制,对联盟的建设发展进行规范和支持,极大地调动了企业、高等院校和科研机构参与产业技术创新战略联盟建设的积极性,有效推动了我国产业技术创新的快速发展。表 10-1 为国家层面的产业技术创新战略联盟发展的相关政策文件。表 10-2 为部分省(自治区、直辖市)出台的产业技术创新战略联盟的相关政策。

表 10-1　国家层面的产业技术创新战略联盟发展的相关政策文件

时间	相关政策	核心内容
2008 年	《关于推动产业技术创新战略联盟构建的指导意见》①	明确联盟的内涵和建设的重要意义,在指导思想、基本原则等方面提出了具体的要求

---

① 《关于推动产业技术创新战略联盟构建的指导意见》,2008 年 12 月 30 日,见 http://www.gov.cn/gzdt/2009-02/22/content_1238576.htm。

续表

时间	相关政策	核心内容
2009 年	《关于推动产业技术创新战略联盟构建与发展的实施办法(试行)》①	主要从联盟的构建、试点工作、政策支持体系等多方面对联盟的构建和发展提供规范指导
2010 年	《关于选择部分产业技术创新战略联盟开展试点工作的通知》②	第一批 36 个联盟开展建立产学研合作的信用机制、责任机制和利益机制的试点工作,探索联盟的构建和发展经验
2016 年	《中华人民共和国促进科技成果转化法》③	从推动研发机构和高校科技成果转化、鼓励科技人员创新创业、营造良好科技成果转化环境三个方面来加快经济发展
2017 年	《"十三五"国家技术创新工程规划》④	依据国家发展形势,为加强创新体系建设和提高企业自主创新能力,提出了相应的指导思想以及重点发展的任务,并提出一系列的支持和保障措施

资料来源:中国政府网及相关部委官网(具体见表中内容的脚注信息)。

表 10-2　中国部分省(自治区、直辖市)出台的产业技术创新战略联盟的相关政策

省份	时间	相关政策	政策概述
浙江省	2010 年	《浙江省产业技术创新战略联盟建设与管理办法》⑤	明确提出紧紧围绕浙江省战略性新兴产业培育发展、重点支柱产业转型升级、推进传统块状经济向现代产业集群转变的技术需求,发挥政府引导作用,推动重点产业领域联盟的构建与发展

---

① 《关于印发〈关于推动产业技术创新战略联盟构建与发展的实施办法(试行)〉的通知》, 2009 年 12 月 1 日, 见 http://www.most.gov.cn/xxgk/xinxifenlei/fdzdgknr/fgzc/gfxwj/gfxwj2010before/201001/t20100119_75571.html。

② 《科技部关于选择一批产业技术创新战略联盟开展试点工作的通知》,2010 年 1 月 8 日,见 http://www.most.gov.cn/tztg/201002/t20100204_75818.html。

③ 《全国人民代表大会常务委员会关于修改〈中华人民共和国促进科技成果转化法〉的决定》,2015 年 8 月 29 日,见 http://www.gov.cn/zhengce/2015-08/30/content_2922322.htm。

④ 《关于印发"十三五"国家技术创新工程规划的通知》,2017 年 4 月 24 日,见 http://www.scio.gov.cn/index.htm。

⑤ 《浙江省产业技术创新战略联盟建设与管理办法》,2010 年 10 月 26 日,见 http://kjt.zj.gov.cn/。

续表

省份	时间	相关政策	政策概述
北京市	2011 年	《关于促进产业技术创新战略联盟加快发展的意见》①	明确联盟的内涵、指导思想和目标,从联盟发展的重点方向、工作内容、政策支持、认定工作和要求等方面对联盟发展进行规范,达到提升企业自主创新能力和产业竞争力的目标
四川省	2013 年	《关于实施创新驱动发展战略增强四川转型发展新动力的意见》②	提出加快产学研创新体系建设,通过深化产学研的合作来推动地方产业创新能力的提高
广东省	2016 年	《广东省促进科技成果转化条例》③	提出推动科技成果转化体制建设,支持高校、研发机构开展科技成果转化活动,完善科技成果转化服务和交易系统,加快科技成果转化
山西省	2017 年	《山西省产业技术创新战略联盟管理办法(试行)》④	分别明确了联盟的定位、组建联盟的原则和条件、联盟的申请和认定、联盟的职责及支持政策、联盟的管理等。促进产学研深度融合发展,打通科技成果转移转化通道,全面提升产业自主创新能力和竞争力

资料来源:相关省份的科学技术厅官网信息(具体见表中内容的脚注信息)。

(二)产业技术创新战略联盟快速发展

　　产业技术创新战略联盟经过多次试点建设,已经实现了快速发展并取得明显成效。据统计,截至 2017 年,我国已经建立试点的国家级产业技术创新战略联盟达到 146 家,集中了 5000 多家企业、高校和科研机构,涵盖了国家产业发展的多个领域,实现产业技术创新的多元化发展。⑤

---

　　① 《关于促进产业技术创新战略联盟加快发展的意见》,2011 年 5 月 9 日,见 http://kw.beijing.gov.cn/art/2011/5/9/art_2386_2672.html。

　　② 方圆:《四川省委省政府印发〈意见〉增强转型发展新动力》,《四川日报》2013 年 7 月 12 日。

　　③ 《广东省促进科技成果转化条例》(广东省第十二届人民代表大会常务委员会公告第 71 号),2016 年 12 月 1 日,见 http://www.gd.gov.cn/zwgk/wjk/zcfgk/content/post_2722516.html。

　　④ 《关于印发〈山西省产业技术创新战略联盟管理办法(试行)〉的通知》,2017 年 12 月 28 日,见 http://www.shanxi.gov.cn/。

　　⑤ 《关于印发"十三五"国家技术创新工程规划的通知》,2017 年 4 月 24 日,见 http://www.scio.gov.cn。

各省（自治区、直辖市）根据地方发展实际，依托地方传统优势产业并着眼于未来新兴战略性产业发展的演进趋势，加速推进产业技术创新战略联盟建设，加快完善产业发展的完整链条，完善区域创新体系建设。目前中国各省市区已经创建的产业技术创新战略联盟数量达到数千家，技术创新联盟在推动地方产业技术创新和产业经济发展方面发挥着重要的作用。

（三）科技成果转化成效持续提升

产业技术创新战略联盟作为涉及企业、高校、科研机构等多个单位参与的创新合作组织，可以有效推进产业链的协同发展，提高产业技术创新成果的转化效率，降低联盟的运行风险。在联盟成员的深度合作下，诸多产业技术难题和攻关项目得以顺利解决，为企业解决了产业发展中的技术难题和瓶颈，加快了产业科技成果的转化。如高效节能铝电解技术创新战略联盟开发的"低温低电压铝电解新技术"，对比传统技术，平均工作电压降低了212毫伏，电解温度降低了5度左右，吨铝直流电耗减少522千瓦时，电流效率保持在95%左右，大大降低了企业生产成本，实现产业科技的成功转化。中国再生资源产业技术创新战略联盟通过攻克"废旧电子电器资源化过程污染控制及资源化产品环境安全控制技术研究"国家科技支撑计划课题，提出废弃电子电器资源化过程污染控制措施，建成了5000吨/年废电路板湿法资源回收示范工程和1万台/年的打印机、复印机、传真机等报废办公设备处理示范工程，为中国在废旧电子电器方面产业化处理提供了技术。

（四）联盟建设吸引和培养了大批人才

随着国家和地方对产业技术创新战略联盟发展的重视，联盟建设进入快速发展时期。项目支持、产业示范基地建设、政府优惠政策等多种因素吸引了大批高素质、高新技术人才的集聚，同时在联盟建设过程中针对联盟的产业发展需求和产业技术特点对相关人才开展培养，保障联盟在未来发展中的人才衔接。中国产业技术创新战略联盟建设在人才集聚和联合培养上取得较大进展。如钢铁可循环流程技术创新战略联盟有效组织行业骨干力量对"新一代可循环钢铁流程工艺技术"项目进行关键技术研究,聚集了 14 家单位、近 800 人的研发队伍,形成了完整的创新链条,参与新一代钢铁可循环流程技术项目节能环保、冶炼、流程集成综合、重要产品开发等领域 15 个课题、共 58 个专题研究,在产业研发上聚集和培养了众多人才。地方产业技术联盟在人才集聚和培养方面也在不断进步,如贵州省产业技术持续战略联盟开始启动以来,全省 22 个联盟集聚的科研人才总数达到了 19614 人,引进外来人才达到 1917 人,极大地推动了贵州省产业技术创新战略联盟的建设和发展。[1] 安徽省合肥市的产业技术创新战略联盟的迅猛和高效发展吸引了一批人才集聚于联盟内,数据显示共有 895 名高新技术人才、10 名行业领军人才、69 名博士后、352 名博士被引进产业技术创新战略联盟,新增加副高级以上人才176 名。[2]

(五)制定行业标准,完善知识产权

中国产业技术创新战略联盟经过多年的试点建设和持续发展,在攻克项目课题和产业发展瓶颈问题的过程中,制定并完善了诸多的行业标准,并积累了丰富的知识产权储备,为新兴战略性产业快速发展提供了坚实有效的产业技术基础支撑,促进了科技成果的有效转化。成立于 2012年的黄金产业技术创新战略联盟依靠联盟成员多年技术项目攻关,取得了"江西金山条带式胶结充填采矿法实验研究"等 42 个科研成果和"一种多金属含金矿石的铜铅锌分离法"等 50 项发明专利,弥补了行业空白,解决了黄金产业发展的多项难题,实现科研成果有效转化。医疗器械产业技术创新战略联盟承担的"十二五"国家科技支撑计划"医学影像等中高端医疗器械研发(二)""医学影像等中高端医疗器械研发"和"大型医疗装备核心部件及重大产品研发"三个项目在 2018 年 6 月成功通过验收,三个项目累计申请发明专利 164 项,获得国内授权专利 164 项,获得国外授权专利 8 项,形成行业标准 23 项,这些项目突破了涉及医疗影像、

---

①　王璐、代玉洁、白宝良:《贵州省产业技术创新战略联盟现状及对策研究》,《内蒙古科技与经济》2016 年第 14 期。

②　江增辉、吴彩丽:《安徽产业技术创新战略联盟的现状与发展对策》,《合肥学院学报(综合版)》2018 年第 4 期。

医疗器械和医疗装备等多个领域的产业技术发展难题,提高了中国医学在相关领域的自主创新水平,推进了中国医学设备和装备行业的产业发展。

农业装备产业技术创新战略联盟作为国家首批四个试点联盟之一,由中国农业机械化科学研究院牵头,联合 4 所大学、3 家院所和 8 家企业共 15 家优势单位组成。联盟坚持资源优化组合,共建共享,已经高质量建设了以科研成果转化为主导的国家农业机械工程技术研究中心、以行业共性技术研究为主的土壤植物机器系统技术国家重点实验室,组建了专门面向并服务于中小企业的农业装备产业技术创新服务平台,形成了较为完整的产业链创新体系。

地方产业技术创新战略联盟在专利储备和技术标准制定方面也取得了积极的成效。湖南省产业技术创新战略联盟在知识专利储备和技术标准制定方面也取得了积极成效,2016—2018 年,湖南省产业技术创新战略联盟共承担国家级科技项目 150 项、省级科技项目 228 项;制定国际标准 9 项、国家标准 44 项、地方标准 87 项、行业标准 100 项;申请国际专利 38 项,国家专利 5068 项,对湖南省重点产业科技的发展起到了较大的支撑作用。①

二、产业技术创新战略联盟发展的主要经验

(一)完善的政策措施导向引导产业技术创新战略联盟健康发展

产业技术创新战略联盟作为推动产业创新的新型组织,可以汇集产学研的优势资源,突破产业技术发展瓶颈,实现产业持续健康发展。为了保障创新战略的实施,提高国家产业竞争力,通过对国家迫切发展和急需改造的产业领域进行政策倾斜,吸引大批企业、高校和科研机构参与产业技术创新战略联盟的建设,集聚行业资源和科技创新优势有效解决产业

---

① 蒋庆来、潘达、陈享姿:《产业联盟提升地方产业竞争力研究——以湖南省产业技术创新战略联盟为例》,《价值工程》2018 年第 10 期。

发展面临的技术难题和技术瓶颈。有效的政策导向能够引导产业技术创新战略联盟的健康持续发展，可以引导并规范联盟的建设，为联盟发展提供便利的通道，降低联盟运行成本。2008 年 12 月科技部等六部门联合发布了《关于推动产业技术创新战略联盟构建的指导意见》，2009 年 12 月科技部发布了《关于印发〈关于推动产业技术创新战略联盟构建与发展的实施办法（试行）〉的通知》，中国开始产业技术创新战略联盟的试点运行。第一批试点建设的联盟主要有钢铁可循环流程技术创新战略联盟、农业装备产业技术创新战略联盟、电信技术产业技术创新战略联盟、闪联产业技术创新战略联盟等 36 个联盟，主要涉及通信、农机装备、医药、存储技术等国家急需巩固和提高的领域。政府通过政策引导相关产业技术创新战略联盟的组建，集中企业、高等院校和科研机构资源攻坚国家战略性产业关键核心技术，发挥产业技术创新战略联盟在促进中国企业自主创新能力提高方面的引领作用，进而有效保障国家战略性新兴产业的技术创新能力，保障国民经济的健康稳定发展。创新政策和产业政策也是影响地方产业技术创新战略联盟建设的重要因素，地方政府利用政策优势对联盟发展进行引导，一方面，鼓励企业、高等院校和科研机构积极参与地方优势产业技术创新战略联盟的构建，保障传统产业发展的竞争力；另一方面，通过政策扶持和发展新兴战略产业，吸引创新团队和企业参与，促进新兴产业集群化发展，为产业技术创新战略联盟发展提供重要保障。

（二）运行规范的组织机构是产业技术创新战略联盟长久发展的前提

组织机构是联盟构建和运行的重要组成部分，担负着协调联盟成员关系、分解联盟成员任务及分配利益等重要工作，理事会、专家咨询委员会、秘书处的会议决策和执行效率关系联盟的正常发展，所以规范运行的组织机构是联盟健康发展的重要前提。

实践表明，活跃度高、发展效果好的产业技术创新战略联盟往往都有一个运行规范的组织机构，这些组织机构不仅严格按照联盟的组织规章制度运行，同时联盟组织机构的参与人员也有较高的职业规范和职业素养。如国家半导体照明工程研发及产业联盟（China Solid State Lighting Alliance,CSA）经过多年的发展取得了明显的成效,在科技部对中国试点联盟的活跃度测试中多次获得第一名。联盟组织机构的规范运行是联盟取得积极成效的重要因素,联盟按照协议规章定期召开理事会、专家技术委员会会议、秘书处工作会议,其中秘书处有近30人的专职工作人员,近200人专业化的工作团队,同时有超过100名行业专家参与联盟的建设,并且联盟拥有工作组、实验室、驻外分支等重要机构,负责联盟日常运行的专利池、实验基地、应用推广等方面的工作。

健全的组织机构的高效运行推动半导体照明联盟在产业技术创新道路上不断向前发展。2020年1月10日举行的2019年度国家科学技术奖励大会上,由中科院半导体研究所牵头,多家单位联合完成的"高光效长寿命半导体照明关键技术与产业化"科研成果,荣获2019年度国家科学技术进步奖一等奖。[①] 获奖项目涵盖了产业链上游芯片、封装到下游应用,对LED照明产业发展具有里程碑式的意义。基于产业发展看,可以说是产学研与产业链上下游企业联合创新标杆,突破和颠覆了欧美日企业在国际市场对技术和专利的长期垄断局面。

无线产业技术联盟从成立以来,在组织机构建设、工作职责及执行能力等方面,均按照产业技术创新战略联盟发展轨迹运行,如联盟秘书处全部采用专职人员,大多数员工拥有丰富的行业经验。凭借他们良好的专业素养和业务处理能力,较好地保障了联盟在规划、管理、业务发展等方面工作的良性运转,吸引越来越多的企业、高等院校、科研机构积极地参与技术联盟的建设与发展。

（三）共同的产业发展需求是产业技术创新战略联盟发展的根基

产业技术创新战略联盟的建设和发展受到联盟自身目标和政府政策引导等多方面因素影响,其中产业发展需求是各主体单位参与联盟构建和发展的重要动机。企业面对日益激烈的产业竞争和转型压力,必须不

---

① 杨阳腾:《洲明科技:创新没有天花板》,《经济日报》2020年4月11日。

断进行产业技术创新，保证竞争优势，这就必然促进企业寻找外部合作以降低创新成本、降低研发风险。实践表明，企业共同的产业发展需求能够有效激发产业技术创新战略联盟的成立与发展，各个企业、高等院校和科研机构通过组建联盟，整合行业资源，形成一个联合开发技术、风险分散共担、优势互补的产学研创新合作体系。产业技术创新战略联盟通过有效运行，参与企业得以共享联盟发展中的知识产权和先进产业技术，降低产业研发的风险，保持企业在产业发展市场中的竞争优势。例如，闪联产业技术创新战略联盟由联想、海信、TCL、长虹、康佳等多个知名企业联合发起，这些企业在与国外企业竞争和开拓海外市场的过程中往往面临着产业创新能力不强、专利标准储备能力不足等问题，在产业竞争中非常被动。共同的产业发展需求促使企业积极参与闪联产业技术创新战略联盟，加强企业与高校、运营服务商、科研机构等组织的合作，突破信息设备发展的核心技术。目前，闪联联盟已经制定了多项国内外行业标准，构建了比较完善的标准体系和专利储备库，可以广泛应用多个智能设备，实现企业发展的目标。企业通过细化参与分工，能够共享产业技术创新战略联盟的已有技术创新成果，可以有效降低和减轻企业的产业技术创新成本和压力，保障企业在产业竞争中的优势地位。

（四）合理的利益分配是产业技术创新战略联盟发展的动力

产业技术创新战略联盟是由多元化成员参与而形成的技术组织模式，技术联盟能够保持长久发展的根本驱动力是实现并满足各个成员的基本利益诉求。产业技术创新战略联盟的运行存在一些不确定性风险，合理的利益分配机制有助于缓和各成员间的关系，及时协调联盟成员在知识专利、技术标准方面的纠纷，有助于增强成员参与联盟建设的积极性。一个联盟的健康长久发展必然是从成员的共同利益出发，创建成员利益共同体，必须充分考虑到联盟成员的成本付出、风险承担与实际贡献，以做到合理分配利益，进而能够更加有效提升产业技术创新战略联盟的凝聚力，更好地推进技术联盟的长久高效发展。如半导体照明产业技术创新战略联盟就是通过有效整合相关行业资源，在产业链中下游组建产业技术应用研发中心，通过法律效力对联盟成员的利益进行规范，逐步形成共同投入、知识产权共享、研发成果快速转化的产业技术研发合作组织，保障联盟成员的利益需求和参与积极性。无线局域网鉴别和保密基础结构（WLAN Authentication and Privacy Infrastructure，WAPI）产业技术创新战略联盟通过加强基础信息库建设和增加联盟成员差异化服务，及时了解联盟成员的产业发展需求和利益诉求，同时联盟为成员搭建了无线局域网鉴别和保密基础结构公共技术支撑平台，主要是围绕解决产业急需的产业技术发展难题提供方案。目前，几十家成员单位通过公共技术支撑平台获取无线局域网鉴别和保密基础结构产品测试服务及相关咨询服务，通过这种模式实现了成员的利益共享，不仅保障了企业在联盟建设中的利益诉求，同时也推动了联盟自身的发展。

第三节　产业技术创新战略联盟发展的实践案例

一、国家层面的实践案例

（一）国家级制造业创新平台："国家动力电池创新中心"——培育制造业创新动力之源

伴随新一轮科技革命和产业变革，在新一代信息技术高速发展的技术支撑下，全球制造业创新体系正在发生深刻变化，由此带来创新模式不断变革。其具体体现在：创新载体正由单个企业主体承载向跨领域多个主体承载的协同创新网络模式转变；创新的流程演化为由线性链接转向为线性链接与协同创新并存；创新模式从单一的技术创新演进到技术创新与商业模式创新并存。全球制造业创新体系体现出鲜明的跨界、融合与协同特征，新型创新载体正在显现与生成。为了更好地适应制造业创新体系的前沿性变革，在2008年国际金融危机后美国提出"制造业回归"的背景下，其开始建构制造业的全链条创新网络，英国也开始加速产业技术创新中心建设的步伐。

中国已有的创新载体确实极大地提升了中国的科技创新能力和水平。然而，现有的创新载体主要在"技术产生—扩散—首次商业化—产业化"链条上存在衔接短板和堵点,致使相当一部分的科技创新成果无法从实验室迅速产业化和市场化,没有完成达到技术创新的真正目的。基于此,中国之所以要加速建设制造业创新中心,目的之一就是快速解决和弥补创新链条上的断裂环节,最根本的是解决由实验室到产业化和市场化间存在的"死亡之谷",切实把已有的分散的各类创新资源高效集聚和整合起来,形成综合效应,最终完成把珍珠串成项链的"关键一环",释放创新效能,扩散创新效应。

2016 年 6 月 30 日,"国家动力电池创新中心"在北京成立。[①] 这也是中国第一个国家级的制造业创新平台。创新中心的主要任务是承担探索和建设制造业领域的新型创新载体,进而形成有自己特色、体现高水平的协同创新模式,最终形成中国制造业的创新动力源。推动国家级制造业创新中心建设,形成包括技术、平台、人才、政策等要素相互融合的良好的制造业创新生态系统,努力形成高水平具有产业特色的制造业协同创新平台和完善的创新网络,真正解决面向行业的共性技术而不是单个企业可以解决的关键技术。其主要缘由在于:全球制造业变革中,研发模式正由封闭转向开放,一个企业、一个研究单位更为重要的是参与社会合作创新。同时,制造业也从传统的重视制造为主转向追求价值。

国家级制造业创新中心的基本定位:以问题为导向,集中配置资源,坚持开放合作,实现创新链的突破。制造业创新中心建设和持续发展必然要有大量高技能人才,这需要高等院校和研发机构提供源源不断的人才供给。要激励社会资本积极介入,切实达到产业高质量发展、人才有效培养,实现产业发展与开放合作的高效融合。国家级制造业创新中心要通过产业共性技术的研发及其技术扩散,使制造业创新中心在产业发展中能够有效产生放大效应,并形成聚合效应。所谓放大效应就是能够促使科技创新成果转移转化,所谓聚合效应就是能够将技术攻关能力、人才交流能力与国际合作能力有效衔接。

---

① 卢世刚:《国家动力电池创新中心建设实践与思考》,《中国工业和信息化》2019 年第 5 期。

"国家动力电池创新中心"是一个聚集企业、科研院所、高校、产业基金和社会资本等各类创新资源，由动力电池的需求方、技术研制方、产品制造方等多方面自愿组合形成的以资本为纽带的核心层和以上下游技术为联盟的紧密层。从应用层面看，动力电池的产业链较长，单纯依赖电池企业在制造环节发挥其作用和效能无法满足创新需求。从国家层面看，建立国家动力电池创新中心的出发点就是以此为依托，把国内外的各类创新要素和资源集聚起来，以形成优势互补和协同攻关的效果，更好地形成技术研发与产业化间的紧密关联，完善并优化创新生态系统。也就是要集聚全社会的创新资源、高端创新研发团队，形成聚合力，力争在动力电池的关键核心技术方面获得颠覆性突破。最终使新能源汽车的技术性能与成本优于传统汽车，推动中国的新能源汽车快速发展与成长。

（二）争当航空科技的领跑者：中国航空研究院重组

2016年10月19日，中国航空研究院在北京重组成立，是以原来的中国航空研究院作为基础，整合中航工业研究院等相关机构及其业务而形成的研究机构。其目标定位是给予航空产业发展提供战略性、前瞻性和基础性的技术支撑，以"探索、创新、开放、共享"为基本理念，勇担"引领航空科技发展"的基本使命，把实现航空科技发展领跑者的角色作为追求目标，着力打造"一个中心、三个领域、五个平台"的专业体系，依托于国家军民融合和创新驱动发展战略的牵引力，推动中国的航空产业做大做强，持续提升中国航空产业的科技创新能力和技术竞争力。

成立中国航空研究院的一个目标就是打造国防科技工业技术创新中心，其定位于国家级的国防科技创新中心。其任务使命就是持续夯实中国航空产业技术创新基础，不断提升科技创新能力和水平，努力建立新一代航空装备产业和技术体系。中国航空研究院主要聚焦于前沿新兴技术、先进飞行器技术和复杂系统工程领域的技术研发。中国航空研究院要打造和建立协同创新平台、资源共享平台、科技服务平台、人才培养与交流平台和决策分析与支持平台五大平台。协同创新平台主要是以政府间的科技合作作为纽带，不断强化国际双边和多边科技合作交流，探索国内科技协同创新的新机制、新手段。加强资源共享平台建设，支持重点实验室、技术中心为全行业、全社会创新提供知识、数据、信息、实验验证条件和手段的支撑。中国航空研究院将不断强化为科技创新提供高水平专业化的服务能力,加快培育具有国际影响力和竞争力的航空科技创新团队,建立符合国家和产业战略利益,统筹兼顾、军民融合国家级决策分析与支持平台。①

(三)"四方合作"推进丝绸之路经济带建设:"中国—中亚科技合作中心"

2012年7月,科技部和新疆维吾尔自治区人民政府举行部区工作会商,共同决定加快推进"中国—中亚科技合作中心"建设。建设中心的主要目的是有效聚集国内外的科技创新资源,建立并形成面向中亚地区的科研数据库、环境监测、地震预测等网络系统,建成包括科技信息交流、学术交流、合作研究等一体化的"一站式"国际科技交流合作中心。通过切实有效整合中国与中亚地区国家的高等院校、科研院所、企业等的各类科技创新资源,力争将各方拥有的优势创新资源纳入"中国—中亚科技合作中心"的框架内,在双方需求基础上进行高水平的科技创新合作、培训交流等,推动产业发展与升级,在科技创新的引领下有序推进丝绸之路经济带建设。

2021年9月,新疆维吾尔自治区人民政府、科技部、中国科学院、深圳市"四方合作"推进会召开。与会各方共同研究深化"四方合作"机制,加快推进丝绸之路经济带创新驱动发展试验区、乌昌石国家自主创新示范区建设,合力打造区域创新驱动新的增长极。②

二、地方区域层面的实践案例

(一)广西壮族自治区首个跨区域众创联盟成立

截至2016年8月,广西壮族自治区认定的孵化基地、众创空间已经达到83家,服务企业和团队数量已经超过1512家。③ 然而,服务同类化、资源分散、机构服务能力不能实现全覆盖、背景资源错位等问题层出不

---

① 唐涛逸:《国防科技工业航空技术创新中心成立》,《中国航空报》2017年1月17日。
② 石榴云、李杨:《打造区域创新驱动新的增长极》,《新疆日报》2021年9月20日。
③ 周骁骏、童政:《广西首个跨区域众创联盟成立》,《经济日报》2016年8月8日。

穷，创业创新生态服务体系急需完善，以更好地服务全区创业创新工作。

为了促进创新创业企业快速发展，打造广西协同创新共同体，由广西壮族自治区人才服务办公室、艾迪实验室、艾瑞西江及区内创业创新机构组织的广西众创联盟在南宁市成立。这既是广西壮族自治区首个官方认证的众创联盟，也是第一个跨区域的众创联盟，其目的是给予广西全区的创业创新企业以更好的服务，打造一个为产业创新者提供低成本、便利化、全方位、开放式与新形态的服务平台，助推全区经济加速提质增效及产业转型升级。广西众创联盟成员包括以南宁酷狗、西部通讯、富仕云商为代表的创业创新企业，以艾迪实验室、桂林创业加、南宁创客中心为代表的众创空间运营机构，以艾瑞西江、西沃客为代表的投融资机构，其中多数联盟成员为跨区域服务机构。① 广西众创联盟秉持于"自发性行业组织、政府资源导入、市场化运作"基本理念，渐进破除广西境内资源壁垒，加快整合区内各种资源，为创业创新者提供周到专业服务。

（二）深圳：推进产学研资联盟建设，激发创新创业活力

深圳市发展改革委、深圳市科技创新委、深圳市工业和信息化局协同配合成立了产学研资联盟，并把联盟建设作为实施创新驱动发展战略的重要抓手，多措并举，不断完善"基础研究+技术攻关+成果产业化+科技金融"全过程创新生态链，逐步构建起"以企业为主体、市场为导向、产学研资深度融合"的技术创新体系，加速促进科技创新成果转移转化。

深圳市发展改革委牵头建立全市"链长制"工作机制。按照"一链一图、一链一制、一链一策、全链联网"的工作要求，实现重点产业链式发展、链式服务。围绕集成电路、8K 超高清显示、智能网联汽车、生物医药等重点产业链，厘清产业链短板痛点并针对性提出突破建议，促进深圳市产业扶持方式由财政直接补贴向产业服务生态构建转变，为深圳市产业链巩固发展提供重要支撑。具体做法为②：

---

① 周骁骏、童政：《广西首个跨区域众创联盟成立》，《经济日报》2016 年 8 月 8 日。
② 刘丽、吕沁兰、刘宝：《深圳：产学研资深度融合，激发创新创业活力》，《中国经济导报》2020 年 12 月 3 日。

一是建立联合攻关与成果转化机制。鼓励企业、科研机构、高校建立产业技术联盟,将企业对技术的需求快速传递到科研机构和高校,利用科研团队展开联合技术攻关、协同创新,最终实现成果快速转化。同时,鼓励高校围绕战略性新兴产业和未来产业发展需求,积极与业内龙头企业合作举办集高等教育、科学研究与实践运用于一体的特色学院,直接参与科技成果转化,促进产学研用发展。

二是打造科技创新支撑体系。建设高水平科技创新平台体系,夯实创新创业根基。围绕创新创业主体对源头创新、原始创新的核心需求,以大湾区综合性国家科学中心先行启动区建设为抓手,加强与港澳创新资源协同配合,建设国际一流重大科技基础设施和创新平台体系。聚焦大湾区产业发展需求,构建支撑研发、中试、测试验证、产业化的公共服务体系,加速科研成果转化为现实生产力。

三是搭建科技成果转化平台。支持国际知名创客机构、龙头企业、科研院所建设高水平创客空间和创新创业基地,为创业者提供创业辅导、工业设计、制模打样、小批量生产、市场推广、投融资对接等孵化培育全过程服务。

2019 年,深圳市高新技术产业实现产值 26277.98 亿元,是 2012 年的 2 倍(12931.82 亿元),年均增长 10.7%;实现增加值 9230.85 亿元,是 2012 年的 2.2 倍(4135.24 亿元),年均增长 12.2%[1]。2021 年深圳市拥有国家级高新技术企业 2.1 万家,是 2012 年的 7.3 倍(2867 家);2021 年,全市企业发明专利授权量突破 4 万件,同比增长 44.02%,高于全省及全国平均水平[2]。

(三)宁波市:集聚创新资源,打造产学研深度融合的高能级平台

为完善产业技术创新链,推动科研创新和产业发展的深度融合,2019 年 11 月 15 日,宁波市科技创新与产业应用联盟成立。联盟将构建"产学

---

① 刘丽、吕沁兰、刘宝:《深圳:产学研资深度融合,激发创新创业活力》,《中国经济导报》2020 年 12 月 3 日。

② 陈姝:《创新深圳崛起世界级企业群》,《深圳商报》2022 年 5 月 20 日。

研用金 财政介美云"十联动创业创新新生态,即把产业、学术界、科研、成果转化、金融、人才、政策、中介、环境、服务十方面因素融合提升,着力提升技术创新资源集成能力、科技成果转化应用能力。目前,联盟首批成员单位达 162 家,涵盖了产业技术研究院、在甬高校、研究机构、"246"优势产业龙头企业、行业协会、风险投资机构、银行保险机构、科技服务机构等不同行业单位,重点加强产业链上下游交流,推进科研创新与产业化应用紧密互动。①

为了切实优化配置宁波市的既有的各类科技创新资源,真正解决科技创新与经济发展间的脱节问题和堵点,宁波市坚持创新驱动发展战略。不断加大研发投入和提升创新能力,通过科技创新能力的持续提升有效推动经济社会发展。特别是科技创新与产业应用联盟推动科技成果转移转化途径与模式不断创新。

第一种模式和途径是"自主研发+项目合作+共建平台"。宁波市的民营经济在经济发展中占有重要位置,为了增强企业竞争力和整体经济实力,宁波市积极推动中小民营企业不断提升自身的技术创新能力,鼓励企业开展产学研合作共建创新平台集成创新,通过研发外包、合作研发、委托开发等项目合作方式,加紧与高等院校、科研院所共建科研创新平台,形成产业技术创新战略联盟,使企业与各方间形成更为紧密的产学研合作关系,以最大化地有效突破关键核心技术。

第二种模式和途径是"产业技术+产业育成+衍生企业"。宁波市政府与中国科学院、浙江大学等高等院校、科研院所进行科研合作,基于实践应用考量,共同搭建了中试试验工厂、中试创客平台等创新应用平台和载体,主要承接研发创新和应用的合作单位的人才团队及重大科技创新成果落地应用前的孵化工作,通过有效开展中间性和规模化的放大实验,切实为企业提供和输送能够进行产业化的重大产品(装备)和人才团队。

---

① 郁进东、邬明:《宁波促科技成果转化 助产业转型升级》,《经济日报》2016 年 10 月 31 日。

第三种模式和途径是"国际合作+跨国并购"。宁波市紧跟国际科技资源转移的新趋势和新特点,持续探索技术应用的多元化方式和途径,如技术合作、股权收购、技术购买等,更好地推动民营企业有效连接和应用全球创新资源。

宁波市不断探索联盟合作形式和运营形式,形成资源共享、信息互通、利益共享。高层次人才不断集聚,科技创新持续提速。其改革的成效体现在,2021年上半年,宁波市完成高新技术产业增加值1327.9亿元,居全省首位,同比增长22.5%;规模以上工业新产品产值同比增长33.6%,高出规上工业产值增速4个百分点,新产品产值率达34.2%,同比提高1个百分点。列入国家"三新"统计的智能手机、集成电路、城市轨道车辆、工业机器人等新产品产量增速均超过50%。①

(四)长沙市:以"技术创新与协同创新"为引领,打造成中国"智造中心"

长沙市作为中国重要的工业基地,在落实《中国制造2025》战略中,积极探索,目标是把长沙市打造成中国"智造中心"。长沙市的传统产业焕发生机,新兴产业迅速崛起。2016年以来,长沙市的汽车、电子信息产业保持了高速增长态势,汽车制造业增长10.7%,电子信息产业增长了16.7%,生物医药产业增长了18.3%;同时新能源、新材料、移动互联网等战略性产业也呈现繁荣发展局面。2016年,长沙市"多点支撑"的经济发展格局初步形成。② 在智能制造的推动下,长沙市的园区工业不断发展。全市规模工业前100强中,90%在园区;引进的世界500强企业都落户园区,投资50亿元以上的重特大项目也都放在园区。

长沙市工业的高速发展主要得益于"技术创新和协同创新"的引领和拉动作用。长沙市成立了"长沙智能制造研究总院",发布了"工业云"平台,已经成功打造了30多家"众创空间"。成立了诸多产业技术研究院,涵盖了新材料、机器人、增材制造等前沿领域,通过集成创新、

---

① 金鹭、王虎羽:《第一动力澎湃引领新发展》,《宁波日报》2021年8月7日。
② 杨忠阳、刘麟:《把长沙打造成全国"智造中心"》,《经济日报》2016年11月27日。

协同创新创造智能制造的共享平台。长沙市针对企业的特点和个性化服务需求，在协同创新上提供个性化服务。长沙市立足于长沙智能制造研究总院，主要解决协同创新的机制与效率问题，努力打造"中国制造2015"长沙模式。长沙智能制造研究总院主要是高效整合高等院校、科研院所和工业企业在智能制造技术领域的优势，形成最大化的效率优势，切实为长沙市制造业高质量发展提供共性关键技术，为长沙市引进、培养人才和核心团队提供相应服务，高效引领智能制造协同创新服务体系建设。

长沙市政府完善政策体系，助推智能制造发力。[①] 如推出了"1+X"的政策体系，"1"就是《长沙智能制造三年（2015—2018年）行动计划》，"X"包括《工业园区转型提质发展三年行动计划》《新材料产业发展三年行动计划》等，这些计划基于多层面、多视角为智能制造提供完善的政策保障，这些政策体系主要是为信息共享提供个性化服务。通过完善共享平台建设包括长沙智能制造工业云、产业发展指数体系等，更好地完善大数据库建设并进行动态化管理，以全面给予企业信息咨询服务。通过促进"两化融合""军民融合"，更好地推进产学研结合、技术与资本结合，最终有效提升产业竞争力。

（五）武汉"光谷"：抢占科技创新制高点

"光谷"从一根光纤出发，现在已经发展成为中国第二个国家自主创新示范区——"武汉东湖高新区"。从"光谷"创建开始至今，一直借助于湖北省的科技教育资源优势，不断集聚各类创新要素持续落地生根，有效催生了相关科技成果转化的潜能，这也就形成了"光谷"独具特色的发展基因。目前，"光谷"城里的光电子、激光、中小显示面板、存储器芯片等相关产业，已经开始在国际产业体系中并跑甚至领跑。

"光谷"的光通信产业发展已经形成了世界级产业集群。2015年"光谷"的光电子产业的产值已达到4420亿元，已经进入世界级产业集群行

---

① 张颐佳：《长沙全力打造"智造之城"》，《湖南日报》2019年12月30日。

列,其份额占据了中国市场总量的 60%和国际市场的 20%。①"光谷"的中小显示面板生产基地已经成为世界最大的生产和供应基地。

在国际经济竞争和科技竞争日趋激烈的发展背景下,"光谷"必须坚持发挥其现有的人才、资本及产业发展优势,紧盯世界前沿产业布局,立足于打造以光电子信息为核心的产业集群,把生物制药、节能环保、高端装备制造业等定位于战略性新兴产业,形成以高新技术服务业为核心和先导的"131"多层次产业发展格局。

基于长远布局与发展,"光谷"持续推进改革实验,立足于实际规划了"自由创新区"方案,其核心就是努力打造人才充分自由流动,技术成果自由转移转化,资本能够便利融通的创新生态环境。"光谷"基于自身定位和全球视野,提出了全面打造升级版,包括创新升级、产业升级和服务升级等,目的在于切实扩大创业的国内国际视野,把"光谷"真正建设成为具有国际影响力的全球创新创业中心。

为了加速推动"光谷"持续高效发展,必须打造众多具有国际影响力的创新型企业。对于武汉"光谷"来说,应当加快建设国家级专业产业化基地,包括电子信息、汽车电子、地球空间信息等,目的在于更好地促进相关产业集群和创新发展。按照规划,到 2049 年,"光谷"要全面建成具有世界影响力的创新创业中心。

基于发展的实践看,"光谷"能够始终保持创新活力,最根本的就是持续的内生创新动力,"光谷"70%以上的有市场竞争力的企业都是自己培养的,这些企业不断地参与国际竞争并进军资本市场。"光谷"的创新内生动力也获益于其周边拥有的武汉大学、华中科技大学等高等院校和科研院所集聚。"光谷"培育创新内生动力的一个重要途径和环节就是"引进消化再吸收、再创新",最关键的是要保持战略定力和实施既定目标。

基于国际经济发展实践和科技创新成功经验看,对于"光谷"来说,

---

① 叶俊东、陈俊、李劲峰、廖君:《武汉"光谷"抢占科技创新制高点》,《经济参考报》2017年1月4日。

其在培育产业集群的过程中,必须集中各类资源进行重点突围以取得成效。招商引资必须坚持"产业优势"和围绕行业"产业链闭环"的基本原则进行。梳理"光谷"的成长演进历程可以发现,"光谷"依赖于光电子产业的持续高速发展,造就了其在创新领域的持续活跃。

当然,最根本的还是由于政府不断优化创新创业环境,培植创新创业的肥沃土壤,如"充分的放权与松绑,让市场充分发挥作用又构成了创新要素集聚的核心基因"。2015年1月15日湖北省十二届人大常委会第13次会议通过了《东湖国家自主创新示范区条例》(以下简称《条例》),在管理体制、产业发展、科技创新、金融服务、开放合作等方面作出了具体的规定。一定程度上,《条例》的出台对于推进"光谷"的改革创新和先行先试给予了法律支持与保障。

2021年2月4日,湖北省人民政府办公厅印发了《关于印发光谷科技创新大走廊发展战略规划(2021—2035年)的通知》①,对光谷科技创新大走廊建设进行了全面部署。其主要任务就是打造"高水平"东湖科学城创新极核;推进"跨区域"五城产业承接协同;强化"多要素"资源聚集;推动"同城化"协同发展。目的在于推进武汉市建设具有中国影响力的科创中心和湖北东湖综合性国家科学中心,有效引领湖北省高质量发展。

第四节 产业技术创新战略联盟发展的政策选择

政府作为产业技术创新战略联盟的引导者和推动者,应积极推进一些重点产业构建技术创新战略联盟,并运用市场手段和法律手段有效配置技术创新要素,同时调解产业技术创新战略联盟运行过程中的冲突,通过各种政策鼓励、支持、引导、规范产业技术创新战略联盟的运行。产业技术创新战略联盟是中国推动产业结构升级、加快传统产业改造,体现先

---

① 《省人民政府办公厅关于印发光谷科技创新大走廊发展战略规划(2021—2035年)的通知》,2021年2月4日,见 http://www.hubei.gov.cn/zfwj/ezbf/202102/t20210222_3355044.shtml。

导性战略性的产业技术组织模式,它在发展壮大的过程中具有其自身内在的发展规律。根据产业技术创新战略联盟演绎进程和阶段性工作重点的差异,可以将产业技术创新战略联盟的生命周期分为四个阶段:酝酿期、组建期,运行期与解体期。① 而从组织演化的视角出发,产业技术创新联盟也具有一定的生命周期,会经历萌芽期、成长期、成熟期和衰退期。② 产业技术创新战略联盟在不同发展阶段面临的问题和发展重点各不相同,因此政府要摸清产业技术创新战略联盟不同阶段的发展特点,在适当时期给予及时的引导和扶持。由于本部分重点研究政府政策在产业技术创新战略联盟发展中的作用,因此,将产业技术创新战略联盟生命周期分为组建初期、成长期、成熟期、衰退期四个阶段,针对四个阶段产业技术创新战略联盟发展的特点分别解析政府的政策选择。

一、产业技术创新战略联盟组建初期的政策选择

在产业技术创新战略联盟组建初期,不仅联盟成员数量少,且由于联盟结构尚未建立,伙伴选择尚未完善,联盟成员间的合作也处于松散的状态,在这种状态下,容易造成企业盲目建立联盟,导致重复建设,或是企业缺乏组建联盟的积极性,难以充分发挥优势企业的龙头作用。此时,政府就应充分发挥其引导功能,根据市场发展需求、地方发展需求、新兴产业发展需求,在充分考虑普遍性与特殊性的基础上,科学地对产业技术创新战略联盟进行布局,并通过各种支持方式引导产业内的优势资源整合并建立产业技术创新战略联盟。同时也要从资金投入、政策支持、法律引导等方面,给予联盟充分的支持,保障区域内联盟建设的积极性与活力。

---

① 吴红红:《产业技术创新战略联盟生命周期及其特征研究》,《经济研究导刊》2015 年第 21 期。

② 张坚:《企业产业技术创新联盟的利益分配机制研究》,《科技管理研究》2008 年第 3 期。

（一）掌握产业发展动向，引导鼓励产业技术创新战略联盟建设

产业技术创新战略联盟的组建首先要保持一定的竞争性和开放性，要紧盯市场需求，尊重市场规律，针对产业技术创新需要解决的问题组建产业技术创新战略联盟。由于部分产业技术创新战略联盟是为了获得国家资金支持而组建，因此，政府必须进行监管、适当引导，但在此过程中，要处理好政府引导与企业主体的关系，避免政府干预过多，要保证企业在产业技术创新战略联盟中的主体地位。

政府政策的制定要考虑产业技术创新战略联盟发展的重要性和紧迫性，以产业核心技术为立足点，优化现有的产业布局，瞄准产业技术前沿。在分析现有产业发展和技术创新存在的问题的基础上，明晰产业技术创新战略联盟的发展方向，培养自主产业品牌。发挥经济优势地区的产业辐射带动作用，缩小地区之间产业技术创新战略联盟的差异，集合优势资源，实现共同发展。

由于产业技术和企业技术创新的侧重点各异，因此，要在对产业技术创新战略联盟进行充分调研的基础上制定差异化政策。引导创新联盟的牵头者依据创新能力、诚信度以及资源互补程度等进行成员选择。产业技术创新战略联盟组建过程中，要注意掌握企业成立产业技术创新战略联盟的动机，避免产业技术创新战略联盟运行中出现空转状态。在科学引导企业组建产业技术创新联盟的同时，尽力维持产业技术创新战略联盟的稳定性、长效性，避免产业技术创新战略联盟的"短期效应"。引导产业技术创新战略联盟由短期、松散、单向的合作向长期、紧密、多向的合作，不断提升技术创新能力，更好地推进产业结构优化与升级。

（二）完善财政政策，创新融资制度与投入方式

首先，政府投入是产业技术创新战略联盟建设资金的重要来源。要设立产业技术创新战略联盟专项基金，提高研发经费的比重，并进行财款跟踪。要协调好政府投入、企业投入与社会资金投入的关系。虽然政府的资金投入是必要的扶持，但这种扶持应当是引导性的，在政府引导资金到位的同时，也要保证充足的企业投入。同时创新资金投入的方式，倡导

建立多元化的投融资机制,吸引风险投资、民间团体投资。要注重在吸引风险投资的同时,为风险投资创造宽松的发展空间,完善风险投资的退出机制,保障各方利益。

其次,要实现财政投入差异化。政府要在分析各产业投入与产出比重、区域发展特色的基础上,有重点地分配投入资金的比重,针对不同产业技术特点、不同产业技术创新战略联盟规模等,合理分配资金投入,提高资金利用效率。参考产业技术创新战略联盟评价指标体系,对产业技术创新战略联盟的运营和成果进行定期评估,并依据评估结果进行动态调整,解散绩效差、效率低、组织松散的产业技术创新战略联盟,保障联盟的创新活力。

再次,政府可以通过税收减免、提高税收起征点的方式给予税收政策支持。在评估产业技术创新战略联盟发展前景与风险的基础上,有针对性地对某些企业实行免税或提高税收起征点,并对需要进口的技术设备实行进口补贴。同时,可以实施创新后补助措施,由产业技术创新战略联盟先行开展科技创新活动,在产业技术创新战略联盟产生预期效益或创新成果后再给予补助和奖励,以此保障产业技术创新战略联盟的创新活力和动力,减少"搭便车"的行为。

最后,政府要鼓励和引导银行、信贷公司等金融机构参与产业技术创新战略联盟的创建,通过多元金融机构投资,分散产业技术创新战略联盟的创新风险,降低创新成本。同时,允许金融机构在参与产业技术创新战略联盟建设后,与其分享成果收益,这也有利于产业技术创新战略联盟创新成果的有效转移转化。

(三)完善政策法规,保障产业技术创新战略联盟健康发展

政策方面。从国家或产业层面出发,出台相关的指导政策。在尊重经济发展规律和产业发展实际的前提下,依据满足国家和地区的产业创新需求,制定引导产业技术创新战略联盟构建、规范产业技术创新战略联盟运行的政策。

在制定政策时应当设置进入产业技术创新战略联盟的准入条件、确定产业技术创新战略联盟的运行规则。在设置进入产业技术创新战略联

盟的准入条件时,应当注重联盟成员的多元化构成,避免主体缺失,以形成产业技术的优势互补。参与产业技术创新战略联盟的成员要签署协议,对各成员进入和退出联盟设置相关条件,通过协议更好地约束成员行为,保障联盟高效运行。在确定产业技术创新战略联盟运行规则时,既要充分发挥政府的引导作用,也要发挥市场对资源配置的决定性作用,营造良好的技术创新环境。

法律法规方面。涉及产业技术创新战略联盟的法律法规应该体现保障和监督功能。保障功能主要体现在保护产业技术创新战略联盟内各参与主体的利益,保障产业技术创新战略联盟平稳运行。监督功能主要体现在对产业技术创新战略联盟内的一系列不合理行为进行规制。依据产业技术创新战略联盟发展的生命周期,具体包括对产业技术创新战略联盟的主体规范、运行规范、利益分配规范、成果转化规范、知识产权保护规范等,为产业技术创新战略联盟从组建到成熟提供一系列的法律法规保障。要理顺相关法律法规间的关系,避免出现"一个问题两个法案依据"的现象,从而保障产业技术创新战略联盟的稳定健康发展。

(四)健全中介服务机构,与产业技术创新战略联盟有效对接

产业技术创新战略联盟是产学研发展模式下一个成分多元复杂的组织形态,产业技术创新战略联盟成员多元化,联盟运行涉及产业的技术研发到成果转化的多个环节。实践中,产业技术创新战略联盟的监管分属于多个部门,由于部门之间信息沟通不畅,对产业技术创新联盟的管理没有统一的标准,会影响对产业技术创新战略联盟的监管效率。因此,要完善产业技术创新战略联盟的相关中介服务机构,为诸多不同的产业技术创新战略联盟搭建桥梁和提供相应服务,可以协调联盟内外部各方的利益关系,协调与政府部门的关系,及时有效发现产业技术创新战略联盟运行中的问题。

成立产业技术创新战略联盟专家委员会,由产业领域专业技术人才或外聘专业技术人才组成,对产业技术创新战略联盟的研发过程把关并提出中肯建议,为产业技术创新战略联盟提供发展策略和建议以供参考。

完善的中介服务机构和专业委员会的成立,可以更好地服务于产业技术创新战略联盟的发展运行,有利于产业技术创新战略联盟妥善处理运行中面临的问题,更好地促进产业技术创新战略联盟的高效发展,持续提升产业技术创新效能和产业技术竞争力。

二、产业技术创新战略联盟成长期的政策选择

产业技术创新战略联盟成长期是联盟快速成长、不断壮大的阶段,这个阶段诸多高校和研究机构相继加入,为联盟注入了大量科技创新人才,带来了前沿性的产业技术知识。产业技术创新战略联盟内各成员对于联盟建设和运行都保持着高昂的积极性,联盟内部的合作较为紧密,整个联盟的创新水平不断提高。但同时,产业技术创新战略联盟也会出现研发资金短缺、研发人员流动频繁、研发成果产权不明晰等问题。在成长期,要激励产业技术创新战略联盟进行体制机制创新;促进产业技术创新战略联盟间相互学习和交流,定期组织经验交流活动;引导产业技术创新战略联盟明晰发展方向;保障对产业技术创新战略联盟的资金支持,维护创新平台的有序运行,保障科技创新活动的持续进行。

(一)搭建信息交流平台,优化科技中介服务体系

产业技术创新战略联盟内外信息的不对称是联盟合作的主要障碍之一。要解决信息沟通不畅的问题,促进信息对称化,需要有信息共享和信息服务的平台。政府要搭建信息网络平台,提供产业内供需信息分享、投融资信息分享、成功经验分享等信息服务,为产业技术创新战略联盟的组建和发展提供公共服务。通过多元化和多途径的信息交流方式,拓宽产业技术创新战略联盟内外的交流渠道,不断强化联盟内外的信息交流共享,协调联盟内外各方关系,提升联盟内外各方的信任度。同时,在信息平台内建立科技成果数据库,为其他产业技术创新战略联盟提供数据和信息参考。

充分发挥科技中介机构在促进产业技术创新战略联盟发展中的重要作用。科技中介机构的主要职能在于开展与产业技术创新战略联盟的研发活动直接关联的信息交流、技术服务、决策咨询、科技成果推广等活动。

科技中介机构的特点表现在信息来源广泛、专业性强、资源丰富等，能够成为沟通产业技术创新战略联盟中各组织合作的服务平台，是创新主体与市场之间沟通的桥梁。也就是说，科技中介机构不仅能够在整合行业信息后，了解产业技术创新战略联盟的运行情况，也能连接产业技术创新战略联盟的运行主体，促进联盟内外信息、技术、成果的交流和转化。

要强化科技中介机构与政府的沟通交流，提高双方对彼此的了解程度。鼓励产业技术创新战略联盟与科技中介机构的深度合作，提高科技中介机构参与产业技术创新战略联盟活动的主动性和积极性。政府要设定科技中介机构建立的条件与标准，促使科技中介机构不断提升其综合服务能力，推动科技成果的快速有效转化。完善信息平台建设与科技中介服务机构建设，能够为产业技术创新战略联盟高效发展提供良好的服务支撑。同时，对科技中介机构也要进行管理和规范，对提供虚假信息、从事违法活动的科技中介机构进行剔除，创造良好的产业技术创新战略联盟的发展环境。

（二）优化产业技术创新战略联盟运行的外部环境

要维持产业技术创新战略联盟的有效运转和产生预期效应，一方面需要联盟自身的结构调整和组织完善，另一方面需要营造良好的外部环境，这是产业技术创新战略联盟发展的必备条件和有效保障。政府作为宏观调控者，有义务、有能力为推动产业技术创新战略联盟的有效运转提供良好的外部环境。

政府应致力于建立公平的市场竞争环境。公平的市场竞争环境是保障各个产业技术创新战略联盟以及联盟内部成员利益的必要条件。建设公平的市场竞争环境，一方面有利于保障企业、高校及科研机构的进入机会均等；另一方面政府可以有效监管产业内是否出现产业壁垒等不平等现象，对于设立产业壁垒的产业技术创新战略联盟应给予惩罚，为保障产业技术创新高效运行扫清障碍。建立公平的市场竞争环境，能够有效激发企业、高校、科研机构等主体参与产业技术创新战略联盟的积极性，推动中国的产业技术创新战略联盟快速稳定发展。

大力培育科技创新人才，为产业技术创新战略联盟健康持续发展提供人才储备和供给。政府加大对高校和科研机构的经费投入，持续提升高校和科研院所的科研水平和能力；依据市场需求变化，大力培养产业发展需求量大的技术人才和应用型人才；以重大科研项目为依托，强化学术交流与项目合作，以产业发展实践为依托，培养高水平的产业技术创新人才。充分发挥教育在人才培养中的重要作用，鼓励高校及科研机构培养科技创新型人才。要进一步完善人才引进战略，通过环境优势、项目优势等吸引国内外各类专家，并且以高校科研平台或产业创新基地为依托，激励创新人才创新创业，不断提升科技创新发展活力和创新能力。

三、产业技术创新战略联盟成熟期的政策选择

产业技术创新战略联盟成熟期是联盟发展创新成果最突出、产业化程度最高、技术最为成熟的阶段。在这一阶段，产业技术创新战略联盟内部成员结构已经基本稳定，在产业领域中的合作关系和地位也已基本确立，这是联盟内研发成果不断涌现、研发能力持续提升的时期。在这一时期，产业技术创新战略联盟内成员间的关系也由紧密合作转向适度竞争，随着联盟内研发成果的逐步产业化和市场化，一系列有关知识产权归属、成果归属、收益分配与风险分担等相关问题日益显现，这会导致联盟的技术创新成果不能及时进行产业化和市场化，无法达到预期的扩散效应和辐射效果，影响联盟持续健康发展。因此，在这一时期，政府要完善产业技术创新战略联盟的评价、奖惩、激励机制，积极引导联盟加快技术创新成果的产业化和市场化，推动联盟创新成果的快速扩散。

（一）强化知识产权保护，保证专利技术应用

完善知识产权保护制度。对于产业技术创新战略联盟来说，科技成果产权的矛盾焦点在于科研机构与企业之间，科研机构强化对科技成果产权的所有权，而企业的关注点在于通过科技成果的产业化和市场化获得效益和利益，对产权的所有权关注不及科研机构。当前许多地方尚未形成以协议为基础的产业技术创新战略联盟共享知识产权的管理机制，没有对产业技术创新战略联盟共享知识产权的技术来源、许可方式、收益

分配方式进行明确界定。这就需要政府部门出台相应规章制度，有效改变产业技术创新战略联盟中科研机构对知识产权的绝对权，构建合理的利益分配标准和机制，引导各方利益合理分配，确保知识产权发挥最大的效用和价值。

加强知识产权相关知识学习，完善产业技术创新战略联盟内部关于知识产权管理的契约或合同约定。可以针对产权的特点，区分私人和公有产权，对私人的知识产权约定保密条款加以保护，对公有知识产权要鼓励扩散，实现知识产权效用的最大化。同时明确使用权和所有权的界限，增强产权的正外溢效应，促进产业技术创新的良性发展。

完善专利制度。专利制度是国家通过法律确立的技术发明或改造后创新或改造主体独自占有使用权与所有权的法律规范，以促进创新活动的进行，保护创新活动参与者直接权益的一种法律制度。在产业技术创新战略联盟中体现为对于创新成果的保护。政府要完善产业技术创新战略联盟专利的有效保护机制，更好地保护联盟成员共同的科技创新成果。政府要加强专利制度教育，普及专利制度知识，进一步完善专利审批和推广制度，提升技术创新者的积极性，保障产业技术创新战略联盟专注于技术创新，推动先进专利技术在产业内的应用和产业化。

（二）完善利益分配机制和成果转化机制

收益分配方面。对产业技术创新战略联盟来说，利益分配纠纷主要存在于联盟发展后期。在科技创新成果收益产生的情况下，收益的分配合理与否既牵扯到各参与主体的基本利益保障，也关切到各参与主体继续进行创新活动的积极性。切实有效处理好联盟参与主体间的收益分配问题对于维持产业技术创新战略联盟稳定运行十分重要。

实践中，有的产业技术创新战略联盟收益分配模式采用的是按股分利模式，有的采用提成分配模式。无论采取哪种分配模式，都需要加快完善产业技术创新战略联盟的收益分配方式和制度建设，要体现无形资产在产业技术创新战略联盟中的投入与回报，鼓励在联盟中进行成果股权化分配创新。

完善高校与科研机构的利益分配机制，制定鼓励高校教师、科研人员等科技人员入股企业的激励措施,既可以提升科研人员参与应用研发科技成果的积极性,也能够增加科技研发人员的收益。政府需要注意引导企业、高校、研发机构等产业技术创新战略联盟的参与者形成以契约为基础的成员合作关系,只有建立在契约基础上的长期合作关系,才能更好地遵守合同契约,有效克服短期效应和短视效应,形成有利于平衡各方利益的收益分配机制。

成果转化方面。政府要在综合考量各产业技术创新战略联盟科技成果价值的基础上,制定专门的促进产业技术创新战略联盟科技成果转化和科技成果保护的政策法规,确保科技创新成果在联盟内共享。同时加速推动科技创新成果的产业化和市场化,使产业技术创新战略联盟的创新成果更好地服务于产业转型与升级,持续提升中国的产业竞争力和科技竞争力。

(三)监督产业技术创新战略联盟发展进程,定期验收成果

开展契约监管。规范产业技术创新战略联盟内的成员行为,对联盟发展进行全过程监督和规范,实行联盟定期综合考评制度,促进联盟自律,推动联盟完善自身治理机制。针对产业技术创新战略联盟中存在的"投机行为",要发挥监管职能,对联盟内的投机行为采取动态惩罚,抑制联盟内的投机行为进而保障联盟运行的稳定性。同时,要完善对产业技术创新战略联盟的激励和约束机制,明晰联盟内成员的权利和义务,对联盟内成员实行优胜劣汰,保障联盟的创新活力。

参与产业技术创新战略联盟的成员基本上是行业内具有相当实力的企业,这些企业本身具备强大的资金、技术等优势,在参与产业技术创新战略联盟后会进入更高水平的发展阶段,这很有可能将行业技术标准提高到更高水平,形成产业技术垄断局面,对中小企业的发展极为不利,同时可能阻碍技术进步。

因此,就需要立法部门完善《反垄断法》和《反不正当竞争法》,对出现垄断行为的产业技术创新联盟或企业进行严厉处罚,形成产业内公平的竞争环境,保障产业技术的有效扩散和使用,持续提升产业技术竞争力和产品竞争力。

开展绩效评价。参考国家《产业技术创新战略联盟评估工作方案（试行）》①文件精神，将创新活动、创新绩效、服务产业、运行管理、利益保障等标准纳入产业技术创新战略联盟运行效果的考核中，这些标准是检验联盟成功与否的重要指标，是评价一个周期内联盟在创新活动中所取得的成效，衡量其在创新过程和创新产出中所获得的提升值。在制定评价参考指标时，要注重标准的适用性，依据实际评价考核对象的特征选取适应性指标，采取定量与定性相结合的评价方式，对产业技术创新战略联盟进行客观有效评估，进而更好地指导产业技术创新战略联盟的高效运行。具体实践中，选择评价方法时，可以选用层次分析法为各层次指标设定权重，再用模糊数学的原理确定评价模型，对技术创新绩效进行模糊综合评价。

通过对产业技术创新战略联盟进行有效监管、绩效评估以及适度的奖惩，一方面，可以保证政府及时有效地掌握产业技术创新战略联盟和产业技术发展概况，为后续的支持政策制定、资金投入等提供依据；另一方面，也可以通过政府的有效监管，不断提高产业技术创新战略联盟的运行效率，推动产业技术创新能力持续提升，进而不断增强中国的产业技术竞争力。

四、产业技术创新战略联盟衰退期的政策选择

衰退期是任何事物发展到一定阶段后必然经历的过程。产业技术创新战略联盟进入衰退期后，其问题呈现在：联盟成员技术创新的积极性和动力不足；联盟成员对于利益分配、成果归属权等诉求出现分歧，联盟内部结构出现不稳定现象；市场上可能出现有竞争力的同类联盟，将会产生联盟技术创新成果的可替代品，对联盟的地位和收益形成威胁。但衰退期并不意味着一定会发生合作关系的破裂和产业技术创新战略联盟的解体。因此，如何维持衰退期的稳定发展是联盟面临的重大抉择。

---

① 《科技部办公厅关于印发〈产业技术创新战略联盟评估工作方案（试行）〉的通知》，2012 年 6 月 14 日，见 http://www.most.gov.cn/index.html。

　　在衰退期，政府对产业技术创新战略联盟发展前景进行科学评估和预测十分重要。政府应当制定科学的、具体的评估办法和指标体系，对产业技术创新战略联盟发展现状和前景进行全面评估，特别是充分评估联盟的技术创新能力和水平。依据评估的具体结果，制定针对衰退产业技术创新战略联盟的专门措施，努力延长联盟的生命周期，或者可以给联盟提供新的技术创新方向，保障联盟平稳度过衰退期，开启新的生命周期。

　　制订产业技术创新战略联盟再造计划。依据评估结果，积极鼓励和引导一部分研发基础雄厚、信用机制良好以及有市场应用需求前景的产业技术创新战略联盟持续发展；对于评估结果总体一般，但仍有继续合作意愿且内部组织结构比较紧密的联盟，应在推动联盟现有成果有效转化和扩散的基础上，引导联盟紧跟技术创新前沿和适应市场需求变化进行技术转型；对于评估后不具备发展前景的联盟，或者已经完成战略目标且没有继续合作意愿的联盟，政府肯定其在技术创新方面贡献的同时，及时解散产业技术创新战略联盟，以免科研经费、人力资源等的浪费。鼓励解散后的产业技术创新战略联盟的各参与主体继续进行技术创新活动，保持产业技术创新的稳定性。持续深化产业技术创新改革，不断提升中国的产业技术水平与科技创新实力。

参考文献

［1］安同良、周绍东、皮建才：《R&D 补贴对中国企业自主创新的激励效应》,《经济研究》2009 年第 10 期。

［2］鲍宗客：《知识产权保护、创新政策与中国研发企业生存风险——一个事件史分析法》,《财贸经济》2017 年第 5 期。

［3］白春礼：《杰出科技人才的成长历程——中国科学院科技人才成长规律研究》,科学出版社 2007 年版。

［4］白春礼：《为建设创新型国家砥砺奋进》,《人民日报》2020 年 9 月 24 日。

［5］白俊红、卞元超：《政府支持是否促进了产学研协同创新》,《统计研究》2015 年第 11 期。

［6］白旭云、王砚羽、苏欣：《研发补贴还是税收激励——政府干预对企业创新绩效和创新质量的影响》,《科研管理》2019 年第 6 期。

［7］班娟娟：《2020 年 R&D 经费投入突破 2.4 万亿　企业研发投入主体作用凸显》,《经济参考报》2021 年 9 月 23 日。

［8］北京市统计局、国家统计局北京调查总队：《北京市 2020 年国民经济和社会发展统计公报》,《北京日报》2021 年 3 月 12 日。

［9］操秀英：《2021 年全球创新指数报告》,《科技日报》2021 年 9 月 22 日。

［10］蔡兵：《技术国际化与新技术企业技术创新策》,《南方经济》1997 年第 4 期。

［11］蔡剑：《协同创新论》,北京大学出版社 2012 年版。

［12］蔡莉、彭秀青、［美］Satish Nambisan、王玲：《创业生态系统研究回顾与展望》,《吉林大学社会科学学报》2016 年第 1 期。

［13］陈劲：《科技创新:中国未来 30 年强国之路》,中国大百科全书出版社 2020 年版。

［14］陈燕青：《2021 中国上市公司创新指数报告》,《深圳特区报》2021 年 8 月 9 日。

［15］陈雯：《长三角科技创新的开路先锋:基础研究怎么突破》,《第一财经日

报》2020 年 12 月 29 日。

[16] 程叶青、王哲野、马靖:《中国区域创新的时空动态分析》,《地理学报》2014 年第 12 期。

[17] 杜芳:《中国"独角兽":因何一路狂奔》,《经济日报》2017 年 3 月 20 日。

[18] 杜琼:《美国"官产学研结合"的新动向及启示》,《中国经贸导刊》2014 年第 6 期。

[19] 杜宝贵、张鹏举:《科技成果转化政策的多重并发因果关系与多元路径——基于上海等 22 个省市的 QCA 分析》,《科学学与科学技术管理》2019 年第 11 期。

[20] 丁云龙:《技术创新对产业结构的影响分析》,《东北大学学报(社会科学版)》2000 年第 4 期。

[21] 董雪兵、史晋川:《累积创新框架下的知识产权保护研究》,《经济研究》2006 年第 5 期。

[22] 董超、王建芳、胡智慧、任真、赵安:《加速突破性创新:欧盟高层次创新专家组的政策建议》,《中国科学基金》2018 年第 3 期。

[23] [德]亚历山大·布雷姆、[法]埃里克·维亚尔多编:《创新管理的演变——国际背景下的发展趋势》,孙永磊、陈劲译,清华大学出版社 2016 年版。

[24] 樊春良、马小亮:《美国科技政策科学的发展及其对中国的启示》,《中国软科学》2013 年第 10 期。

[25] 范柏乃、段忠贤、江蕾:《创新政策研究述评与展望》,《软科学》2012 年第 11 期。

[26] 冯埃生:《美国 R&D 税收激励政策——美国政府对跨国公司从事 R&D 活动的政策调研》,《全球科技经济瞭望》2009 年第 4 期。

[27] 冯华:《中国科技成果转化 2020 年度报告发布 科技成果转化活动持续活跃》,《人民日报》2021 年 4 月 15 日。

[28] 冯迪凡:《全球创新核心区域逐渐东移 中国排名亚洲第四》,《第一财经日报》2020 年 9 月 3 日。

[29] 高广文:《创新网络的力量》,《华东科技》2007 年第 11 期。

[30] 高月姣、吴和成:《创新主体及其交互作用对区域创新能力的影响研究》,《科研管理》2015 年第 10 期。

[31] 光明日报评论员:《科学成就离不开精神支撑》,《光明日报》2020 年 9 月 14 日。

[32] 郭静原:《科技部创新型省份建设成效显著——七省高技术产业增加值超全国半数》,《经济日报》2017 年 3 月 1 日。

[33] 郭静原:《喝彩! 中国的创新力——我国高技术产业发展综述》,《经济日报》2017 年 2 月 24 日。

［34］郭言:《融入创新浪潮:加大扶持力度　推动创新增长》,《经济日报》2016年12月28日。

［35］国家科委课题组:《科技成果转化的问题与对策》,中国经济出版社1994年版。

［36］国家统计局社会科技和文化产业统计司、科学技术部战略规划司:《中国科技统计年鉴2016》,中国统计出版社2016年版。

［37］国家统计局社会科技和文化产业统计司、科学技术部战略规划司:《中国科技统计年鉴2017》,中国统计出版社2017年版。

［38］国家统计局社会科技和文化产业统计司、科学技术部战略规划司:《中国科技统计年鉴2018》,中国统计出版社2018年版。

［39］国家统计局社会科技和文化产业统计司、科学技术部战略规划司:《中国科技统计年鉴2019》,中国统计出版社2019年版。

［40］国家统计局社会科技和文化产业统计司、科学技术部战略规划司:《中国科技统计年鉴2020》,中国统计出版社2020年版。

［41］国家统计局:《中国统计年鉴2018》,中国统计出版社2018年版。

［42］国家统计局:《中国统计年鉴2019》,中国统计出版社2019年版。

［43］国家统计局:《中国统计年鉴2020》,中国统计出版社2020年版。

［44］国家统计局:《中国统计年鉴2021》,中国统计出版社2021年版。

［45］国家统计局、科学技术部:《中国科技统计年鉴(2013)》,中国统计出版社2013年版。

［46］国家知识产权局规划发展司"中国区域产业专利密集度统计报告"课题组:《中国区域产业专利密集度统计报告》,2013年。

［47］黄桂英、徐永库《"十二五"以来山西研发经费投入现状与比较》,《山西科技》2015年第6期。

［48］黄青山:《华为5G专利费率彰显创新话语权》,《深圳商报》2021年3月18日。

［49］黄叙浩:《2019年广东研发经费支出约三千亿元》,《南方日报》2020年4月8日。

［50］黄鑫:《中国制造业何以稳居世界第一》,《经济日报》2021年9月22日。

［51］胡鞍钢、任皓:《中国高技术产业迈入"黄金时代"》,《经济日报》2017年3月2日。

［52］胡争光、南剑飞:《产业技术创新战略联盟:研发战略联盟的产业拓展》,《改革与战略》2010年第10期。

［53］胡志坚、玄兆辉、陈钰:《从关键指标看我国世界科技强国建设——基于〈国家创新指数报告的分析〉》,《中国科学院院刊》2018年第5期。

［54］郝喜玲、张玉利、刘依冉、潘燕萍:《创业失败情境下的反事实思维研究框架构建》,《外国经济与管理》2018 年第 4 期。

［55］贺德方、唐玉立、周华东:《科技创新政策体系构建及实践》,《科学学研究》2019 年第 1 期。

［56］经济合作与发展组织:《弗拉斯蒂手册》,张玉勤译,科学技术文献出版社 2010 年版。

［57］金鹭、王虎羽:《第一动力澎湃引领新发展》,《宁波日报》2021 年 8 月 7 日。

［58］《科技部等六部门发布关于推动产业技术创新战略联盟构建的指导意见》,《科技日报》2009 年 7 月 6 日。

［59］科技日报国际部:《支撑当下　规划未来——2020 年世界科技发展回顾·科技政策》,《科技日报》2021 年 1 月 4 日。

［60］刘东:《企业网络论》,中国人民大学出版社 2003 年版。

［61］刘凤朝:《国家创新能力测度方法及其应用》,科学出版社 2009 年版。

［62］刘瑾:《去年我国汽车市场恢复超预期》,《经济日报》2021 年 1 月 14 日。

［63］刘立:《科技政策学研究》,北京大学出版社 2011 年版。

［64］刘思明、侯鹏、赵彦云:《知识产权保护与中国工业创新能力——来自省级大中型工业企业面板数据的实证研究》,《数量经济技术经济研究》2015 年第 3 期。

［65］刘彦龙:《中国企业战略联盟报告》,中国经济出版社 2008 年版。

［66］刘垠、操秀英:《科技部等部门印发〈加强"从 0 到 1"基础研究工作方案〉》,《科技日报》2020 年 3 月 4 日。

［67］柳卸林、丁雪辰、高雨辰:《从创新生态系统看中国如何建成世界科技强国》,《科学学与科学技术管理》2018 年第 3 期。

［68］柳卸林、何郁冰:《基础研究是中国产业核心技术创新的源泉》,《中国软科学》2011 年第 4 期。

［69］李宏策:《300 亿欧元打造"法国 2030"能否实现?》,《科技日报》2021 年 10 月 15 日。

［70］李静晶、庄子银:《知识产权保护对我国区域经济增长的影响》,《科学学研究》2017 年第 4 期。

［71］李建玲、孙亮、马欣:《北京地区产业技术联盟现状及对策分析》,《北京社会科学》2014 年第 1 期。

［72］李军凯:《精准施策提升城市科技创新竞争力》,《经济日报》2020 年 11 月 4 日。

［73］李廉水:《论产学研合作创新的组织方式》,《科研管理》1998 年第 1 期。

［74］李娜、王思琪:《中国研发走出山寨》,《第一财经日报》2016 年 8 月 25 日。

［75］李明德:《"特别 301 条款"与中美知识产权争端》,社会科学文献出版社

2000 年版。

[76] 李时椿：《美、日技术创新机制及对我国的启示》，《宏观经济研究》2001 年第 10 期。

[77] 李山：《德国：为中小企业创新扫清障碍》，《科技日报》2013 年 5 月 6 日。

[78] 李伟：《培育发展新动能根本在于深化改革》，《经济参考报》2017 年 1 月 23 日。

[79] 李万、常静、王敏杰、朱学彦、金爱民：《创新 3.0 与创新生态系统》，《科学学研究》2014 年第 12 期。

[80] 李新男：《创新"产学研结合"组织模式　构建产业技术创新战略联盟》，《中国软科学》2007 年第 5 期。

[81] 李醒民：《科学的社会功能与价值》，商务印书馆 2015 年版。

[82] 李正风：《科学知识生产方式及其演变》，清华大学出版社 2006 年版。

[83] 蔺洁：《利益相关者—过程—资源框架下的创新发展政策过程研究》，博士学位论文，中国科学院大学，2015 年。

[84] 吕薇：《多措并举　促进基础研究转化为原始创新能力》，《科技中国》2018 年第 2 期。

[85] 林火灿：《2019 年全国科技经费投入统计公报发布——R&D 投入超 2 万亿元意味着什么》，《经济日报》2020 年 8 月 28 日。

[86] 梁正：《中国科技成果转化政策 40 年回顾与反思》，《学习时报》2019 年 12 月 30 日。

[87] 马名杰、张鑫：《科技体制改革：历程、经验与展望》，国务院发展研究中心《调查研究报告》，2019 年。

[88] [美]D.E.斯托克斯：《基础科学与技术创新：巴斯德象限》，周春彦、谷春立译，科学出版社 1999 年版。

[89] [美]理查德·R.尼尔森：《国家（地区）创新体系比较分析》，曾国屏等译，知识产权出版社 2012 年版。

[90] [美]迈克尔·波特：《竞争优势》，陈丽芳译，中信出版社 2014 年版。

[91] [美]彼得·F.德鲁克：《创业精神与创新》，柯政、安仙译，工人出版社 1989 年版。

[92] [美]约瑟夫·熊彼特：《经济发展理论》，何畏、易家详等译，商务印书馆 1991 年版。

[93] 穆光远、王琳、葛川：《2016 年山西省专利情况分析》，《山西科技》2017 年第 3 期。

[94] 穆荣平：《抓住新科技革命的历史机遇》，《人民日报》2015 年 3 月 10 日。

[95] 梅述恩、聂鸣、黄永明：《美国先进技术计划（ATP）的研究开发机制及启

示》,《科学管理研究》2007 年第 1 期。

[96] 聂飞、刘海云:《国家创新型城市建设对我国 FDI 质量的影响》,《经济评论》2019 年第 6 期。

[97] 牛瑾:《创新驱动 企业要当好主力》,《经济日报》2020 年 9 月 12 日。

[98] 欧文汉:《瑞典、德国支持自主创新的财政政策及对我国的启示》,《中国财政》2012 年第 18 期。

[99] 潘东华、孙晨:《产业技术创新战略联盟创新绩效评价》,《科研管理》2013 年第 S1 期。

[100] 潘寅茹:《英国加大科技投入 脱欧不脱科技中心》,《第一财经日报》2016 年 1 月 29 日。

[101] 全国政协科技委员会基础研究问题专题组:《关于进一步加强基础研究工作的意见和建议》,《中国科学院院刊》1990 年第 3 期。

[102] 全琳珉:《打造引领型知识产权强国》,《浙江日报》2021 年 6 月 29 日。

[103] 钱童心:《北欧的创新力量》,《第一财经日报》2017 年 1 月 26 日。

[104] 邱智丽:《挪威式创新解密:政府主导小企业当道》,《第一财经日报》2017 年 4 月 14 日。

[105] 沙迪:《〈中国科技人才发展报告(2020)〉发布》,《人民日报》2021 年 9 月 13 日。

[106] 苏敬勤、刘建华、姜照华:《国家创新体系国际化的模型与测算:中美比较》,科学出版社 2014 年版。

[107] 苏靖:《产业技术创新战略联盟构建和发展的机制分析》,《中国软科学》2011 年第 11 期。

[108] 世界知识产权组织:《中国国际专利申请量保持全球第一》,《经济日报》2021 年 3 月 3 日。

[109] 孙蕊、吴金希、王少洪:《中国创新政策演变过程及周期性规律》,《科学学与科学技术管理》2016 年第 3 期。

[110] 佘惠敏:《全球创新指数报告发布:中国 17 个科技集群进入全球百强》,《经济日报》2020 年 9 月 7 日。

[111] 佘惠敏:《中国研发投入将保持高速增长》,《经济日报》2022 年 1 月 30 日。

[112] 佘颖:《2020 年我国发明专利授权量增长 17.1%》,《经济日报》2021 年 1 月 23 日。

[113] 陶凤、王晨婷、赵天舒、阮航达:《保商标反垄断知识产权保护打出"组合拳"》,《北京商报》2021 年 4 月 23 日。

[114] 伍建民、张京成、李梅:《产业技术联盟与政策导向》,科学出版社 2011

年版。

　　[115] 万鹏宇、王弘钰、及海峰：《产业技术创新战略联盟中的突破式创新研究》，《经济纵横》2020 年第 1 期。

　　[116] 吴超鹏、唐昀：《知识产权保护执法力度、技术创新与企业绩效——来自中国上市公司的证据》，《经济研究》2016 年第 11 期。

　　[117] 王帆：《15 座城市研发投入排名：京沪深规模超千亿，西安强度列第二》，《21 世纪经济报道》2020 年 11 月 18 日。

　　[118] 王海平：《江苏样本：体制创新打破如此束缚　欲建全球产业科技创新中心》，《21 世纪经济报道》2017 年 2 月 14 日。

　　[119] 王璐：《央企自主创新将获升级版政策力挺》，《经济参考报》2020 年 9 月 21 日。

　　[120] 王谋勇：《美国大学技术许可办公室高效运行的关键因素分析及对我国的政策启示》，《科技进步与对策》2010 年第 12 期。

　　[121] 王亚萍：《政府在发展产业共性技术创新平台中的作用探讨》，《农业科技管理》2008 年第 8 期。

　　[122] 王娅丽、陈雷：《政府对企业 R&D 资助的方式及利弊分析》，《科技进步与对策》2003 年第 2 期。

　　[123] 王贻芳：《怎样看待"基础科学研究的进展"》，《中国经济导报》2014 年 5 月 24 日。

　　[124] 王玉凤：《追问中国百万专利：含金量、转化率、侵权成本"三低"》，《第一财经日报》2017 年 1 月 17 日。

　　[125] 王悠然：《美国创新优势面临挑战》，《中国社会科学报》2020 年 10 月 23 日。

　　[126] 王珊珊、邓守萍：《华为公司专利产学研合作：特征、网络演化及其启示》，《科学学研究》2018 年第 4 期。

　　[127] 王思琪、孙慧：《以色列闭环："贩卖"创新》，《第一财经日报》2017 年 2 月 22 日。

　　[128] 汪子旭：《"十四五"国家知识产权保护和运用规划出炉》，《经济参考报》2021 年 10 月 29 日。

　　[129] 王志远：《德国企业研发支出创新高》，《经济日报》2016 年 12 月 19 日。

　　[130] 王再进、徐治立、田德录：《中国科技创新政策价值取向与评估框架》，《中国科技论坛》2017 年第 3 期。

　　[131] 卫之奇：《美国产业技术创新战略联盟的实践》，《全球科技经济瞭望》2009 年第 2 期。

　　[132] 新华社：《全面加强基础科学研究》，《人民日报》2018 年 2 月 1 日。

[133] 习近平:《全面加强知识产权保护工作　激发创新活力推动构建新发展格局》,《求是》2021 年第 3 期。

[134] 习近平:《为建设世界科技强国而奋斗——在全国科技创新大会、两院院士大会、中国科协第九次全国代表大会上的讲话》,人民出版社 2016 年版。

[135] 肖建华:《典型创新型国家 R&D 税收激励政策纵横谈》,《广东科技》2008 年第 21 期。

[136] 解佳龙、李雯、雷殷:《国家自主创新示范区科技人才政策文本计量研究——以京汉沪三大自创区为例(2009—2018 年)》,《中国软科学》2019 年第 4 期。

[137] 许培源、章燕宝:《行业技术特征、知识产权保护与技术创新》,《科学学研究》2014 年第 6 期。

[138] 肖文、林高榜:《政府支持、研发管理与技术创新效率——基于中国工业行业的实证分析》,《管理世界》2014 年第 4 期。

[139] 夏先良:《加快建设创新型国家　推进经济高质量发展》,《科技中国》2020 年第 5 期。

[140] 徐兴东、李萍、宋华:《国务院新闻办公室举办新闻发布会:深圳综合改革试点取得重要阶段性进展》,《深圳商报》2021 年 10 月 15 日。

[141] [英]克里斯托夫·弗里曼:《技术政策与经济绩效:日本国家创新系统的经验》,张宇轩译,东南大学出版社 2008 年版。

[142] [英]克利斯·弗里曼(Chris Freeman)、[英]罗克·苏特(Luc Soete):《工业创新经济学》,华宏勋、华宏慈等译,柳卸林审校,北京大学出版社 2004 年版。

[143] 杨东亮、李春凤:《东京大湾区的创新格局与日本创新政策研究》,《现代日本经济》2019 年第 6 期。

[144] 杨浩昌、李廉水:《政府支持与中国高技术产业研发效率》,《科学学研究》2019 年第 1 期。

[145] 杨明:《韩国:创新推动经济发展》,《经济日报》2014 年 11 月 13 日。

[146] 杨善林、郑丽、冯南平、彭张林:《技术转移与科技成果转化的认识及比较》,《中国科技论坛》2013 年第 12 期。

[147] 杨振兵:《中国制造业创新技术进步要素偏向及其影响因素研究》,《统计研究》2016 年第 1 期。

[148] 姚建春、雷兴长:《美国知识产权保护制度的特点分析》,《社科纵横》2007 年第 10 期。

[149] 余维新、熊文明、黄卫东等:《创新网络关系治理对知识流动的影响机理研究》,《科学学研究》2020 年第 2 期。

[150] 粤港澳大湾区冲刺国际科创中心:《基础研究补短板,推广"四不像"新型研发机构》,《21 世纪经济报道》2020 年 7 月 14 日。

［151］禹洋：《看以色列如何"玩转"技术转化》，《经济日报》2016 年 11 月 16 日。

［152］于志军：《创新价值链视角下高校科技创新效率研究》，博士学位论文，合肥工业大学，2016 年。

［153］张洁、苏多坚：《美、日、德促进 R&D 活动的比较研究》，《研究与发展管理》2006 年第 2 期。

［154］张茉楠：《新一轮科技革命下的中国选择》，《社会科学报》2016 年 8 月 18 日。

［155］张明：《产学研战略技术联盟发展现状与对策研究》，《科技管理研究》2010 年第 16 期。

［156］张明喜：《我国基础研究经费投入及问题分析》，《自然辩证法通讯》2016 年第 2 期。

［157］张洽堂：《两部委发力创新平台建设　专家称制度创新重于技术创新》，《中国经济导报》2016 年 9 月 10 日。

［158］张仁开：《上海创新生态系统演化研究》，博士学位论文，华东师范大学，2016 年。

［159］张维：《〈2020 年中国知识产权发展状况评价报告〉发布》，《法制日报》2021 年 10 月 20 日。

［160］张晓、盛建新、林洪：《我国产业技术创新战略联盟的组建机制》，《科技进步与对策》2009 年第 20 期。

［161］张先恩、刘云、周程、方在庆、向桂林：《基础研究内涵及投入统计的国际比较》，《中国软科学》2017 年第 5 期。

［162］张运生、邹思明：《高科技企业创新生态系统治理机制研究》，《科学学研究》2010 年第 5 期。

［163］詹媛：《中国科技人力资源总量世界第一但密度偏低》，《光明日报》2020 年 8 月 12 日。

［164］詹正茂、田蕾：《新加坡创新型城市建设经验及其对中国的启示》，《科学学研究》2011 年第 4 期。

［165］钟书华：《论科技举国体制》，《科学学研究》2009 年第 12 期。

［166］赵程程、秦佳文：《美国创新生态系统发展特征及启示》，《世界地理研究》2017 年第 2 期。

［167］赵筱媛、苏竣：《基于政策工具的公共科技政策分析框架研究》，《科学学研究》2007 年第 1 期。

［168］赵哲：《我国高校科技成果转化的现实困境与突破路径》，《高校教育管理》2016 年第 5 期。

［169］赵作权、郝赟聪：《基于网络组织机制的美国先进制造技术联盟计划与案

例研究》,《科技导报》2021 年第 7 期。

[170] 朱琳:《集众志聚合力　务实合作实现全球创新》,《经济日报》2016 年 9 月 2 日。

[171] 朱旌:《美国科技孵化器如何孵化"成功"》,《经济日报》2017 年 2 月 9 日。

[172] 朱司宇、徐大海、王斌、从俊杰、张昱:《天津市产业联盟组建情况与发展对策研究》,《科技管理研究》2012 年第 14 期。

[173] 朱迎春:《创新型国家基础研究经费配置模式及其启示》,《中国科技论坛》2018 年第 2 期。

[174]《中国创新指数再创新高》,《人民日报海外版》2020 年 11 月 3 日。

[175]《中华人民共和国 2020 年国民经济和社会发展统计公报》,《光明日报》2021 年 3 月 1 日。

[176] 中华人民共和国教育部科学技术司:《2017 年高等学校科技统计资料汇编》,高等教育出版社 2018 年版。

[177] 中华人民共和国国家统计局:《中国统计年鉴 2015》,中国统计出版社 2015 年版。

[178] 中华人民共和国国家统计局:《中国统计年鉴 2016》,中国统计出版社 2016 年版。

[179] 中华人民共和国国家统计局:《中国统计年鉴 2017》,中国统计出版社 2017 年版。

[180]《中共中央关于制定国民经济和社会发展第十四个五年规划和二〇三五年远景目标的建议》,人民出版社 2020 年版。

[181] Bernard, L.S., "Transfer of Knowledge Kin International Strategic Alliance: A Structure Approach", *Journal of Management Studies*, 1998, Vol. 13, No. 2.

[182] Bolton, Robert, "A Broader View of University-industry Relationships", *SRA Journal*, No. 26, 1995.

[183] Brass, D.J., Galaskiewicz, J., Grenve, H.R., et al., "Taking Stock of Networks and Organizations: A Multilevel Perspective", *Academy of Management Journal*, No. 6, 2004.

[184] Caldeira, Jose Carlos, Chitus, Claudia Melania, Mendonca, Jose Manuel, "Strategic Alliances and Innovation Projects Success", *The ISPIM 2003 Conference*, 2003.

[185] Lechner Christian, Dowling Michael, Welpe Isabell, "Firm Networks and Firm Development: The Role of the Relational Mix", *Journal of Business Venturing*, No. 21, 2006.

[186] Binz Christian, Truffe Bernhard R., "Global Innovation Systems: A Conceptual Framework for Innovation Dynamics in Transnational Contexts", *Research Policy*, No. 46, 2017.

［187］Das'T.，Teng B.，"A Resource-based Theory of Srategic Alliance"，*Journal of Management*，Vol. 26，No. 1，2000.

［188］Frasquet，M.，Calderon，H.，Cervera，A.，"University-Industry Collaboration from a Relationship Marketing Perspective：An Empirical Analysis in a Spanish University"，*Higher Education：The International Journal of Higher Education and Educational Planning*，No. 6，2012.

［189］Gulati，R.，"Network Location and Learning：The Influence of Network Resources and Firm Capabilities on Alliance Formation"，*Strategic Management Journal*，Vol. 20，No. 5，1999.

［190］Wadsworth Jeffrey，"2014 Global R&D Funding Forecast"，*Battelle and R&D Magazine*，2013.

［191］Poter，M. E.，"Clusters and the New Economics of Competition"，*Harvard Business Review*，No. 11，1998.

［192］Reiljan，J.，Paltser，I.，"The Role of Innovation Policy in the National Innovation System：The Case of Estonia"，*Journal of the Humanities and Social Sciences*，Vol. 19，No. 3，2015.

［193］Sandelin，J.，"University-Industry Relationship：Benefits and Risks"，*Industry and Higher Education*，Vol. 24，No. 1，2010.

［194］Sweet，C. M.，Maggio，D. S. E.，"Do Stronger Intellectual Property Rights Increase Innovation?"，*World Development*，No. 66，2015.

［195］Sarewitz，D.，*Frontiers of Illusion：Science，Technology and the Politics of Progress*，Philadelphia：Temple University Press，1996.

［196］Teece，"Competition，Corporation and Innovation"，*Journal of Economic Behavior and Organization*，No. 6，1992.

［197］Wallsten，S.J.，"The Effects of Government-industry R&D Programs on Private R&D：The Case of the Small Business Innovation Research Program"，*The RAND Journal of Economics*，2000.

［198］Woodell，J.K.，Smith，T.L.，"Technology Transfer for All the Right Reasons"，*Technology & Innovation*，Vol. 18，No. 4，2017.

［199］Yoshino，M. Y.，Rangan，U. S.，"Strategic Alliances：An Entrepreneurial Approach to Globalization"，*Long Range Planning*，Vol. 29，No. 6，1996.

后　记

　　本书是我长期关注科技创新问题的最终研究成果。在研究之初,即下定决心要将书稿写出新意来。然而创新实在是难,提纲与内容数易其稿,才得以顺利完成,但仍显得十分粗糙与疏浅。本书对全球创新的演进趋势、中国产业技术创新发展、基础研究与技术创新能力提升、创新人才培育与创新生态环境建设、科技成果转移转化、知识产权保护与科技体制改革等问题进行了剖析与探讨,提出了一些自己的看法和观点。至于本书有多少学术价值或实践价值,有待于学术界的同仁给予评判。

　　研究过程中参考了大量文献资料,在此对这些作者表示真挚谢意!对在研究过程中提出相关意见或建议的各位专家学者致以诚挚谢意!真心感谢为本书出版付出辛劳和汗水的人民出版社经济与管理编辑部主任郑海燕编审。

　　本研究内容涉及诸多重大现实问题和理论问题,将会在今后的研究中持续深化相关问题研究。

策划编辑：郑海燕
责任编辑：张　蕾
封面设计：吴燕妮
责任校对：周晓东

图书在版编目（CIP）数据

国际视野下的中国创新能力：成就、特征与体系性突破/樊增强 著. —北京：
　人民出版社,2022.11
ISBN 978－7－01－025129－5

Ⅰ.①国…　Ⅱ.①樊…　Ⅲ.①国家创新系统-研究-中国　Ⅳ.①F204
　②G322.0

中国版本图书馆 CIP 数据核字（2022）第 185966 号

国际视野下的中国创新能力：成就、特征与体系性突破
GUOJI SHIYEXIA DE ZHONGGUO CHUANGXIN NENGLI CHENGJIU TEZHENG YU TIXIXING TUPO

樊增强　著

人民出版社 出版发行
（100706　北京市东城区隆福寺街 99 号）

中煤（北京）印务有限公司印刷　新华书店经销

2022 年 11 月第 1 版　2022 年 11 月北京第 1 次印刷
开本：710 毫米×1000 毫米 1/16　印张：23
字数：331 千字

ISBN 978－7－01－025129－5　定价：118.00 元

邮购地址 100706　北京市东城区隆福寺街 99 号
人民东方图书销售中心　电话（010）65250042　65289539